TA이론에 의한 성격적응론

Vann Joines · Ian Stewart 공저

박종삼 감수 / 오수희 · 이영태 · 안범현 공역

학지사

Personality Adaptations

by Vann Joines and Ian Stewart

역 · 자 · 서 · 문

밴 조인스(Vann Joines)와 이언 스튜어트(Ian Stewart)의 공저 『Personality Adaptations』가 영문으로 출판되었을 때부터 한국어판을 내는 것이 내 꿈이었지만, 그것이 쉽지만은 않았다. 국제교류분석협회(International Transactional Analysis Association: ITAA)의 공인 CTA(Certified Transactional Analyst) 자격증을 취득하기까지 오랜 시간이 흘렀고, 원저자들에게 번역 승낙을 받은 후에야 비로소 한국어로 출간하게 되었다.

이 책은 2002년 라이프스페이스 출판사(Lifespace Publishing)에서 출판한 『Personality Adaptations』의 전문을 번역한 것이다. 이 책의 중심적인 개념은, 사람은 아동기 때 부모의 양육 유형에 의해 여섯 가지의 적응 유형을 형성하고, 그 후에 이것을 기초로 하여 인생을 살아간다는 것이다. 특히 저자들이 강조하는 것은 치료자나 상담자가 특정한 성격적응 유형에 관한 다양한 접근을 사용하여 내담자가 효과적으로 변화할 수 있도록 도울 뿐만 아니라, 그러한 접근법을 일상적인 인간관계에도 다양하게 적용할 수 있다는 것이다. 왜냐하면 이 책의 내용은 교류분석(Transactional Analysis: TA)의 기본 이론과 개념을 통해 성격적응 유형을 설명하고 있으며, 서로 다른 성격적응 유형을 가진 사람들이 어떻게 인간관계를 구축해 나가는지에 대한 실천적인 지침서이기 때문이다.

이 책을 번역하기 위해 개념을 정립하고 적절한 용어를 선택하는 데 많은 어려움이 있었다. 그래서 이 번역서에서는 개념을 설명하기 위한 중요한 단어나 복합어 등에 가능한 한글과 영어를 최소 한 번은 명기하였다. 그 이유는 교류분석 이론과 실천에 대한 교육을 이수하고 국제공인 자격증을 취득하기 위해서는 공용어인 영어로 교류분석 전문용어(TA terminology)를 구사할 수 있어야 하기 때문이다.

우리나라에 TA가 도입되고 서울 지역을 중심으로 활발하게 교육이 이루어진 데에는 1990년대 초 미국에서 집중적인 TA 교육을 받고 돌아온 숭실대학교 박종삼 교수의 역할이 컸다. 박 교수에 의해 한국교류분석연구회(KITA)가 설립되고 본격적으로 TA 교육이 이루어졌다. 그 당시 교육 및 수련감독을 할 수 있는 국제교류분석협회의 공인 자격자가 부재하였기 때문에, 교육을 이수한 데 따른 시간(학점)과 자격을 인정받을 수는 없었다. 따라서 외국의 공인 TA 전문가들에게 훈련을 받게 되었는데, 예를 들면 1996년 애이브 와그너(Abe Wagner), 1997년 존 듀세이(John Dusay)와 밴 조인스(Vann Joines), 그리고 2001년 제랄딘 레이크랜드(Geraldine Lakeland)와 신 매닝(Sean Manning) 등이 있다.

역자는 당시 TA에 대한 학문적 발전에 갈증을 느꼈고, ITAA 공인 자격을 취득함으로써 국내에서 우리말로 보다 쉽게, 그리고 큰 경제적 부담을 줄이면서 TA를 공부할 수 있는 여건을 조성할 수 있기를 갈망했다. 그래서 이 책의 저자이며 우리나라에서 TA 101 교육을 시행한 적 있는 밴 조인스와 2005년 2월 17일 5년간의 계약을 맺고, CTA 자격증을 위한 소정의 과정을 이수한 뒤 필기 및 구두 시험 등의 관문을 통과하고 나서야, 비로소 2009년 8월 11일 리마 페루(Lima Peru), ITAA 총회석상에서 CTA 자격증을 취득할 수 있었다.

역자는 『TA 이론에 의한 성격적응론』의 한국어판 출간과 더불어, 국제 수준의 TA 교육의 바탕이 마련된 것에 대해서 깊은 감사와 긍지를 느낀다. 또한 원저자들인 밴 조인스와 이언 스튜어트, 이 책이 나올 때까지 감수를 맡아 주신 박종삼 교수님, 학지사 김진환 사장님, 출판 관계자 여러분, 그리고 이 책을 통하여 만나게 될 독자 여러분께 마음속 깊이 감사의 마음을 전하고 싶다. 아울러 이 책과 더불어 지속적인 한국 TA의 발전을 기대해 본다.

2012년 대표 역자 오수희
한국교류분석센터(Korea TA Center) 대표
TA 101 instructor, CTA
숭실대학교 겸임교수

추 · 천 · 의 · 글

우선 『TA 이론에 의한 성격적응론』이 오수희 박사 외 공역으로 출판하게 된 것에 대해 한국교류분석 발전을 위하여 참으로 다행스러운 일이라 생각하며 축하해 마지않는다. 이 책은 심리치료, 상담, 교육 및 조직 발전 영역까지 아우르는 인간 이해에 대한 새로운 지침서로, 교류분석 학문을 이해하는 데 필수적인 교과서 가운데 하나라고 할 수 있는 영문판 『Personality Adaptations』을 번역한 것이다. 이 책은 다양한 교류분석의 개념을 성격적응이라는 이론 속에서 총체적으로 이해하고 적용해 볼 수 있는 내용을 담고 있다. 또한 자신의 성격적응 유형을 검토해 봄으로써 다양한 교류분석 개념을 삶에 적용하여 익힐 수 있고, 자신의 상담전문영역뿐만 아니라 개인의 성장, 발전 및 변화에도 크게 도움이 될 것임을 확신하며 추천하는 바다.

저자는 밴 조인스와 이언 스튜어트인데, 특히 밴 조인스는 역자인 오수희 박사가 미국에서 머무는 5년의 교육기간 동안 슈퍼바이저였으며, 1997년 한국을 방문한 초청강사 중 한 사람으로서 각별한 인연이 있어 더욱 친밀감이 간다.

우리나라의 교류분석은 역사가 그리 오래되지 않았다. 1990년대에 와서야 서울 지역을 중심으로 교류분석을 연구하고 훈련하는 운동이 일어났다. 당시 미국에서 교류분석을 체계적으로 수학하고 돌아온 후 본인이 숭실대학교 사회사업학과 교수로 재직할 무렵, 교류분석의 임상교육 및 상담기법 훈련이 정기적으로 실시되면서 1990년대 말에 한국교류분석 임상연구회가 공식적으로 조직되었다. 이 책의 기본 개념인 '성격적응' 또한 한국교류분석 임상연구회에서 이론을 나누고 함께했던 내용이며, 제자들과 밤낮으로 토의했던 기억이 새롭다.

교류분석에 대한 관심과 애정을 가지고 우리 사회에서 그 역할을 다하고자 많은 사람들이 열정적으로 꿈을 가꾸어 왔다. 공역을 맡은 세 분의 학자들도 그들 중에 있었다. 특히 대표 역자인 오수희 박사는 본인이 숭실대학교 교수로 재직할 때, 본인의 지도로 교류분석 관련 논문으로 박사학위를 받았고, 이후 끊임없이 정진한 결과 2009년 국제교류분석협회(ITAA) 공인 CTA 자격증을 취득 후 2010년 캐나다 몬트리올 ITAA에서 교육수련감독자[(P)TSTA)] 필수과정인 TEW(Training Endorsement Workshop)를 이수하였다. 또한 2011년 'TA 101 instructor' 자격을 취득하면서 이 책을 번역 · 출판하게 되었다. 향후 우리나라에서도 ITAA 공인 점수를 인정받을 수 있는 'TA 101 과정' 및 CTA 자격증 과정을 위한 교육수련 및 슈퍼비전이 가능해짐에 따라 『TA 이론에 의한 성격적응론』이 널리 활용되어서 교류분석 발전에 기여하는 계기가 되기를 바라는 마음이 간절하다. 현재 한국교류분석 교육훈련센터(Korea TA Center) 대표 및 숭실대학교 겸임교수로 재직 중인 대표 역자 오수희 박사의 역할을 기대해 본다. 이 책의 감수를 맡고 '추천의 글'을 쓰게 되어 참으로 기쁘며, 후학들이 이룩한 열정의 결실 또한 자랑스럽다.

박종삼
숭실대학교 명예교수
한국교류분석 임상학회 고문
전 월드비전 회장

머 · 리 · 말

이 책은 성격적응 유형 이해를 위한 실제적인 안내서다. 우리는 이 책을 심리치료사와 상담자를 위해 썼다. 만약 당신이 이 분야에서 일하는 사람이라면, 이 책에서 말하는 개념들이 당신의 상담 작업의 잠재력과 효율성을 향상시키는 데 많은 도움을 줄 것이다. 또한 일반인이 매일 접하게 되는 사람과의 관계와 성격을 이해할 수 있는 흥미로운 주제들이 이 책에 담겨 있다.

이 책의 중심은 '성격적응' 모델이다. 이 모델은 여섯 가지 성격적응 유형이라는 용어를 통해 사람을 어떻게 이해할 것인가에 대한 방법을 제공한다. 이것은 현실적인 삶의 관찰을 근거로 하며, 심리치료와 상담 영역의 공적인 연구 결과와 많은 시간 동안의 임상적인 경험을 통해서 발전되어 왔다.

이 책은 여섯 가지 성격적응 유형을 자세히 서술하고 있으며, 각각의 성격적응 유형이 어떻게 발전하는지를 이해하기 위한 준거 틀을 제시하고 있다. 또한 어떤 사람의 성격적응을 사정하기 위한 방법을 설명하고 있다. 특히, 개인적인 역사의 청취(history-taking) 없이 단지 몇 분만의 상호작용을 통하여 '드라이버 행동(driver behaviors)'으로 알려진 구별되는 행동을 관찰함으로써, 어떻게 성격적응 유형을 빠르고 정확하게 진단할 수 있는지를 보여 준다. 그리고 성격적응 유형 진단을 위해 도움을 줄 수 있는 몇 가지 관찰 가능한 추가적인 근거를 서술하고 있다.

성격적응 유형을 정확하게 탐색해 나가는 것을 배우는 동안, 당신은 사람에게 적용할 수 있는 엄청난 정보의 창고 속으로 들어가는 느낌을 받을 것이다. 뿐만 아니라 당신은 다음과 같이 모델이 줄 수 있는 빠르고 신뢰할 만한 통찰을 발견하게 될 것이다.

- 사람들이 사회 상황에서 다른 사람들과 관계 맺는 전형적인 방식
- 이들의 문제 해결 접근–순행 또는 역행
- 명령, 질문, 양육, 놀이 등의 반응에 따른 의사소통 방식
- 상담 장면에서, 초기 접촉할 때 선호하는 영역(사고, 감정, 행동)과 어떻게 라포를 유지하고 또한 최적의 결과를 산출하기 위해 한 영역에서 다른 영역으로는 어떻게 옮겨 갈 것인가?
- 단기간 또는 장기간 삶의 전반적인 흐름을 보여 주는 전형적인 '인생 패턴'
- 개인적인 변화 과정을 요구하는 주요 주제
- 당신은 내담자가 원하는 변화를 성취하고자 돕는 사람과 어떻게 가장 효과적으로 일하겠는가?

이 모델의 유용성은 단지 어떤 특정 심리치료사나 상담자에게만 국한된 것이 아니다. 당신이 어떤 훈련을 받았든 받지 않았든, 당신은 이 모델을 사용할 수 있고 이 책을 통해 도움을 받을 수 있다. 우리는 이 모델의 근간이라 할 수 있는 교류분석(TA)을 주요 접근법으로 사용한다. 이 책의 초반에는 이 모델을 설명하기 위한 기본적인 교류분석 이론을 개략적으로 설명할 것이다. 당신은 이 내용을 습득하기 위해 교류분석을 미리 학습할 필요가 없다. 왜냐하면 가장 중요한 교류분석 개념과 용어를 이 책에서 설명하기 때문이다.

대명사, 성별, 이름 그리고 사례

우리(we)란 밴 조인스와 이언 스튜어트를 지칭한다. 당신(you)은 이 책을 읽는 독자를 말한다. 다른 일반인을 나타낼 때는 사람(people) 또는 그(he)와 그녀(she)를 사용한다.

이 책에서 사용되는 모든 내담자의 이름은 가명이다. 혹시라도 실제 인물과 이름이 같다면, 그것은 순전히 우연의 일치다. 제7부에 포함되어 있는 상담 사례는 실제 사례를 바탕으로 작성된 것이지만, 실제 내담자가 밝혀질 가능성을 배제하기 위해서 몇 가지 주변 사항은 변경하였다.

이 책의 구성

제1부에서는 모델의 주요 기초가 되는 여섯 가지 성격적응 유형에 대한 '간단한 개요'를 논하고 있다. 초반에 우리는 최소한의 기술적인 용어를 사용한다. 여기에서 제공되는 모든 개념은 계속 반복되고, 이 책의 후반에서도 다시 설명할 것이다. 우리는 또한 모델의 이론적 기반에 대해서도 간략히 논의한다(이 주제는 후반에 있는 부록을 통해 깊이 있게 점검해 볼 것이다).

제2부의 여섯 개 장은 이 모델의 설명을 발전시키고 있다. 우선 발달 영향을 탐색하고, 성격 구조와 각각의 성격적응 유형이 가지고 있는 개별적인 변화를 가져오게 하는 주요 주제를 다루고 있다. 다음에는 각 성격적응 유형을 따로 따로 분리하여 자세하게 설명하고 있다. 우리는 다양한 성격적응 유형이 어떻게 서로 조합되는지에 관심을 갖고 있다. 마지막으로, 표준진단 매뉴얼인 『DIAGNOSTIC AND STATISTICAL MANUAL OF MENTAL DISORDERS, FOURTH EDITION, TEXT REVISION(이후 DSM-IV-TR™로 표기)』(American Psychiatric Association, 2000)의 범주와 여섯 가지 성격적응 유형과의 관계를 기술한다.

제2부의 제3장과 제4장에서는 교류분석의 전반적인 개념을 소개하고 있다. 각각의 장에서는 이 책에서 사용하는 이론적인 개념과 용어를 간략히 정리한다. 교류분석의 개념 소개를 통해서, 당신은 더욱 빨리 각 장의 내용을 파악할 수 있다. 당신이 이미 이 사실을 알고 있다면, 교류분석을 소개하는 부분은 넘어갈 수도 있다. 교류분석 이론에 대한 더 깊은 설명이 필요하다면, 『현대의 교류분석(TA Today)』(Stewart & Joines, 1987)을 참조하기 바란다.

제3부에서는 다양한 성격적응 유형을 실제적으로 어떻게 진단하는지를 다루고 있다. 특히, 제8장에서는 '드라이버 행동(driver behaviours)'이라 불리는 다섯 가지 행동근거를 관찰함으로써, 어떻게 하면 빠르고 정확하게 성격적응 유형을 진단할지를 묘사하고 있다. 이러한 진단방법은 이 모델의 가장 큰 특징 중 하나다. 당신은 단지 몇 분 동안의 의사소통을 통해서, 성격적응을 유형화할 수 있는 다른 모든 독특한 특성에 대한 지식에 접근할 수 있다.

제4부에서는 상담 동안 내담자와 어떻게 가장 적절한 라포 관계를 맺고 유지할 수 있

는지에 대한 모델의 적용을 설명하고 있다. 당신은 적절한 의사소통 방식을 통해 어떻게 내담자와 '같은 동일선상(on the same wave length)'에 머무를 수 있는지에 대해서도 배우게 될 것이다. 의사소통 방식은 당신이 말하고자 하는 것(what)을 어떻게(how) 말할 것이냐에 대한 선택이다. 또한 우리는 접촉 영역(contact area)을 통해서 어떻게 라포를 최적으로 유지하는지에 대해서도 서술한다. 접촉 영역은 의사소통의 초점으로서 사고, 감정, 행동 영역에서 이루어진다. 이런 방식을 통해, 당신은 가장 효과적인 표적 개입을 할 수 있게 되고, 내담자의 방어를 피해 갈 수 있을 것이다. 이러한 능력은 이 모델의 강력한 또 다른 특징이기도 하다. 마지막으로, 서로 다른 성격적응 유형을 지닌 사람이 가족이나 직장 등에서 어떻게 개인 서로 간에 상호작용하는지를 설명하고 있다.

제5부에서는 '개인적인 변화로의 초대(inviting personal change)'를 다루고 있다. 상담장면에서, 어떻게 하면 개인적인 변화를 이끌어 낼 수 있는지에 대한 자세한 설명을 동반하고 있다. 물론 이 책의 초반에도 관련된 내용은 언급된다. 제5부에서 당신은 치료적인 기술과 개입에 관한 구체적인 방법을 보게 될 것이다. 이것들은 개별적인 변화의 '내용(content)'과 '과정(process)' 모두에 걸쳐 있다. 당신은 가장 효과적으로 개인을 변화시키기 위해서, 내용과 과정이 어떻게 이 모델을 통해 유지되는지를 배우게 될 것이다.

제6부의 초점 또한 상담에 있지만, 좀 더 발전된 형태인 이론과 실제를 다루고 있다. 제17장은 진단과 치료 계획을 위한 포괄적인 모델을 서술하고 있다. 이것은 다양한 성격적응 유형의 발달 및 성격 특징을 다이어그램으로 나타내는 체계적인 방법이며, 모델 이해를 향상시키고, 상담의 치료 계획을 돕는 강력한 도구다.

제18장에서 우리는 경계성 성격(borderline)과 자기애성 성격(narcissist)으로 알려진 성격 패턴과 모델이 어떻게 관련되는지를 기술한다. 우리는 이러한 성격 구조를 여섯 가지 성격적응 유형의 서로 다른 측면의 모습으로 간주하고 있다. 이 모델은 경계성과 자기애성을 가진 내담자를 상담하는 데 몇 가지 유용한 지침을 준다.

제7부에서는 서로 다른 성격적응 유형과 치료적인 관계를 만들어 가는 데 실제적인 사례를 설명하고 있다. 제19장부터 제24장까지 차례대로 여섯 가지 성격적응 유형을 고찰하고 있다. 각 사례의 설명은 주요한 한 가지 성격적응 유형을 가지고 있는 내담자와의 치료 주제를 다룬다. 제25장에서는 몇 가지 성격적응 유형이 조합되어

있는 내담자와의 치료 과정을 기술한다. 각 장의 서두에는 성격적응 유형에 따른 주요 치료 지표를 요약하였다. 각 사례마다 추가적인 의견을 첨부하였고, 상담 과정 동안 상담자가 상담의 '과정'과 '내용'을 어떻게 사용하는지를 강조하였다.

세부 묘사의 반복과 설명의 '층'

이 모델은 구체적이며 실제적인 측면이 풍부하다. 이러한 측면이 이 모델의 유용성에 대한 중요한 이유 중 하나다. 그러나 이것은 또한 당신이 처음으로 이 모델의 방대한 정보를 만나게 되었을 때, 쉽게 이해하기 어려울 수도 있다는 것을 의미한다. 즉, 정보가 너무 많아서 한번에 받아들이기 어렵다는 것이다.

이러한 불편을 해소하기 위하여 이 모델의 설명 방법을 발전시켜 왔다. 한번에 전체적인 모델을 나타내기보다 한 부분씩 만들어 갔다. 이 책에서 우리는 이 접근법을 따를 것이다. 특히, 이 모델을 세부적인 '층(layers)' 구조로 자세히 분석하였다. 각각의 세부적인 층은 성격의 특별한 측면을 묘사한다. 이러한 층 안에서, 우리는 표준화된 결과로써 서로 비교해 가며 여섯 가지 성격적응 유형을 논의하였다. 제2부의 경우, 각 성격적응 유형의 발달 측면을 서술하면서 제2장을 시작하였다. 이것이 바로 첫 번째 세부적인 층이다. 다음 제3장에서는 두 번째 층을 첨부하였다. 그것은 여섯 가지 성격적응 유형 각각의 성격 구조를 설명하는 것이다. 제4장에서는 세 번째 층을 사용하였는데, 각 성격적응 유형의 변화에 대한 전형적인 주제다. 이것이 제2부의 전반적인 흐름이다.

우리는 매번 세부적인 층을 첨가하는 방식을 사용하였다. 그리고 각 장의 마지막에 이전의 층들을 반복하는 요약을 첨부하였다. 예를 들어, 제2부에서 두 번째 세부적인 층(제3장에 다루는 성격 구조 내용)을 소개할 때, 이미 제2장에서 다루었던 각 성격적응 유형의 발달 측면 정보를 요약함으로써 설명을 시작하였다. 차례로 제4장에서는 개별적인 변화에 대한 각 성격적응 유형의 주요 주제를 서술하기 전에 성격 구조와 세부적인 발달 측면의 내용을 요약하였다. 이러한 과정을 통하여 우리는 당신이 어떤 페이지를 읽어 나가든 간에, 책을 이쪽저쪽 찾아보기보다 한번에 필요한 모든 정보를 볼 수 있도록 하였다.

차 례

제3부 여섯 가지 성격적응 유형 모델의 진단

제4부 라포를 형성하고 유지하기

제5부 개인적인 변화로의 초대

제6부 성격적응 유형 모델의 적용

제7부 임상장면에서의 성격 변화–치료의 실제 축어록

제1부
입 문

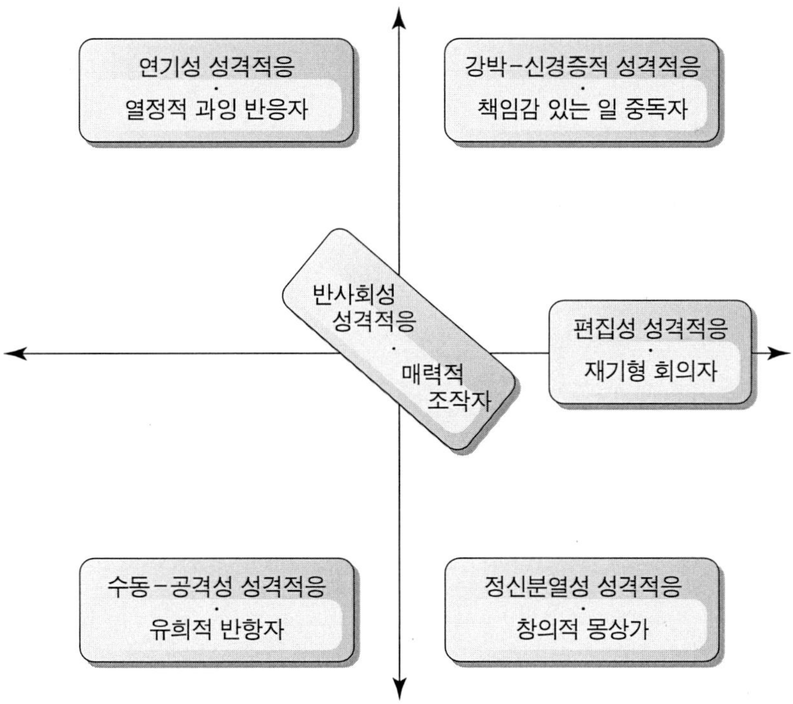
연기성 성격적응
·
열정적 과잉 반응자
강박-신경증적 성격적응
·
책임감 있는 일 중독자
반사회성
성격적응
·
매력적
조작자
편집성 성격적응
·
재기형 회의자
수동-공격성 성격적응
·
유희적 반항자
정신분열성 성격적응
·
창의적 몽상가

 01

여섯 가지 성격적응 유형 모델의 소개

예전부터 인간은 각기 다양한 성향 때문에 많은 매력을 지닌 존재로 불려 왔다. 우리는 왜 인간은 서로 다른 행동을 하는가에 대해 연구를 해 왔다. 인간이 왜 그렇게 행동하는지를 이해하는 것은 매우 어려워 보인다. 때로는 나와 다르게 행동하는 인간에 대해 '정도를 벗어났다'거나 '정신 없는 사람'으로 매도하는 경우도 있다. 또는 적어도 영리한 사람은 아닐 것이라 여기곤 한다.

세월이 지나면서 인간은 개인의 다양성을 이해하는 많은 방법을 찾아냈다. 인간에 대한 이해를 돕기 위하여, 많은 과학자와 심리치료사는 성격모델을 개발해 왔다. 즉, 각 개인의 성격에 대한 정체성을 찾아내기 위하여 수많은 사람에 대한 분석과 분류의 방법을 실행해 온 것이다. 이러한 것은 성격의 요소로서 인간의 행동 특성과 한 개인의 발달 과정을 포함한다. 이렇게 연구된 것은 특별한 모델 관점을 통해서 '성격(personality)'을 포함한 개념으로 정의된다. 우리 각각은 독특한 성격 특성의 조합으로 이루어져 있다. 이것은 한 개인이 다른 인간과의 유사점과 차이점을 모두 포함한 총체적인 개념이라는 것이다.

이 책은 단지 하나의 성격모델을 소개하고자 하는 것이다. 이 모델을 통하여 심리치료, 의사소통 그리고 인간을 이해하는 데에 아주 강력하게 도움을 받을 수 있다는 사실을 발견하였다. 그것은 바로 '성격적응 유형(personality adaptation) 모델'이다.

성격적응 유형 모델 이해의 핵심

이 모델은 다음의 다섯 가지 기본 전제를 가지고 있다.

① 우리는 여섯 가지 기본적인 성격적응 유형을 분명히 하려고 한다. 이것은 유전적인 프로그래밍과 인생 초기에 경험한 결과로 발생되는 개인의 발달이다.
② 이러한 성격적응 유형은 모든 사람이 보편적으로 몇 가지를 조합해서 지니고 있다.
③ 각각의 사람은 적어도 하나의 '생존적(surviving)' 적응과 다른 사람을 위해 선택한 '실행적(performing)' 적응을 가지고 있다.
④ '생존적' 적응은 환경에 대한 신뢰가 깨질 무렵 자기 자신을 보호하기 위해 개발된 것이고, '실행적' 적응은 가족 안에서의 기대를 충족시키기 위해 개발된 것이다.
⑤ 이러한 성격적응 유형에 대한 정보는 심리치료사나 상담자에게 보다 빨리 라포를 형성할 수 있도록 인도할 것이다. 또한 내담자의 방어기제를 피하고, 내담자가 가장 효과적으로 변화할 수 있는 영역으로 상담자가 개입할 수 있도록 도와줄 것이다.

성격모델의 기원

우리가 소개하는 성격적응 유형 모델은 두 명의 혁신적인 연구자의 노력으로 발전되었다. 한 사람은 정신병리학자이자 심리치료사인 폴 웨어(Paul Ware, MD)이고, 또 한 사람은 임상심리학자겸 심리치료사이자 경영전문가인 타이비 칼러(Taibi Kahler, PhD)다. 이 이론은 웨어(1978, 1983)와 칼러(1972, 1982, 1999, 2000), 그리고 칼러와 카퍼스(Kahler & Capers, 1974)에 의해 시작되었고, 밴 조인스(Vann Joines, 1986, 1988)에 의해 발전되었다.

웨어는 자신의 프로그램에 참석한 청년들을 치료하면서 여섯 가지의 적응방식을 관찰하였다. 그는 한 개인이 자신의 원가족 안에서 살아남기 위해서, 또는 가족의 기대에 부응하기 위해서 적응하는 여러 가지 방식이 있다는 사실을 이론화하기 시작하였다. 이러한 적응 방식은 건강하다거나 병리적인 것을 의미하는 것이 아니고, 단지 적응 유형일 뿐이다.

칼러는 교류분석의 이론적인 몇 가지 개념과 조사 방법론을 기초로 하여, 다양한 성격 측면을 검사할 수 있는 검사지를 만드는 작업을 계속해 왔다(Kahler, 1972). 특히 그는 '사람은 무엇을 하는가?'라는 성격의 내용(content)뿐 아니라, '어떻게 사람은 행동하는가?'라는 성격의 과정(process)에 대해서도 많은 관심을 지니고 있었다. 이러한 조사를 기본으로 칼러는 여섯 가지의 서로 다른 성격 패턴을 구별하기 시작하였다.

그의 모델은 여섯 가지 성격적응 유형뿐 아니라 성격 과정에 대한 다양한 측면을 기술한다. 그중 중요한 개념은 어떤 한 개인의 성격적응 유형을 빠르고, 신뢰할 만하게 진단할 수 있는 의미 있는 단서를 제공하는 다섯 가지 명확한 행동 패턴이다. 이러한 다섯 가지 행동 패턴을 '드라이버 행동(driver behaviors)'이라고 말한다. 칼러는 '어떻게 사람은 행동하는가?'에 강조점을 두었기 때문에, 자신의 이론을 '과정모델(Process Model)'이라 지칭하였다. 우리 또한 이 책에서 이 명칭을 사용한다.

웨어와 칼러는 각각 독립적으로 연구를 진행했음에도 불구하고, 곧 자신들의 연구 성과물을 나누기 시작하였다. 칼러는 "우리는 다른 방면에서 연구를 시작했지만, 둘 다 같은 통로를 지나고 있었다."(Kahler, 1999)라고 말하였다.

조인스는 웨어와 칼러가 확인해 온(부록 B와 C 참조) 여섯 가지 성격적응 유형을 사정하기 위해서 관련된 검사지를 개발하였다. 이 검사지를 활용한 그의 연구는 성격적응 유형이 현실 속에서 존재한다는 것을 말해 준다. 또한 대부분의 사람은 모든 성격적응 유형 행동을 사용하지만, 각 사람은 웨어에 의해 제시된 생존하기(surviving) 위한, 그리고 실행하기(performing) 위한 차원에서 자신이 선호하는 유형이 있다는 사실을 지지하고 있다. 그리고 조인스는 치료 및 훈련, 다른 심리치료사의 슈퍼비전을 기본으로 하는 자신의 작업을 통하여 성격적응 유형과 관계된 많은 추가된 통찰을 제시해 주고 있다. 이 책에서 우리는 당신과 함께 이러한 통찰을 나누고자 한다.

여섯 가지 성격적응 유형

여섯 가지 성격적응 유형과 관련된 저널의 논문을 통해, 웨어(1983)는 전통적인 정신병리학에서 이끌어 낸 여섯 가지 성격적응 유형 용어를 각각 언급하였다. 성격적응의 공식적인 용어는 다음과 같다.

- **Hysteric*(연기성 성격적응)**
- **Obsessive-Compulsive(강박-신경증적 성격적응)**
- **Paranoid(편집성 성격적응)**
- **Schizoid(정신분열성 성격적응)**
- **Passive-Aggressive(수동-공격성 성격적응)**
- **Antisocial(반사회성 성격적응)**

'적응'과 '장애' 이 모델에서 사용되는 성격적응 유형들 사이의 차이점이 매우 중요한 것처럼, 『DSM-IV-TR』(American Psychiatric Association, 2000)과 같은 진단 매뉴얼 목록에 있는 성격장애와의 구별도 중요하다.

『DSM-IV-TR』의 성격장애 개념은 성격적응 유형의 측면에서 가장 부정적이거나 역기능적인 측면을 진단적인 분류를 통해서 나타낸다. 대조적으로, 성격적응 유형의 개념은 한 인간의 균형적인 면을 나타내기 위해서 부정적인 측면과 더불어 고려되어야 할 긍정적인 측면을 이야기하고 있다. 이러한 성격적응 유형은 한 개인이 자신의 원가족 안에서 적응하기 위해 어떻게 살아남았고, 가족 구성원의 기대에 어떻게 부응하였는가에 대한 인식을 하는 데 가장 큰 관점을 제시하고 있다.

그러므로 성격적응 유형의 개념은 성격장애로 제한되는 것이 아니라, 최고로 건강한 상태에서 완전히 역기능하는 상태까지 정신건강 스펙트럼을 통하여 어디서든지 볼 수 있는 것이다. 다시 말해, 성격장애가 좀 더 병리적인 측면을 나타낸다면 성격적응 유형은 단지 한 개인의 적응하는 방식을 나타낸다는 것이다.

---

*) 이 책에서 우리는 좀 더 일반적으로 사용되는 용어를 사용하기 때문에, 'histrionic'이란 용어를 웨어의 'hysteric'으로 대체하였다.

어떤 성격장애는 성격적응 유형과 완전히 같을 수 있고, 어떤 성격장애는 성격적응 유형과 정도가 다를 수 있으며, 또한 어떤 성격장애는 서로 다른 성격적응 유형의 조합일 수도 있다. 그러나 모든 성격장애 안에서는 성격적응 유형의 부정적인 측면을 이야기하고 있으며, 이것은 한 개인이 세상을 살아가는 데 만성적이며 역기능적으로 사용하고 있는 것이다(제7장에서 좀 더 자세히 성격적응 유형과 DSM-IV-TR 분류체계와의 관계를 다룰 것이다.).

일상적인 용어 한 개인이 보여 주는 성격적응 유형은 매우 건강하거나 정신병리의 연속선상에 있음을 보여 주기도 한다. 이것은 성격적응 유형 모델의 가장 핵심적인 개념이다.

웨어가 선택한 성격적응 유형의 초기 이름은 전문용어에 대한 문제점에서 도출하였다. 정신병리전문가는 기본적인 진단 매뉴얼에 익숙해져 있기 때문에, 웨어의 여섯 가지 성격적응 유형 이름은 단지 전통적인 성격장애 분류를 의미하는 것으로 비춰졌다. 따라서 전문가들은 각각의 성격적응 유형 이름을 단지 정신병리의 역기능적인 면과 기능적인 면의 연속성 개념으로 해석할 뿐이었다.

이러한 문제에 대하여 칼러(1997c, 2000)와 조인스(1986)는 웨어의 초기 성격적응 유형 이름을 일상적으로 쓰이는 용어로 발전시켰다. 이 책에서 우리는 웨어가 명명한 전통적인 정신병리 이름과 함께 조인스의 여섯 가지 이름을 사용할 것이다. 조인스의 여섯 가지 이름은 성격적응 유형의 긍정적 · 부정적 측면을 모두 제시하고 있다. 각각의 성격적응 유형은 독특한 적응 방식을 나타내고 있을 뿐만 아니라 건강과 역기능의 연속선상에 있는 한 점을 말하고 있는 것이다.

- **열정적 과잉 반응자**(Enthusiastic-Overreactor = **연기성 성격적응**)
- **책임감 있는 일 중독자**(Responsible-Workaholic = **강박-신경증적 성격적응**)
- **재기형 회의자**(Brilliant-Skeptic = **편집성 성격적응**)
- **창의적 몽상가**(Creative-Daydreamer = **정신분열성 성격적응**)
- **유희적 반항자**(Playful-Resister = **수동-공격성 성격적응**)
- **매력적 조작자**(Charming-Manipulator = **반사회성 성격적응**)

여섯 가지 성격적응 유형에 대한 묘사

각각의 성격적응 유형은 독특한 특성을 지니고 있으며, 일관된 행동을 보인다. 당신이 이러한 특성과 행동을 배우게 된다면, 성격적응 유형의 중심에 좀 더 쉽게 접근할 수 있을 것이다. 〈표 1-1〉은 여섯 가지 성격적응 유형의 성격 특성과 행동 묘사를 요약한 것이다.

현실에서 순수하게 한 가지의 성격적응 유형만을 가지고 있는 사람은 없다. 앞서 말했듯이 모든 사람은 적어도 두 개 이상(생존적 적응, 실행적 적응)의 성격적응 유형 특성을 보인다. 그러나 어떤 사람은 특정한 성격적응 유형을 명확하게 보여 주는 경우도 있다. 이런 사람은 성격적응 유형이 '순수(pure)' '이상(ideal)'에 매우 근접한 사람이다. 동시에 이 사람은 다른 적응에서도 정체성을 찾을 것이다.

성격적응 유형을 언급함에 따라, 당신은 가장 당신다운 한 가지의 특성을 인지하게 될 것이다. 또는 당신에게 가장 잘 맞는다고 생각하는 두 가지의 특성을 발견하게 될지도 모른다. 꼭 그렇지는 않지만, 세 가지 또는 그 이상의 특성을 확인하는 것도 가능하다. 각각의 이러한 가능성은 모델의 관점에서 의미 있는 것일 뿐이고, 이 책의 후반부에서 좀 더 자세하게 기술할 내용이다. 당신의 성격적응 유형을 알아보기 위해서, 다음과 같은 것이 고려된다.

- 당신은 스트레스 상황에서 어떻게 하는가?
- 주위 사람의 기대를 충족시켜야 하는 상황에서 당신은 어떤 행동을 하는가?

〈표 1-1〉의 용어는 성격적응 유형 각각의 특성을 가장 간략히 표현한 것이다. 이 장 후반부에는 성격적응 유형에 대해 좀 더 자세한 특성이 열거될 것이다. 이렇게 자세히 기술한 설명도 단지 성격적응 유형 각각을 이해하기 위한 시작일 뿐이다. 후반부로 갈수록 성격적응 유형의 특성에 대해서 재차 설명할 것이다.

성격 특성(characteristics)은 성격 자체를 기술하는 것이고, 행동 묘사(description)는 성격에서 유발되는 행위 또는 행동을 기술하는 것이다.

표 1-1 ● 여섯 가지 성격적응 유형의 요약

성격적응 유형	성격 특징	행동 묘사
열정적 과잉 반응자 (Histrionic)	흥분성, 과잉 반응성, 정서적 불안정, 극적임, 주변의 시선 끌기, 유혹, 에너지가 많음, 타인의 감정에 대한 관심, 상상력	미숙함, 자기중심성, 허영심, 의존성, 유희성, 매력적, 재미있는
책임감 있는 일 중독자 (Obsessive-Compulsive)	순응성, 성실함, 책임성, 신뢰성	완벽주의자, 과잉 억제, 과잉 성실, 공손함, 긴장(쉬는 것이 가장 어려움), 의존할 수 있는, 깔끔
재기형 회의자 (Paranoid)	사고의 경직성, 과장, 투사적, 훌륭한 사고자, 높은 기대, 모든 것에 있어서 최상 지키기, 상세함에 주의 집중	과잉 민감, 회의적, 질투, 시기, 지식 있는, 조심스러운, 의심
창의적 몽상가 (Schizoid)	회피하는 수동성, 백일몽, 회피, 초연, 예술적 · 창의적 사고, 타인에 대한 관심	부끄러움, 과잉 민감, 외향적, 배려, 지지, 유쾌한, 친절한
유희적 반항자 (Passive-Aggressive)	수동-공격성, 증오의 표시, 과잉 의존, 스스로 생각하겠다는 결단, 문제의 양면 비중 고려	방해, 뿌루퉁, 고집 있는, 활기찬, 장난기, 집요한
매력적 조작자 (Antisocial)	갈등(사회의 규칙), 드라마와 같은 흥분 추구, 낮은 좌절 수용력, 고도의 정력, 목표지향, 우월한 독자적 사고	이기적, 무감각, 무책임, 충동적, 매혹적, 카리스마, 공격적, 달변, 촉진, 조작적

우리는 모델의 중심이 되는 두 가지 개념을 당신에게 소개할 것이다. 이 개념은 여섯 가지 성격적응 유형을 이해하는 데 좀 더 자세하게 접근할 수 있는 것들이다.

① 사정모형(Assessing Matrix)

② '문(doors)'으로의 개입

사정모형

[그림 1-1]은 칼러(1996)가 '사정모형'이라 불렀던 도식이다. 이 모형은 시각적인 용어를 사용하여, 모델을 전체적으로 요약해 볼 수 있는 '지도' 역할을 한다.

이 도식은 사분할도로 나뉜다. 수직선은 '능동–수동' 차원을 나타내고, 수평선은 '참여–회피' 차원을 나타낸다. 이러한 용어는 과정모델에서 다음과 같이 매우 특별한 의미로 사용되는 것이다.

- **능동**(Active): 문제 해결을 위해 접근한다. 사회적인 관계를 맺기 위해서 먼저 다가선다.
- **수동**(Passive): 문제 해결을 위해 수동적인 입장을 취한다. 타인이 먼저 다가오기를 기다린다. 타인을 통해 사회적 관계가 형성된다.
- **참여**(Involving): 커다란 집단의 일원이 되는 것을 좋아한다.
- **회피**(Withdrawing): 홀로 있거나 혹은 소수의 사람과 함께 있는 것을 좋아한다.

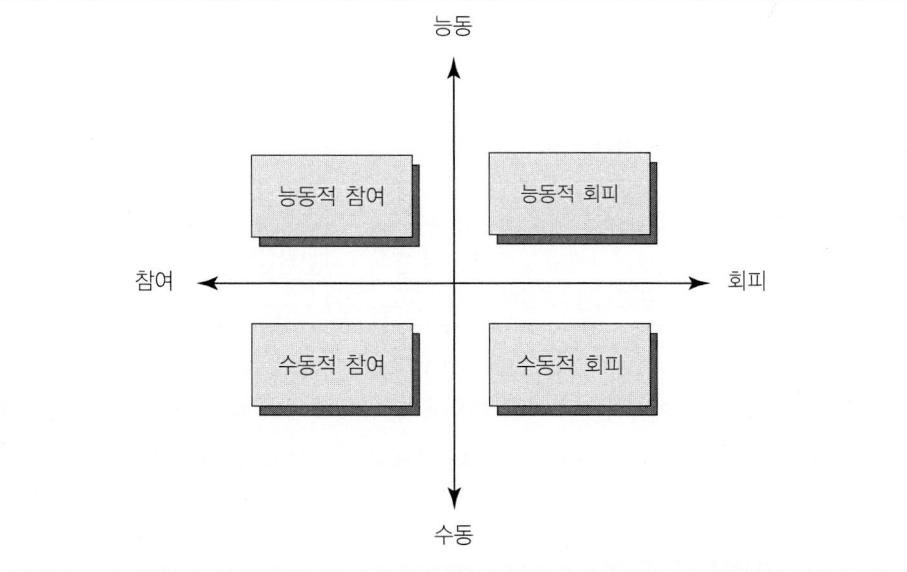

[그림 1-1] 사정모형

그러므로 사정모형은 다음과 같은 의미를 지닌 네 개의 영역으로 나뉜다. 능동적 참여 영역을 시작으로 하여 시계 방향으로 설명한다.

- **능동적 참여**(左上): 문제 해결을 위해 적극적으로 대처한다. 사회적인 상황에서 집단에 속하고자 하거나 주변에 집단을 모은다. 일반적으로 모임을 만드는 사람이다. 고독을 불안전한 것으로 여긴다.
- **능동적 회피**(右上): 문제 해결에 적극적으로 나서고, 사회적인 관계도 먼저 맺으려고 한다. 하지만 한 사람과의 관계 또는 소수의 사람과 관계 맺기를 선호한다. 고독을 행복한 것으로 여긴다.
- **수동적 회피**(右下): 타인이 문제를 해결해 주기를 기다리는 경향이 있다. 먼저 사회적인 관계를 맺기 위한 준비가 없다. 타인이 사회적인 관계를 맺기 위해 접근해야만 반응을 한다. 한 사람과 관계 맺는 것을 선호한다. 고독을 인생 최고의 즐거움이라 여긴다.
- **수동적 참여**(左下): 타인이 문제 해결하는 것을 바라본다. 사회적인 상황에서 먼저 관계 맺기를 시도하지 않지만, 한 집단의 일원이 되는 것을 좋아한다. 만약 집단에서 따돌림을 당한다면, 매우 큰 낙심을 경험한다. 그리고 예상치도 못했던 의사소통의 단절을 시도한다. 이러한 수동적인 태도를 유지함으로써 반동적으로 집단에서 자기를 끌어 주기를 기대한다.

'문'으로의 개입과 '웨어 이론'

폴 웨어(1983)는 접촉할 수 있는 '문(Door)'에 대한 개념을 창안하였다. 웨어는 각 성격적응 유형은 세 가지의 접촉 영역을 가지고 있다고 하였다. 그것은 사고(Thinking), 감정(Feeling), 행동(Behaviour)이다.

사람은 처음에 접촉할 수 있는 구별되는 영역을 지니고 있다. 처음 접하게 되는 이 영역을 웨어는 '개방문(Open Door)'이라 칭하였다. 이곳은 개인에게서 가장 많은 에너지가 집중되어 있는 곳이다.

개방문을 통한 접촉이 잘 이루어진 후에는 두 번째 영역인 '표적문(Target Door)'

으로 이동할 수 있다. 이 영역은 치료를 통한 변화를 만들어 내기 위해서 통합이 필요한 곳이다.

세 번째 문은 '함정문(Trap Door)'이다. 이 영역은 가장 큰 방어기제가 있는 곳이다. 그러므로 너무 일찍 이 영역과 접촉했을 경우, 관계가 쉽게 깨질 수 있는 곳이다. 또한 이 영역은 치료의 결과로서 가장 의미심장한 변화를 볼 수 있는 곳이기도 하다.

성격적응 유형에 따라 세 가지 접촉문은 다양하게 나타난다. 예를 들어, 주요 성격적응 유형이 재기형 회의자(Paranoid)인 사람은 개방문이 사고이고, 표적문이 감정이며, 함정문이 행동이다. 대조적으로 창의적 몽상가(Schizoid)의 개방문은 행동이고, 표적문은 사고이며, 함정문은 감정이다.

우리는 계속적으로 웨어의 세 가지 접촉문에 대해 자세하게 기술할 것이며, 인간의 변화를 돕는 데 이것을 어떻게 체계적으로 적용할 것인가를 보여 줄 것이다.

여섯 가지 성격적응 유형에 대한 간단한 개요

지금부터 여섯 가지 성격적응 유형에 대해 기술하고자 한다. 당신은 성격적응 유형을 기술한 내용을 보면서 자신을 가장 잘 나타내고 있는 것을 찾으려 할 것이다. 또한 당신의 내담자에 대한 성격적응 유형을 생각할 것이고, 여섯 가지 성격적응 유형에 대한 각각의 특징을 좀 더 세밀하게 정리할 것이다. 각각의 성격적응 유형에 대해 우리는 다음과 같은 순서로 기술할 것이다.

① **타인에 대한 반응(참여/회피)**: 타인과 사회생활을 하면서, 개인은 관계를 맺거나 특별히 어떤 집단에 '참여'하는 경향이 있다. 또는 아예 '회피'하는 경우도 있다. 당신은 모델을 통해 회피라는 개념이 한 인간이 존재하는 데에서 반드시 필요한 것이 아니라는 것을 생각할 수 있다. 그러나 때때로 필요한 것이라 여기기도 한다. 또한 이것은 커다란 집단에 소속되는 것보다는 타인과 일대일로 관계 맺는 것을 선호하는 것을 의미한다.

② **문제 해결에 대한 반응(능동/수동)**: 문제 해결과 사회적인 관계를 맺을 때에 '능

동' 적으로 접근하는 사람이 있다. 다른 말로 '스스로 시작하는 사람(Self-starter)' 이다. 이는 자기가 해결점을 찾는 것을 좋아하는 사람이다. 반면에 타인이 먼저 나서 주기를 선호하는 '수동' 적인 접근을 하는 사람이 있다.

③ **긍정적인 성격**: 긍정성에 대해 이야기할 때, 이것은 매우 주관적인 문제일 수 있다. 한 사람의 긍정성은 다른 사람의 부정성을 의미할지도 모른다. 그럼에도 불구하고, 이 모델을 통해 수년간 작업을 하면서 우리가 자주 관찰해 왔던 각각의 성격적응 유형에 대한 '긍정성' 을 기술하고자 한다.

④ **어려움을 겪게 되는 영역**: 각각의 성격적응 유형마다 자신을 문제 상황으로 몰고 가는 전형적인 방식이 있다. 여기에서 이것을 단정적으로 다루려는 것이 아니라, 성격적응 유형 모델을 통해 작업하면서 우리가 경험했던 것을 간단하게 기술하고자 한다.

⑤ **세 가지 문 접촉을 통한 결과**: 앞에서 잠시 언급했듯이, 성격적응 유형마다 접촉할 수 있는 세 가지의 문이 있다. 그것은 사고, 감정 그리고 행동이다. 각각의 성격적응 유형은 이 중의 하나를 '개방문' 으로 사용한다. 개방문은 가장 많은 에너지가 집중되어 있는 곳이며, 맨 처음 접촉할 수 있는 곳이다. 두 번째 영역은 치료 과정에서 변화를 일으키기 위해 통합이 필요한 '표적문' 이다. 마지막으로, 세 번째 영역은 '함정문' 이다. 이곳은 가장 큰 방어기제가 있는 곳이다. 일반적으로 이곳에서 가장 의미 있는 변화가 일어난다. 그러나 그것은 표적문과의 작업을 통해 발생한다. 만약 함정문으로 바로 접근한다면, 내담자와 치료자 모두 관계의 단절을 맛보게 될 것이다.

⑥ **성격적응 유형에 따라 아동기 때 받아들인, 일반적으로 제한된 메시지**: 다른 여타 심리치료 접근법과 마찬가지로, 교류분석은 한 사람의 성격이 만들어지기까지 아동기의 영향을 가장 의미 있게 받아들인다. 그중에서 아동기 때, 부모나 양육과 관련된 타인으로부터 받게 되는 메시지에 특히 중점을 둔다. 이러한 몇 가지 메시지는 한 개인을 자유롭게 하고 성장을 도모하기도 하지만, 다른 메시지는 성장을 제한하는 역할을 하기도 한다. 이것에 대해서는 제4장 '각본 메시지' 에서 좀 더 자세히 다룰 것이다.

⑦ **심리치료와 상담에서 드러나는 가장 중요한 주제의 요약**: 각 성격적응 유형은 매

우 독특하기 때문에 개인의 변화를 위한 주제 또한 매우 독특하다. 그러나 경험을 통해서 보면, 각 성격적응 유형마다 변화를 위한 주제가 일반적으로 고정되어 있다. 이러한 지식을 통하여, 상담이나 심리치료 중에 일어날 수 있는 개인의 변화 주제에 대해 신뢰를 가지고 접근할 수 있다.

열정적 과잉 반응자(연기성 성격적응)

연기성 성격적응 유형을 가진 사람은 타인의 시선을 끌려고 한다. 이들은 '사람과 사람 사이'의 관계를 중시하며, '인생을 파티의 연속'으로 여긴다. 그리고 문제 해결을 위해서는 먼저 해결하려 하는 자세를 취하며, 타인에게도 먼저 다가서는 경향이 있다. 그러므로 연기성 성격적응 유형은 사정모형의 사분할도 중에서 '능동적 참여' 영역에 위치한다.

연기성 성격적응 유형의 사람은 타인에게 정서적인 책임감을 느낀다. 이들은 자주 주변 사람으로부터 '따뜻하다'거나, '재미있는 사람'이란 말을 듣는다. 또한 사교적이고, 대접하기를 즐겨 하며, 주변 사람을 즐겁게 만든다. 이들은 다른 사람도 자신처럼 되기를 바란다. 이들은 훌륭한 집주인이며, 공적인 관계나 공적인 모임에서 어떠한 위치라도 잘 해 나갈 수 있다. 또한 시선 끌기를 좋아하지만, 때로는 시선을 끄는 것과 사랑을 동일화하는 경향도 있다.

이들이 어려움에 빠지는 경우를 보면, '과잉반응'을 하는 경우다. 생각이나 행동보다 급격해지는 감정에 의해 문제가 발생하는 것이다.

연기성 성격적응 유형은 '감정(개방문)'을 통해서 외부 세계와 관계를 맺는다. 이들은 감정을 가지고 '사고(표적문)'와 통합할 필요가 있다. 감정을 통한 사고와의 통합이 이루어짐에 따라, 이들의 '행동(함정문)'은 변화가 일어날 것이다. 그 행동의 변화란 바로 특정 상황에서 과잉반응을 중지하는 것이다.

그러나 행동 영역에 바로 직접적으로 접촉하면, 그 목표를 달성할 수가 없다. 왜냐하면 이들의 행동 영역은 자신이 가장 약한 부분이라 느끼고 있는 부분이며, 가장 많은 방어기제가 존재하는 곳이기 때문이다. 이 방어기제는 아동기 때의 심리적인 메시지를 통해 발달한 것이다. 이들은 자신이 긍정(OK)이 되기 위해서는 '타인을 기쁘게 하라(Please other).'는 메시지에 따라야 했으며, 어떻게 하면 다른 사람을 기쁘게 할 수 있는지 잘 알 수 있게 되었다.

열정적인 과잉반응 적응을 하는 사람과 초기 관계를 맺기 위해서는 양육적이고 유희적인 모습으로 이들의 감정 영역을 통해 접근하는 것이 좋다. 그다음 단계는 문제 해결을 위해서 이들의 사고 영역에 접근한다. 관계를 지속적으로 유지하기 위해서는 행동 영역을 피하는 것이 좋다.

상담 시 이들에게 가장 중요한 주제는 타인이 자신에게 관심을 보이지 않더라도 당신 스스로는 중요한 존재며, 사랑받을 만한 가치가 있다는 것을 수용하는 것이다. 그리고 자신이 감정적으로 사실이라고 느낀다고 해서, 그것이 객관적인 사실이 될 수 없다는 것도 알아야만 한다. 이들은 자신이 가지고 있는 사고 능력에 대해 인정받을 필요가 있으며, 그것을 주장할 수 있는 방법을 배울 필요가 있다.

책임감 있는 일 중독자(강박-신경증적 성격적응)

강박-신경증적 성격적응을 하는 사람은 타인과의 관계에서 회피하는 경향이 있다. 이들은 혼자 있을 때 행복해한다. 또한 사회적인 관계를 가지려고 할 때, 일대일 또는 두세 명 정도의 타인과 관계를 맺는다.

이들은 문제 해결을 할 때에는 능동적이다. 문제 해결이 필요한 사회적인 상황에서는 타인이 먼저 접근하는 것을 기다리는 것보다 자신이 먼저 해결하려 했을 때 행복감을 느낀다. 그러므로 책임감 있는 일 중독자는 사정모형의 사분할도 중에서 '능동적 회피' 영역에 배치된다.

강박-신경증적 성격적응은 자신의 말에 대해 책임지는 사람이다. 이들은 자신이 할 수 있다고 말한 것은 무슨 일이든 해내는 멋진 사람이다. 또한 사회를 유지하는 기둥 같은 존재라고 말할 수 있다.

이들이 일반적으로 겪는 어려움은 과도한 책임감이 필요 없을 때에도 발휘된다는 것이다. 이들은 자주 일 중독자가 된다. 문제는 자신이 이룩해 놓은 것을 즐기지 못한다는 것이다. 왜냐하면 자신을 느슨하게 하거나 즐기거나 재미있어야 한다는 것에 자신을 흔쾌히 내려놓지 못하기 때문이다.

이들이 세상과 접촉하는 곳은 '사고(개방문)'다. 그 후에 사고를 통한 '감정(표적문)'과의 통합이 필요하다. 가장 커다란 변화는 이들의 '행동(함정문)'에서 일어난다. 단, 사고와 감정의 통합을 통해서만 가능하다. 행동의 변화란, 늘 일하는 것을 멈추고 긴장을 풀며 재미와 놀이를 배우는 것이다.

이러한 긴장완화가 직접적인 행동 영역으로의 접근에 의해서 성취되는 것은 아니다. 행동 영역은 이들에게 가장 약한 곳이다. 이들이 아동기 시절에 긍정(OK)이 되기 위해서 받은 메시지는 '완벽하라(be perfect)'라는 것이다. 그래서 이들은 완벽하게 되기 위해 가능한 최선을 다한다.

이들과 첫 번째 관계를 맺어야 하는 영역은 사고다. 그다음에는 보호적이고 유희적으로 감정을 이끌어 내는 것이다. 관계가 쉽게 단절될 수 있기 때문에 행동 영역으로의 접근은 피하는 것이 좋다.

상담 시 이들에게 가장 중요한 주제는 자신이 비록 완벽하지 않더라도 자신은 '충분히 인정받을 사람'이라는 것을 수용하는 것이다. 그리고 '일(do)'보다는 '존재(be)'하기 위한 것을 배워 나가는 것이다. 또한 이들은 자신이 무엇을 해야만 하는가에서 벗어나, 자신이 어떻게 해야 좋은 느낌을 가질 수 있는지를 배울 필요가 있다.

재기형 회의자(편집성 성격적응)

재기형 회의자이자 편집성 성격적응을 가지고 있는 사람은 강박-신경증적 성격적응을 하는 사람과 마찬가지로, 타인과의 관계에서 회피하는 경향이 있다. 이들은 혼자 있거나 한두 명의 사람들과 관계 맺기를 선호한다.

그러나 편집성 성격적응을 하는 사람은 문제 해결이 필요한 경우 중립적인 위치를 고수하는 경향이 있으며, 때로는 타인과의 관계를 먼저 맺기도 한다. 이들은 스스로 먼저 활동하는 것과 타인이 먼저 움직이는 것을 기다리는 빈도가 거의 비슷하다. 그러므로 편집성 성격적응은 사정모형의 사분할도에서 '능동적 회피'와 '수동적 회피' 영역을 가르는 오른쪽 선 위에 걸쳐 있다.

재기형 회의자는 매번 세세하게 따지는 경향이 있다. 편집성 성격적응을 하는 사람은 회계, 경영, 법률, 그리고 세심한 사고능력이 요구되는 영역에서 그 능력을 발휘한다. 또한 이들은 거의 실수를 하지 않기 때문에 훌륭한 조직가이기도 하다. 이들은 조정과 통제에 관심이 많다.

이들이 어려움에 처하는 경우는 자신의 관점을 진실이라고 믿는 반면, 객관적인 현실을 왜곡한다는 것이다. 그리고 어떠한 확인 작업도 없이 이러한 왜곡된 내용을 행동으로 옮긴다.

이들이 세상과 접촉하는 영역은 '사고(개방문)'다. 이들에게는 사고와 함께 '감정(표적문)'을 통합할 필요가 있다. 사고와 감정의 통합을 통해서, 이들의 '행동(함정문)'에 변화가 발생한다. 이들은 타인을 의심하지 않게 되고, 편안한 마음을 갖게 된다.

이와 같은 이완은 이들의 행동을 직접 취급해서는 효과를 볼 수 없다. 왜냐하면 이들은 행동 영역이 가장 약하기 때문이다. 아동기 때 이들이 긍정(OK)이 되기 위해서 받은 메시지는 '완벽하라(be perfect)'는 것과 '강하라(be strong)'라는 것이다. 그래서 이들은 완전해지고, 강해지기 위해 모든 노력을 한다. 이들과의 접촉은 사고를 통해서 먼저 시도하고, 그다음에 문제 해결을 위해 감정으로 접근해야만 한다. 계속적인 관계를 위해서 행동으로의 접근은 피해야만 한다.

상담 시 이들에게 가장 중요한 주제는 타인을 신뢰하는 것이며, 자기 자신의 통제를 일부 포기하도록 돕는 것이다. 그리고 자신의 생각이 늘 옳다는 생각을 넘어서서, 타인과 함께 그 타당성을 검증하는 방법을 배우는 것이다.

창의적 몽상가(정신분열성 성격적응)

정신분열성 성격적응을 지닌 사람은 타인과의 관계에서 회피 입장에 있다. 이들은 혼자 있을 때 행복해한다. 그리고 문제 해결 과정에서 수동적인 태도를 취하며, 사회적인 상호작용에서도 타인이 '먼저 다가와 주기'를 원한다. 그러므로 창의적 몽상가는 사정모형의 사분할도에서 '수동적 회피' 영역에 위치한다.

이들은 매우 창의적인 사고력을 지니고 있으며, 많은 예술적 영역(예, 건축가, 극작가, 시인, 예술가 등)에 종사한다. 많은 인내를 요구하는 일과 자신이 상상한 것을 구현하는 데에서 탁월한 일꾼이다. 이들은 친절하고, 함께 지내기 편한 지지적인 사람으로 타인의 생활공간을 존중한다. 이들의 문제점은 가끔 자신만의 공상에 사로잡히고, 자신의 생각을 행동에 옮기지 못한다는 것이다.

이들은 세상과의 접촉을 '행동(개방문)'을 통해서 한다. 이들이 사용하는 행동은 '회피하는 수동'이다. 이들은 사람 앞에 잘 나타나지 않고, 어떤 동요도 일으키지 않는다. 이들은 자신의 행동을 통해 '사고(표적문)'와 통합될 필요가 있다. 이들의 사고와 행동이 통합됨에 따라, 욕구 충족을 위한 실질적인 행동을 하게 됨으로써 이들의 '감정(함정문)'에 변화가 생긴다. 이들은 생동감을 갖게 되고, 에너지가 충만해지며, 좋은 감정을 느끼게 된다.

좋은 감정을 갖게 하기 위해서 감정 자체를 취급하면 효율적인 결과를 얻기 어렵다. 왜냐하면 감정 영역에서 가장 큰 취약점이 이들에게 노출되어 있기 때문이다. 아동기 때, 긍정(OK)이 되기 위해 받은 메시지는 '강하라(be strong)'라는 것이다. 사실, 이 메시지는 어린아이의 감정과 욕구를 버리라는 의미와 크게 다를 바 없이 작용한다. 그래서 이들은 강해져야만 했고, 감정을 표현하지 않도록 모든 노력을 기울일 수밖에 없었다. 만약 어떤 사람이 감정 영역을 통해 직접적으로 이들과 접촉한다면, 이들은 빠르게 부정적인 감정에 휩싸이게 될 것이다.

이들과 관계를 맺기 위해서는 먼저 회피하는 행동에 직면하는 것이 좋다. 그다음 이들의 사고와 통합이 필요하고, 그에 따라 이들은 자신의 욕구를 만족시키기 위하여 행동을 취할 것이다. 이들의 감정에 직접적으로 대면하는 것은 피해야 한다.

상담 시 이들에게 가장 중요한 주제는 타인을 잘 지지해 주는 것과 마찬가지로, 자신 또한 잘 지지할 수 있어야만 한다는 것이다. 그리고 타인의 삶의 공간을 인정하듯이 자신의 삶의 공간을 확보하도록 주장하는 것이다. 자신이 가지고 있는 감정과 욕구는 원래 긍정(OK)이며, 타인 또한 자신의 감정과 욕구에 관심을 갖도록 기대하는 것도 좋다는 사실을 배우는 것이다.

유희적 반항자(수동-공격성 성격적응)

수동-공격성 성격적응을 가진 사람은 타인과의 관계에서는 매우 활동적이다. 이들은 집단의 한 구성원인 것을 즐긴다. 그러나 문제 해결에서는 수동적인 입장을 취한다. 이것은 여러 상황에서 이들이 관계적인 측면을 더 선호한다는 것을 의미한다.

그러므로 유희적 반항자는 사회에 적응할 때 수동적인 공격성을 발휘한다. 예를 들어, "여긴 정말 방이 더운데!"라고 말하면서 자신은 아무것도 하지 않고 타인이 무엇인가를 해 주기 바라는 경우다. 이들은 유희(놀이)를 할 수 있으나, 타인의 통제에 대하여 강하게 저항(간접적 또는 소극적)한다. 이러한 수동-공격성 성격적응의 행동 패턴에 따라 사정모형의 사분할도에서 '수동적 참여' 영역에 위치한다.

유희적 반항자는 훌륭한 탐정가, 조사관, 평론가가 될 수 있다. 어떤 상황에서 무엇인가 잘못되는 것이 나타나면, 이들이 제일 먼저 그 사실을 지적한다. 그러나 이들의 문제는 아무 쓸데없는 투쟁을 한다는 것이다. 이들은 자신을 통제하는 사람이 없는 상황에서도 통제에 대항하여 싸운다. 이들은 세상과의 접촉을 수동적 공격성을 지닌 '행동(개방문)'을 통해서 한다. 이들의 성격에서 통합되어야 할 부분은 '감정(표적문)'이다. 이들의 감정을 행동과 통합시킴으로써 '사고(함정문)'에 변화를 가지고 올 수 있다. 결국, 어떤 상황에서라도 '이것 아니면 저것(either/or)'이라는 투쟁의 장으로 보지 않게 되는 것이다.

사고를 변화시키기 위해서 사고 자체를 직접 취급하는 것은 효율적이지 못하다. 그 이유는 이들이 사고에서 최대의 취약점을 노출시키기 때문이다. 아동기 때, 긍정(OK)이 되기 위해서 받은 메시지는 '열심히 하라(try hard)'는 것이다. 이 메시지의 의미는 '열심히 노력하라. 그러나 실제적으로 행동하지는 마라.'다. 이들은 사고 영역에서 최선을 다해 열심히 노력하고 있지만, 행동이 따르지 않아 그 결과로 고통을 겪게 된다.

초기에 관계를 맺기 위해서는 약간의 유희적 놀이를 통한 접근이 효과적이다. 다음에는 양육적인 태도로 감정에 접근하고, 이들이 원하는 것이 무엇인지를 알아내야 한다. 이들의 사고에 직접적으로 접근하는 일은 삼가야 한다.

상담 시 이들에게 가장 중요한 과제는 문제를 볼 때, '이것 아니면 저것'이라는 준거 틀을 제거하도록 하는 것이다. 그리고 현실세계에서 생존하기 위해 굳이 투쟁할 필요가 없다는 사실을 받아들이는 것이다. 또한 자신이 원하는 것이 무엇인지를 직접 요구하도록 하며, 여기에 대하여 타인이 협력적이라는 사실을 체험할 필요가 있다. 타인과 의견을 달리할 수 있는 자유를 갖도록 하며, 차이가 있다고 해도 긍정(OK)임을 경험해야만 한다.

매력적 조작자(반사회성 성격적응)

반사회적 성격적응을 하는 사람은 타인과 활동적으로 관계 맺고 문제 해결에 능동적이기도 하지만, 또한 타인으로부터 회피하거나 문제 해결에 수동적인 모습을 보이기도 한다. 그러므로 사정모형 사분할도에서 반사회성 성격적응은 '능동적 참여' 영역과 '수동적 회피' 영역에 걸쳐 자리를 잡고 있다.

반사회성 성격적응을 가진 사람은 타인과의 관계에서 능동적인 공격성을 보인다. 또한 이들은 매우 매력적이다. 이들은 위협을 하거나 유혹을 하여 자신이 원하는 것을 취하려고 한다. 그리고 외부의 자극을 추구한다. 이들은 판매업에서 성공하며, 기금 모금이나 새로운 프로젝트를 시작하는 일을 잘한다. 카리스마가 있어서 정치에 진출하기도 하고, 다른 공공 영역에서 영향력을 발휘하기도 하며, 훌륭한 기업가가 되기도 한다.

이들이 겪는 어려움은 자신이 원하는 것을 직접 얻을 수 없을 때, 상황을 조작하거나 타인을 이용하는 결과에서 비롯되는 것이다. 그리고 외부에 무엇인가 추구할 만한 '행동'이 없을 때, 스스로 시작하는 데 어려움을 겪는다.

이들은 능동적이며 공격적인 '행동(개방문)'을 통해 세상과 접촉한다. 이들의 행동을 통해 '감정(표적문)'과 통합해야 한다. 이들의 감정과 행동을 통합함으로써, '사고(함정문)'에 변화를 가지고 올 수 있다. 이러한 사고의 변화란, 현 시점에서 단지 모든 사람을 꾀로 이기려하기보다 먼 장래의 결과를 고려하기 시작한다는 것이다.

이들의 사고 영역에 처음부터 직접 접근하는 것은 장기적인 사고로의 변화를 가지고 오는 것에 효과적이지 못하다. 사고 영역이야말로 이들에게 가장 취약한 영역 때문이다. 긍정적인 존재가 되기 위해서 이들이 아동기 때 받게 된 메시지는 다른 모든 사람보다 한 수 더 앞서 봐야 한다는 것이다. 이들은 그렇게 해야 세상을 살아갈 의미가 있다고 생각한다.

이들과 초기에 관계를 맺기 위해서는 타인을 바보로 만들려는 의도를 유희적으로 노출시킴으로써 접촉하는 것이 좋다. 그다음에는 앞서야만 얻을 수 있다고 생각하는 것에서 진정으로 자신이 원하는 것이 무엇인지 깨닫도록 하는 것이다. 그리고 이들의 영특한 사고 속에 붙잡히지 않도록 피해야만 한다. 사고 영역에서 이들은 상대방을 조작하려 하거나 변화를 피하려 하기 때문이다.

상담 과정에서 나타나는 중요한 주제는 이들에게 성장한 사람은 무책임해서는 안 된다는 사실을 이해하도록 돕고, 현재 자신이나 타인을 이용하거나 거짓된 자신이 되는 것보다 진실한 자아가 되는 것이 훨씬 안전하다는 것을 알도록 하는 것이다. 그리고 타인이 자신의 욕구에 맞추어야 하는 것처럼 자신도 타인의 욕구를 만족시키도록 협동해야 함을 배워야 하는 것이다.

사정모형 위에 배치된 여섯 가지 성격적응 유형

우리는 각각의 성격적응 유형이 사정모형에 어떻게 배치되어 있는가를 지금까지 논의해 왔다. [그림 1-2]에서 이것을 확인해 볼 수 있다.

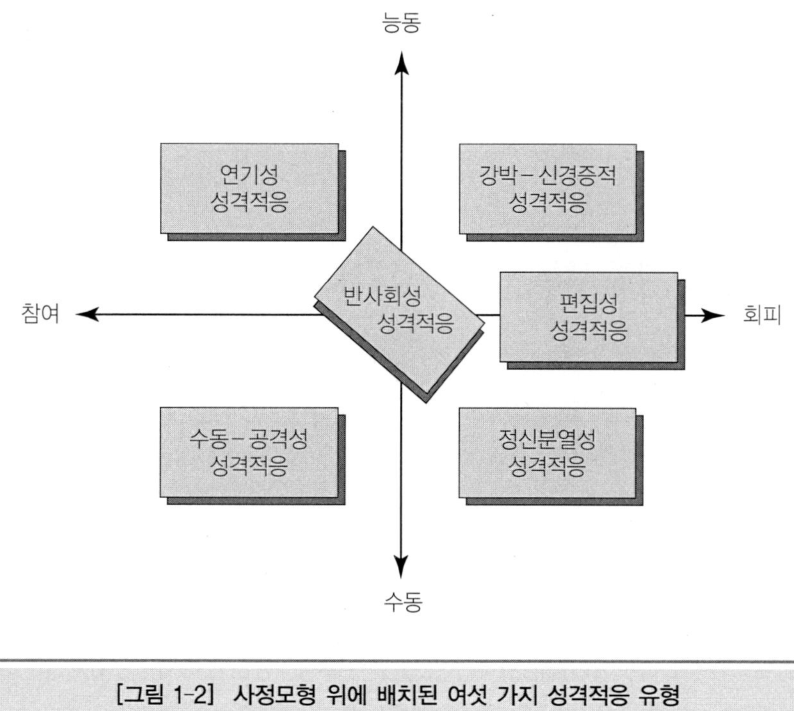

[그림 1-2] 사정모형 위에 배치된 여섯 가지 성격적응 유형

여섯 가지 성격적응 유형을 명확히 하기

제3부에서는 사람의 주된 성격적응 유형이 무엇인지 사정하는 것에 대해 좀 더 자세히 논의할 것이다. 앞서 언급한 각 성격적응 유형에 대한 내용을 중심으로 직관적으로 성격적응 유형을 사정할 수 있음에도 불구하고, 우리는 각 성격적응 유형을 적절히 나타내는 질문이 있는지를 궁금해하였다. 간단히 말하면, 당신은 〈표 1-1〉에서 묘사된 용어를 가지고도 체크해 볼 수 있다. 반면에 이러한 직관적인 접근은 주관적인 해석이라는 여지를 남겨 놓을 수 있다. 즉, 서로 다른 사람은 묘사된 용어에 대해 서로 다른 의미를 부여할 수 있다는 것이다. 그럼에도 불구하고, 이러한 '순간적인 인식(first-glance)' 상담방법은 치료를 위한 유용한 시발점을 제공할 수 있다. 특히 시간이 짧을 경우에는 더욱더 그러하다. 또한 당신은 당신의 직관적인 진단이 이 모델을 사용하면 할수록 더욱더 정확해지는 것을 발견하게 될 것이다.

진단을 더욱 체계적이고 신뢰할 만하게 하기 위해서는 표준화된 검사도구도 필요하다. 부록 B에서 우리는 조인스가 발달시킨 성격적응 유형 검사지에 관한 통계적인 내용을 기술해 놓았다. 검사지 또한 부록 C에 수록해 놓았다.

진단을 위한 다른 내용

이 모델은 성격적응 유형을 진단하는 데 많은 추가적인 방법을 제공한다. 매우 중요한 방법 중의 하나는 '드라이버(Driver)' 행동을 관찰하는 것이다. 드라이버 행동은 다섯 가지로 구별되는 '일괄된 행동(behaviour package)'이다. 이것은 특정 성격적응 유형과 매우 높은 관련성을 보인다. 당신이 드라이버 행동 관찰에 관한 기술을 배우게 될 때, 짧은 시간 동안의 만남을 통해서도 성격적응 유형을 빠르고 정확하게 사정할 수 있다. 또한 당신은 각 성격적응 유형이 선호하는 접촉문, 혹은 가장 편하게 반응하는 의사소통 방식을 통해서도 성격적응 유형을 판단할 수 있다. 우리는 이 책의 제3부와 제4부에서 진단을 위한 다양한 내용에 대해 자세히 다룰 것이다.

서로 다른 진단의 방법은 계속적으로 다양한 교차분석이 가능하도록 해 주기 때문에, 당신은 한 사람을 자세하게 이해하는 데 많은 도움을 받을 것이다. 이렇게 다양한 교차분석이 가능하다는 것이 이 모델의 가장 중요한 장점 중 하나다.

모델의 정의와 현실적인 기반

이 책을 통해서 우리가 이야기하는 것은 성격모델이다. 그렇다면 이 시점에서 다음과 같은 두 가지의 의문점을 갖게 된다. 첫째는 성격의 '모델'이란 무엇인가? 모델링의 과정은 무엇이고, 왜 우리는 그렇게 해야만 하는가? 둘째는 현실세계에서 드러나는 증거를 통해 어떻게 이 모델을 주장할 수 있는가?

모델이란 무엇인가

어떤 모델을 과학적으로 설명하려는 목적은 세세한 것을 열거하지 않고도 이해를 증가시키기 위한 것이다. 각 개인의 '성격'이란 많은 사람의 모습이 모여 형성된 것으로 정의할 수 있다. 사실 너무 많은 사람의 모습이 있기 때문에, 한순간에 어떤 결론을 낼 수 있는 것은 아니다. 그러므로 성격모델이라는 것을 만들어서 단지 사람의 특정적이고 제한된 특성에만 초점을 두는 것이다. 그리고 우리는 이러한 특성을 분류하고, 각각에 이름과 꼬리표를 붙여 준다.

가장 유명한 성격모델은 지그문트 프로이트(Sigmund Freud)가 초자아, 자아 그리고 본능으로 구분하여 구조화한 모델이다. 또 다른 성격모델은 에릭 번(Eric Berne)이 제창한 어버이 자아상태, 어른 자아상태 그리고 어린이 자아상태다. 이러한 내용은 이 책에서 자주 다루게 된다.

또 다른 성격모델에 관한 전형적인 접근은 『DSM-IV-TR』로 잘 알려진 『표준진단 매뉴얼(Standard Diagnostic Manual)』이다. 이러한 매뉴얼은 성격의 특성을 분류해 놓고, 진단 기준에 넣은 후 각각에게 진단명을 부과한다. 진단 매뉴얼은 인간의 성격에 대해 전체적으로 충분하고, 자세하게 기술하고 있지는 않다. 단지 임상정신병리와 관련된 인간의 특성만을 비중 있게 다루고 있다. 이렇게 함으로써 세세한 설명이 없더라도 특별한 영역 안에서의 인간 이해를 높여 가는 것이다.

이 책에서 우리가 이야기하는 모델은 근본적으로 DSM-IV-TR 모델의 접근과 동일하다. 즉, 각각의 성격적응 유형의 특성을 찾아내고, 각각의 모습을 묘사하여 정의한 후, 그 각각의 분류에 이름을 붙여 주는 것이다. 그러나 DSM-IV-TR과 다른 점은 여섯 가지 성격적응 유형이 건강한 측면을 나타내고 있다는 것이다.

만약 당신이 성격유형 모델에 대해서 좀 더 다양한 내용을 알기 원한다면, 부록 A를 통해 성격유형 모델의 역사적인 측면을 재검토하기를 바란다. 또한 거기에서 당신은 다양한 성격 정의에 대한 관점도 보게 될 것이다. 물론 성격 정의와 성격모델은 서로 간에 매우 밀접한 연관성을 지니고 있다.

모델의 현실적인 기반

어떤 모델이 현실세계에서 유용하게 사용되려면, 현실에 존재하는 것을 설명할 수 있어야만 한다. 원칙적으로는 어떤 성격에 대한 모습이 설명되어야만 하나의 '모델'로 구조화될 수 있다. 그러나 이렇게 형성된 모델이 현실세계의 인간을 관찰하는 데 실제적인 연관성이 없다면, 임상에서 사용할 수 없는 모델이 되고 말 것이다.

부록 B를 통해 당신은 조인스가 연구한 통계적으로 의미 있는 심리도구를 만나게 될 것이다. 우리는 여섯 가지 성격적응 유형이 현실세계에 적용될 수 있는 모델이라는 사실을 알려 줄 것이다. 이러한 연구는 '여섯 가지 성격적응 유형이 잘 알려진 조사연구방법의 절차를 기본으로 하여 현실세계에 존재하는 합당한 근거'라는 사실을 말해 준다.

경험을 통한 모델의 검증 여기에 이 모델이 현실에 기반을 두고 있다는 것을 확인해 볼 수 있는 또 다른 방법이 있다. 그리고 우리는 이것을 공식적인 통계방법론만큼이나 중요한 방법이라고 생각한다. 우리는 이 책에서 현실에 존재하는 대상으로 실제적으로 적용할 수 있는 살아 있는 모델을 제시하고 있다. 만약 당신이 하는 일에 이 모델의 원리와 실습을 지속적으로 적용하고 이에 따른 실제적인 결과를 관찰하고자 한다면, 이 모델은 현실에서 저절로 입증된다는 것을 알게 될 것이다. 또한 당신의 내담자가 이 모델에서 제시하는 방법으로 계속 변해 간다면, 이 모델의 개념은 '실제적'이란 증거가 될 것이다. 이 모델의 신뢰성은 당신이 오래 사용하면 할수록, 그리고 다양한 내담자를 만나면 만날수록 더욱더 커질 것이다.

우리는 이 모델을 믿어 달라고 요청하지 않는다. 다른 현존하는 성격모델과 달리, 이 모델은 종교적이거나 형이상학적인 과정을 다루지 않는다. 그리고 당신에게 어떤 철학적인 것을 음미하도록 요구하지도 않는다. 정말로 우리가 원하는 것은 당신이 이 모델을 적용할수록 계속적으로 다양한 질문을 가지길 바라는 것이다. 예를 들어, '단지 여섯 가지 성격적응 유형만 있는 것인가?' '만약 일곱 번째나 여덟 번째의 성격적응 유형을 발견한다면, 어떻게 이것을 증명할 것인가?' 등이다.

시간이 지나면 지날수록, 이 모델 또한 계속 발전할 것이라 믿어 의심치 않는다. 이 장에서 우리가 했던 작업은 성격적응 유형에 대해 '간략히' 소개했다는 것이다. 미래의 모델은 지금까지 발전해 왔던 것과 유사한 과정을 거쳐 지속적으로 발전할 것이다. 즉, 현재의 삶을 관찰함으로써 정리한 순수하고 간결한 모델로서 말이다.

제2부에서는 여섯 가지 성격적응 유형 모델을 형성하는 내용에 대해서 논의할 것이다. 우리는 아동이 발달하는 동안, 성격적응 유형이 어떻게 형성되는지부터 언급할 것이다.

제2부

성격적응 유형 모델

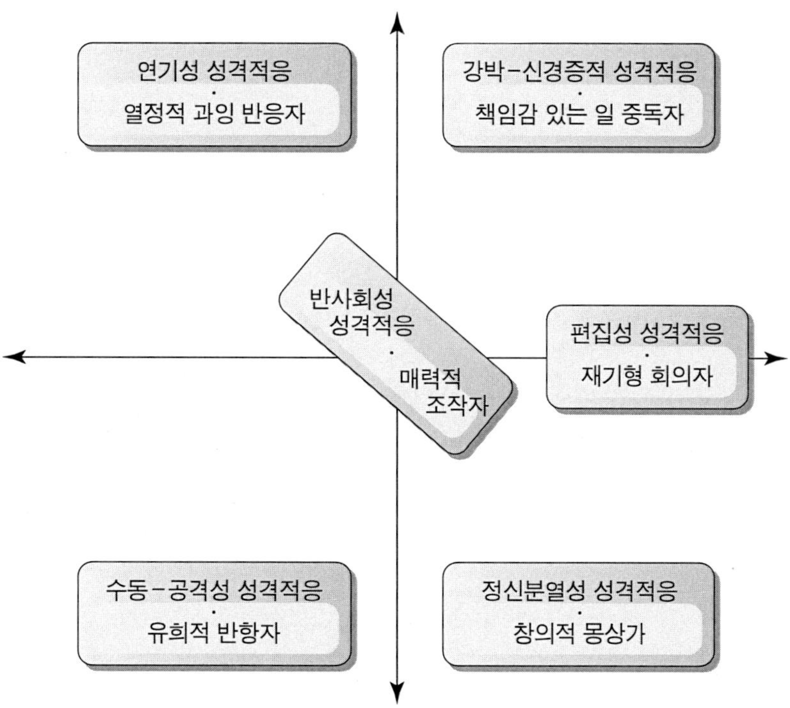

2 발달론적 관점

우리의 경험상, 각각의 성격적응 유형은 다음 두 가지 요소의 조합을 보여 준다.

- 타고난 천성은 무엇인가?
- 인생 초기 6년 동안, 인간은 어떻게 상호작용하는가?

쌍둥이의 연구(Neubauer & Neubauer, 1990)에서 밝혀진 정보에 의하면, 성격의 발달은 유전과 경험에 의해서 상호 형성된다는 것을 암시하고 있다.

이번 장에서 우리는 성격적응 유형과 관련된 아동 발달의 관점을 다음과 같은 두 가지로 보고 있다. 첫째, 융(Jung)에 의해 잘 알려진 외향과 내향의 에너지 수준이 어떻게 하여 아동으로 하여금 성격적응 유형을 선택하도록 하는가에 관심을 둔다. 둘째, 에릭 에릭슨(Erik Erikson)의 '발달단계(stage of development)'의 관점과 더불어 부모의 양육 형태도 함께 고찰한다.

성격적응 유형, 외향-내향 그리고 에너지 수준

아동을 관찰함으로써 얻은 몇 가지 근거를 통해서, 인간이란 존재는 융(1921)이 언급한 대로 외향과 내향의 선호를 가진다는 주장은 설득력을 지닌다. 한스 아이젱크(Hans Eysenck, 1952, 1960; Eysenck & Eysenk, 1969)는 외향과 내향의 관련성과 외부 자극에 대한 사람의 반응을 연구함으로써 융의 이론을 점차 확대시켜 나갔다. 아이젱크의 공식에 따르면, 외부 자극에 너무 예민한 사람은 내향성을 선호하는 경향이 있으며, 상대적으로 낮은 에너지를 보여 준다. 이들은 과도한 자극에 대하여 회피하는 성향이 있기 때문이다. 반면에 외부 자극을 잘 참는 사람은 외향적인 선호를 보이는 경우가 많다. 그리고 좀 더 추가적인 자극을 찾기 때문에 상대적으로 높은 에너지를 보여 준다. 이러한 개념에 대해 자세히 알기를 원한다면, 부록 A를 참고하기 바란다. 우리는 이러한 요소가 각각의 사람으로 하여금 어떤 적응을 하도록 만든다고 믿는다. 그러나 이러한 개념과 더불어 실제적인 적응은 어린 시절 부모나 환경과의 상호작용에서 어떻게 반응하였는가와 더 많은 관련성이 있다고 본다.

내향(낮은 에너지) 내향 선호 경향은 더욱 차분하고 조용함을 나타낸다. 그리고 '강박-신경증적 성격적응 유형'에 영향을 주는 것으로 예상된다. 이 성격적응 유형은 환경적인 상황이 문제 해결과 성취에 직접적으로 관여하게 될 때 더욱 강화된다.

같은 경향으로, '편집성 성격적응'이 발달될 수도 있다. 이들의 부모나 환경은 박해자의 역할을 하는 경향이 있다. 편집성 성격적응은 긍정적인 반응을 얻기 위한 직접적인 문제 해결 접근이 불확실할 때 강화된다. 아동기 때 최선을 다하고자 하는 것은 자신의 '약점'을 감추기 위해 상황을 돌려놓거나 변화시키려는 것이다.

개인이 문제 해결을 위해 직접적인 접근을 하지만 긍정적인 반응이 오지 않을 때나 부모가 자녀의 욕구를 압도할 때, 내향 선호성과 낮은 에너지 수준인 사람은 '정신분열성 성격적응'을 하는 경우가 있다. 이들이 아동기 때 최선을 다하는 것은 부모가 안정될 때까지 '요동치면 안 되고' 또는 '얌전히' 있어야만 하는 것이다.

외향(높은 에너지) 외향 선호 경향은 에너지를 더욱 많이 표현한다. 이것은 '연기성 성격적응'에 영향을 주는 것으로 예상된다. 연기성 성격적응의 주변 환경 반응은 매우 정서적으로 표현되는 에너지가 많은 것이 특징이다. 이것은 '아유, 귀여워!'라는 것으로 표현된다.

같은 경향으로, '반사회성 성격적응'이 발달할 수도 있다. 이들의 부모나 환경은 거절하는 경향이 있다. 반사회성 성격적응은 주변 환경이 경쟁적이거나 어떤 상황에서 자신의 이득을 쟁취하기 위해 이겨야만 하는 환경일 때 더욱 강화된다. 이들은 자신에게 이득이 될 만한 상황에는 즉시 뛰어 들어가는 경향이 있지만, 그렇지 않을 경우에는 관여하지 않는다.

아동기 때, 문제 해결을 위한 직접적인 노력이 인정받지 못하고 부모가 아동과 힘겨루기를 할 경우, 외향 선호성과 표현적인 에너지를 보여 주는 개인은 '수동-공격성 성격적응'을 하게 된다. 이들이 아동기 때 최선을 다하는 것은 완강하게 저항하는 것이다.

생존적 적응과 실행적 적응

발달적 차원에서, 성격적응 유형은 에릭 에릭슨(1950, 1963)의 '여덟 단계의 심리사회적 발달'의 관점으로 고찰해 볼 수 있다. 웨어는 여섯 가지 성격적응 유형은 둘 또는 세 쌍으로 나뉜다고 보았다. 그리고 이것을 '생존적 적응'과 '실행적 적응'이라 명명하였다.

생존적 적응은 '정신분열성 성격적응' '반사회성 성격적응' 그리고 '편집성 성격적응'이다. 실행적 적응은 '수동-공격성 성격적응' '강박-신경증적 성격적응' 그리고 '연기성 성격적응'이다.

생존적 적응

생존적 적응(Surviving Adaptation)은 사회심리적 과제에 관한 최초의 반응으로, 이 단계는 프로이트의 구강기와 에릭슨의 '기본 신뢰감 대 불신감'(Erikson, 1963: 247)에 속한다. 이것은 자신의 욕구에 대한 환경과의 기본적인 신뢰감이 파괴되었을 때, 스스로 어떻게 최선으로 처신해 갈 것인가에 대한 유아의 반응을 말하는 것이다.

생존적 적응(정신분열성, 반사회성, 편집성)은 생후 18개월까지 발달한다. 이 성격적응 유형은 유아가 부모나 환경과의 감정이입 조율에 실패하였을 때 나타나는 반응으로 형성된다(Stern, 1985). 실패의 정도는 적응의 정도를 결정한다.

양육 방식과 생존적 적응 부모는 완벽하지 않으며, 모든 양육 방식에는 실수가 있는 법이다. 보편적인 말로 표현하면, '미성숙하고' '과도할 수 있으며' '일관성이 없을 수 있다'는 말이다.

양육 능력이 '미성숙한' 부모의 경우, 아동과의 상호 활동에서 모호하고 '주저하는' 양육을 하게 된다. 왜냐하면 아이를 키우면서 부모 자체가 압도당하는 감정에 자주 휘말리기 때문이다. 아동은 이런 부모의 모호하고 주저하는 행동을 감지한다. 그리고 부모가 감정에 압도되어 발생하는 분위기 때문에 부모에게 많은 것을 요구하지 못한다. 긍정적인 의미로는 아동은 부모가 안전을 찾으면, 그 결과로 자신을 잘 돌보아 주리라는 희망을 가지며 부모를 지지해 주는 일을 학습한다. 반면에 부정적인 의미로는 이런 전략이 실패할 경우, 아동은 '회피' 상태로 들어가 "나는 당신이 필요하지 않아. 내 문제는 내 스스로 해결할 거야."라는 심리적 결단을 하게 된다. 이 결과 성격적응 유형은 '정신분열성 성격적응' 또는 '창의적 몽상가'가 된다. 이러한 적응을 하는 아동은 불확실한 현실세계와 상호작용을 하기보다 자신만의 환상을 통해 자신의 욕구를 충족시키려고 시도한다.

'과도한 양육 형태'를 보이는 부모의 경우, 아동의 욕구를 사전에 예상하면서 아동과 상호작용을 한다. 아동이 스스로 자신의 욕구를 알기도 전에 부모가 먼저 해 주는 것이다. 아동은 아무것도 하지 않으면서 계속적인 자극을 기대하는 것을 학습하게 되고, 부모로부터 만족을 얻으려고 한다. 그러나 부모가 피곤하거나 아동의 욕구를 채워 줄 수 없는 경우에 이런 유형의 적응은 필연적으로 파괴되기 시작한다. 이 시점에서 아동은 일종의 '유기(abandonment)'를 경험한다. 또한 부모가 새로운 자녀를 출생하거나 자신을 보호해 주는 태도가 아닌 경우에도 심리적인 유기를 경험한다.

이 경우 긍정적으로 되면, 아동은 부모의 보호가 다시 시작되도록 '장려'한다. 이것은 일종의 주의를 끄는 행동으로 부모가 부재 중이거나 보호해 주지 않을 때, 처음처럼 해 주기를 바라는 마음에서 시작된다. 부정적인 측면으로는 아동의 대처가 실패했다고 느낄 경우, 아동은 '조작'하는 일을 하게 된다. 아동은 할 수 있는 한 어떤 수단을 사용해서라도 자기 욕구를 만족시키려고 할 것이다. 왜냐하면 자기에게 속한 것들이 타인에 의하여 갈취당했다고 믿기 때문이다. 그 결과, 성격적응 유형은 '반사회성 성격적응' 또는 '매력적인 조작자'가 된다.

부모의 양육 형태가 '일관성이 없는 경우' 아동과의 상호작용을 할 때 가끔 겪게 되는 스트레스에 따라 예측할 수 없는 모습을 보이기도 한다. 때로는 지지해 주고 인정해 주기도 하지만, 어떤 경우에는 아동의 같은 행동에 대해서 화를 내거나 거절하는 경우도 있다. 그래서 아동은 자신의 행동을 통해 긍정적인 반응을 얻기도 하지만, 한편으로는 부정적인 반응을 얻기도 한다. 그 결과 아동은 불안한 느낌을 갖게 되며, 자신의 행동에서 잘못된 것은 없는가 하는 신중한 태도를 지속적으로 유지하게 된다. 이때 아동이 긍정적으로 적응한다면, 부모의 긍정적인 반응을 가능한 최고로 얻어 내기 위하여 매우 조심스럽게 행동하는 것을 배운다. 만약 실패할 경우, 부정적 반응으로 부모를 판단하고 의심하게 된다. 그 결과, 성격적응 유형은 '재기형 회의자' 또는 '편집성 성격적응'이 된다.

실행적 적응

실행적 적응(Performing Adaptation)은 '수동-공격성 성격적응' '강박-신경증적 성격적응' '연기성 성격적응'이며, 생후 18개월부터 6세 사이에 발달된다. 생존적 적응이 어린 아동의 기본적인 욕구를 어떻게 충족시키느냐와 관련된 것이라면, 실행적 적응은 부모가 중요하게 여기는 올바른 행동에 대한 강조와 가족과 외부세계의 기대감에 어떻게 적응하느냐 하는 것이다. 이 기대치의 정도는 적응의 정도를 결정한다.

양육 방식과 실행적 적응 실행적 적응은 특히 부모의 양육 방식에 많은 영향을 받는다. 영향을 주는 양육 방식은 '과도한 통제' '성공을 강조' 그리고 '타인을 기쁘게 해 주는 것을 강조'하는 것이다.

부모의 양육 방식이 '너무 과도한 통제'이거나 '너는 내 방식대로만 해야 돼.'라는 입장을 취하게 되면, 아동은 인생을 '투쟁'으로 경험하게 된다. 아동은 자신이 원하는 것이 있을 때, 그것을 싸워야만 얻을 수 있다고 생각한다. 이것이 긍정적인 반응으로 작용한다면, 아동은 자기의 욕구를 만족시키기 위해서는 '끈질긴 노력'을 해야 한다는 것을 배우게 된다. 이와 같은 전략이 실패할 경우, 부정적 반응이 나타나는데, 그것은 매우 '완강한 고집'을 갖게 되는 것이다. 그리고 '내가 원하는 것을 얻지 못하게 될 경우, 최소한 당신이 원하는 것 또한 갖지 말아야 한다.'고 생각한다. 그 결과로, '유희적 반항자' 또는 '수동-공격성 성격적응'이 된다. 이 성격적응 유형은 자신이 원하는 것은 자신의 방식대로 취득하고, 타인의 것은 좌절시킨다. 이런 적응은 이차적 사회심리 과제에 대한 반응으로 프로이트의 '항문기' 또는 에릭슨의 '자율성 대 수치심과 의심'(Erikson, 1963: 251)에 해당한다.

부모가 '성공을 강조'하면, 눈으로 보이는 생산된 것만이 부와 가치의 척도라 생각한다. 이것이 긍정적으로 작용하였을 경우, 아동은 매우 성취지향적인 태도를 확립한다. 그러나 이 전략이 실패하여 부정적이 되었을 때, 아동은 지속적인 성취를 충분히 하지 못했다고 믿기 때문에 이를 극복하기 위해 '과잉성취'라는 적응 형태를 갖게 된다. 그 결과로, 성격적응 유형은 '책임감 있는 일 중독자' 또는 '강박-신경증적 성격적응'을 하게 된다. 아동은 자신이 괜찮은 존재(OK)라는 것을 '일'을 통해 취득하고자 한다. 이런 성격적응 유형은 두 번째와 세 번째의 사회심리 주제의 조합반응으로써, 항문기의 후반기와 오이디푸스 단계의 초반에 발생한다. 이 시기에 강조되는 것은 아동이 하는 어떤 행동 때문이 아니라, 그 '존재' 자체로 인정받고 '완벽'하게 되는 것이다. 사회심리 두 번째 주제는 '자율성 대 수치심과 의심'(Erikson, 1963: 251)으로 항문기 단계에 발생한다. 세 번째 사회심리 주제는 에릭슨이 명명한 '솔선성 대 죄책감'(Erikson, 1963: 255)으로 오이디푸스 단계에 속한다. 책임감 있는 일 중독자는 부모의 거절로 발생하는 수치심과 죄책감을 피하기 위해 과잉행동을 하게 되는 것이다.

표 2-1 ● 양육 방식에 따른 성격적응 유형 요약

성격적응 유형	생존적 · 실행적	발달 연령	양육 방식
창의적 몽상가 (정신분열성)	생존	0~18개월	모호한, 주저하는
매력적 조작자 (반사회성)	생존	0~18개월	미리 해 주는
재기형 회의자 (편집성)	생존	0~18개월	일치하지 않는
유희적 반항자 (수동-공격성)	실행	18~36개월	과잉 통제하는 (아동과 다투는)
책임감 있는 일 중독자 (강박-신경증적)	실행	3~6년	성공을 강조하는
열정적 과잉 반응자 (연기성)	실행	3~6년	타인을 기쁘게 하는 것을 강조하는

부모의 강조가 '타인을 기쁘게 하고, 기분 좋게 해 주라.'는 것이면, 아동의 긍정적인 적응은 타인과 정서적으로 즐거운 반응을 공유하는 것이다. 그 전략이 실패하면 부정적인 반응을 하게 되는데, 이는 이들의 불쾌한 감정을 상승시키는 요인이 된다. 그래서 이들은 원하는 것을 갖기 위해 과잉반응을 하게 된다. 그 결과, '열정적 과잉반응자(연기성 성격적응)'가 된다. 이들은 자신이 원하는 것을 갖기 위해, 타인 사이에서 즐거움을 유도하거나 관심의 중심 대상이 된다. 여자 아동인 경우 아버지의 '작은 공주'가 되고, 남자 아동인 경우 어머니의 '친밀한 친구'가 되는 것이다. 이 적응은 세 번째 사회심리 주제를 가지고 있는데, 감정과 현실을 분별하는 것이다. 이 단계는 오이디푸스 단계의 후반부에 발생하고, 에릭슨은 이것을 '솔선성 대 죄책감'(Erikson, 1963: 255)으로 명명하였다. 〈표 2-1〉은 양육 방식에 따른 성격적응 유형의 요약이다.

가능한 조합

성격적응 유형은 몇 가지로의 조합이 가능하다. 모든 사람은 적어도 하나의 생존적 적응과 하나의 실행적 적응을 가진다. 어떤 개인은 생존적 적응만을 보여 주기도 하는데, 그것은 이들의 성장 발달 과정에서 기초적인 생존 과제를 뛰어넘지 못했기 때문이다. 그러나 만약 충분히 그것을 다루게 된다면, 실행적 적응이 나타날 것이다. 또 다른 개인은 실행적 적응만을 보여 주기도 하는데, 그것은 아동기 때 생존에 대한 위협감을 느끼지 않았기 때문이다. 대부분의 사람은 비록 적응의 정도가 약간씩 다르지만, 하나의 생존적 적응과 하나의 실행적 적응을 보인다. 어떤 경우에는 하나 이상의 생존적 또는 실행적 적응의 모습을 보이기도 한다.

우리는 각각의 성격적응 유형이 어떤 행동을 하는지를 알고 있다. 성격적응 유형은 외부세계에 반응하는 생존과 실행의 선호하는 방식을 보여 준다. 비록 여섯 가지 기본적인 성격적응 유형이 있지만, 이것은 다양한 조합이 가능하다. 제6장과 제14장 그리고 제25장에서 다양한 성격적응 유형의 조합을 상세하게 기술할 것이다. 그리고 심리치료와 상담 과정에서 이들과 어떻게 작업해 나갈지를 기술할 것이다.

요 약

성격적응 유형은 아동기의 발달에 그 기원을 두고 있다. 원인의 중요한 요소로는 유아기의 에너지 수준인 내향과 외향, 그리고 심리사회적인 단계에 따른 부모의 양육 방식이 있다.

다음 장에서는 계속적으로 여섯 가지 성격적응 유형에 대해 하나하나 설명해 나갈 것이다. 우리는 이번 장을 통해서, 어떻게 하면 주어진 발달적 요인을 통해 각 성격적응 유형의 성격 구조를 가장 잘 이해할 수 있는가를 논의하였다.

Personality Adaptations

3 성격의 구조

앞 장에서, 개인의 성격적응 유형이란 아동기 때에 생존하기 위해서, 그리고 원가족의 기대를 충족시키기 위해 서로 다른 적응을 한다고 보았다. 아동기 때 적응에 대한 심리적 결단은 성인이 된 사람의 성격적응 유형에 지대한 영향을 미친다.

이런 과정에 대한 심도 있는 이해를 위해서, 우리는 잘 알려진 모델의 용어를 사용하여 여섯 가지 성격적응 유형을 분석하고자 한다. 이 모델은 에릭 번(Eric Berne, MD, 1961)에 의해 발달된 자아상태(Ego-State) 모델이다. 이번 장에서의 주된 내용은 자아상태 모델을 통해 본 성격적응 유형이다.

이 책에서 인용하는 모든 교류분석(Transactional Analysis) 개념은 여섯 가지 성격적응 유형에 대한 당신의 실제적인 이해를 돕기 위해 사용된다. 만약 당신이 자아상태 모델에 대해서 좀 더 자세하게 알고 싶다거나 새로운 교류분석의 개념이 궁금하다면, 충분한 내용이 담긴 『현대의 교류분석(TA Today)』(Stewart & Joines, 1987)을 참고하기를 바란다. 좀 더 발전된 자아상태 모델과 중요한 내용을 보고 싶다면, 번이 직접 쓴 『심리치료와 교류분석(Transactional Analysis in Psychotherapy)』(Berne, 1961)이 도움이 될 것이다. 또한 당신이 좀 더 비판적이고 분석적인 것에 흥미가 있다면, 이언 스튜어트(Ian Stewart)가 쓴 『상담 및 심리치료의 핵심(Key figures in Counseling and Psychotherapy)』(Stewart, 1992)을 권하는 바다.

이론적인 준거 틀: 성격 구조와 자아상태

번의 모델에서 성격이란, 서로 구별되는 세 가지의 자아상태로 설명된다. 이러한 성격이나 자아는 주어진 시간에 명백하게 드러나는 것이다. 자아상태란, 감정과 사고 그리고 행동이 일관되고, 통일성 있게 구성된 하나의 시스템이다.

번은 자아상태란 뚜렷하게 구별되는 것으로 가정하고 있다. 그는 각각의 자아상태를 구어적인 표현인 '어버이 자아상태(Parent)' '어른 자아상태(Adult)' 그리고 '어린이 자아상태(Child)'로 명명하였다(자아상태를 나타내는 영어 단어는 대문자로 시작하지만, 현실에서 쓰이는 어버이, 어른 및 어린이의 영어 단어는 소문자로 시작된다.). 이러한 용어는 처음에는 현실에서 쓰이는 어버이(parent), 어른(adult), 어린이(child)와 비교되어 지지를 받지 못하였다.

자아상태 이론이 번에 의해 창조된 것은 아니다. 후기 프로이트 학파에 속하며 '자아-심리학자'인 폴 페던(Paul Federn, 1952)과 그의 제자 에도아도 웨이스(Edoardo Weiss, 1950)에 의해 만들어진 용어와 개념이다. 번의 주된 업적은 이러한 자아상태 모델을 지속적으로 관찰되는 행동의 변화에 연결시켰다는 것이다.

어버이 자아상태 한 사람이 어버이 자아상태에 있다는 것은 부모나 부모와 같은 영향을 준 사람의 사고, 감정, 행동을 무비판적으로 모방하는 경우를 뜻한다. 이 개념을 정확히 전달하기 위해서, 번은 어버이 자아상태를 '빌려 왔다'는 말로 표현하였다. 좀 더 기술적으로 이야기하면, 어버이 자아상태는 아동기 동안 영향을 준 부모나 다른 의미 있는 사람의 모습이 혼합(투입)되어 나타난다는 것이다.

다른 교류분석의 개념과 마찬가지로, 우리는 번의 어버이 자아상태 개념을 확장하여 생각해 보려고 한다. 어버이 자아상태는 한 개인이 발달 과정을 거치면서 몇 가지 새로운 내용을 첨가하기도 한다. 이것은 한 개인이 어른 자아로서 할 수 있는 최선의 것을 처음으로 결심할 때 발생한다. 이때 한 개인의 행동과 사고는 어버이 자아상태로 이동한다. 그 결과, 너무나도 자연스럽게 어버이 자아상태를 경험하게 된다. 사람은 이런저런 경험을 하는 가운데 어버이 자아상태가 점차 자신의 한 부분으로 자연스럽게 되어 간다. 예를 들면, 이것은 운전을 배우는 과정과 비슷하다. 처음 운전을 배울 때, 핸들 조정과 기계의 움직임에 모든 신경이 집중되기 마련이다. 그러나 점차 기술이 쌓여 감에 따라 기어 전환을 어떻게 하는지, 바퀴를 어떻게 움직이는지 등에 대해 많은 신경을 쓰지 않고도 운전을 하게 된다. 결국, 운전을 자연스럽게 익히게 되는 것이다. 마찬가지로, 어버이 자아상태에 새로운 내용이 첨가되는 이러한 과정을 통해서 기술뿐만 아니라 신념과 자기언어 그리고 동반하는 감정까지도 자연스럽게 획득하게 된다.

전통적인 교류분석의 독자적인 용어로 표현하면, 이를 '어버이 자아상태'라고 한다. 우리는 이 책에서 이 용어를 채택하였다. 이것을 인용하는 것은 중요하다. 현실에서 보면, 대부분의 사람은 서로 다른 어버이 자아상태를 보이기 때문이다. 사람은 아동기 때 서로 다른 모습의 부모와 그 밖의 영향을 준 사람의 모습을 가지고 살아간다. 거기에 더하여, 이들이 살아가면서 배우게 되는 새로운 내용물들 역시 어버이 자아상태에 첨부되어 있다.

어린이 자아상태 한 사람이 어린이 자아상태에 있다는 것은, 아동기 때 행했던 그만의 독특한 사고, 감정, 행동을 한다는 것이다. 번은 이러한 개념을 어린이 자아상태로 연결시켰다.

교류분석의 개념 중 가장 전통적인 용어의 하나인 '어린이 자아상태'를 이 책에서도 사용한다. 어버이 자아상태와 마찬가지로 간략하게 표현하고자 한다. 현실에서 보면, 대부분의 사람은 서로 다른 어린이 자아상태를 보인다. 이들의 예전 모습 그 자체가 다양한 어린이의 모습을 하고 있기 때문이다.

어른 자아상태 한 사람이 어른 자아상태에 있다는 것은, 그 사람의 나이에 맞는 사고, 감정, 행동을 한다는 것이다. 어른 자아의 기능은 기본적으로 현재를 관찰하고, 가능성을 평가하는 것이다. 간략하게 요약한 교류분석의 개념과는 대조적으로,

어른 자아에 있는 사람은 사고뿐만 아니라 감정도 가지고 있다. 어른 자아의 감정이란, 현시점에서의 사건과 자극에 대한 직접적인 반응으로 경험하는 것들이다.

어른 자아상태에 있다는 것은 아동기의 모습을 재현하는 것이 아닐 뿐더러, 부모의 모습을 따라 하는 것도 아니다. 또한 퇴행된 모습도 아니고, 새롭게 취득한 어버이 자아상태의 내용물을 보이는 것도 아니다. 번은 어른 자아를 종종 '차이(by difference)'로 정의하기도 하였다.

어른 자아를 설명할 때, 다른 자아상태와는 달리 언어상으로 정확하게 단수로 '어른 자아상태'로 표현된다. 어른 자아는 지금-여기에 존재하는 것으로 정의하기 때문에, 사람은 현재 주어진 상황에서는 어른 자아로 있는 것이다.

자아상태 모델 이와 같은 내용을 종합해 볼 때, 우리는 외부세계에 대해 다음과 같은 세 가지 방식으로 반응을 한다고 볼 수 있다.

- 아동기 때 영향을 준 사람의 행동을 그대로 '모방'한다(어버이 자아상태).
- '지금-여기'에서 자신의 인식을 기본으로 살아간다(어른 자아상태).
- 아동기 때 자신이 자연스럽게 했던 행동을 그대로 '재현'한다(어린이 자아상태).

자아상태에 대한 정확한 이해를 위해서 '어린이 자아상태 안에 있다.'는 것이 단순히 '어린아이와 같다.'는 간단한 의미가 아님을 이해하는 것은 매우 중요하다. 이것의 진정한 의미는 아동기라는 특정한 시기에 처음으로 자신의 것으로 수용한 사고, 감정, 행동을 '재현'한다는 것이다. 또는 그때 발달된 자아의 한 부분을 사용한다는 것이다.

마찬가지로, '어버이 자아상태 안에 있다.'는 것은 단지 '어버이 같은 모습'을 말하는 것이 아니다. 한 사람이 아동기 때 부모나 주변의 영향력 있는 인물로부터 무비판적으로 '모방'한 사고, 감정, 행동을 말하는 것이다(앞서 언급했듯이, 점차 어버이 자아상태 안에는 새로운 내용물이 첨부된다.).

번(1961)은 이러한 생각을 [그림 3-1]과 같이 세 개의 원을 사용하여 나타내었다. [그림 3-1]을 '구조적 분석'이라고 한다. 이것은 우리에게 서로 다른 성격 구조를 간

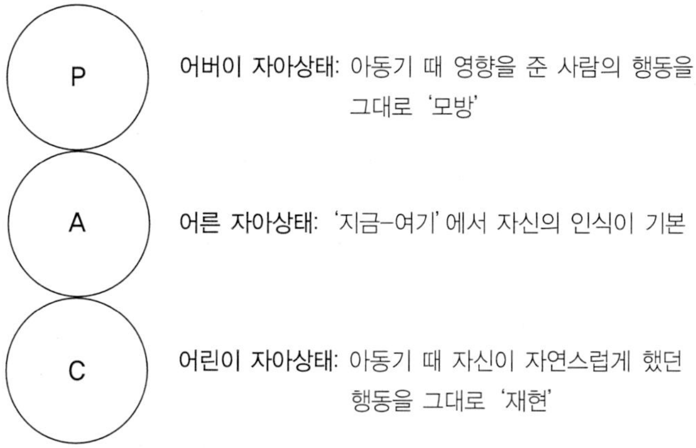

[그림 3-1] 성격의 구조적 모델(자아상태 모델)

단한 도식을 통해 이해할 수 있도록 도와준다. 구조적 모델은 어떻게 자아상태가 서로 연관되어 있는지를 보여 준다. 그리고 자아상태의 기능과 역기능에 대해서 표현할 수 있도록 해 준다.

작은 교수 어린이의 현실에 대한 탐색은 어른과는 사뭇 다르다. 이는 구조적이기보다는 직관적이며, 논리적이기보다는 마술적이다. 그러므로 어린이의 어른 자아는 직관적이고 마술적으로 작용한다. 아동기 때의 정보처리 과정은 서로 다른 성격적응 유형을 형성하는 데 결정적인 역할을 한다.

한 성인이 어린이 자아상태에 있다는 것은, 어린 시절의 눈을 통해 현실을 생각하고 인식한다는 것이다. 교류분석 용어를 사용하여 표현하면, 이와 같은 때를 '어린이 속에 어른이 움직인다.'고 표현한다. 좀 더 일상적인 용어로 표현하면, 이것은 '어린이에게 있는 어른 같은 모습'이라 하여 '작은 교수(Little Professor)'라 부른다. 번은 최적으로 기능하는 작은 교수의 직관과 또 다른 측면의 생각은 어른 자아의 실용성과 논리만큼 중요시되어야 한다고 지속적으로 강조하였다.

기능적 모델 전통적인 교류분석 모델에서는 사람이 어버이 자아상태와 어린이 자아상태를 어떻게 사용하는지에 따라 분류되어 표현된다.

어버이 자아상태는 '통제하는 어버이 자아상태(때때로 비판적 어버이 자아상태)'와 '양육하는 어버이 자아상태'로 나뉜다. 이것은 간단한 사실을 반영하는데, 대부분의 부모는 전형적으로 자녀에 대해서 통제하거나(또는 비판) 양육하는 데 자신의 시간을 배분한다는 것이다. 한 사람이 어버이 자아상태에 있을 때, 이 사람의 행동은 타인을 향해 통제 또는 양육하는 행동을 보일 것이다.

어린이 자아상태는 전통적으로 '순응하는 어린이 자아상태'와 '자연스러운 어린이 자아상태(때때로 자유스러운 어린이 자아상태)'로 분리된다. 또한 몇몇 학자들은 '반항하는 어린이 자아상태'를 주장하기도 한다. 그러나 대부분의 사람은 반항이란 순응하는 한 형태로 보기 때문에 순응하는 어린이 자아상태의 한 행동으로 규정한다. 이러한 기능적인 구분은 모든 어린이 자아상태에 동반되는 행동 방식을 간단히 묘사할 수 있다. 어린 아동은 부모의 요구에 순응하거나 또는 반항하기도 하며, 자신이 소유한 자발적인 감정과 바람을 거침없이 표현함으로써 자연스럽게 행동한다. 성인 또한 어린이 자아상태에 있을 때, 이와 같은 행동을 보인다.

통제하는 어버이 자아상태와 양육하는 어버이 자아상태 사이에 아주 명확한 경계가 있는 것은 아니다. 마찬가지로 순응하는 어린이 자아상태와 자연스러운 어린이 자아상태도 그러하다. 단지 '기능적 모델(functional model)'은 사람의 자아상태가 어떻게 사용되는지에 대해 직관적으로 알아볼 수 있도록 해 주고, 쉽게 이해할 수 있도록 도와줄 뿐이다. 여기서 우리가 이것을 사용하는 것도 이런 이유에서다.

자아상태의 긍정적인 기능 현재의 교류분석 개념과 마찬가지로, 자아 모델 또한 다양한 의미를 지닌다. 어버이 자아상태인 경우 부모로부터 모방한 부정적이고 역기능적인 특성뿐만 아니라, 긍정적이고 기능적인 내용을 담고 있다. 마찬가지로 어린이 자아상태인 경우 우리의 아동기 때를 재현하는 긍정적인 모습만 있는 것이 아니라, 역기능적이고 고정화되어 퇴화된 모습도 있다. 그러므로 이 모델을 통해 각각의 자아는 중요한 목적이 있고, 이상적으로 가장 적합하게 사용되기를 바란다는 것을 알 수 있다.

어버이 자아상태는 에너지를 보호하려는 경향이 있다. '자동 조정 장치' 역할을 하며, 매일 양육하는 데 필요한 것을 생각하고, 자기와 타인에 대한 적절한 제한을 두는 일을 한다.

어른 자아는 개념화하고, 예상하며, 현실에서의 객관적인 정보를 모아서 이를 통해 외부세계와 관계를 맺는다. 감정을 포함하는 어른 자아의 기능은 현시점에서의 사건에 대한 직접적이고 정서적인 반응이다. 이는 사고와 행동도 마찬가지다. 또한 어른 자아는 어린이 자아상태의 욕구와 어버이 자아상태의 가치, 그리고 현실의 요소를 조정하는 역할도 한다.

어린이 자아상태는 우리로 하여금 아동기 때 행했던 방식대로 신선하고, 즐거우며, 자발적인 행동이 자연스럽게 나오도록 해 준다. 그러므로 어린이 자아상태는 재미있고, 유희적이며, 기쁨을 준다. 이것은 우리의 심리 상태, 성격의 모습과 가장 직접적으로 연결되어 있는 부분이다. 그래서 우리에게 가장 독특한 부분이라고 말할 수 있다. '작은 교수'에서 보았듯이, 여기에는 직관과 감정이입 능력이 있다. 어린이 자아상태에 있을 때, 타인과의 관계를 형성할 때 따뜻하고 사랑스러운 관계를 맺을 수 있다.

오 염

객관적인 자료를 수집하는 어른 자아에게, 어린이 자아상태 또는 어버이 자아상태 혹은 둘 모두에게서 유래된 감정과 신념이 개입되는 경우가 있다. 이렇게 개입된 상태를 '오염(Contamination)'되었다고 한다. 이것은 원을 겹쳐서 표현한다. 이렇게 겹쳐진 부분은 다른 자아 중 하나가 어른 자아의 경계를 침범한 것을 말한다. 오염된 부분은 어른 자아가 객관적이고 현실적인 정보를 얻도록 하기보다는 어버이 자아상태의 '편견'과 어린이 자아상태의 '망상'을 정당화하기 위한 정보를 취득하는 데 사용된다. 결국, 현실세계를 살아가는 것이 아니라 편견과 망상 속에서 살아가는 실수를 범하게 된다.

예를 들면, 한 남자가 "여자란 기본적으로 남자보다 열등한 존재야!"라고 말하는 경우다. 이 예는 어버이 자아상태의 오염으로, [그림 3-2]와 같다. 이 남자의 경우, 단

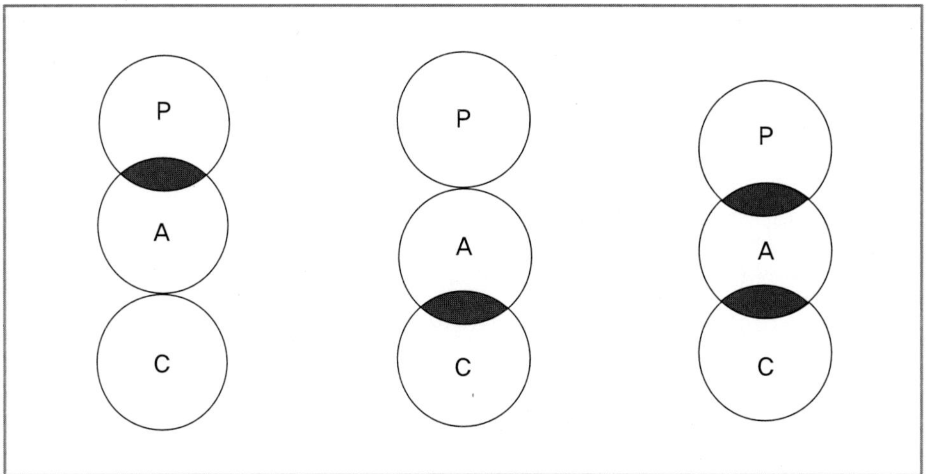

[그림 3-2]
어버이 자아상태에 의한
어른 자아의 오염

[그림 3-3]
어린이 자아상태에 의한
어른 자아의 오염

[그림 3-4]
이중 오염에 의한
어른 자아의 오염

지 자신이 진실이라고 믿고 있는 것을 정당화하기 위한 정보만을 취득하려고 자신의 어른 자아를 이용하는 것이다. 그는 자신보다 사회적 · 교육적 · 직업적으로 열등한 여자를 찾으려 할 것이다. 만일 자신보다 우월한 여자를 만나게 될 경우, 그는 "우리는 저 여자가 어떻게 해서 저기 있는지 알고 있지."라는 말로 자신의 정보를 디스카운트할 것이다.

반면에, 어떤 남자가 "나는 사랑받을 자격이 없어요."라며, 묘한 두려움에 사로잡혀 있다고 상상해 보자. 이것은 어린이 자아상태의 오염으로, [그림 3-3]과 같다. 그는 자신의 두려움을 정당화하기 위한 정보만을 선택적으로 모을 것이다. 모든 사람이 자신을 탐탁지 않게 여긴다고 생각할 것이며, 자신을 거절하도록 이끄는 관계를 만들어 그 근거로 삼을 것이다. 그렇지 않은 사람을 만나게 되었을 때, 그는 "이 사람은 단지 나를 이용하기 위해서만 다가오는 걸 거야."라는 말로 이들을 디스카운트한다.

또한 어떤 사람은 어버이 자아상태에서 자신은 기본적으로 게으르기 때문에 어떤 일이든 해야만 한다는 믿음을 가지고 있다. 더불어 어린이 자아상태에서는 모든 사람이 자신을 통제하고 있다고 믿고 있다. 이 예는 이중 오염된 것으로, [그림 3-4]와 같다. 이러한 사람은 타인이 자신을 통제한다고 믿기 때문에 자신의 내부에 있는 자기통제 행동을 디스카운트한다. 결국, 자신은 게으르다고 믿고 이에 대한 저항을 시작한다.

현실세계에 있는 어른 자아로부터 어버이 자아상태와 어린이 자아상태를 분리하는 것을 '정화(decontamination)'라고 한다. 이러한 과정은 행동-인지치료(cognitive-behavioural therapy)와 유사하다. 이것은 현실세계가 혼동되어 있는 사람으로부터 비합리적인 신념을 제거하도록 하는 것이다. 정화는 자신의 오염된 신념이 어디에서 기인하는지, 그리고 자신의 어른 자아의 인식을 기본으로 진실을 알고자 하는 사람에게 성공적으로 이뤄진다.

배 제

오염의 정도가 높아질 때, 사람은 하나 또는 그 이상의 자아를 가로막게 된다. 이러한 것을 '배제(Exclusion)'라고 부른다. 그림으로 표현할 때는 자아의 경계선에 수평선으로 표시한다. 예를 들면, 어른 자아와 어버이 자아상태가 오염되어 있는 경우 어린이 자아상태를 배제하면 매우 엄격해지는 것을 볼 수 있다. 어버이 자아상태와 어른 자아가 오염된 부분은 어린아이의 행동 같은 어리석고 적합하지 않은 행동이라 확신하기 때문이다. 결국, 사람은 자신의 어린이 자아상태를 배제하기로 결단하게 된다([그림 3-5] 참조).

또 다른 경우로는 어린이 자아상태와 어른 자아가 오염되었을 때다. 이 경우 오염된 자아가 확신하는 것은 어버이 자아상태는 모든 문제를 유발시킨다는 것이다. 그래서 결국에는 어버이 자아상태를 배제하게 된다([그림 3-6] 참조).

세 번째 가능성으로는 어른 자아가 어버이 자아상태와 어린이 자아상태 모두에 의해 오염된 경우다. 이 경우 어버이 자아상태와 어린이 자아상태가 어른 자아의 현실에 대한 조그마한 검증도 없이 계속적인 갈등을 유발하게 된다. 이때 매우 심한 고통을 경험하게 됨으로써, 사람은 어버이 자아상태와 어린이 자아상태 모두를 배제하기로 결단하고 어른 자아만 남긴다. 또는 어른 자아를 배제함으로써 모든 고통을 유발하는 현실적인 정보를 차단하게 된다([그림 3-7] 참조). 전자의 경우, 어린이 자아상태

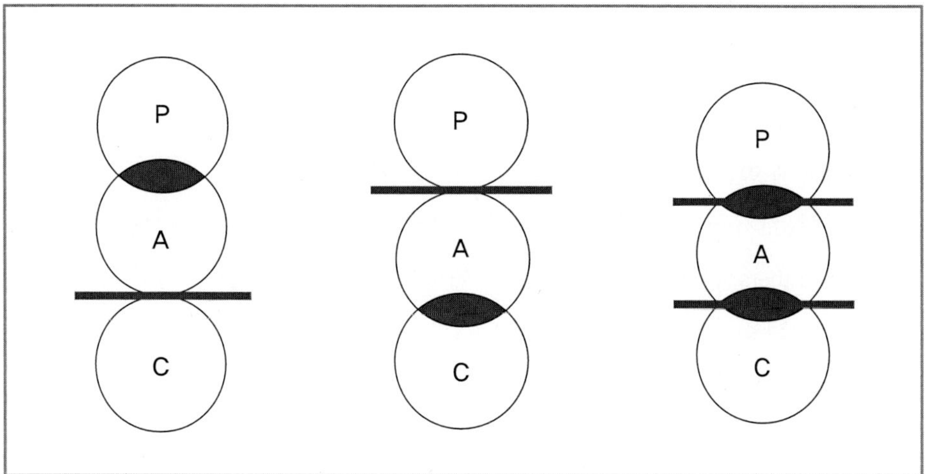

[그림 3-5] 어린이 자아상태의 배제

[그림 3-6] 어버이 자아상태의 배제

[그림 3-7] 어버이와 어린이 자아상태의 배제(또는 어른 자아의 배제)

의 직관과 어버이 자아상태의 자기 통제 구조를 차단함으로써 타인에게 '머리로만 말하는' 사람으로 보일 것이다. 후자의 경우 정신이상자 또는 한순간만을 집요하게 강요하는 사람, 그리고 자신의 주변을 고려하지 않고 다음 과정에 대한 악담만을 일삼는 사람으로 인식될 것이다.

모든 사람은 약간씩의 오염된 자아를 지니고 있다. 그러나 중요한 것은 '오염의 정도'다. 오염의 정도가 낮은 사람은 정도가 높은 사람보다 객관적으로 현실을 바라보는 능력을 가지고 있다. 하지만 배제는 꼭 100% 일어나는 것이 아니다. 우리는 생존을 위해 약간의 오염된 자아를 필요로 하지만, 배제는 오염된 부분에서 어려움이 발생하거나 해야 할 일을 하지 않는 경우에 발생한다.

여섯 가지 성격적응 유형에 대한 구조적 분석

'자아상태'와 '오염' 그리고 '배제'의 개념을 사용하여 여섯 가지 성격적응 유형에 대한 각각의 성격 구조를 그려 볼 수 있다. 이러한 도면은 성격적응 유형이 어떻게 기능적으로 이해될 수 있는지, 각 성격적응 유형의 주된 치료 주제, 그리고 이들에게 접근하기 위한 치료적인 '문'을 유용하게 사용할 수 있도록 도와준다. 당신은 제1장의 접촉하기 위한 세 가지 문인 사고, 감정, 행동을 기억할 것이다.

지금부터 우리는 각각의 성격적응 유형에 대한 발달에 입각한 정보를 간략하게 요약하고자 한다. 그리고 우리는 확실히 구별되는 성격적응 유형에 대한 전형적인 성격 구조가 어떻게 만들어지는지를 논의할 것이다.

열정적 과잉 반응자(연기성 성격적응)

열정적 과잉 반응자 또는 연기성 성격적응은 오이디푸스 시기(4~6세)에 발달되며, 이 시기에 해결하지 못한 과제를 지니고 있다. 이러한 성격적응 유형을 지닌 남자의 경우, 자주 자신의 어머니를 친밀한 친구나 동반자로 여긴다. 반면에 여자의 경우는 아버지의 작은 공주가 되기를 바란다. 이들은 귀엽고 즐거운 존재로 주변으로부터 많은 관심을 받는다. 이들이 경험하는 주된 가치는 반대되는 성(Sex)을 가진 부모가 행복을 느끼도록 하고, 즐거움을 유지시켜 주는 것이다. 이러한 과정 속에서 이들은 정서적으로 타인 지향적인 것을 배운다. 결국, 이들 에너지의 대부분은 타인을 즐겁게 하는 것에 집중된다.

열정적 과잉 반응자를 성격 구조 모델로 표현할 때, 어른 자아가 어린이 자아상태에 오염된 것으로 표현한다([그림 3-8] 참조). 이들은 어린 시기에 배웠던 방법대로 감정을 통해서 외부세계를 다루려고 한다. '감정'은 이들의 에너지가 가장 많이 집중되어 있는 영역으로, 이들의 개방문이다. 이들은 현실의 감정에 대해서 자주 혼돈을 느낀다. 이들의 어른 자아는 자신이 진실이라고 느끼는 것에 대한 근거를 찾기 위해 애쓰는 어린이 자아상태에 의해 자주 침해당한다.

마치 어린아이처럼 이들의 사고 능력은 자주 디스카운트 된다. 사고하기를 시작하면, 주변 사람으로부터 종종 "오! 그것에 대해서 그렇게 작고 예쁜 머리로 걱정하지 않아도 돼요."라는 말을 듣는다. 그 결과, 자신이 소유한 사고 능력에 대해서 믿을 수 없게 되고, 자신의 생각에 대해서 말할 때, "내가 짐작하건대……"라는 말로 자주 방해를 받는다.

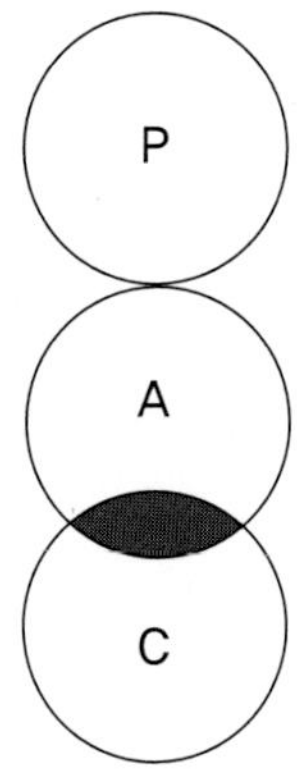

[그림 3-8] 열정적 과잉 반응자 성격적응의 성격 구조

그러므로 열정적 과잉 반응자의 성장과 변화를 위한 표적문은 '사고'가 된다. 이들은 자신의 사고 능력을 사용함으로써 어린 시절의 신념으로부터 어른 자아를 정화시키는 것을 도울 수 있다.

이들은 긍정(OK)이 되기 위해서 타인을 즐겁게 해야만 한다고 믿기 때문에, 행동영역에 많은 방어기제를 가지고 있다. 이것이 왜 이들에게 '행동'이 함정문인지를 말해 준다. 만약 어떤 사람이 이들의 행동에 대해 비판적으로 접근했을 경우 이들은 타인을 즐겁게 해야 한다는 의무를 이행하지 못했다고 느끼기 때문에, 자신들은 부정(Not-OK)적인 존재라고 믿게 된다.

책임감 있는 일 중독자(강박-신경증적 성격적응)

책임감 있는 일 중독자 또는 강박-신경증적 성격적응은 항문기 단계의 후반기와 오이디푸스 단계의 초반(4~5세)에 발달된다. 이 시기에 중요하게 강조되는 것은 어린 아동이 어떤 것을 하느냐 마느냐가 아니라, 그렇게 하는 것이 정당한가 하는 것이다. 이들에게 자주 강조되는 것은 '완벽'이다. 이런 성격적응 유형이 발달된 사람은 '착한 소년'과 '착한 소녀'다. 이들은 모범적인 어린이로서 칭찬을 받는다. 이들에게

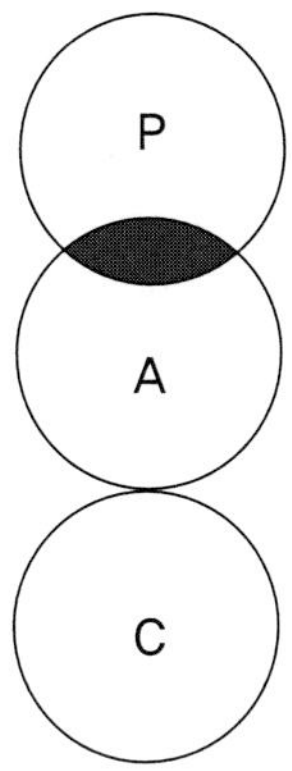

[그림 3-9] 책임감 있는 일 중독자 성격적응의 성격 구조

있어 부와 가치는 부모가 해 주는 일에 대한 칭찬이다. 그 결과 많은 양의 에너지를 모범적인 사람이 되는 데 사용하고, 일을 성취하는 데 투자한다.

책임감 있는 일 중독자의 성격 구조를 도면으로 표현하면, 이들의 어른 자아가 어버이 자아상태에 의해 오염된 것으로 표현할 수 있다([그림 3-9] 참조). 이들은 '해야만 될 것, 해서는 안 될 것'으로만 행동한다.

'사고'는 이들에게 가장 많은 에너지가 있는 영역으로 개방문이다. 그러나 오염되어 있을 수 있다. 이들의 어른 자아는 부모로부터 배운 것이 진실이라고 강조하는 어버이 자아상태에 침범을 당한다. 이들은 과도하게 의무적이고, 책임의식이 투철하다. 그 결과, 이들의 어린이 자아상태의 욕구는 늘 채워지지 않은 상태에 놓여 있다. 너무 일찍 자신의 아동기를 포기함으로써 이들은 성급하게 되었고 과도한 책임감을 가진 채 성장하게 되었다. 이들은 계속적으로 더 해야만 한다고 주장하며, 어떤 사람보다도 더 많은 일을 한다.

'감정'은 책임감 있는 일 중독자에게 성장하고 변화되어야 할 표적문이다. 이들의 감정이 통합되어 감에 따라, 자신의 내부에 있는 어버이 자아상태의 압박을 어떻게 다룰 것인가를 경험하기 시작하고, 정서적으로 채워지지 않은 어린이 자아상태를 보게 된다. 이러한 인식은 어버이 자아상태에서 어른 자아를 정화시키는 데 도움을 주고, 신체를 이완시키며, 인생을 즐기기 위해 자신의 에너지를 어린이 자아상태에 투자하게 된다.

이들은 긍정(OK)이 되기 위해서 완벽해야만 된다고 믿기 때문에, 행동 영역에 가장 많은 방어기제를 가지고 있다. 그러므로 '행동'은 이들에게 함정문이다. 만약 어떤 사람이 이들의 행동을 비판한다면, 자신이 하는 모든 행동이 옳다고 믿어 온 이들에게는 자신을 부정(Not-OK)하는 것으로 느끼게 된다.

재기형 회의자(편집성 성격적응)

재기형 회의자 또는 편집성 성격적응은 구강기 단계 동안에 발전된다(0~18개월). 이 단계의 주요 과제는 신뢰가 깨져 버리거나 더 이상 자신의 욕구에 적절한 반응을 하는 환경이 아닐 경우에 어떻게 생존하느냐의 문제다. 편집성 성격적응을 하는 아동은 어려운 상황을 피하기 위해 모든 것에 세심한 주의를 기울이는 것을 배우게 된다. 주변 사람이나 부모가 예상 못할 행동을 하기 때문에, 이들은 자신이 보호받지 못한다고 느낀다. 이들은 유사한 행동에 대해 이 시점에서도 조심해야 한다고 생각한다. 이들이 믿는 것은 긍정(OK)이 되기 위해서 자신의 행동을 통제해야만 한다는 것이다. 그러므로 이들이 소유한 에너지의 많은 부분은 조심스러워야 한다는 것에 집중되게 된다.

성격 구조로 재기형 회의자를 나타낸다면, 이들의 어버이 자아상태와 어른 자아는 서로 오염되어 있고, 어린이 자아상태가 배제되어 있는 것으로 표현될 수 있다([그림 3-10] 참조). 이들의 어버이 자아상태는 올바른 행동에 대한 기대가 아주 완고한 경향이 있다. 이들은 그 누구도 자신의 잘못을 찾아낼 수 없도록 노력할 것이다. 또한 이들은 어린이 같은 행동과 감정은 충동적이고 예측할 수 없는 것으로 여기기 때문에 어린이 자아상태를 배제한다.

가장 많은 에너지가 집중되어 있는 '사고'가 이들의 개방문이다. 그러나 이들의 사고는 완벽하고 강해야만 되는 완고한 어버이 자아상태에 의해 오염되어 있다. 이들은 타인과 상황에 대해서 보호해 주어야 한다는 정당화된 근거를 찾아다니면서도, 자주 이것을 잠재적인 해악이 있는 것으로 본다. 그 결과 이들은 완고함에 머물러 있게 되며, 자신의 신체를 이완시키고 인생을 즐기는 것에 어려움을 느끼게 된다.

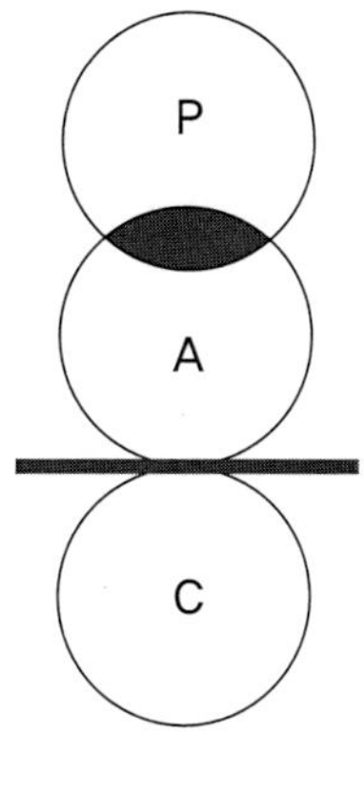

[그림 3-10] 재기형 회의자 성격적응의 성격 구조

재기형 회의자의 표적문은 '감정'이다. 이들이 자신의 인식을 확인하고 믿을 만하다고 생각이 들면, 어버이 자아상태로부터 어른 자아는 정화되어 갈 것이고, 점차 자신을 이완시켜 나갈 것이며, 자신의 감정에 대해 좀 더 솔직하게 개방하게 될 것이다. 감정은 이들을 좀 더 느슨하게 해 주고, 완고해지지 않도록 도와준다. 이렇게 계속 진행된다면, 이들은 많은 시간 동안 심각해지지 않고 인생을 즐기는 능력을 회복하게 된다.

어린이로서 생존하기 위해 해야만 했던 '행동'이 이들의 함정문이다. 다시 말하지만, 이들은 자신이 완벽해야만 되고 강해져야만 한다고 생각한다. 어린이 같고 유희적이어서는 안 된다고 생각한다. 그 결과, 이들은 자신의 행동에 대한 비판을 수치스럽고, 매우 창피한 일로 받아들여 방어하게 된다.

창의적 몽상가(정신분열성 성격적응)

창의적 몽상가 또는 정신분열성 성격적응은 구강기 단계에 발달한다(0~18개월). 어린 시절 신뢰가 깨졌을 때, 생존하기 위해 형성된 성격적응 유형이다. 이들의 부모는 압도적이거나 저항할 수 없는 존재이므로, 창의적 몽상가는 더 이상 자신의 욕구를 드러내지 않고 부모를 지원해야 한다는 것을 배운다. 이들은 자기 자신을 보호하기 위해 환상 속으로 회피해야만 한다고 결단한다. 또한 더 이상 울지 않는 착한 아기이고, 부모의 칭찬을 받는다. 그러므로 이들의 많은 양의 에너지는 타인과 문제를 일으키지 말아야 한다는 쪽으로 흐르게 된다.

성격 구조로 표현해 보면, 이들의 어른 자아는 어버이 자아상태와 어린이 자아상태 양쪽 모두에 의해 오염되어 있다([그림 3-11] 참조). 이들의 어버이 자아상태는 자기 자신에게 비판을 하는 경향이 있다. 이에 따라, 어린이 자아상태는 자신이 엉망이 되는 것을 느끼고 나쁜 감정에서 벗어나기 위해 회피하게 된다. 그림에서는 어버이 자아상태의 비판은 휘어진 화살표로 표현했으며, 회피하는 어린이 자아상태는 밖으로 향하는 화살표로 표시하였다. 이들은 회피하면 할수록 더욱더 자신을 비판하게 되고, 비판하면 할수록 더욱더 회피하게 된다. 그러므로 이들은 계속 나쁜 감정 속에서 불쾌한 느낌을 유지하게 된다.

'행동'은 이들이 가장 많은 에너지를 집중하는 영역으로 개방문에 해당한다. 이들의 행동은 '회피하는 수동성'이다. 이들은 자기 자신에 대한 존재를 희미하게 만들고, 배경 속에 머무는 경향이 많다.

'사고'는 창의적 몽상가의 표적문이다. 사고는 이들의 어른 자아를 어버이 자아상

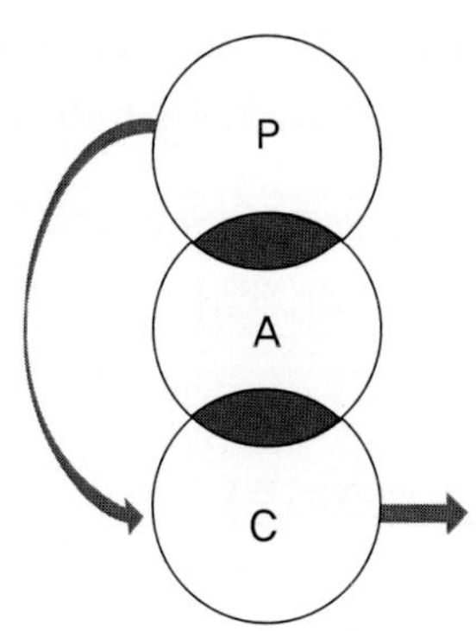

[그림 3-11] 창의적 몽상가 성격적응의 성격 구조

태와 어린이 자아상태로부터 정화시키는 데 도움을 준다. 이들은 자신의 사고 능력에 대한 신뢰성을 회복할 필요가 있으며, 이에 따라 자신의 욕구를 충족시키기 위한 행동을 취할 수 있다.

창의적 몽상가의 함정문은 '감정'이다. 이들은 나쁜 감정 속에 빠져 있는 자신이 잘못되었다는 믿음 때문에 또 다른 나쁜 감정에 빠져 있는 사람이다. 이들은 자신이 느끼는 것을 무시하기 때문에 무엇을 해야 할지도 모르고, 그저 엉망이 된 느낌을 가질 뿐이다.

유희적 반항자(수동-공격성 성격적응)

유희적 반항자 또는 수동-공격성 성격적응은 항문기 단계 동안에 발달된다(2~3세). 이 단계는 부모의 과도한 통제에 대한 반응으로 자신의 자율성을 주장하는 시기다. 부모는 자녀에게 "엄마, 아빠 말대로 해!"라고 자주 말한다. 그러면 아동의 반응은 "싫어!"다. 그 결과, 누구도 승리하지 못하는 힘 대결을 펼치게 된다. 아동은 살아가기 위해서 투쟁해야만 한다고 결론을 내린다. 아동이 받게 되는 대부분의 자극은 부모와의 갈등관계에서 생긴다. 그러므로 유희적 반항자의 에너지는 대부분 싸우는 데 소모된다.

성격 구조로 표현해 보면, 이들의 어른 자아는 어버이 자아상태와 어린이 자아상태 양쪽 모두에 의해 오염되어 있다([그림 3-12] 참조). 이들은 부모로부터 자신의 행동에 대해 야단맞으면, 어린이 자아상태로 돌아가 싸울 준비를 한다. 힘의 대결은 처음에는 부모와 자식 간에 발생하지만, 곧바로 유희적 반항자 내의 어버이 자아상태와 어린이 자아상태 사이의 상호작용으로 전환된다. 이것을 간략하게 나타내면, [그림 3-12]와 같이 서로 휘어진 화살표로 나타낼 수 있다.

'행동'은 이들의 에너지가 가장 많이 집중된 영역이다. 따라서 행동은 이들의 개방문에 속한다. 이들이 사용하는 행동은 수동적이면서 공격적인 것이다. 문제 해결을 위해서 자신이 직접 나서기보다 투덜거리거나 불평과 불만을 늘어놓는다.

'감정'은 유희적 반항자의 표적문이다. 부모와의 계속적인 힘 대결의 결과는 '고통'이다. 유희적 반항자는 자신이 겪은 고통과 자신의 욕구를 함께 채워 주는 부모가

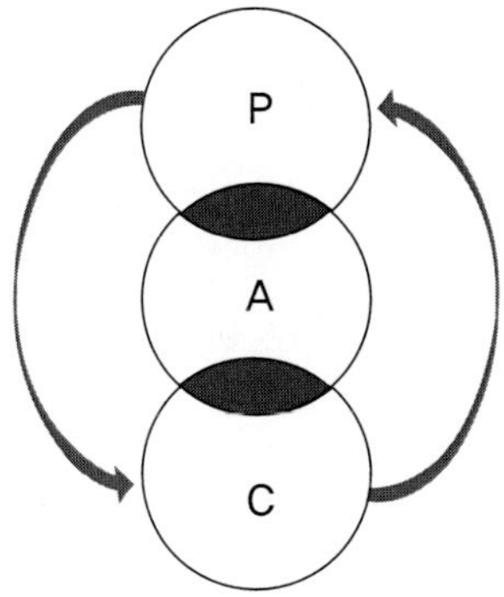

[그림 3-12] 유희적 반항자 성격적응의 성격 구조

없었다는 사실에 대한 슬픈 감정을 수용함에 따라, 이들의 어른 자아는 점차 어버이 자아상태와 어린이 자아상태로부터 정화되고, 힘 대결에서 벗어나기 시작할 것이며, 자신과 함께할 수 있는 사람을 찾아 나설 것이다.

이들은 많은 부분 '예, 그러나' 반응을 하고, 논쟁하기를 좋아하며, '이거 아니면 저거' 또는 '전부 아니면 아무것도 아니다.'라는 식으로 생각하기 때문에, '사고' 영역은 유희적 반항자에게 함정문이다. 이들은 '이것도 별로고, 저것도 별로야!'라는 식으로 끝도 없는 감정에 휘말린다.

매력적 조작자(반사회성 성격적응)

매력적 조작자 또는 반사회성 성격적응은 구강기 단계에 발달된다(0~18개월). 이것은 어린 시절 신뢰가 깨졌을 때, 생존하기 위해 형성된 성격적응 유형이다. 기본적인 주제는 '유기'다. 이들은 잔인한 계략에 의해 자신이 농락당하고 있다고 느낀다. 이들은 사랑받고 돌봄을 받는 모습으로 태어났고, 그다음에는 스스로 생존하도록 방치되었다. 이들은 유기되었음에도 불구하고, 생존하기로 결단한다. 그리고 타인을 바보로 만들어 앙갚음을 하고자 한다. 이러한 것은 타인을 협박하거나 속임수

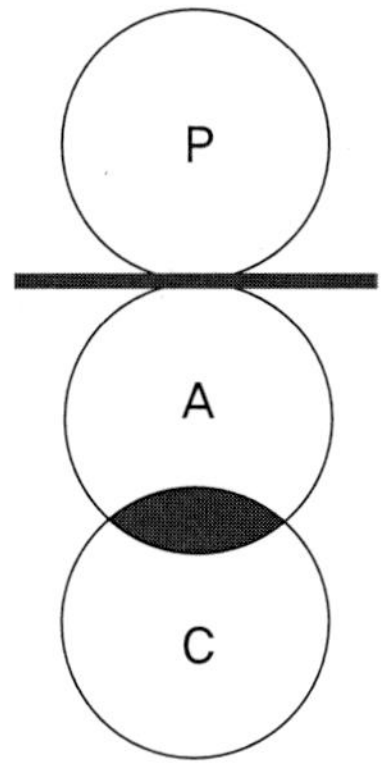

[그림 3-13] 매력적 조작자 성격적응의 성격 구조

를 통해 성취된다. 이들은 자신이 창조해 낸 드라마 같은 상황을 통해서 주변으로부터 많은 관심을 얻는다. 매력적 조작자는 타인을 속이는 것에 대부분의 에너지를 사용한다.

성격 구조를 통해 그림으로 표현해 보면, 이들의 어른 자아는 어린이 자아상태에 의해 오염되어 있고, 어버이 자아상태와는 배제되어 있다([그림 3-13] 참조). 이들은 성숙한 어른 자아보다 직관적이고, 창조적인 어린이 자아상태 속에 있는 어른 자아(작은 교수)를 통해 생각한다. 이들은 자신의 사고 능력을 문제를 해결하거나 장기간의 안목을 통한 결과물을 산출해 내는 데 쓰기보다, 타인을 속이거나 우습게 만드는 쪽으로 사용한다. 부모의 규칙과 가치는 단지 부모 자신이 얻고자 했던 것이기 때문에, 이들은 어버이 자아상태를 배제한다. 어떤 경우에는 매력적 조작자가 부모의 모든 메시지에 대한 신뢰를 가지고 있지 못하다고 여겨, 어버이 자아상태의 정보를 배제해야 한다고 약 5~6세 때 결심하는 경우도 있다. 이들은 어버이 자아상태의 정보란, 단지 자신을 조작하기 위한 것이라고 본다.

이들의 에너지가 가장 많이 집중되어 있는 곳은 이들의 개방문인 '행동'이다. 이들의 행동은 매우 활발한 공격성을 지니고 있으며, 타인을 협박하거나 농락하고자 한다.

매력적 조작자의 표적문은 '감정'이다. 이들이 유아기에 경험한 유기는 매우 고통스러운 것이다. 이들은 예전과 같은 상처받기 쉬운 위치는 피하려고 할 것이다. 또한 자신의 감정을 경험하거나 자신이 경험한 유기에 대한 슬픈 감정을 받아들임에 따라, 이들의 어른 자아는 어린이 자아상태로부터 정화되기 시작할 것이다. 신뢰할 만한 대상과 관계 맺기를 시작할 것이고, 현실을 있는 그대로 받아들일 것이며, 인간적인 삶을 살아갈 것이다.

매력적 조작자는 모든 사람을 속이려 들기 때문에, '사고' 영역은 이들에게 함정문이다. 이들은 자신의 영리함을 통해 타인을 속이고 조작함으로써, 자신의 욕구를 충족시키려 한다. 짧은 기간 동안에는 이러한 방식을 통해서 자신이 얻고자 하는 것을 얻을 수 있다. 그러나 시간이 흘러감에 따라, 타인은 이들의 속임수에 분노를 느끼기 시작하고 점차 이들과 멀어지게 된다. 이에 따라, 이들은 또다시 유기를 경험하게 되고, 그 누구도 믿을 수 없다는 신념을 더욱더 정당화시키게 된다.

요 약

성격적응 유형은 개인이 생존하기 위해서 그리고 원가족의 기대에 부응하기 위해서 형성된 것이며, 독특한 성격 구조를 만든다. 자아상태의 구조 분석, 오염과 배제 등을 통해서 성격 구조를 도면화하여 그려 볼 수 있다. 이러한 도면은 성격 구조가 어떻게 기능하는지, 각각의 성격적응 유형의 주요한 주제가 무엇인지, 그리고 왜 성격적응 유형마다 있는 문을 통해 개입해야 하는지에 대한 유용한 정보를 제공한다.

다음 장에서는 계속적으로 성격적응 유형의 발달에 대해서 논의할 것이다. 그리고 어떻게 아동기의 결단이 성인의 삶으로 옮겨지는지에 대해서도 서술하고자 한다. 우리는 에릭 번이 언급한 인생각본 개념을 통해서 각각의 성격적응 유형을 고찰해 보고자 한다.

Personality Adaptations

4 서로 다른 성격적응 유형을 위한 변화의 주제

에릭 번(Eric Berne)은 모든 사람은 아동기 때 자기 자신의 인생 이야기를 작성한다고 주장했다. 이 이야기는 시작이 있고, 중간 과정이 있으며, 끝이 있다. 사람은 말하기 곤란한 시기인 유아기 시절부터 기본적인 줄거리를 쓰기 시작한다. 그리고 아동기를 지내면서, 줄거리에 세세한 이야기를 덧붙여 나간다. 주된 줄거리는 대략 7세까지 형성된다. 이야기의 부차적인 내용은 청소년 시기를 거치면서, 수정되거나 정교화된다.

성인은 일반적으로 더 이상 자신의 인생 이야기에 대해서 의식 없이 살아가거나, 스스로 인생을 선택하며 살아간다. 그러나 특별하게도 스트레스 상황에 직면했을 때, 이들은 무의식적으로 행동하게 된다. 어떤 인식의 과정 없이 자신의 인생에서 성공적이었던 시절을 떠올리게 되고, 그 결과로 자신이 유아로서 결단했던 최초의 장면으로 이동하게 된다. 이런 전의식의 인생 이야기를 교류분석에서는 '인생각본(Life script)' 또는 간단하게 '각본'이라고 부른다.

상담이나 치료를 통한 성공적인 변화를 유도하기 위해서, 사람은 성인의 삶에서 더 이상 도움이 되지 않는 아동기의 한 부분으로부터 자신을 자유롭게 해 줄 필요가 있다. 그러므로 각본에 관한 정보는 상담 상황에서 효과적인 변화를 이끌어 내는 중요한 열쇠가 된다.

여섯 가지 성격적응 유형은 각각 구별되는 인생각본을 보여 준다. 그러므로 한 사람의 성격적응 유형에 대한 정보는 상담자가 변화를 이끌어 내는 데 매우 중요한 자원이 된다. 이번 장에서는 여섯 가지 성격적응 유형에 따른 각본 패턴을 서술하려고 한다.

이론적인 준거 틀: 인생각본

번(1972)이 인생각본의 개념을 발전시켜 나갈 때, 그는 에릭슨(Erikson, 1950)이 기술한 '발달단계(stage of development)' 이론뿐만 아니라, 아들러(Adler, 1963)의 '생활양식(life style)'과 융(Jung, 1946)의 '원형(archetypes)' 이론에 근거하여 만들었다. 그는 이러한 학자들로부터 사람은 어떤 계획을 가지고 있고, 이 계획은 아동기에 형성되며, 성인기에는 이러한 계획을 실현시키기 위해 살아간다는 개념을 이끌어 내게 되었다. 번의 독특한 공헌은 이러한 삶의 계획이 일종의 이야기 형태로 구성되었다는 것을 제안한 것이다. 번은 각각의 이야기는 '인식 밖(outside of awareness)'에서 이루어지는 경우가 많으며, 더 나아가 사람은 어린 시절에 선택했던 것을 현실에도 적용함으로써, 드라마 같은 결말을 맞이하게 된다고 말한다(각본 결말).

성인기에 있는 어떤 사람이 '자신의 각본에 있다.'는 것은 '각본 안에 빠져 있다.' 혹은 '각본의 행동, 사고, 감정에 속박되어 있다.'는 것을 의미한다.

'각본분석'이란, 드러나지 않는 전의식의 내용에 의해 형성된 각본 내용을 다양한 방법을 활용하여 인식할 수 있도록 도와주는 것이다.

인생 태도

번(1972: 84)은 각본은 네 가지 인생 태도 중 한 가지를 차지한다고 단언했다. 이것은 자신과 타인의 가치에 대한 매우 뿌리 깊은 확신을 말하는 것이다. 그리고 이것은 아동 발달 조기단계에 결정된다고 보았다. 이러한 네 가지 자세는 다음과 같다. 오늘날 이것을 '인생 태도(Life positions)'라고 말한다.

- **자기 긍정-타인 긍정**(I' m OK-You' re OK)
- **자기 부정-타인 긍정**(I' m not-OK-You' re OK)
- **자기 긍정-타인 부정**(I' m OK-You' re not OK)
- **자기 부정-타인 부정**(I' m not OK-You' re not OK)

각각의 자세는 자기 자신에 대한 긍정(OK-ness, 가치, 의미, 존엄성이 있음) 또는 부정(not-OKness, 가치, 의미, 존엄성이 부족함)을 나타낸다. 그리고 타인과의 관계에 대한 긍정과 부정도 나타내고 있다. 이러한 결론 또는 결단은 어떤 감정과 인식의 결과를 가져오며, 다양한 인생 상황에서 유사한 반응을 보여 준다.

각본 메시지

아동은 초기에 부모나 부모 대리자 혹은 다른 양육에 의미 있는 사람과의 상호작용을 통한 반응들로, 인생각본을 형성해 나간다. 이러한 상호작용 속에서 아동은 부모로부터 어떤 메시지를 받게 되는데, 각본이론에 따르면 이것을 '각본 메시지(Script messages)'라고 한다.

아동기 후반에는 몇몇 각본 메시지가 직접적인 언어 표현으로 전달되기도 한다. 이렇게 언어로 표현되는 메시지의 덩어리를 '길항금지령(Counterinjunctions)'이라 부른다. 다섯 가지의 길항금지령은 특별한 의미를 지니는데, 이것을 '드라이버(Drivers)'(Kahler & Capers, 1974)라고 부른다. 이것은 발달상에서 특별한 의미를 지니는 것이며, 성격적응 유형을 진단하는 데 매우 중요한 단서가 된다.

각본 메시지의 또 다른 것은 아동기 초기에 주로 비언어적인 방법으로 형성되는 것으로, 이것은 매우 간접적이고 암시적인 메시지를 담고 있다. 부정적인 메시지라면 '금지령'이라고 부르고, 긍정적인 메시지라면 '허용'이라 부른다. 앞으로 우리는 각본 메시지 각각을 좀 더 자세히 설명할 것이다.

길항금지령 이 메시지는 전반적으로 '~을 하는 것이 당연하다.' '~을 해야만 한다.'를 포함하고 있다. 아동은 '해야만 한다' 또는 '해서는 안 된다'에 대한 가치판단과 언어적인 명령을 가지고 있다. 이러한 수많은 메시지가 각본분석을 통해서 발견된다. 전형적인 예를 들면, "열심히 일해라!" "왕자처럼 굴어라!" "집안일은 밖에서 이야기하지 마라!"가 있다. 길항금지령은 언어를 통해 아동기 후반기에도 명확하게 받을 수 있다. 일반적으로 사람은 자신과 관련된 각본 메시지를 회상해 낼 수 있다. 그리고 누가 말했는지, 어떤 어조로 이야기했는지도 기억해 낸다. 길항금지령의 반응으로 형성된 각본을 '길항각본(counterscript)'이라고 한다.

드라이버 길항금지령에는 다섯 가지의 드라이버 메시지가 있는데, 이것은 부모가 아동에게 특별히 전달하는 기대다. 부모는 다음과 같은 방법으로 메시지를 전달한다. "만약 네가…… 한다면, 너는 주변으로부터 긍정(OK)이 될 수 있을 거야."

타이비 칼러(Taibi Kahler)는 이러한 다섯 가지 드라이버의 의미를 제일 먼저 언급한 사람이다(kahler & Capers, 1974). 교류분석 학자인 칼러는 구어적인 용어를 사용하여 다음과 같이 다섯 가지 드라이버 용어를 정의하였다. 즉, '완벽하라(Be Perfect)' '강하라(Be Strong)' '노력하라(Try hard)' '타인을 기쁘게 하라(Please Others)' 그리고 '서둘러라(Hurry Up)'다.

'완벽하라' 드라이버 메시지 내용의 예를 들면 다음과 같다. "네가 모든 일을 완벽하게 해낸다면, 너는 주변으로부터 긍정(OK)이 될 수 있을 거야." '타인을 기쁘게 하라'와 '서둘러라' 드라이버 메시지의 의미는 칼러가 명명한 이름 자체가 암시한다. '강하라' 드라이버의 의미는 "네가 너의 감정이나 욕구에 얽매이지 않는다면, 너는 긍정(OK)이 될 수 있을 거야."다. '노력하라' 드라이버 메시지는 "네가 열심히 노력한다면, 너는 긍정(OK)이 될 거야. 단, 노력만 하고 실제로 성취하지는 마라. 네가 실제로 성취한다면, 너는 더 이상 노력해야 될 것이 없어지기 때문이야."다.

여섯 가지 성격적응 유형 각각에 따라 한 개 또는 두 개 이상의 드라이버가 조합을 이룬다. 예를 들어, 어떤 사람이 '강하라'와 '완벽하라'의 드라이버를 가지고 있다면, 주요 성격적응 유형은 책임감 있는 일 중독자일 확률이 높다. 드라이버와 성격적응 유형 사이의 밀접한 관련성은 어떻게 성격적응 유형을 발전시키고 기능시킬 것인가를 이해하는 데에 매우 의미 있고 중요한 부분이 된다. 우리는 이러한 주제를 각각의 성격적응 유형에 따라 계속적으로 탐구해 나갈 것이다.

또한 드라이버는 성격적응 유형을 실제적으로 진단하는 데에서 매우 중요한 열쇠다. 칼러의 연구에 따르면, 한 사람이 자신의 내부에 있는 드라이버 메시지를 듣게 될 때, 이 사람은 짧은 시간이지만 외부에 어떤 특정한 행동 패턴을 보이게 된다. 이것은 성격이 드라이버 메시지와 매우 밀접한 관계를 보인다는 것이다(Kahler & Capers, 1974). 이러한 '일련의 행동(behavior packages)'을 '드라이버 행동(driver behaviours)'이라 지칭한다. 드라이버 행동은 일반적으로 약 0.5초 내에 발생한다. 드라이버 행동을 발견하는 것을 배우게 되면, 한 개인의 주요한 성격적응 유형을 빠르고 신뢰할 만하게 진단하는 것이 가능해진다. 제8장에서는 이러한 진단 과정에 대해 자세히 다룰 예정이다.

금지령 아동이 언어적인 명령을 받아들이기 전인 초기 아동기 시절에 특징적으로 받아들이는 부정적이고, 구속적인 메시지가 '금지령(Injuctions)'이다. 이것은 부모에 의해 비언어적으로 전달되며, 차후에 언어적인 것으로 강화된다. 금지령은 일반적으로 부모 속에 있는 어린이 자아상태의 채워지지 못한 부분에서 그 근원을 찾을 수 있으며, 부모가 인식하지 못하는 사이에 자녀에게 전달된다.

메리와 로버트 굴딩(Goulding, M., & Goulding, R, 1979)은 다양한 각본분석을 하면서 열두 가지의 금지령을 발견하였다.

- **존재하지 마라.**
  [Don' t Exist]
- **너로 있지 마라(때때로, 너의 성별로 있지 마라).**
  [Don' t Be You(sometimes, Don' t Be the Sex You Are)]
- **어린아이로 있지 마라(즐기지 마라).**
  [Don' t Be a Child(Don' t Enjoy)]
- **성장하지 마라(나를 떠나지 마라).**
  [Don' t Grow Up(Don' t leave Me)]

- **성취하지 마라(성공하지 마라).**
  [Don't Make It(Don't Succeed)]
- **하지 마라(어떤 것도 하지 마라).**
  [Don't(Don't Do Anything)]
- **중요한 존재가 되지 마라.**
  [Don't Be Important]
- **어디에 속하지 마라.**
  [Don't Belong]
- **친해지지 마라.**
  [Don't Be Close]
- **잘 되려고 하지 마라(제정신으로 있지 마라).**
  [(Don't Be Well(Don't Be Sane)]
- **생각하지 마라.**
  [Don't Think]
- **감정을 느끼지 마라.**
  [Don't Feel]

여섯 가지 성격적응 유형 각각은 특정한 금지령을 가지고 있으며, 우리는 이것에 대해서도 기술할 예정이다. 그러나 성격적응 유형과 금지령의 관계는 성격적응 유형과 드라이버 메시지 관계만큼 잘 정의되어 있지는 못하다. 드라이버가 일대일로 서로 명확하게 연관되어 있다면, 금지령은 다소 다양하게 엮여 있는 편이다. 예를 들면, 금지령 '존재하지 마라.'는 어느 특정 성격적응 유형에만 속하는 것이 아니다. 이 금지령은 각본의 한 부분으로 다른 금지령을 강화시켜 주는 역할을 하기도 한다. 이 부분에 대해서는 '조기결단'에서 좀 더 다루고자 한다.

허용 부모는 자녀에게 초기 메시지로서 성장 지향적이고 긍정적인 메시지를 준다. 이러한 것을 '허용(Permissions)'이라고 한다. 열두 개의 금지령은 각각에 대응하는 허용을 가지고 있다. 예를 들어, 부정적인 메시지인 '존재하지 마라.' '친해지지 마라.' 대신에, 부모는 '네가 있어서 좋다.' '친밀할 수 있어서 좋다.' 등의 긍정적인 메시지를 줄 수 있다.

당신은 이미 알아챘을 것이다. 허용적인 말은 '……좋다(It' s OK……)'이고, '……해라(Do……)'라는 말을 하지 않는다. 이것은 중요한 사실을 알려 준다. 허용이란 아동으로 하여금 어떤 것을 억지로 하게 하거나 어떤 방법을 써서 하게 하는 것이 아니다. 대신에 행동에 동기를 부여하고, 자신이 원하는 것을 자유롭게 추구할 수 있도록 하는 것이다. 밥 굴딩(Bob Goulding, 1978)은 허용을 낚시 자격증에 비유했다. 이 자격증은 당신에게 낚시를 할 수 있는 자유를 준다. 그러나 당신에게 낚시할 수 있는 능력을 주는 것은 아니다.

성격적응 유형과 허용 간의 어떤 구조적인 연관성이 확실히 있다고는 알려져 있지 않다.

조기결단

각본 메시지에 대한 반응으로 아동은 자신과 타인에 대한 어떤 결론을 내리게 된다. 또한 이러한 상황을 다루려고 하는 기본적인 행동 계획을 공식화하게 되는데, 이것을 '조기결단(Early decisions)'이라고 부른다. 이것은 각본의 '핵심(lynch pin)'이다. 개인이 자신의 조기결단을 변화시킨다면, 더 이상 낡은 신념을 정당화시킬 필요가 없다. 그러므로 자신의 조기결단을 확인하고 변화시킨다면, 빠르게 자신의 각본에서 벗어날 수 있다.

각본의 일부분으로서 '존재하지 마라.'가 있다면, 아동은 이에 대항하는 방어로서 사용되는 다른 금지령과 길항금지령을 조합하여 어떠한 결단을 내릴 수도 있다. 한 예로, "내가 다른 사람들과 친하지 않고('친해지지 마라.') 오직 일을 계속하는 한('열심히 일하라.'), 내가 존재하는 것은 긍정(OK)이다."가 이에 속한다. 이런 사람은 자신의 과업에만 집착하고, 타인과 친밀해지지 않겠다는 자신의 결단을 더욱더 고수하는 경향이 있다. 왜냐하면 이들은 살아남기 위한 방어기제로 이러한 조기결단을 했기 때문이다.

게임과 라켓

사람은 각본에 휘말리게 되면, 어떤 역기능적인 행동과 감정을 반복적으로 보여주게 된다. 교류분석 이론에서는 이것을 '게임과 라켓(Games and Rackets)'이라고 한다.

게임 환경을 인식하는 이미 결정된 반응에 의해서, 개인의 의식 밖에서는 익숙해져 있는 불쾌한 상황을 반복적으로 재현하려는 경향을 보인다. 번(1964, 1972)은 이러한 것을 '재상연 게임(re-enactments games)'이라고 불렀다. 그는 이러한 현상을 프로이트(Freud)의 '반복 강박(repetition compulsion)' 개념과 유사하다고 보았다.

모든 게임은 숨겨진 의도를 가지고 있고, 이면적인 의사소통을 하며, 게임을 하는 당사자들의 의식 밖에서 이루어진다. 또한 게임을 하는 당사자들 간에 갑작스러운 역할의 교체인 '전환(switch)'이 발생한다(Berne, 1972). 숨겨져 있던 의도가 점차 명백해짐에 따라, 그 결과로서 게임 안에 있던 사람은 일반적으로 속았다는 느낌을 가지게 되며, 혼란 상태에 빠지는 것을 경험한다. 모든 사람은 나쁜 감정을 느끼게 되지만, 왜 그런 일이 발생하였는지에 대해서는 그 누구도 알지 못한다.

게임은 이미 가지고 있는 자신과 타인에 대한 인생 태도(존재론적인 위치)를 정당화하는 방법이다. 또한 책임을 자신에게 두기보다, 타인에게 전가시키기 위한 시도이기도 하다. 직관적으로, 개인은 어린이로서 부모나 타인들이 다르게 반응해 왔다는 것을 알고 있다. 이들은 여전히 앞으로도 다른 반응이 나타나도록 시도하고 있다. 상황이 달라지거나 같은 반응이 오더라도, 이들은 똑같은 결과를 반복적으로 이끌어내고 있으며, 그 결과로 자신의 존재론적 신념을 '정당화(justifying)'하려고 한다.

또한 게임은 상당히 많은 양의 부정적 '스트로크(Stroke)'를 양산하기도 한다(스트로크는 교류분석 이론으로서, 인식의 기본 단위를 말한다.). 그러므로 게임은 한 개인이 자신의 욕구를 충족시키기 위한 대체된 방법이라 말할 수 있다.

드라마 삼각형 스티븐 카프만(Stephen Karpman, 1968)은 게임을 분석하기 위한 아주 효율적인 진단도면을 만들었다([그림 4-1] 참조). 그는 사람이 게임을 할 때마다 세 가지 각본 역할을 주고받는다고 보았다. 세 가지 각본 역할은 '박해자(Persecutor)' '구원자(Rescuer)' 그리고 '희생자(Victim)'다.

박해자는 타인을 업신여기고 핍박하는 사람이다. 박해자의 관점은 다른 사람을 낮게 여기는, 부정적(Not-OK)인 관점이다.

구원자 또한 타인을 낮게 여기고 부정적(Not-OK)으로 보는 사람이다. 그러나 구원자는 한 단계 위에서 도움을 제공하는 역할을 한다. 이들은 "나는 다른 모든 사람을 도와주어야만 한다. 왜냐하면, 이들은 스스로 도울 수 있을 만큼 충분히 선하지 못하기 때문이다."라고 믿고 있다.

희생자는 자기 자신을 스스로 아래에 있다고 여기는 사람이고, 부정적(Not-OK)인 존재라고 여긴다. 때때로 희생자는 자신을 깔보고 무시하는 박해자를 찾기도 한다. 또한 자신의 신념인 "나는 내 문제를 해결할 수 없어요."를 확인하려 하고, 이에 대한 도움을 제공할 구원자를 찾기도 한다.

교류분석 이론으로 볼 때, 드라마 삼각형(Drama Triangle)에 있는 역할은 모두 '현실적이지 않은 것'이다. 왜냐하면 어떤 사람이 드라마 삼각형의 세 가지 역할 중 하나의 위치에 서게 될 때, '지금-여기'보다는 과거와 반응하기 때문이다. 이들은 아동

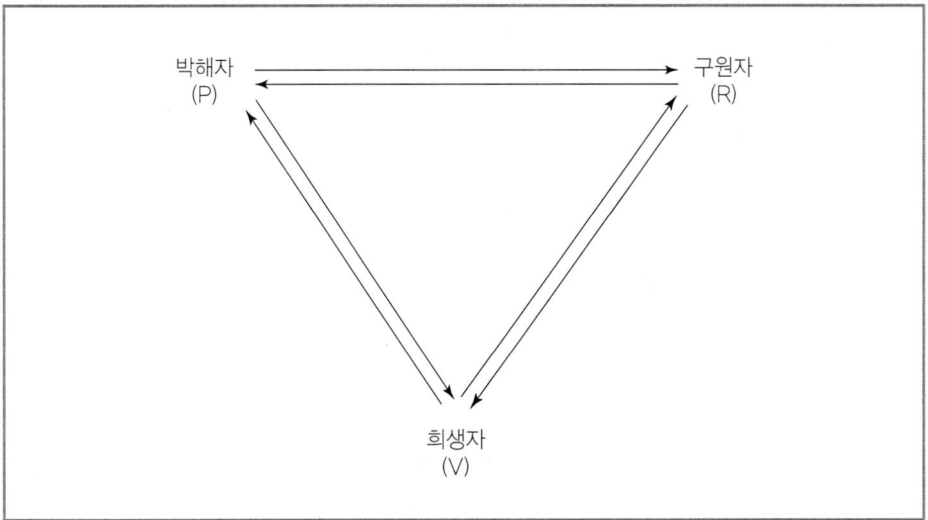

[그림 4-1] 드라마 삼각형

기에 결단한 또는 부모로부터 물려받은 오래된 각본 전략을 쓰기 마련이다. 현실적이지 못한 드라마 삼각형의 역할을 표시하기 위해서 단어 맨 앞에 철자를 대문자로 표시한다(박해자: P, 구원자: R, 희생자: V).

게임에 빠진 사람은 드라마 삼각형의 세 가지 역할 중 하나에서 시작할 것이다. 그리고 그 역할을 유지하다가 다른 역할로 갑자기 이동할 것이다. 드라마 삼각형에서의 이러한 이동은 게임 이론에서의 '전환(Switch)'과 일맥상통한다.

라켓 게임의 결말에서 사람은 불쾌한 감정을 경험한다. 번은 이것을 '라켓'이라고 불렀다. 라켓감정은 자기에게 '일어나고 있다(happening)'고 지각하고 있는 것에 대해 타인으로부터 지지를 이끌어 내기 위한 개인적인 하나의 방법이다. 이들이 기대하는 것은 타인이 변할 것이라는 것이고, 자신의 부모나 그 밖의 사람으로부터 어린 시절 충분히 받지 못한 것을 자신이 원하는 방식으로 받을 수 있다는 것이다.

이러한 라켓감정은 원가족에서 허용되지 않았던 감정을 대신하는 것이다(English, 1971). 예를 들어, 어린아이가 화났을 때 원가족은 벌을 주었고, 슬퍼할 때는 지지해 주었다면, 이 사람의 분노는 슬픔으로 대체된다. 결국, 슬픔은 이들이 분노를 표현하는 데에 계속 작용하게 된다. 이런 현상에 대해서, 우리는 이 사람의 분노가 슬픔이라는 라켓감정으로 '덮였다(Covers)'고 말한다. 어린아이의 어떤 감정은 지지되었으나, 자신은 부정(Not-OK) 되었다는 느낌을 받는다. 이때 이들은 타인의 관심과 주의를 이끌어 내기 위해서, 예전부터 지지되어 온 감정을 사용하게 된다.

가끔, 사람은 '라켓이 실린 의사소통' 방식을 반복적으로 주고 받으면서 관계를 만들어 가기도 한다. 잉글리시(English, 1976)는 이것을 '라켓티어링(racketeering)'이라고 불렀다. 이러한 교환은 게임과 유사하지만, '전환'은 없다. 다시 말하면, 여기에는 게임과 같은 급작스러운 변화가 존재하지 않는다는 의미다. 예를 들어, 남편이 아내의 요리나 외모, 옷차림 등에 대해 자주 잔소리를 한다고 하자. 그는 '흠집을 내다(blemish).'라고 알려진 라켓티어링 주제를 진행하는 것이다. 계속 이렇게 함으로써 타인에 대한 노여움이라는 자신이 가장 좋아하는 라켓감정을 사용하여 자신을 계속 '정당화(justify)'시켜 나간다. 그러나 아내는 반대로 '나는 바보예요(Poor Me).'라는 라켓티어 역할을 하고 있다. 결국, 부적절하고 혼돈스러운 라켓감정의 경험이 반복

된다. 이러한 라켓티어링 관계는 애매하게 무기한으로 지속된다.

게임과 라켓 그리고 여섯 가지 성격적응 유형 각각의 성격적응 유형은 고유한 게임과 라켓 그리고 라켓티어링 주제를 가지고 있다. 우리는 이번 장의 한 부분인 '전형적인 인생각본'을 통해서 이것을 설명하고자 한다. 성격적응 유형과 게임의 관계는 금지령처럼 어느 정도 연관성은 있지만, 아주 명확한 것은 아니다. 같은 성격적응 유형을 가진 사람이라도 약간씩의 정도 차이는 있다.

각본 과정

지금까지 우리는 한 사람의 각본 안에 존재하는 '각본 내용(content of script)'에 대해서 논의해 왔다. 지금부터는 '각본 과정(Script process)'을 살펴보도록 한다. 이것은 한 개인이 각본을 통해 어떻게 인생을 살아가는지를 보여 준다.

번(1972)은 여섯 가지의 서로 다른 '각본 과정'을 기술하고 있다.

- **Until**: ~할 때까지
- **Never**: 결코~하지 않는
- **Always**: 늘~
- **After**: ~한 후에
- **Almost**: 한 발만 더 가면
- **Open-Ended**: 결말이 없는

칼러(1978: 216-217)는 Almost 각본 과정의 경우, Almost 유형 I과 Almost 유형 II로 구별할 수 있다고 주장하였다. 우리는 이 책에서 그의 분류를 따르고자 한다.

각각의 각본 과정 제목 자체가 한 개인이 각본을 통해서 어떻게 살아가는지의 '삶의 패턴'을 잘 나타내 주고 있다. 또한 각본 과정은 일종의 '좌우명'을 가지고 있는데, 이것은 한 사람이 자신과 타인, 그리고 세계에 대한 조기결단을 말해 주고 있다.

〈표 4-1〉은 서로 다른 각본 과정의 '좌우명'과 '삶의 패턴'을 보여 준다.

표 4-1 ● 서로 다른 각본 과정의 특성

명칭	좌우명	삶의 패턴
Until ~할 때까지	"나는 내 일을 끝마칠 때까지는 즐길 수가 없어요."	불유쾌한 것을 완벽히 끝마칠 때까지는 유쾌한 것을 얻을 수 없다.
Never 결코~ 하지 않는	"나는 결코 내가 가장 원하는 것을 그동안 갖지 못했어요."	결코 출발할 수도 없고, 어디에 도착할 수도 없다.
Always 늘~	"저는 이런 상황을 늘 만들어 왔어요. 그리고 계속 그렇게 해야만 할 것 같아요."	상태가 나쁜 때에도 늘 같은 일을 한다.
After ~한 후에	"나는 오늘 놀 수는 있어요. 하지만 내일(그 후에) 그것에 대한 대가를 지불해야만 할 것 같아요."	유쾌한 것을 획득하지만, 곧 그 후에 불유쾌한 일이 나에게 일어날 것이다.
Almost I 한 발만 더 가면 I	"나는 한 발만 더 가면 정상에 도달할 수 있었지요. 그러나 곧 다시 밑으로 떨어지고 말았답니다."	일(기획 등)을 시작했지만, 확실히 끝낼 수 없다.
Almost II 한 발만 더 가면 II	"나는 한 발만 더 가면 정상에 도달할 수 있었지만, 바로 더 높은 고지를 향해 출발했지요."	일(기획 등)을 끝내면, 멈추지 않고 다음 일을 시작한다.
Open-Ended 결말이 없는	"나는 어떤 특정 시점부터는 다음에 무엇을 해야 좋을지 모르겠어요."	인생 또는 사업에서 어떤 지점에 도달하지만, 그때부터는 어떡해야 좋을지 알 수 없다.

각본의 예

주안(Juan)의 부모는 과도한 요구가 많은 사람이다. 주안은 부모가 자신에게 '완벽하라.' 드라이버 메시지와 '성취하지 마라(Don' t Make It).' 는 금지령을 주었다고 자각했다. 그 결과, 주안은 불안감을 느꼈고, '자기 부정-타인 긍정' 의 기본적인 인생태도를 결단하였다. 그의 조기결단은 "나는 완벽해지기 위해서 최선을 다할 것이다. 그러나 결코 당신을 즐겁게 하지 못할 것이라는 것을 알고 있다." 였다.

현재 주안은 비현실적인 기대감을 갖게 하는 사람을 찾는 경향이 있으며, 그것도 완벽한 시도를 통해 만나려고 노력하고 있다. 그는 자신이 할 수 있는 것보다 더 많은 것을 함으로써, '나를 차라!' 게임을 한다. 완벽하게 존재한다는 것은 불가능하기 때문에, 그는 자신을 '어떤 것도 할 수 없는 존재'로 만들어 버리게 된다.

그가 할 수 없는 것을 타인이 지적하면, 주안은 불안감(라켓)을 느끼게 되고, 자신은 부정이고 타인은 긍정이라는 것을 믿게 된다(인생 태도). 그의 문제 해결 시도는 완벽하게 처리하기 위한 지속적인 노력이다.

그의 각본 과정은 'Until'로서, 모든 일이 '끝날 때까지는' 어떠한 놀이와 기쁨도 기대할 수 없다고 믿는 것이다. 그러나 더 열심히 일하면, 언젠가는 반드시 얻을 수 있다고 생각하기 때문에 그것을 계속 연기하고 있다.

성격적응 유형에 따른 전형적인 인생각본 패턴

각각의 성격적응 유형은 번의 인생각본 개념을 통해 분석될 수 있다. 또한 성격적응 유형은 저마다 자신과 타인 그리고 자신을 둘러싼 세계에 대한 어떤 결단을 포함하고 있으며, 외부세계와 교통하는 특별한 길을 지니고 있다.

앞의 예에서 본 것처럼 책임감 있는 일 중독자(강박-신경증적 성격적응)는 그 나름대로의 메시지, 결단, 감정 그리고 살아가기 위한 패턴을 가지고 있다. 마찬가지로 각각의 성격적응 유형은 다양한 삶의 상황을 다루기 위해 결심한 개인의 독특한 인생각본을 포함하고 있다. 여기서는 성격적응 유형에 따른 메시지, 결단, 감정 그리고 살아가기 위한 패턴을 다루고자 한다. 또한 이 모든 정보는 이번 장의 마지막에 〈표 4-2〉와 〈표 4-3〉으로 정리되어 있다.

열정적 과잉 반응자(연기성 성격적응)

열정적인 과잉 반응을 하는 사람의 부모는 자신의 자녀가 귀엽고 유쾌한 사람이기를 바라는 경우가 많다. 그리고 타인을 행복하고 기분 좋게 해 주는 것을 중요시한다. 이러한 부모의 기대는 자녀에게 '타인을 기쁘게 하라.'는 드라이버를 주게 된다.

아동이 받게 되는 전형적인 금지령은 '성장하지 마라.' '생각하지 마라.' 그리고 '중요한 존재가 되지 마라.'다. 이에 대한 반응으로, 아동은 '두려움' '혼돈' '슬픔'을 느낀다. 아동은 자신은 부정(Not-OK)이고, 부모는 긍정(OK)이라고 믿는다. 조기결단은 종종 "나는 당신을 즐겁게 해 줄 것이고, 행복하게 해 줄 것이다. 그러면 당신은 나를 사랑해 줄 것이다."다. 그러나 이러한 경우에 자기 자신이 충분히 즐겁지 않기 때문에 불안하게 된다.

게임과 라켓 연기성 성격적응을 하는 성인은 주변 모든 사람의 행복에 대해서 일종의 책임감을 느끼는 경향이 있다. 이들은 관심의 중심에 있어야만 자신이 사랑받고 있으며, 중요한 존재라고 느낀다. 이들의 어린이 자아상태는 반대 성(性)으로부터 매력적인 관심이 되기 때문에, 자주 '라포' 게임을 하게 된다. 일단 유혹하는 신호를 보내지만, 상대방이 반응을 보이기 시작하면 갑자기 관계의 진전을 거절한다.

각본 과정 연기성 성격적응을 하는 사람은 초기에 설명했듯이 'After' 각본 과정 패턴을 보여 준다. 가령, 이들은 파티에서 매우 즐거운 한때를 보낼 것이다. 그리고 이후에 무슨 말을 해야 하는지, 그리고 자기가 잘한 것인지에 대해서 의문을 갖기 시작한다.

사례 열정적 과잉 반응자인 내담자 진(Jean)은 여러 명의 오빠, 언니가 있는 가족 안에서 성장했다. 아버지는 그녀를 가장 좋아했다. 그는 특별한 관심을 그녀에게 자주 보여 줬고, 그 때문에 그녀의 어머니는 종종 질투심을 느꼈다. 여러 자녀 중 하나였던 진은 자신의 생각을 말하려고 하거나 학교에서 일어난 일에 대해 말하려고 할 때, 가끔 무시를 당하였다. 그녀가 가장 관심을 끌 때는 귀엽게 굴거나 즐거운 분위기를 자아낼 때다. 그녀는 아름다운 옷 입기를 좋아했고, 자극적인 말과 태도를 보였다. 그녀가 가장 좋아하는 이야기는 공주를 찾는 왕자의 이야기다. 그녀는 아버지의 '작은 공주'였고, 곧잘 미래의 왕자에 대해서 꿈꾸곤 하였다.

어른이 되어 진이 치료를 받으러 왔을 때, 그녀는 약간 들떠 있어 보였다. 그녀는 남자들의 관심을 받는 것을 좋아했다. 그러나 남자들이 그녀의 의도에 대해 오해했을 경우, 어려움을 겪기도 하였다. 그녀는 자신의 생각과 주장을 명확하게 말하는 것이 어려웠다. 또한 자신의 직업을 선택하는 것도 힘들어했다. 자신의 능력에 대해서 확신할 수가 없었기 때문이다. 어린아이로서 아버지에게 기쁨이 되어 왔던 진의 에너지는 성인이 된 그녀의 삶의 방식에 영향을 미치고 있는 것이다.

책임감 있는 일 중독자(강박-신경증적 성격적응)

앞서 말한 것처럼 책임감 있는 일 중독자 또는 강박-신경증적 성격적응을 가진 사람은 유난히 요구하는 게 많은 부모 밑에서 자란 경우가 많다. 부모는 성취를 강조하고 부와 가치를 동등하게 생각하는 경향이 있다. 부모가 주는 드라이버 메시지는 '완벽하라'는 것이다.

아동이 받는 전형적인 금지령은 '어린아이가 되지 마라.' '감정을 느끼지(성적인 감정을 느끼지) 마라.' '친해지지 마라.' 그리고 '즐기지 마라.'다. 이에 대한 반응으로 아동은 '불안감' '죄책감' 또는 '우울'을 느낀다. 이들의 심리적 자세는 '자기 부정-타인 긍정'이다. 이들은 착한 소년(소녀)이 되지 못한다면, 부모가 결코 자신과 어떠한 것도 함께하지 않을 것이라 믿고 있다. 이들의 조기결단은 "나는 착해지기 위해 최선을 다할 것이고, 그렇게 된다면 당신은 나를 사랑할 것이다."다. 그러나 자신의 능력이 충분하지 못하므로 불안감을 느끼게 될 것이고, 때로는 나쁜 생각을 하게 되므로 죄책감을 느끼게 된다.

게임과 라켓 어른임에도 불구하고 이들은 일을 하고 있지 않으면 '죄책감'을 느끼게 된다. 이들은 한번에 여러 가지 프로젝트를 진행시키는 경우가 자주 있다. 그래서 어떤 일은 못 해내는 경우도 있다. 이들은 자신이나 놀이를 너무 등한시하는 경향이 있으며, '곤경에 처하기' 또는 '내가 얼마나 노력하는지를 봐라' 게임을 한다.

각본 과정 책임감 있는 일 중독자의 각본 과정은 'Until'이다. 이들은 모든 일을 마칠 때까지 놀지 않는다. 그럼에도 불구하고, 이들은 계속적으로 자신이 해야 할 일을 찾아다닌다. 또한 때때로 'Almost 유형 II' 패턴을 보여 주기도 한다. 휴식과 오락 없이, 이들은 한 가지 성취 후에 또 다른 일을 찾아 헤맨다. 예를 들면, 어떤 사람은 우수한 성적으로 학사를 취득했다. 그는 바로 석사학위에 들어갔고, 그다음에는 박사학위까지 취득하였으며, 지금은 교수가 되었다. 하지만 여전히 다음에 나올 저널을 준비하기 위해 마감일에 쫓기면서 밤을 지새우고 있다.

사례 로버트(Robert)는 강박-신경증적 성격적응을 지닌 내담자다. 그의 아버지는 아내에게 자주 야단을 맞았으며, 자신의 행동에 대해 곧잘 사과를 하곤 하였다. 그의 어머니는 완벽주의자이고, 계속 옳은 일에 대해 강조하였다. 어린 로버트는 아버지처럼 되지 않고, 어머니와 같은 남자가 되겠다고 결심하였다. 거기다가 그의 동생은 매우 반항적이고, 반사회적인 행동을 일삼았다. 이것은 로버트의 문제 해결 방식을 더욱더 강화시켜 주는 결과를 가지고 왔다.

성인이 된 로버트는 옷과 외모 그리고 자신의 행동에 많은 에너지를 쏟는다. 그는 장시간 일을 하는 문제와 이에 따른 스트레스 때문에 상담을 받으러 왔다. 그는 자신뿐만 아니라 가족과 함께 시간을 보내고 즐기는 것을 힘들어했다. 그리고 자신의 아들이 어린이 같은 모습을 할 때 화를 참지 못했다. 그의 아내 역시 삶의 재미를 느끼지 못하였고, 자신을 받아들이지 못하는 남편 때문에 점차 불화를 겪기 시작하였다. 어린이로서 어머니의 인정을 받기 위한 그의 노력은, 현재 어른이 된 그의 삶과 가족의 즐거움까지도 방해하고 있을 것이다.

재기형 회의자(편집성 성격적응)

재기형 회의자 또는 편집성 성격적응을 하는 사람의 부모는 자녀와의 관계가 매우 비일관적이다. 어떤 때는 자녀를 매우 사랑하고 예뻐하지만, 어떤 때는 똑같은 행동이라도 화를 내고 비판한다. 부모의 감정에 따라 매우 다른 모습을 보이는 것이다. 아동에게 주는 부모의 드라이버 메시지는 '완벽하라'와 '강하라'라는 것이다.

이들이 받은 전형적인 금지령은 '어린아이가 되지 마라.' '친해지지 마라. 또는 신뢰하지 마라.' '감정을 느끼지 마라.' '소속되지 마라.' 그리고 '즐기지 마라.'다. 비일치하는 부모 양육의 결과로서, 어린 아동은 자신을 안전하게 보호하기 위해 매우 비판적인 사고를 하게 되고, 조심스럽게 행동하는 것을 배운다. 그리고 자신과 더불어, 주변의 모든 사람과 모든 것을 통제하고자 시도한다. 이들의 인생태도는 '자기 긍정-타인 부정'이다. 이들은 타인의 무능력에 대해 분노를 느끼고, 타인을 공격한다. 이들이 믿는 것은 '내가 모든 것을 통제할 수 있다면, 어떠한 나쁜 상황이 발생해도 방어할 수 있다.'는 것이다. 이들의 조기결단은 "나는 나의 안전을 위해서 당신을 감시해야만 한다. 만약 내가 이렇게 통제할 수만 있다면, 나는 긍정(OK)이다."다.

동시에, 이들은 잠재적인 두려움을 갖고 있기도 하다. "내가 통제할 수 없다면, 어떤 일이 벌어질까?" 그러므로 이들의 모습은 '자기 부정-타인 긍정'에 대항하기 위해서, 현실세계에서 늘 '한 발 앞선' 상태를 유지하려 한다.

게임과 라켓 편집성 성격적응을 하는 어른은 쉽게 놀라지 않는다. 이들은 앞으로 일어날 모든 일에 대해서 알기를 원한다. 이들은 방심하지 않고, 부단히 경계하며, 잘못되어 가는 일에 대해 미리 알고자 한다. 그리고 가능성 있는 계획을 가지고 있다. 이들은 늘 '한 발 앞선' 상태를 유지하려고 하며, 타인에 대한 라켓감정으로 '노여움'과 '분노'를 가지고 있다. 또한 이들은 라켓티어링 주제로 '비난하기(타인의 결점만을 찾기)'를 하며, 심리적 게임으로는 '자! 잡았어, 이 녀석!(타인을 한 단계 아래로 끌어내리는 책략)'을 한다. 그러므로 타인은 편집성 성격적응을 하는 사람이 종종 '자기 긍정-타인 부정'이라는 위치에 있다는 것을 경험하게 된다.

그러나 이렇게 다른 사람을 비난하는 게임은 필연적으로 자신에게 그 결과가 되돌아온다. 비난을 받거나 한 단계 아래에 있던 사람은 점차 매우 힘들어하고, 결국 편집성 성격적응을 하는 사람에게 자포자기와 세상을 등진 우울로 반응하게 된다. 이때 재기형 회의자는 '자기 부정-타인 긍정'의 위치에 서게 되고, 근본적인 심리게임으로서 '나를 차라(다른 사람으로부터 거절당하는 언동을 하는 것)'는 게임을 하기 시작한다. 즉, 다른 사람으로부터 거절당하게 되는 것이다.

각본 과정 편집성 성격적응을 하는 사람의 각본 과정은 'Until'과 'Never' 각본의 조합이다. "나는 완전한 사람을 찾기까지는 그 누구와도 친밀해질 수 없다.

그러나 나는 결코 그렇게 완전한 사람을 찾을 수가 없을 것이다."

사례 재기형 회의자며 편집성 성격적응을 하는 내담자 돌로레스(Dolorse Dolores)는 낮에는 사랑과 친절로 대해 주었지만, 밤에는 방에 들어와서 자기를 성적으로 학대하는 아버지 밑에서 자랐다. 그녀의 어머니는 인자했지만, 어린 돌로레스를 보호하기 위해 직접 나서지는 않았다. 돌로레스는 자신이 당한 일을 숨겼으며, 자신을 보호하기 위해 지속적으로 아버지를 경계해야만 한다고 생각하였다. 그녀는 자기가 무슨 일을 하더라도 아버지가 자기를 계속 성적으로 학대할 것이라 생각했다. 그녀는 결코 아버지의 성적학대를 통제할 수 없다고 생각했기 때문에, 먹는 것에 관심을 두기 시작했고, 먹는 것을 통제함에 따라 자신의 두려움을 조금이라도 벗어날 수 있었다. 그녀는 식욕에 대한 엄격한 통제를 지속적으로 유지했고, 결과적으로 만성적인 식욕부진(anorexia)에 빠졌다.

돌로레스가 성인이 되어 상담을 하러 왔을 때, 그녀는 타인의 행동과 동기를 자주 의심하였고, 자신을 향한 이들의 태도를 오해하였다. 어렸을 때, 자기 자신을 돌보기 위해 발달시켰던 그녀의 조심성은 현시점에서 타인과 관계를 맺는 데 장애 요소가 된 것이다.

창의적 몽상가(정신분열성 성격적응)

창의적 몽상가며 정신분열성 성격적응을 하는 사람의 부모는 종종 자신이 가진 문제에 의해 과도한 감정분출을 보이거나 가끔은 정신없는 모습을 보인다. 결국, 창의적 몽상가는 어린이로서의 권리를 누리지 못한다. 이러한 부모가 어린 자녀에게 주는 드라이버 메시지는 '강하라'다. 즉, 어린 자녀의 감정과 욕구는 개인의 것이 아니라는 의미를 주는 것이다.

정신분열성 성격적응을 하는 어린 아동이 받는 전형적인 금지령은 '감정을 느끼지 마라.' '소속되지 마라.' '즐기지 마라.' '성장하지 마라.' '생각하지 마라.' '성취하지 마라.' 그리고 '제정신이 되지 마라.'다. 이러한 금지령에 대한 반응으로, 이들은 혼란감과 불안감을 느끼게 되고, 자신의 감정에 무감각해지게 된다. 이들이 갖는 인생 태도는 '자기 부정(왜냐하면 나는 나의 진정한 욕구와 만날 수 없기 때문이다.)-타인 부정(왜냐하면 그 누구도 내가 원하는 것을 줄 수 없기 때문이다.)'이다. 자신의 진정한 욕구와 직면하는 고통을 피하기 위해서, 이들은 무뎌짐을 배우게 된다. 이들의 조기결단은 "나는 내가 느껴서 알게 된 만족을 너에게 줄 수 없다. 나는 나 자신을 보호할 것이다. 나는 너를 필요로 하지 않는다."다.

게임과 라켓 어른이 된 이들은 당황하게 되거나 자신이 진정으로 원하는 것을 타인이 알지 못할 때, '회피' 할 것이다. 이들은 자신이 진정으로 원하는 것을 표현할 방법을 가지고 있지 못하기 때문에, 다른 사람은 이들의 욕구에 반응을 해 주지 못한다. 전형적으로, 이러한 상호작용은 다음과 같은 심리적 게임으로 연결된다. '그것이 당신이 아니었다면…….' '나에게 뭔가를 하라.' 또는 '네가 나에게 한 일들을 봐라!' 정신분열성 성격적응을 하는 사람은 전형적으로 '두려움' '무뎌짐' 그리고 '공백상태'라는 라켓감정을 느낀다.

각본 과정 정신분열성 성격적응이 보여 주는 각본 유형은 'Never' 각본이다. 이들이 살아가기 위해 믿는 것은 "나는 내가 원하는 것을 결코 얻을 수 없다."다.

사례 정신분열성 성격적응인 내담자 레일라(Leila)는 우울증에 시달리는 아버지와 그 때문에 고생하는 어머니 밑에서 자랐다. 그 결과, 그녀는 부모를 경시하였다. 그녀는 많은 시간을 혼자 놀았고, 사람들과 함께하는 시간보다 자신의 상상 속에 머물러 있는 시간이 훨씬 많았다.

성인이 된 레일라는 여전히 많은 시간을 홀로 지냈고, 아주 가끔 다른 사람과 대화를 나누었다. 그녀는 자기 혼자 있는 것에 만족하였고, 드물지만 가끔은 자신의 감정을 타인에게 내비추었다. 그녀는 제시간에 일을 완성시키는 것을 힘들어했는데, 왜냐하면 타인에게 자신이 필요로 하는 관련 정보를 묻지 않기 때문이었다. 또한 그녀는 다른 사람에게 금욕주의자로 보였고, 자기 자신을 '강한 사람'으로 여겼다. 어린 시절 살아남기 위해 계속적으로 필요했던 '자기 신뢰'는 현시점에서는 자신의 진정한 욕구를 만나지 못하게 하는 방해물이 된 것이다.

유희적 반항자(수동-공격성 성격적응)

유희적 반항자이자 수동-공격성 성격적응을 하는 사람의 부모는 때때로 어린 자녀가 무엇인가를 원할 때 자녀와 다투는 경우가 많다. 부모는 '이것 아니면 저것' 또는 '모두 아니면 전무'라는 준거 틀을 가지고 경쟁적으로 행동한다. 어린 자녀에게 자유롭게 활동할 수 있는 공간을 주기보다는, 과도하게 통제하려 들거나 해야 할 것을 심하게 밀어붙인다. 이러한 부모가 어린 자녀에게 보내는 드라이버 메시지는 '열심히 노력하라'는 것이다. 사실상 이 드라이버 메시지가 의미하는 것은 '열심히 노력하라. 그러나 그것을 성취시키지는 말아라. 네가 성취한다면, 더 이상 노력할 필요가 없어지기 때문이다.'다.

어린 아동이 받게 되는 전형적인 금지령은 '성장하지 마라.' '성취하지 마라.' '감정을 느끼지 마라.' '즐기지 마라.' 그리고 '친해지지 마라.'다. 이에 따라 어린 아동은 좌절감을 느끼게 되고, 어느 정도의 자율성을 획득하기 위해서 부모의 기대치에 '저항'하기를 배우게 된다. 이들은 자신에 대해서 부정의 입장에 서게 되고, 부모에 대해서도 부정의 위치에 서게 된다. 이들의 조기결단은 "나는 살아남기 위해서 투쟁해야만 한다. 왜냐하면 내가 원하는 것을 가질 수 없다면, 적어도 당신이 원하는 것으로부터 획득한 것을 지켜야 하기 때문이다."

게임과 라켓 어른이 된 이들은 타인과 계속적으로 힘겨루기를 하고, 내면의 결단에 대해서도 투쟁하는 경향이 있다. 이들은 종종 사물에 대해서 이것 또는 저것, 전부 아니면 전무로 볼 때가 있다. 그리고 현실적인 상황보다 주변 상황을 좀 더 어렵게 만드는 경향이 있으며, 외로움을 느끼는 경우가 많다. 전형적으로 이들은 '혼돈'과 '좌절'을 라켓감정으로 경험하며, '~하는 게 어때?' '예, 그러나…….'와 같은 심리적 게임을 한다. 이 게임은 타인의 충고와 도움을 구하지만, 곧 모든 충고와 도움을 거절하는 것이다.

각본 과정 유희적 반항자가 보여 주는 각본 과정은 'Almost 유형 I'이다. 이것은 때때로 '계속적인 반복'이라고도 한다. 이들은 어떤 것을 거의 완벽에 가깝게 성취한다. 그러나 그때 약간의 사소한 것을 남겨 둔다. 이 사소한 것이 결국에는 전체를 몰락시키는 원인이 된다. 이들의 조기결단은 "나는 지금 거의 이것을 다 해 간다."다. 그러고 나서 계속적으로 이 패턴을 반복한다. 왜냐하면 이들은 계속적으로 투쟁해야만 하고 어떤 것을 다시 끝마치도록 늘 노력해야 하기 때문이다. 또 다른 이들의 중요한 각본 과정은 'Always'다.

사례 수동-공격성 성격적응을 지닌 내담자 아툴(Atul)은 늘 긴장되어 보였다. 아툴은 실수를 할 때마다 감정적으로 과도하게 변하는 아버지 밑에서 자랐다. 그는 아들에게 다음 학년으로 잘 올라가야 한다며 자주 훈계하였다. 그러나 아버지는 그것으로 충분하지 않았다. 아버지는 아들을 훈계하면 할수록, 더 많은 것을 요구했다. 아버지는 아툴이 집안일을 도와주는 것을 허락하지 않았다. 왜냐하면 아들이 집안을 어지럽힌다고 생각하였고, 모든 것이 잘 정리되기를 원했기 때문이다. 그의 어머니는 아버지가 화가 많이 나 있을 때, 가끔 아들을 위로해 주었다.

어른이 되어 상담을 받기 위해 찾아 온 아툴은 사회조사 과학자로 일하고 있었다. 자신이 맡고 있는 프로젝트를 끝마치기 위해 고민하고 있었고, 이 프로젝트가 충분하지 못하다는 것에 두려움을 가지고 있었다. 그는 사장이 요구만 했지 지지해 주지 않는다고 생각하였다. 그는 계속적으로 자신이 해야 할 거의 모든 일을 끝마치지 않고 질질 끌고 있었다. 그의 아내는 그에게 많은 좌절을 느꼈지만, 지지적인 존재가 되려고 노력하였다. 어린 시절 아버지에게 대항하여 자신을 보호하기 위해 발전시켰던 행동이, 성인이 된 현시점에서는 그의 성장을 가로막는 엄격한 한계로 자리 잡고 있는 것이다.

매력적 조작자(반사회성 성격적응)

매력적 조작자이며 반사회성 성격적응을 하는 사람의 부모는 종종 경쟁적이거나 자신의 욕구를 첫 번째로 내세우는 사람이다. 그래서 어린 자녀는 부모로부터 무시당하거나 잊혀지고, 버림받았다는 감정을 경험한다. 버림받았다는 것은 문자 그대로의 의미일 수도 있고, 정서적인 의미일 수도 있다. 때때로 부모는 자녀의 반응에 따라 양육하기보다 부모 자신의 흥미를 기본으로 양육하거나 외부에 비쳐지는 좋은 이미지의 부모상에 따라 양육하려는 경향이 있다. 부모가 주는 기대치(드라이버 메시지)는 '강하라.'와 '타인을 기쁘게 하라.'라는 것이다.

어린 자녀가 받게 되는 전형적인 금지령은 '친해지지 마라.' '(두려움과 슬픔)을 느끼지 마라.' '성취하지 마라.' 그리고 '생각하지 마라(다른 말로, 문제는 미래에 해결하라. 그리고 현재는 다른 사람을 어떻게 바보로 만들고, 어떻게 압도해야 할지만을 생각하라)'다. 다시 말해서, 반사회성 성격적응의 기본적인 역동은 자신이 버림받았다는 것이다. 이들의 부모는 자녀의 생일에 자리에 없었거나 자녀가 어떻게 할지 모르는 상태에서 자녀를 자극시키는 방식으로 자녀를 양육하였다. 부모가 이런 방식으로 양육할 때, 자녀는 수동적이 되어 가고 점차 외부세계가 계속 이런 방식으로 진행된다고 결정해 버린다. 불가피하게, 부모는 비슷한 지점에서 지쳐 버리게 되고, 그곳에서 몸을 피하고 만다. 이런 일이 발생했을 때, 자녀는 일종의 '유기'를 경험하게 된다. 이들은 엄청난 일이 나에게 벌어졌다고 느끼며, 이에 따라 분노와 배신감을 경험하게 된다. 가식된 사랑만이 존재하는 세계에 자신이 놓여 있다고 느끼고, 살아남기 위해서 떠나야 한다고 생각한다. 이들은 부모가 있음에도 불구하고 살아남아야 한다고 결심하게 되고, 결국 '자기 긍정-타인 부정'의 인생 태도를 결정하게 된다. 이러한 결심은 가끔 "그쪽이 신경을 쓰지 않는다면, 이쪽도 신경 쓰지 않아. 젠장, 난 여기 없어!"라고 표현된다. 이들은 다시는 다른 사람을 믿지 않겠다고 결심하였다. 현재 가지고 있는 것보다 다소 많아 보이도록 있는 척하면서, 다시는 그런 상처를 받지 않기를 바라고 복수하기를 원한다. 이들은 부모로부터 자신이 '바보 같다'는 느낌을 받아 왔기 때문에, 타인 또한 바보로 만들기 위해 반복적인 시도를 한다. 이들은 다른 사람을 속이기 위해서, 친밀과 관심을 극적인 흥분과 자극으로 대체한다.

게임과 라켓 성인이 된 반사회성 성격적응을 하는 사람은 어느 한곳에 헌신하는 것을 피하며, 타인과 친해지는 것을 거부한다. 그 결과, 이들은 자신이 진정으로 원하는 사랑을 얻을 수 없다. 그 누구도 이들을 신뢰하지 않기 때문이다. 이들은 아동기 때 속임수를 사용하여 자신이 원하는 것을 얻겠다는 결단을 했기 때문에, 이들이 자주 하게 되는 심리적 게임은 '네가 할 수 있으면, 나를 잡아 봐!'라는 것이다. 이러한 게임에서, 게임을 시도하는 사람은 계속적으로 타인을 놀라게 하여 다른 곳으로 피하도록 만든다. 때때로 이 게임은 '경찰과 도둑'으로 옮겨 간다. 반사회성 성격적응인 사람은 타인에게 '나를 잡아 봐!'라는 게임을 시도하고, 결국 실제로 잡힌다.

각본 과정 매력적 조작자는 다양한 각본 과정 패턴의 조합을 보여 준다. 이들은 'Never' 'Always' 그리고 'Almost 유형 I'을 가지고 있다. 이것이 보여 주는 공통된 주제는 결코 명확한 결과물을 얻을 수 없다는 것이다. 매력적 조작자는 계속 이익과 이득에 대한 계산을 하지만, 이에 대한 확고한 결정을 내리는 데 어려워하는 어린이 같은 '두려움'을 느끼곤 한다.

사례 반사회성 성격적응 유형 내담자 중 한 명인 게리(Gary)는, 다섯 살 때 수영을 즐기는 어머니로부터 외면당한 경험을 기억하고 있었다. 그리고 그는 세 살짜리 어린 동생을 보살펴야만 했다. 또한 게리의 어머니는 다섯 살인 그에게 버스를 타고 집에 오도록 하였다. 그는 우선 정확한 버스번호를 알아야만 했고, 동생을 돌보기 위해 시간에 맞춰 집에 와야만 했다. 말할 필요 없이, 다섯 살의 게리에게는 단지 살기 위해 할 것이냐, 말 것이냐의 선택만이 있었을 뿐이다. 그는 사는 것을 선택했다. 그러나 그때 그곳에는 자신만이 있었을 뿐 다른 사람은 아무도 없었다. 결과적으로, 그는 자신을 보호하고자 하는 사람을 신뢰하지 말아야 한다는 것을 배웠고, 일종의 유기를 경험하였다.

어른이 된 게리는 아내를 신뢰하는 것이 어려웠고, 자신의 행동을 늘 조작했다. 그는 지속적으로 어떤 상황에서든 이익을 얻기 위해 모든 사람을 속이는 데 주력했다. 생존을 위한 그의 행동은 점차 좋은 관계를 맺는 데 어려움을 가져왔다. 그는 점차 붕괴되어 가는 아내와의 관계를 깨닫고, 마침내 아내와 함께 상담에 참여하게 되었다.

표 4-2 ● 각 성격적응 유형에 따른 드라이버와 각본 과정

성격적응 유형	주요 드라이버	각본 과정
열정적 과잉 반응자 (연기성)	타인을 기쁘게 하라	After (Almost I과 II)
책임감 있는 일 중독자 (강박-신경증적)	완벽하라	Until (Almost II, Open-Ended)
재기형 회의자 (편집성)	완벽하라=강하라	Until+Never
창의적 몽상가 (정신분열성)	강하라	Never(Always)
유희적 반항자 (수동-공격성)	노력하라	Always, Almost I
매력적 조작자 (반사회성)	강하라 타인을 기쁘게 하라	Never, Always, Almost I

* 부가적인 각본 과정은 괄호로 처리

표 4-3 ● 각 성격적응 유형에 따른 전형적인 금지령과 게임, 그리고 라켓

성격적응 유형	전형적인 금지령	전형적인 게임*	전형적인 라켓
열정적 과잉 반응자 (연기성)	'성장하지 마라.' '생각하지 마라.' '중요한 존재가 되지 마라.' '너 자신이 되지 마라.'	'라포(Rapo)' '그것이 당신이 아니었다면……' '바보(Stupid).'	불안 슬픔 혼돈(분노를 가린)
책임감 있는 일 중독자 (강박-신경증적)	'어린아이가 되지 마라.' '감정을 느끼지 마라.' '친해지지 마라.' '중요한 존재가 되지 마라.' '즐기지 마라.'	'내가 얼마나 노력하는지를 봐라.' '그것이 당신이 아니었다면……' '곤경에 처하기'	불안 우울 죄책감(분노, 마음의 상처와 성적인 감정을 가린) 분노(슬픔을 가린)
재기형 회의자 (편집성)	'어린아이가 되지 마라.' '친해지지 마라.' '신뢰하지 마라.' '감정을 느끼지 마라.' '즐기지 마라.' '소속되지 마라.'	'자! 잡았어. 이 녀석!' '비난하기' '나를 차라.'	타인에 대한 분노(두려움을 가린) 의분(義憤) 질투 의심
창의적 몽상가 (정신분열성)	'성취하지 마라.' '소속되지 마라.' '제정신이 되지 마라.' '기쁨(성, 분노)을 느끼지 마라.' '즐기지 마라.' '성장하지 마라.' '생각하지 마라.'	'나에게 뭔가를 하라.' '네가 나에게 한 일들을 봐라.' '그것이 당신이 아니었다면……' '나를 차라.'	무감각 단조로움 공백 상태 불안(분노, 마음의 상처, 즐거움, 성적인 느낌을 가린)
유희적 반항자 (수동-공격성)	'성장하지 마라.' '감정을 느끼지 마라.' '성취하지 마라.' '친해지지 마라.' '즐기지 마라.'	'~하는 게 어때? 예, 그러나……' '나에게 뭔가를 하라.' '바보(Stupid).' '나를 차라.'	좌절(마음의 상처를 가린) 혼돈(분노를 가린) 의분(義憤)
매력적 조작자 (반사회성)	'친해지지 마라.' '슬픔(두려움)을 느끼지 마라.' '성취하지 마라.' '생각하지 마라.' (다른 말로, 문제는 미래에 해결하라, 남을 속이고, 바보로 만들라.)	'네가 할 수 있으면, 나를 잡아 봐!' '경찰과 도둑'	혼돈 분노(두려움과 슬픔을 가린)

* 라켓티어링 주제 포함

요 약

아동기를 경험하는 각각의 개인은 자신이 누구인지, 다른 사람은 누구인지, 자신을 둘러싼 세계는 어떠한지, 그리고 자기를 좋아하는 사람에게 무엇을 해야 되는지에 대한 어떤 기본적인 결단을 하게 된다. 이러한 결단은 인생각본의 근본을 형성하며, 삶을 통해 개인의 선택에 영향을 미치게 된다.

각각의 성격적응은 특별한 인생각본 패턴을 가지고 있다. 개인의 성격적응 유형을 통해서, 당신은 이들의 기본적인 각본 요소가 무엇인지 신뢰성 있게 예상할 수 있다.

〈표 4-2〉와 〈표 4-3〉은 이러한 요소를 정리하고 있다. 앞서 언급하였듯이, 각본 과정 요소인 드라이버와 각본 과정은 성격적응 유형과 매우 깊은 관련성이 있다. 이러한 관련성은 성격적응 유형 하나하나에 매우 효과적으로 접근할 수 있도록 도와준다. 대조적으로, 각본 내용인 금지령 및 게임과 라켓은 개별적인 다양성에 대해 더욱 자세하게 말해 주고 있다. 여기서는 각 성격적응 유형마다의 전형적인 모습을 설명하고 있다.

지금까지 우리는 아동의 발달, 성격 구조, 그리고 인생각본에 대해 고찰해 왔다. 이제 각각의 성격적응 유형에 대해 더욱 자세한 특징을 접할 준비가 되었다고 말할 수 있겠다. 다음 장에서는 이러한 정보를 제공할 것이다.

Personality Adaptations

5 여섯 가지 성격적응 유형을 자세히 살펴보기

우리는 지금까지 각 성격적응 유형에 따른 성격 구조와 각본 유형을 고찰해 왔다. 지금부터는 성격적응 유형에 대해 좀 더 자세하게 알아보고자 한다. 우리는 이미 서술해 왔던 여섯 가지 성격적응 유형에 대한 중요한 개념을 각 장마다 계속적인 정보 제공을 통하여 반복적으로 설명할 것이다. 그리고 각 성격적응 유형에 대해 깊이 있고 자세하게 새로운 내용으로 채워 나갈 것이다.

열정적 과잉 반응자(연기성 성격적응)

연기성 성격적응을 하는 열정적 과잉 반응자는 주변을 즐겁고 재미있게 만든다. 이들은 매우 높은 에너지를 가지고 있으며, 상상력이 매우 풍부하다. 이들은 훌륭한 집주인이며, 일반적으로 인생을 파티로 여긴다. 또한 이들은 대중적이고, 오락이 있는 만남을 즐긴다. 어떤 대중적인 만남에서도 그 역할을 잘한다. 이들은 다른 사람과의 관계를 즐기고, 좋은 기분이 들도록 만드는 특성이 있다.

열정적 과잉 반응자는 사람들 속에서 관심의 중심에 있기를 좋아하고, 사랑과 관심을 동격으로 보는 경향이 있다. 이들은 호감 가는 대상이 되기 위해서 옷을 어떻게 입어야 하는지를 잘 알고 있다. 색깔 있는 옷을 잘 혼합하여 배치하고, 무슨 옷을 입더라도 자기 자신을 매력적인 존재로 보이게끔 할 수 있다. 이들의 매력 중 한 부분은 즐겁다는 것이고, 다른 매력은 이들의 성격 안에 자연스러운 어린이가 있다는 것이다.

[그림 5-1]은 앞 장에서 이미 다뤘던 연기성 성격적응에 대한 과정모델 정보를 요약한 것이다.

- **사분할도**: 능동적 참여(左上). 열정적 과잉 반응자는 일반적으로 다른 사람과 잘 어울리는 경향이 있으며, 큰 집단에 관여되는 것을 즐긴다. 이들은 문제를 해결해야 할 때나 사회적인 상호작용이 필요한 경우, 직접적으로 '능동적인 참여'를 통해 자발적으로 접근한다.
- **성격 구조**: 자아상태 모델로 보면, 연기성 성격적응은 어린이 자아상태에 의해 오염

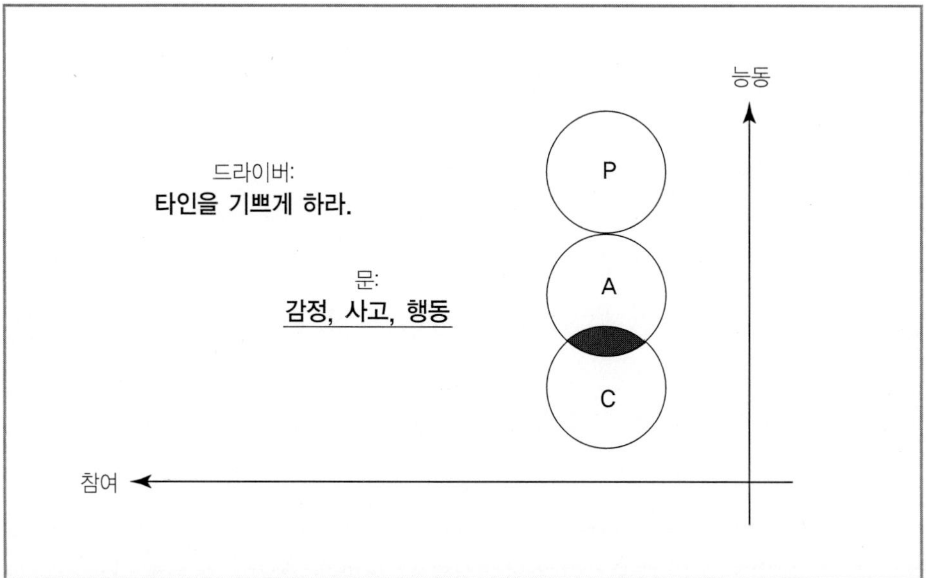

[그림 5-1] 열정적 과잉 반응자(연기성) 성격적응

된 어른 자아를 가지고 있다. 스트레스 상황에서, 이들은 오직 자신의 감정만을 현실로 받아들이는 아동기의 전략으로 되돌아가는 모습을 보인다.

- **웨어(Ware) 이론**: 감정, 사고, 행동(이것에 대해서는 다음에서 좀 더 상세하게 다루고자 한다.)
- **주요 드라이버**: 타인을 기쁘게 하라

신체의 특징

열정적 과잉 반응자는 허약하고, 의존적인 경향이 있다(Lowen, 1975). 이들의 신체는 무언가 불충분하고, 에너지의 흐름이 미약한 편이다. 이들은 키가 크며, 깡말랐고, 튼튼하지 못한 근육 때문에 몸을 지탱하는 데 어려움을 겪기도 한다. 그래서 이들은 두 발로 서 있으면서도 다른 사람에게 기대어 있거나 매달려 있는 모습을 종종 보인다. 내면적으로 이들은 억압된 열망을 지니고 있기도 하다. 또한 홀로 있는 것을 힘들어 한다. 아동기 시절 이들이 경험한 딜레마는 "내가 만약 혼자 있다면, 나는 필요한 지지와 따뜻함을 포기해야만 해."라는 것이다(Lowen, 1975). 그래서 이들은 혼자 있는 것을 거부하기로 결단하였다.

일반적으로 겪게 되는 어려움

열정적 과잉 반응자가 겪게 되는 어려움은 정서적으로 매우 과도해지는 경향이 있다는 것이다. 이들은 흥분을 잘하고, 과도한 반응을 보이며, 정서적으로 불안해 보인다. 그리고 이들은 극적이게 보이고, 관심을 얻고, 매력 있어 보이기 위해 애쓴다. 이들은 이성에게 관심을 끌 수 있을 만큼 매력적이기 때문에, 때때로 오해를 불러일으킨다. 이들이 주변의 관심을 원하기는 하지만, 그것이 성적인 것은 아니다. 그래서 다른 이성이 성적인 접근을 해 오면, 당황하며 놀라기도 한다. 이들은 미성숙하고, 자기중심적이며, 허영심이 있어 보인다. 타인이 자신에게 관심을 보이지 않을 때, 자신은 사랑스럽지 않고 중요한 인물이 아니라고 느낀다. 만약에 타인이 조금이라도 비판을 하게 되면, 매우 당황스러워한다. 열정적 과잉 반응자에게 현실이란 자신이 무엇을 느끼는가에 있다.

열정적 과잉 반응자가 즐겁게 지내는 동안, 관계된 다른 사람은 어려움을 겪을 수 있다. 이들이 당황할 때는 감정 상태가 극도로 치솟고, 작은 문제를 큰 문제로 오해하기 때문이다. 이러한 과정은 결국에 주변 사람을 정서적으로 고갈시켜 버린다. 이들은 가끔 자기 자신을 잃어버리는 경향이 있으며, 의존적이 되었을 때에는 적절한 통제를 하지 못한다. 결국, 자신이 의존하는 사람을 갈등의 장으로 초대하고 만다. 이들의 해결책은 자신과 정서적으로 관계된 사람으로부터 멀리 떨어지는 것이다. 이들은 어려운 상황과 거리를 두는 '지리적 치료'가 종종 필요하다.

웨어 이론

우리가 이미 언급했듯이, 열정적 과잉 반응자는 주로 '감정'을 통해서 외부세계를 다룬다. 폴 웨어(Paul Ware)는 이것을 '개방문'이라고 명명했다(Ware, 1983). 감정 영역은 이들이 가장 많은 양의 에너지를 투자하는 곳이다. 만약 이들과의 효과적인 접촉을 원한다면, 이들의 감정을 통해 접근하는 것이 중요하다. 가장 좋은 방법은 이들을 다독거리는 것이다. 이들이 가장 중요하게 생각하는 것 중에 하나는 타인이 자신의 감정을 보호해 주는 것이다. 이들의 감정에 접촉할 수 있는 다른 방법은 이들을 즐겁게 하는 것이다. 그때 이들은 밝게 반응할 것이다. 이후 통합이 필요한 이들의 성격 영역은 '사고'다. 사고 영역은 이들의 '표적문(Target Door)'이며, 문제를 해결하고 변화하는 영역이다.

연기성 성격적응을 하는 사람은 깊이 있는 것보다 표면적인 감정을 느낀다. 이들은 이것을 '피상적인 감정'으로 묘사한다. 만약 당신이 이들에게 어떤 것을 좋아하냐고 묻는다면, 이들은 "오! 훌륭한 것을 좋아하지요."라고 말할 것이다. 그러나 더 이상 깊이 있는 설명은 하지 않을 것이다. 당신이 좀 더 자세히 언급해 주기를 부탁하면, 이들은 그것을 설명하기 위해서 사고 영역으로 움직일 것이다.

이들의 사고가 감정과 통합되어 감에 따라, 당신은 이들의 '행동'에서 커다란 변화를 보게 될 것이다. 이들은 과잉 반응하는 것을 멈출 것이다. 이러한 변화는 표적문인 사고를 다루게 됨으로써 얻게 되는 결과다.

당신이 이들의 행동을 직접 다루고자 한다면, 당신은 곧 공격 당할 것이다. 행동은 이들의 함정문이기 때문에, 가장 커다란 방어기제가 도사리고 있다. 이들이 아동기 때 긍정(OK)이 되기 위해서 받은 메시지는 '타인을 기쁘게 하라.' 였고, 이들은 이미 어떻게 해야 하는지를 알고서 최선의 행동을 취해 왔다. 만약 당신이 이들의 행동을 비판한다면, 당신이 기뻐하지 않는다고 느끼게 될 것이고, 바로 부정(Not-OK)의 감정에 빠져들게 될 것이다.

사 례

연기성 성격적응을 하는 47세의 여성 내담자는 어렸을 때 언니와 오빠로부터 '바보(Stupid)' 라는 말을 들어 왔다. 그녀는 현재 대학원에 진학하여 전공을 공부하고 있으나, 여전히 사고 능력이 부족하다고 여긴다. 내가 그녀의 감정에 이입을 하고 대학원생이라는 그녀의 현실적인 사고와 접촉했을 때, 그녀는 자신의 잘못된 감정을 중지하게 되었고 자신의 사고 능력을 신뢰하기 시작하였다.

어린 시절 주제

연기성 성격적응은 자신이 느낀 어떤 느낌이 현실세계에서 꼭 일어나지 않을 것이라는 것을 배울 필요가 있다. 그리고 감정적인 방법으로는 어떤 일도 해결할 수 없다는 것을 알 필요가 있다. 이들은 오이디푸스 발달단계인 3세부터 6세까지, 많은 마법적인 사고를 경험하였고 몇 가지 마법적인 신념을 형성하였다. 이 발달단계를 거치는 동안 성취해야 할 발달과업은 사실에서 감정을 분리하는 것이다. 열정적 과잉 반응자는 이 과업을 완수하지 못했기 때문에, 현시점에서 분리할 필요가 있다. 이들은 남들이 자신의 욕구에 반응해 줄 때까지 감정을 상승시키기로 결심하였다. 비록 이러한 전략이 성공을 거두지는 못할지라도, 적어도 많은 부분에서 관심을 끌 수 있기 때문이다.

열정적 과잉 반응자는 어렸을 적에 자신의 사고와 성취에 대해서 스트로크(stroke, 인정)를 받아오지 못했다. 이들은 귀엽고 주변을 즐겁게 하는 존재로 관심 받아 왔지만, 사고와 행동에서는 그렇지 못했다. 따라서 이들의 사고와 성취는 디스카운트를 당했다. 이들은 어떤 일을 하기(Doing)보다는, 그 존재(Being)로서 가치 있다고 배워 왔다. 어른이 되어 감에 따라, 이들은 여전히 사랑스러운 존재이긴 하지만 유능하지는 못하다.

또한 열정적 과잉 반응자는 타인의 감정에 상처를 입히거나 거절당할 것에 대한 '두려움' 때문에 발생되는 '분노'를 숨기는 경향이 있다. 이들은 그 어떤 것보다도 이것을 중요하게 생각하기 때문에, 분노는 안에 잠겨 있고 '타인을 기쁘게 하라'로 대하려고 한다. 연기성 성격적응을 하는 사람은 일반적으로 '불안' '슬픔' 그리고 '혼돈'이라는 라켓감정을 가지고 있으며, 자신의 진정한 감정인 '분노'를 감추고 있다.

책임감 있는 일 중독자(강박-신경증적 성격적응)

책임감 있는 일 중독자이며 강박-신경증적 성격적응을 하는 사람은 일반적으로 책임성 있고, 성실하며, 믿을 수 있는 사람이다. 이들은 열심히 일하며, 예의범절을 지키는 사람이다. 당신은 이들을 신뢰해도 좋다. 이들은 말과 행동이 일치한다. 만약 이들이 당신에게 어떤 것을 하겠다고 하면, 이들은 진심으로 그것을 할 것이다.

책임감 있는 일 중독자는 이 사회에서 기둥 역할을 하는 사람이다. 이들은 일을 만들어 내고, 자신의 영역에서 일반적으로 성공을 거둔다. 늘 정돈된 느낌을 주며, 차림새가 단정하고 머리가 헝클어지는 경우도 거의 없다. 상황에 맞는 옷을 입으며, 완벽하게 보이려는 경향이 있다. 또한 가장 올바른 시민의 모델이기도 하다. [그림 5-2]는 강박-신경증적 성격적응에 대한 과정모델 정보를 요약해 놓은 것이다.

- **사분할도**: 능동적 회피(右上). 책임감 있는 일 중독자의 일반적인 문제 해결과 상호작용의 형태는 먼저 접근한다는 것이다. 이들은 대집단보다는 한두 명의 소수와 관계 맺기를 선호한다. 그리고 자신의 테두리 안에서 편안함을 느낀다.
- **성격 구조**: 강박-신경증적 성격적응을 자아상태 모델로 분석해 보면, 어른 자아와 어버이 자아상태가 오염되어 있는 것으로 분석된다. 이들은 '지금-여기'에서

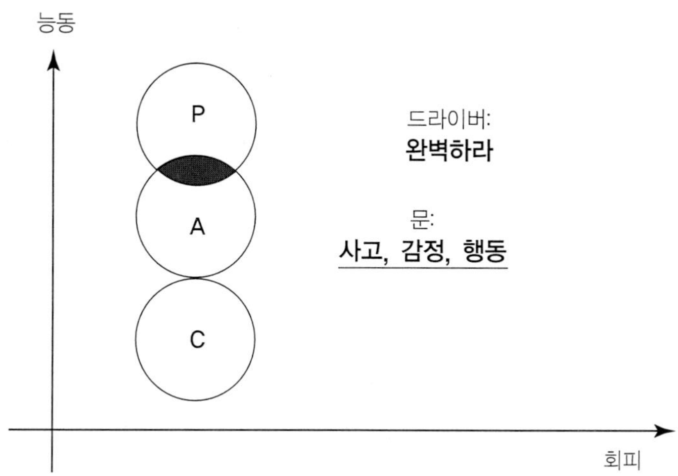

[그림 5-2] 책임감 있는 일 중독자(강박-신경증적) 성격적응

적절하게 활용될 규범을 고려하기보다는 '열심히 일하라.' '옳은 것을 하라.' 같은 어버이 자아상태의 요구에 순종하는 경향을 보인다.

- **웨어 이론**: 사고, 감정, 행동
- **주요 드라이버**: 완벽하라

신체의 특징

책임감 있는 일 중독자는 등을 꼿꼿이 세우고 있는 것이 특징이다(Lowen, 1975). 이들은 굴복하는 것을 싫어하고, 복종당하는 것은 붕괴되는 것이라 여긴다. 이들의 몸은 균형 잡혀 있거나, 조화로운 경우가 많다. 외적인 모습(손목과 발목)은 단단한 느낌이다. 강박-신경증적 성격적응은 사랑을 하는 데에서 좌절감을 맛보는 경우가 많은데, 특히 이성과 관련된 경우 더욱 그러하다. 이들은 자신을 속이려 하거나, 이용하려는 사람을 경계한다. 또한 일을 시작하고 성취하기 위해서 자신의 충동을 잠시 접어 두는 경향이 있다. 어린 시절에 경험하게 되는 이들의 딜레마는 "이성을 잃지 않고 온전히 사랑한다면, 자유로울 수 있을 것이다." 라는 것이다(Lowen, 1975).

일반적으로 겪게 되는 어려움

책임감 있는 일 중독자가 겪게 되는 문제점은 자신이 이룩해 놓은 것을 즐기지 못한다는 것이다. 이들은 자신을 이완시키고, 즐기며, 재미를 추구하도록 내버려 두지 않는다. 또한 이들은 강한 자기 규제를 지닌 완벽주의자이며, 과도한 성실함과 의무감을 보유하고 있다. 이들은 언제 일을 멈추어야 할지를 모르는 것 같다. 이들은 긴장된 상태를 유지하는 경향이 있으며, 가장 힘들어하는 것 중에 하나가 자신을 쉬게 하는 것이다. 어린 시절에 이들이 자주 들었던 말은 게으른 손과 마음은 악마가 주는 것(Devil' s workshop)이라는 내용이다. 책임감 있는 일 중독자가 느끼는 것은 자신이 더 이상 일을 하지 못할 경우에 대한 '불안감' 이다. 이들은 과도하게 고정된 도덕관념과 더불어 최악의 비판성도 지니고 있다. 이들은 주체할 수 없는 성욕과 부정적인 생각에 대해서 '불안감' 과 '죄책감' 을 느끼고 있다. 그러나 불안을 경감시키기 위해서, 특정한 일을 하거나 의식을 행하는 경우는 거의 없다. 이들은 어린 시절 배워 왔던 대로, '착한 소년과 소녀' 가 되려고 끊임없이 노력한다.

강박-신경증적 성격적응을 하는 사람은 타인과의 밀접한 관계를 원한다. 그러나 이들은 끊임없는 '일' 을 통해, 타인과 의미 있는 '존재' 를 이어 가려고 한다. 또한 이들은 타인이 자신에게 완벽한 것을 기대하는 것처럼, 자신 역시 타인이 완벽하기를 기대한다. 그리고 타인이 자신의 기준에 적절하게 도달하지 못할 때 비난을 한다. 이러한 기대와 빈번한 비판은 다른 사람들과의 관계를 어렵게 만든다. 몇몇 사람들은 이들을 지루한 사람으로 경험할 수 있다. 단지 일에만 초점을 두고, 즐기는 것은 소홀히 하기 때문이다.

웨어 이론

책임감 있는 일 중독자는 외부세계와 통하는 첫 번째 관문으로 '사고' 를 사용한다. 이것은 이들의 개방문이다. 사고는 대부분의 에너지가 모여 있는 곳이다. 만약에 이들과 접촉하길 원한다면, 사고 영역으로 접근하는 것이 중요하다. 또한 이들의 사고 영역에 스트로크를 주는 것은 매우 유용한 방법이다. 성격의 통합을 위해 필요한 다른 영역은 '감정'이다. 감정은 문제를 해결하고 변화되는 표적문이다.

책임감 있는 일 중독자의 사고는 열정적인 과잉 반응자의 감정과 유사한 방식으로 진행되는 경향이 있다. 이들은 문제 해결을 위해서, 즉각적인 것보다 전반적인 상황과 관련된 모든 것을 생각하는 경향이 있다. 문제를 완벽하게 해결하기 위해서 자신이 느낀 필요와 감정 이상으로 어떤 압박에 시달리기도 한다. 당신이 이들의 감정에 초점을 맞춘다면, 이들은 더 깊은 생각에 잠기기 시작할 것이다. 이들의 감정에 초점을 맞추는 최선의 방법은 양육적 어버이 자아상태 행동을 하거나 이들이 느끼는 감정이 무엇인지 질문하거나 자연스러운 어린이 자아상태에 접근하고 이들과 즐기는 경우다. 이들의 감정과 사고가 통합되어 감에 따라, 당신은 이들의 '행동'에 커다란 변화가 있음을 확인하게 될 것이다. 이들은 자기 자신을 이완시키고, 즐거운 놀이를 찾기 시작할 것이다. 이러한 변화는 이들의 표적문인 감정을 다룬 결과다.

만약 당신이 직접적으로 이들의 행동을 다루려 한다면, 당신은 즉각적인 저항에 부딪히게 될 것이다. '행동'은 이들에게서 가장 많은 방어기제가 존재하는 곳이기 때문이다. 이들이 어린이였을 때, 긍정(OK)이 되기 위해서 받은 메시지는 '완벽하라'는 것이다. 그리고 이들은 이미 어떤 것이 최선인지를 알고 있다. 당신이 이들의 행동을 비판한다면, 이들은 자신이 완벽하지 않다는 것을 느끼게 될 것이고, 재빨리 부정(Not-OK)적인 감정에 휩싸일 것이다.

사 례

강박-신경증적 성격적응을 하는 48세의 남자 내담자는 매우 불안하고 우울해 보였다. 그는 어린 시절 '완벽'해야 한다고 배웠고, 따라서 결코 편안하지 못했다. 왜냐하면 늘 자신이 할 수 있는 것보다 더 많은 것을 해야만 했기 때문이다. 내가 완벽하고자 하는 마음을 가진 채 불가능한 짐들 밑에서 어떻게 느끼는지를 생각해 보도록 유도하자, 그는 자신의 슬픔을 털어놓기 시작했고, 잃어버린 아동기에 대한 비탄에 젖었다. 의식적으로 즐거움을 추구하도록 하고 일부러 재미있는 실수를 하게끔 유도하는 것은, 내담자 자신이 자기를 이완시키고 인생을 즐기며 유희적인 존재가 될 수 있도록 이끌어 준다.

어린 시절 주제

책임감 있는 일 중독자는 존재 그 자체로서 인정받을 필요가 있다는 것과 어린이 자아상태에게 인생에서 즐길 만한 공간을 마련해 주는 것을 배울 필요가 있다. 이들의 지배적인 어버이 자아상태는 어린이 그 자체로 존재하는 것을 허락하지 않았던 부모로부터 대략 4세 때 형성된 것이다. 이들의 부모는 자녀가 자발적이고 자유로운 어린이로 남아 있도록 하기보다는, 자신이 원하는 것을 하도록 하는 것과 일의 성취를 과도하게 강조하였다. 자녀는 부모에게 과도한 적응을 하게 됨에 따라, 너무 일찍 어른 같은 존재가 되어 갔고 자신의 너무 많은 어린 시절을 포기하게 되었다. 이 시기의 아동의 발달과업은 자신에게 있는 힘의 강약을 시험해 보고, 부모의 요구와 자신의 욕구를 어떻게 균형 있게 만들 수 있는가를 경험하는 것이다. 책임감 있는 일 중독자는 이러한 과업을 충실히 이행하지 못했기 때문에, 어른이 된 현시점에서 이것을 요구한다. 이들은 자신이 완벽해지도록 최선을 다해야만 사랑받을 수 있다는 심리적 결단을 내리는 경우가 자주 있다. 비록 '일'이 '존재'를 대체할 수 없음에도 불구하고, 이들은 다른 사람들에게 인정받기 위해서는 '일'을 해야만 많은 양의 스트로크를 받을 수 있다고 배워 왔다.

책임감 있는 일 중독자가 무시하는 자신의 성격에 대한 주요 부분은 어린이 자아상태의 감정과 욕구다. 어른이 된 후에도 이들은 종종 사랑받기에 여전히 부족한 부분이 많다고 느낀다.

재기형 회의자(편집성 성격적응)

재기형 회의자이며 편집성 성격적응을 하는 사람은 모든 면에서 가장 명확하고, 날카로우며, 가장 세심하게 생각할 수 있는 사람이다. 이들은 당황하거나 창피를 당하는 일이 없도록 하기 위해서, 어떤 일에서든지 확신을 갖기를 원한다. 이들은 일단 처음에는 물러서서 상황의 정도를 재보기 위해 약간의 시간을 가진다. 이들은 어떤 것도 거의 놓치지 않는다. 그러므로 이들은 훌륭한 '조직가'이기도 하다. 이들은 잘못된 것의 해결을 위해서 시간을 필요로 한다. 또한 세세한 사고 능력이 요구되는 회계, 경영, 수학 그리고 법 계통에서 그 능력을 인정받는다. 이들은 명확한 대답을 좋아하고 빈틈없는 상태를 유지하며, 고도의 사고 능력을 가지고 있다. 옷에 대해서도, 수수하면서 더러움이 잘 타지 않는 옷을 좋아한다. 이들은 예의 바르게 보이며, 행동도 그러하다. 지배, 관리하는 것을 좋아하는 이들은 머리가 좋고, 매우 민감하며, 지각력이 뛰어나다. [그림 5-3]은 재기형 회의자에 대한 과정모델의 정보를 요약한 것이다.

- **사분할도**: 능동적 회피(右上)와 수동적 회피(右下)에 걸쳐 나뉘어 있다. 다른 말로 하면, 재기형 회의자는 대집단보다는 소수의 사람과 관계 맺기를 선호하고, 문제 해결과 사회적인 상호작용 측면에서는 자신의 판단대로 행동한다. 즉, 이들은

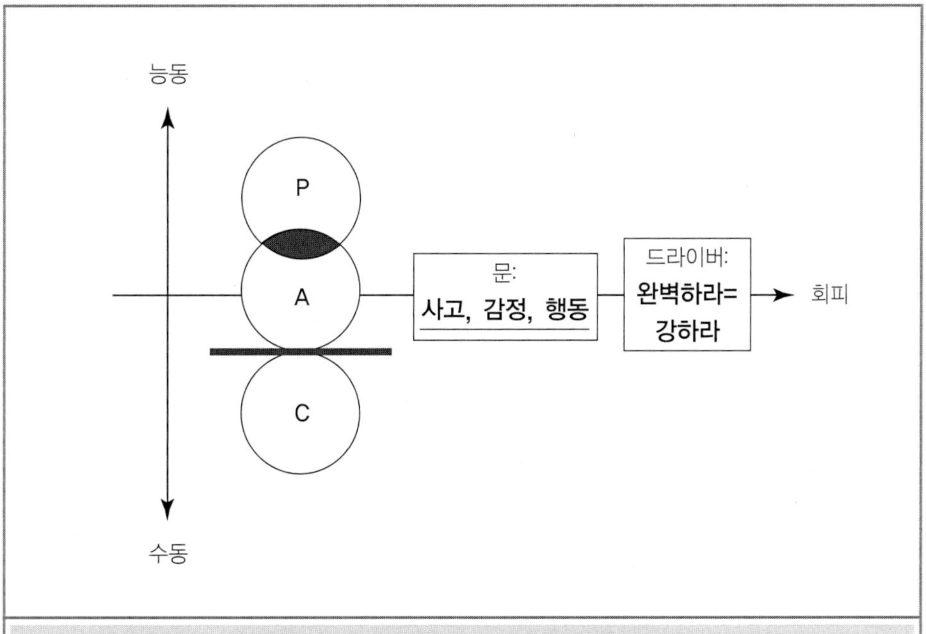

[그림 5-3] 재기형 회의자(편집성) 성격적응

자신이 먼저 행동하는 것과 타인이 먼저 움직일 때까지 기다리는 것 사이의 중립적인 위치에 서 있다.

- **성격 구조**: 자아상태 모델로 보면, 편집성 성격적응은 어버이 자아가 어른 자아를 오염시키고 있으며, 어린이 자아상태는 배제되어 있다. 우리는 이러한 구조를 제3장에서 간단하게 묘사하였다. 그리고 지금부터는 좀 더 자세하게 이러한 설명을 확장시켜 나가고자 한다.
- **웨어 이론**: 사고, 감정, 행동
- **주요 드라이버**: '완벽하라'와 '강하라'가 동일한 수준의 빈도를 보이고 있다.

신체의 특징

편집성 성격적응은 굴복하는 것을 싫어한다. 이들은 복종하는 것은 붕괴당하는 것이라 여긴다. 이들은 등이 곧바로 선 몸매를 지니고 있으므로 근육이 많이 긴장되어 있다. 이들의 몸은 에너지로 가득 차 있지만, 이것은 주로 외적인 곳(손발)에서 많이 드러난다. 이들은 피부색이 좋은 편이며, 몸은 조화롭게 균형 잡혀 있다. 빛나는 눈을 가지고 있으며, 야망이 있고, 공격적이며, 경쟁적이기도 하다. 이들은 잘 알려져 있지 않거나, 자신을 속이려 하고, 함정을 지닌 사람이나 사물에 대해 경계하는 편이다. 수동성은 이들의 약점으로 경험된다. 이들은 시작하고 성취하기 위해, 자신의 충동을 잠시 접어 두는 경향이 있다. 이들은 남이 시키는 대로 하는 것을 싫어하며, 그렇게 하는 것을 바보 같은 것이라 여긴다. 강박-신경증적 성격적응과 마찬가지로, 편집성 성격적응 유형 역시 누군가와 사랑하는 것을 어려워하며, 특히 이성 관계에서는 더욱 그러하다. 이들은 자기 자신과 타인을 최대한 통제해야만 충분히 사랑받을 수 있다고 믿는다. 이들은 방어하거나 느슨한 모습 또는 약하게 보이는 것을 싫어한다. 또한 사랑에 대한 자유와 포기 사이에서 딜레마를 경험한다. 즉, "나의 이성을 잃지 않고 온전히 사랑한다면, 나는 자유로울 수 있을 것이다."(Lowen, 1975)라고 생각한다.

일반적으로 겪게 되는 어려움

재기형 회의자가 가지고 있는 어려움은 자신에게 오는 정보를 자주 오해하고, 이러한 오해를 확인 과정 없이 진실인 양 행동하는 것이다. 이들의 사고 패턴은 종종 경직되어 있거나 과장되어 있다. 이들은 자신의 내부 깊숙이 존재하는 불안과 부적당한 감정을 완전히 덮어 버려야 한다는 비현실적인 기대를 지니고 있다. 자신이 느낀 감정과 생각에 대해 완고한 모습을 보이고, 비난의 강도를 높이는 경우도 있다. 이들은 더 잘해야 한다는 노력의 의미로, 자신과 타인을 비판하곤 한다. 매우 높은 민감성을 가지고 있어서 다른 사람들이 인식하지 못하는 것을 잡아내기도 한다. 그리고 이들은 자신이 인식하는 것이야말로 진정한 현실이라고 확신한다.

다른 사람이 이들을 신뢰하는 것에 반해, 이들은 밀접한 관계에 대한 두려움을 지니고 있다. 이들은 들쭉 날쭉 하는 행동 패턴을 구사한다. 어떤 날은 가까이에서 좋은 관계를 맺지만, 다음 날에는 먼 곳에 있다. 이들은 통제하기를 원하고, 약점이 있는 존재로 남아 있기를 거부한다. 뿐만 아니라, 갑작스러운 것을 좋아하지 않는다. 타인에 대한 시기와 질투가 많아 타인의 동기를 의심하기도 한다. 자신이 위협받는다고 느낄 때, 타인을 공격하기 시작하고, 필요할 경우 타인을 제거하기 위한 정당성을 확보하기 위해 결점부터 찾아내기 시작한다. 두말할 나위 없이, 이들은 친밀한 관계를 맺는 것에 가장 큰 어려움을 지니고 있다.

웨어 이론

편집성 성격적응을 하는 사람이 세상과 맨 처음 접촉하는 영역은 이들의 개방문인 '사고'다. 사고는 이들이 가장 많은 에너지를 투자하는 곳이다. 이들과 관계 맺기를 원한다면, 이들의 사고 영역에 접촉하는 것이 매우 중요하다. 또한 이들은 자신들의 명확한 사고 능력에 대해 인정받을 때, 고맙게 여긴다. 이들의 성격 영역 중 통합될 필요가 있는 영역은 '감정'이다. 감정은 이들의 문제 해결과 변화가 필요한 표적문이다. 이들의 감정에 개입할 수 있는 최선의 방법은, 이들을 보호하거나 자신에 대해서 타인이 어떻게 느끼고 생각하는지에 대한 자신의 감정을 확인하는 것이다.

재기형 회의자는 자신의 높은 민감성 때문에 조심스럽게 외부세계를 바라본다. 이들은 타인과의 관계를 매우 조심성 있게 다루려고 하며, 어떤 누구도 쉽게 자기와 밀접한 거리에 두려고 하지 않는다. 이들은 타인에 대해 신뢰와 믿음을 느낄 때까지 타인의 행동을 의심한다. 이들은 자신의 불안정을 투사하기 때문에, 타인의 개입을 종종 오해하기도 한다. 당신이 이들의 감정에 관심을 기울이고 타인에 대한 투사를 이해하는 가운데 접근하게 되면, 경계를 풀기 시작하고 신뢰를 가지기 시작할 것이다. 이들과 관계 맺기 위한 최선의 작업은 양육적으로 접근하는 것이다. 그럼으로써 이들은 안심하게 되고, 심리적인 지지와 보호를 받는다고 느끼게 될 것이다. 그러나 이것은 이들의 사고 영역과의 관계 형성 이후에 더욱 성공적일 수 있다. 왜냐하면 처음부터 너무 밀접하게 이들과 감정적인 측면으로 관계를 형성하려고 하면, 이들은 불안을 느끼기 시작할 것이고, 당신의 동기에 대해 더욱 의심을 품게 될 것이기 때문이다. 당신이 이들의 개방문인 사고 측면과의 관계 설정 이후 표적문인 감정을 통해 이들과 작업을 한다면, 이들은 점차 이완될 것이고 당신을 더욱 신뢰할 것이다.

만약 당신이 이들의 행동적인 측면에 직접적으로 개입하면, 당신은 쉽게 곤경에 빠지게 될 것이다. '행동'은 이들의 함정문으로 가장 많은 방어기제가 존재하는 곳이기 때문이다. 이들이 아동기 때, 긍정(OK)적인 존재가 되기 위해서 받은 메시지는 '완벽하라'와 '강하라'다. 그리고 이들은 이것을 현재도 충실히 따르고 있다. 만약 당신이 이들의 행동에 대해 비판을 가하면, 이들은 빠르게 부정(Not-OK)적인 느낌을 가지게 될 것이고, 점차 의심하고 망상에 빠지게 될 것이다. 뿐만 아니라 불쾌한 자극을 준 당신을 객관화시키고 공격할 것이다.

사 례

편집성 성격적응을 지닌 40세 여자 내담자는 자신이 이 치료집단에서 자신에 대해 말한다면, 다른 사람들이 웃을 것이고 자신을 우스운 사람으로 여길 것이라 확신하고 있었다. 나는 그녀에게 내부에 있는 그녀 자신은 이런 확신에 대해서 어떻게 생각하는지 물어보았다. 그때 그 내용에 대해 집단에 있는 다른 사람들에게도 말하도록 하였다. 그리고 그녀가 무엇을 느끼는지 경험해 보도록 하였다. 그녀는 자신의 확신이 집단 구성원에 대한 진실이 아니었다는 것을 경험하였다. 그 순간 그녀에게 진실이라고 느껴지는 것은 무엇인지 다시 되물어 보았다. 그녀는 집단 구성원이 자신을 지지해 줄 것이라고 말하였다. 그 결과 그녀는 이완하기 시작하였고, 점차 다른 사람들과 상호작용하기 시작하였다.

어린 시절 주제

재기형 회의자에 대한 성격 구조 도면([그림 5-3])을 보면, 이들의 어른 자아는 어버이 자아상태로 오염되어 있고, 어린이 자아상태는 배제되어 있다. 이것을 풀어서 말하면, 다음과 같은 것을 의미한다. 편집성 성격적응을 하는 사람의 현실 체험은 곧잘 자신의 완고한 신념에 의해 간섭받는다. 동시에 어린이로서 가질 수 있는 자발성과 즐거움 등은 '디스카운트'를 당하게 된다. 그리고 심리적으로 결심하기를, '너무 위험한 일은 시작하지 않는 것이 좋다.'고 결심한다.

이들은 무식한 것에 대한 극단적인 두려움을 가지고 있으며, 그렇게 되지 않으려고 최선을 다한다. 이러한 공포는 외부 환경에 대해 대항할 어떠한 힘도 없었던 어린 시절에 부적절하게 개입된 감정이다. 외부 환경의 예로는 기아, 성기 접촉, 관장제(enemas), 성적 · 신체적 학대, 미친 듯이 날뛰는 부모, 전쟁, 천재지변 그리고 의료 소송 등이다. 이것은 근본적으로 발달단계상 구강기 동안에 발생하며, 자기 자신을 유아에게 투사한 부모나 다른 사람 또는 외부 환경에 의해 형성된다. 이 시기의 발달 과업은 기본적인 신뢰감을 발달시키고 다른 사람과 안전한 친밀감을 형성하는 것이다. 재기형 회의자는 이러한 과업을 완수하지 못했고, 결국 어른이 되어서 이러한 것들이 필요하게 되었다. 이들의 해결 방법은 늘 방심하지 않고, 더욱더 자기 자신과 주변을 통제해 나가며, 자신의 안전을 지키기 위해서 타인의 개입에 대해 계속적으로 의심하는 것이었다. 이러한 해결 방법이 이들에게 안전하게 느낄 만한 보호와 지지는 주지 못했지만, 간혹 타인으로부터 안전한 거리를 유지하도록 해 주었다.

재기형 회의자는 종종 자신의 한 부분이 '날카로운 손톱을 지닌 동물'이라는 환상을 가지고 있다. 이들은 타인으로부터 자신을 객관화시켜야만 한다는 것을 믿을 뿐만 아니라, 자신으로부터 타인 또한 객관화시킬 필요가 있다고 믿고 있다. 밀접한 관계는 매우 위험한 유혹이라고 인식하고 있기 때문이다. 이들은 조금씩 가까워지는 기회가 필요하다. 또한 계속적으로 긍정(OK)적인 감정을 경험하여야 하고, 보호와 친밀은 두려움을 없애고 파괴적이지 않다는 것을 재확인해야만 한다.

창의적 몽상가(정신분열성 성격적응)

창의적 몽상가는 다른 사람에게 친절하고, 보호적이며, 지지적인 사람이다. 한편, 매우 높은 민감성을 지니고 있으며, 주변을 즐겁고, 편안하게 해 준다. 이들은 고독을 추구하는 경향이 있으며, 혼자 일하는 것을 좋아한다. 이들은 주로 창의적인 생각을 해 내는 사람이며, 예술적인 감각을 가지고 있기도 하다. 많은 예술가, 시인, 각본가 그리고 발명가에게서 이러한 성격적응 유형을 볼 수 있다. 이들은 또한 과학, 종교, 철학 분야에서 그 능력을 발휘한다. 이들은 깊이 있게 생각하는 경향이 있으며, 인생의 근본적인 질문에 대해 알아가고자 한다.

창의적 몽상가는 자신과 타인 양쪽 모두 친밀해지기를 원한다. 이들은 일대일 관계를 선호하고, 깊이 있는 관계를 맺는다. 특히, 옷치장, 물질적인 소유, 말을 손질하는 행위 등은 이들에게 중요한 것이 아니다. 이들은 보통 사람과는 다른 모습을 선호하는 경우가 있는데, 모자를 쓴다거나, 턱수염을 기른다거나, 또는 복고풍의 옷을 즐겨 입는 경우다. 현실에서 부끄러움이 많거나 과도한 민감성을 지니고 있으므로, 때때로 멀리 떨어져 있는 존재로 보인다. 또한 이를 통해 자신을 보호하는 것으로 비춰진다. 그리고 이들은 영적인 것을 추구하는 경향이 있다. 자연과의 조화에 관심을 지니고 있으며, 보이지 않는 높은 힘에 대한 이들만의 견해를 가지고 있다. [그림 5-4]는 정신분열성 성격적응에 대한 과정모델 정보를 요약한 것이다.

- **사분할도**: 수동적 회피(右下). 창의적 몽상가는 사회적인 관계에서 혼자 있는 것을 좋아한다. 또한 일대일 만남을 선호하며, 문제를 해결하는 태도와 사회적인 상호작용 태도는 타인이 먼저 움직일 때까지 기다리는 것이다.
- **성격 구조**: 자아상태 모델로 정신분열성 성격적응을 분석해 보면, 어른 자아가 어

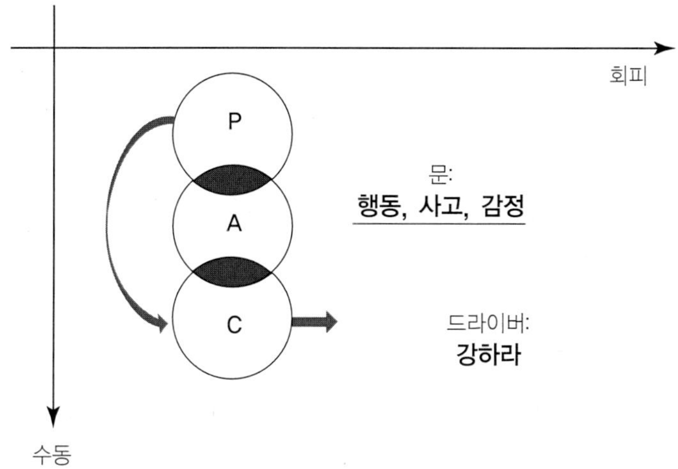

[그림 5-4] 창의적 몽상가(정신분열성) 성격적응

버이 자아상태와 어린이 자아상태 양쪽 모두에서 오염된 것으로 분석할 수 있다. 내부적으로 어버이 자아상태는 비판을 하고, 그 반응으로 어린이 자아상태는 회피하게 된다.

- **웨어 이론**: 행동, 사고, 감정
- **주요 드라이버**: 강하라

신체의 특징

정신분열성 성격적응을 하는 사람은 외부와 접촉하기 위한 에너지의 흐름을 차단하는 경향이 있다. 이들의 에너지는 얼굴, 손 그리고 성기 등 신체의 끝부분에 머물러 있다. 정신분열성 성격적응을 하는 사람은 긴장을 함으로써 마른 체격을 가진 경우가 많으며, 얼굴에는 표현이 부족하고, 눈은 공허해 보이는 경향이 있다. 이들의 에너지는 머리, 어깨, 골반, 엉덩이에서 일어나는 만성적인 근육긴장으로 막혀 있다. 이들의 두려움은 타인의 욕구보다 자신의 욕구를 앞세우는 것이 어렵다는 것이다.

이러한 두려움은 보호 능력이 부족한 초기의 부모에 의해 경험되는 것으로써 자신의 존재에 대한 위협으로 느껴진 것들이다. 정신분열성 성격적응을 하는 사람이 경험하는 딜레마는 자신의 욕구와 존재 사이에 있다. "나는 너무 많은 것을 요구하지 않는 한, 존재할 수 있어요." (Lowen, 1975)

일반적으로 겪게 되는 어려움

창의적 몽상가가 가지는 일반적인 어려움은 공상에만 잠길 뿐, 행동에 옮기지 못한다는 것이다. 이들은 현실세계의 사람과 상호작용하기보다는 자신의 공상세계에 살고 있다. 부모의 행동에 의해 만들어진 혼란이 많은 환경 속에서 주로 성장하였다. 창의적 몽상가는 배경에만 머물러야 하며, 저자세를 유지하고, 물의를 일으키지 말아야 한다는 것을 배웠다. 이들은 부모의 요구를 다룰 수 있다고 생각하지 않기 때문에, 부모의 요구를 들어준다는 것에 두려움을 느끼고 있다. 또한 이들은 타인을 지지하는 것을 배웠지만, 자신의 욕구는 무시하는 것을 배웠다. 이들은 곧잘 자신의 욕구가 정말로 필요하다고 인정될 때까지 기다리는 경향이 있다. 요약하면, 어린 시절에 감정상으로 거절당했기 때문에 누구와도 쉽게 친해지지 않으려 하고, 강해지기 위해 스스로 노력하고 있다. 이들은 진정한 금욕주의자다.

창의적 몽상가는 잡담을 좋아하지 않는다. 이들은 회피를 하거나 진정한 친밀의 단계에 들어가고 싶어 한다. 중간 과정은 원치 않는다. 이러한 의미심장한 관계를 추구하는 이들은 부모가 채워 줄 수 없었던 자신의 욕구를 채워 줄 수 있는 배우자를 찾는다. 이러한 의도는 결국 의존적인 관계를 만들어 낸다. 또한 이들은 타인이 원하는 것을 해 주는 보호자의 역할을 한다. 그러나 자신이 원하는 것은 채우지 못하기 때문에 '분개'한다. 자신의 배우자로부터 보호받기를 원하지만, 진정한 욕구를 인정하기까지는 많은 시간을 필요로 한다. 이들은 깊은 감정의 수준에서 통할 수 있는 관계를 좋아하며, 언어는 그렇게 중요한 것이 아니라고 생각한다. 이들은 접촉이나 비언어적인 방법으로 의사소통하는 경향이 있다. 타인은 때때로 이들의 비언어적인 의사소통을 이해하지 못하는 경우가 있으며, 이들이 혼자 있고자 하는 욕구를 오해하는 경우도 있다.

웨어 이론

우리가 이미 언급했듯이, 창의적 몽상가는 이들의 개방문인 '행동'을 통해서 외부 세계와 접촉한다. 행동은 이들의 에너지가 가장 많이 분배되어 있는 곳이다. 이들이 사용하는 행동은 '회피하는 수동성'이다. 이들과 효과적인 관계를 맺고자 한다면, 이들의 행동에 먼저 접근하는 것이 중요하다. 가장 좋은 방법은 이들에게 말하도록 하고, 참여토록 하며, 이들이 원하는 것을 직접 물어보는 것이다. 이러한 방법으로 진행해 나감에 따라, 이들은 타인에 의해 자신이 압도되지 않는다고 느끼게 된다. 그리고 자신이 원하는 것을 알게 되어 점차 안정감을 갖게 된다. 이들의 성격을 통합하기 위한 다른 영역은 '사고'다. 사고는 문제 해결 및 변화가 일어나는 이들의 표적문이다.

정신분열성 성격적응을 하는 사람은 창의적인 생각을 하는 사람이다. 그러나 이들은 이러한 생각을 행동에 옮기거나 자신의 욕구를 채우기 위해 사용하기보다는, 많은 시간을 그저 '백일몽'으로 보내는 경향이 있다. 사고는 내부에서 활발히 이루어지지만, 외부로 표출되지는 않는다. 이들은 현실을 환상으로 대체하는 경향도 있다. 당신이 이들의 사고를 외부와 공유하도록 하고 이에 대해 스트로크를 준다면, 이들은 현실과 관계 맺기를 시작할 것이다. 다음 단계는 이들이 원하는 것과 원하는 것을 얻기 위한 방법, 그리고 행동해야 할 것에 대해서 생각해 보도록 초대하는 것이다.

이들의 행동과 사고가 통합되어 감에 따라, 당신은 이들의 '감정'에서 커다란 변화가 일어나는 것을 보게 될 것이다. 이들은 생기를 띠기 시작할 것이고, 활발해질 것이다. 이러한 변화는 이들의 표적문인 사고를 다룬 결과다.

그러나 당신이 이들의 감정을 직접적으로 다루게 된다면, 당신은 이들의 저항에 직면하게 될 것이다. 감정은 이들의 함정문으로 가장 많은 방어기제가 존재하는 곳이기 때문이다. 어린 시절 이들이 긍정(OK)이 되기 위해서 받은 메시지는 '강하라(어떠한 감정이나 욕구도 갖지 마라.)'다. 그리고 이들은 살아가기 위한 최선의 방법으로 어떻게 해야 하는지를 이미 알고 있다. 만약 당신이 이들의 감정에 직접적인 접근을 한다면, 자신이 강하지 않다는 것을 알아채고, 재빨리 부정(Not-OK)적인 감정으로 빠져들게 될 것이다.

사 례

정신분열성 성격적응을 하는 22세의 남자 내담자는 집단상담에서 자신이 말을 하기보다는, 모든 사람의 말이 끝나기를 늘 기다리고 있었다. 그 결과 그는 말수가 점점 더 적어졌고, 늘 피로해 보였으며, 자주 졸곤 했다. 나는 그에게 집단에서 '자신이 원하는 것이 무엇인지'를 물어봄으로써, 그의 회피행동과 혼자 있고자 하는 것을 직면하게 하였다. 그리고 각 회기마다 원하는 것을 적어도 한 가지 이상씩 집단에 요구하게 하는 계약을 맺었다. 그의 요구가 하나 둘 늘어남에 따라, 그는 생기를 되찾았고, 좋은 감정을 느꼈으며, 점차 집단 안에서 상호작용을 시작하였다.

어린 시절 주제

창의적 몽상가는 심리 내적으로 어버이 자아상태가 어린이 자아상태를 비판한다. 그리고 이들의 어린이 자아상태는 이러한 비판을 피하기 위해 '회피'하게 된다. 하지만 어린이 자아상태를 회피하면 할수록, 어버이 자아상태의 비판 강도는 더욱 높아진다. 또한 어버이 자아상태의 비판이 많아지면, 어린이 자아상태의 회피 또한 증가한다. 따라서 사람은 나쁜 감정에 빠지기 된다. 이러한 문제는 근본적으로 자신들의 욕구를 갖기 시작하는 구강기 단계에서 충분히 채워지지 않았을 때 발달된다. 그리고 이 시기의 아동은 부모에게 긍정(OK)을 획득하고 자신을 보호하기 위해서는 무엇이든 요구하지 말아야 한다고 결단하게 된다. 그 결과, 이들은 '강하라(욕구를 가지지 마라.)'를 받아들이게 된다. 이들은 일종의 금욕주의자와 같고, 자신의 욕구를 느낄 때마다 자신을 비판하게 된다. 또한 자신 안에 있는 어린이 자아상태를 무시하고, 진정으로 긍정(OK)적인 존재가 되기 위해서는 첫 번째로 자신의 욕구를 버려야 한다고 믿는다. 구강기 단계의 발달과업은 기본적인 신뢰관계와 타인과의 안정된 애착관계를 형성하는 것이다. 창의적 몽상가는 이러한 과업을 달성하지 못하였고, 현시점에서 이러한 부분이 필요한 것이 되어 버렸다. 이 문제를 해결하기 위해 이들이 해 왔던 것은 '회피' 한다거나 자신의 상상 속에서 욕구를 채워 나가는 것이었다. 비록 많은 욕구를 채워 나가지는 못했지만, 이들은 어떻게 해서든 살아남았고, 많은 내부의 자원을 발달시켜 왔다.

유희적 반항자(수동-공격성 성격적응)

유희적 반항자는 유희적인 어린이 자아상태 에너지를 많이 가지고 있으며, 즐거운 것을 좋아한다. 또한 이들은 훌륭한 친구가 될 수 있는 사람이다. 어떤 상황에서든지 일어나는 일에 대해 눈치를 잘 채는 사람이며, 일반적으로 제일 먼저 그것을 지적한다. 이들은 훌륭한 탐색가이자 비평가이며, 동시에 연구 보고자다. 자신의 흥미를 추구하는 데 집요한 성향을 보인다.

이들의 옷차림은 격자무늬와 줄무늬가 함께 들어간, 즉 일반적으로 약간 어울리지 않는 경향이 있다. 유희적 반항자는 단정하지 못한 모습을 보이는데, 예를 들면 상하 한 벌의 옷을 입고 있으면서 셔츠는 밖으로 나와 있는 경우다. 이들은 교묘하게 부모에게 앙갚음하는 방식으로 옷을 입기도 한다. 종종 타인이 자신이 원하는 것을 들어주지 않을 때, 골을 내거나 입을 삐죽 내밀고 토라진다. 때때로 주변에 있는 사람들이 불편함을 느끼곤 하는데, 그 이유는 자신이 하고자 하는 일을 주변 사람이 못하게 한다는 인상을 주기 때문이다. [그림 5-5]는 이미 언급했던 유희적 반항자에 대한 과정모델 정보를 요약한 것이다.

- **사분할도**: 수동적 참여(左下). 유희적 반항자는 집단에서 사람들과 관계 맺기를 좋아한다. 그러나 이들은 문제 해결 측면이나 사회적인 상호작용에서는 수동적인 경향이 있다. 그리고 다른 사람들이 먼저 움직일 때까지 가만히 기다리는 경향도 있다.
- **성격 구조**: 자아상태 모델로 수동-공격성 성격적응을 분석해 보면, 어른 자아는 어버이 자아상태와 어린이 자아상태 양쪽 모두에 의해 오염되어 있다. 이들의 심리 내적으로는 심한 투쟁이 벌어지는데, 어버이 자아상태는 어린이 자아상태를 '비판'하고, 어린이 자아상태는 이에 대한 반응으로 '반항'하는 것이다.
- **웨어 이론**: 행동, 감정, 사고
- **주요 드라이버**: 노력하라

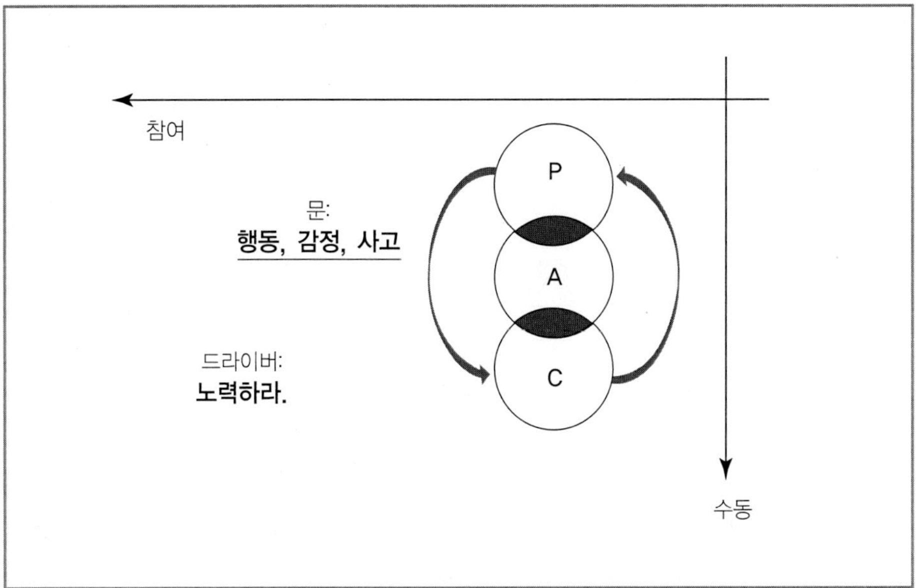

[그림 5-5] 유희적 반항자(수동-공격성) 성격적응

신체의 특징

신체상의 특징으로 유희적 반항자는 강한 의지에 반하는 에너지로 가득 차 있다 (Lowen, 1975). 이들은 키가 작고, 통통한 몸을 가지고 있는 경우가 많으며, 폭력적인 행동으로 감정을 터뜨리는 것과 자신 안에 간직되어 있는 공포와 마주하는 것을 두려워한다. 마치 잘려 나가는 공포에도 불구하고, 자신의 목을 집어넣는 것이 어려운 거북이와 같다. 어린 시절에 경험하게 되는 이들의 딜레마는 사랑과 자유 사이에서 벌어진다. "만약 내가 원하는 것을 하게 되면, 당신의 사랑을 잃고 말 겁니다. 당신의 사랑을 얻기 위해서, 나는 나 자신을 포기해야만 해요."

일반적으로 겪게 되는 어려움

유희적 반항자가 겪게 되는 어려움은 타인의 어떤 지시에도 '저항'한다는 것이다. 이들은 어린이임에도 불구하고 과도한 통제를 받았고, 또한 타인이 하는 비슷한 통제를 찾는 안테나가 있는 듯하다. 이들은 자신이 정한 방식대로 살기로 결심한 사람이며, 때때로 타인이 내리는 아주 간단한 지시조차 따르기를 거부한다. 이들의 부모는 때때로 "내 방식대로 해라. 안 그러면……." 이라는 태도로 양육하며, 자녀는 약간의 자유라도 얻기 위해서 저항하는 것을 배우게 된다.

유희적 반항자는 친구관계에서 매우 성실한 편이다. 그러나 힘을 쟁취하기 위해 '투쟁' 하는 경향이 있다는 점에서 관계를 어렵게 이끌어 가곤 한다. 이들은 보호받기 원하는 경우도 있지만, 자신이 원하는 것을 직접적으로 표현하는 데에는 어려움을 가지고 있다. 일반적으로, 이들은 자신이 원하는 것이 무엇인지 정확하게 알지는 못하면서, 정작 자신이 원하는 것을 얻지 못했을 때 매우 불만스러워한다. 마치 다른 사람들이 자신의 욕구가 무엇인지 알고 있으며, 직접 말해 주지 않더라도 자신의 욕구를 채워 줄 것이라 생각하며 행동한다. 또한 이들은 감정이 상한 것처럼 행동한다. 수동적인 경향이 있는 이들은 관계를 하는 데에서 의존적인 경향이 있다. 사람들로부터 많은 관심을 받는 것을 좋아하지만, 부정적인 방법으로 관심을 유도한다. 따라서 이들은 친밀해지는 데 어려움을 지니고 있으며, 상처를 쉽게 받고 친밀을 싸움으로 대체하는 경향이 있다.

웨어 이론

유희적 반항자가 제일 먼저 외부세계와 접촉하는 곳은 이들의 개방문인 '행동' 이다. 행동은 이들의 에너지가 가장 많이 모인 곳이다. 이들이 사용하는 행동은 '수동적인 공격' 이다. 예를 들면, "아직도 저녁 먹을 시간이 아니란 말이야?" 라고 말하고서는 다른 사람이 함께 식사하러 가자고 말하기를 기대한다. 이들과 효과적인 관계를 맺길 원한다면, 이들과 즐기면서 행동을 통해 접근하는 것이 중요하다. 사실, 즐기는 것은 이들의 협력을 유도하는 유일한 방법이다. 이들에게 무엇을 할 것이냐고 묻는다면, 이들은 저항할 것이다. 이들의 사고를 통해서 접근하면, 이들은 '이럴 수도 있고 저럴 수도 있는(either/or)' 딜레마에 빠지게 된다. 이들과 즐기면서 접근을 할 때에만, 이들은 이완을 하고 안전감을 느끼게 된다. 이들의 성격을 통합하기 위해 필요한 성격의 다른 영역은 '감정' 이다. 감정은 이들에게 변화를 유도하고 문제를 해결하기 위한 표적문이다. 먼저 이들과 즐기면서 관계를 맺다가 양육하는 관계로 옮겨가는 것이, 이들의 감정에 접근하는 최선의 방법이다.

수동-공격성 성격적응을 하는 사람이 자신의 감정을 느끼게 됨에 따라, 이들은 어렸을 적부터 계속 투쟁하면서 형성된 '분노'와 '상처'를 경험한다. 예전부터 억눌러왔던 감정을 경험하고 표현함으로써, 이들의 사고 속에 있는 투쟁심은 중지하게 되고 승리자가 없던 딜레마에서 벗어날 수 있다. 최선의 방법은 이들을 어버이와 같은 양육적인 행동으로 지지하고, 이들을 존재 그 자체로서 수용하는 것이다. 그러면 이들은 당신과 함께 있음으로 해서 긍정(OK)적인 존재가 될 수 있고, 자신에게 어떠한 변화가 없더라도 괜찮다는 것을 경험할 수 있을 것이다. 이러한 긍정(OK)을 경험함에 따라, 이들은 흑백논리 관점을 중지하게 될 것이다.

만약 이들의 사고에 직접적으로 관여한다면, 당신은 어디에도 있을 수 없다. 왜냐하면 이들의 '사고'는 가장 많은 방어기제가 존재하는 함정문이기 때문이다. 이들이 어린 시절 긍정(OK)적인 존재가 되기 위해서 받은 메시지는 '노력하라'는 것이다. 자신이 하고 싶은 것에 대해서 될 수 있는 대로 마음속으로 노력을 한다. 그러나 그 어디에서도 그것을 얻지는 못한다.

사 례

수동-공격성 성격적응을 하는 45세의 여자 내담자는 내가 무슨 질문을 할 때마다 곁길로 새는 대답을 하곤 했다. 나는 다음과 같은 표현을 통해 유희적으로 접근하였다. "나의 질문에 대해 그렇게 말하는 걸 보니, 매우 밝게 반항하는 어린이 자아상태가 있군요." 그녀는 나의 유머에 웃음을 지어 보였다. 어떤 심리적인 힘 싸움을 하기보다 즐기는 것을 지속함에 따라, 나는 어린 시절에 그녀의 부모와 힘겹게 다투면서 느꼈던 고통에 대해서 이야기를 나눌 수 있었다. 그 결과, 그녀는 나의 질문에 '반응하느냐? 저항하느냐?'하는 소모적인 생각을 하기보다, 자신이 원하는 것을 하는 데 있어서 나를 조력자로 인정하였다.

어린 시절 주제

유희적 반항자의 내적인 심리역동을 살펴보면, 어버이 자아상태가 어린이 자아상태를 '비판'하고 어린이 자아상태는 이에 대하여 '반항'하는 것이다. 어버이 자아상태가 더욱 비판을 하게 되면, 어린이 자아상태 또한 더욱 반항을 한다. 마찬가지로, 어린이 자아상태가 반항하면 할수록 어버이 자아상태는 더욱더 비판의 강도를 높인다. 모든 것이 영원히 해결될 수 없는 딜레마처럼 느껴진다. 이것이 이들이 사고 영역에서 힘들어 하는 이유다. 이러한 딜레마는 근본적으로 항문기 발달단계에서 발생했다. 이들의 부모는 과도한 통제를 하는 사람으로서, 자신이 원하는 방향으로 자녀에게 행동하도록 하였다. 그리고 이 시기의 발달과업인 자율성을 얻고자 시도하는 자녀를 인정하지 않았다. 유희적 반항자는 이러한 발달과업을 완수하지 못했고, 현 시점에서 필요하게 되었다. 이들의 해답은 부모가 원하는 것과 자신이 원하는 것 사이에서 '저항'하는 것이다. 비록 이런 해답이 '힘의 투쟁'이라는 결과를 가져오긴 했지만, 몇 가지 자율성은 유지할 수 있도록 해 주었고, 완전한 자기 상실을 모면하게 해 주었다. 또한 부모로부터 많은 관심을 유도할 수 있었고, 간접적으로나마 어린아이가 필요로 하는 것을 제공받을 수 있었다.

매력적 조작자(반사회성 성격적응)

반사회성 성격적응을 하는 사람은 매력적인 카리스마를 지니고 있다. 이들은 타인을 이끌면서 사회에서 신화를 만들어 낸다. 이들은 훌륭한 촉진자이며, 새로운 운동을 시작하는 사람이다. 또한 기금모금이나 판매 등을 잘 해낸다. 이들은 종종 전문경영자가 되곤 한다. 많은 법률가, 정치가 그리고 비즈니스를 하는 사람은 이러한 성격적응 유형을 가지고 있다. 이들은 행동하기를 좋아하고, 흥분을 잘한다. 이들은 인생에서 모든 취미를 다 즐기기 원하는 사람이다.

많은 매력적 조작자는 사람들을 놀라게 하고, 매력적으로 보이게끔 하며, 좋은 인상을 줄 수 있는 옷차림을 좋아한다. 이들은 화려한 색깔, 딱 맞는 크기, 멋진 옷차림,

그리고 번쩍이는 장신구가 달린 옷을 입는다. 여자의 경우, 속이 비치는 블라우스를 입거나 목둘레가 깊이 파인 옷을 입기도 한다. 또한 모든 손가락에 반지를 끼는 경향이 있으며, 다양한 귀고리를 가지고 있다. 남자의 경우, 금 목걸이를 착용한 채 가슴 부위에는 단추가 없는 셔츠를 입기도 하고, 금이나 다이아몬드 반지를 끼며, 값비싼 시계를 차고 다니기도 한다. 남자나 여자 모두 문신을 새기고 다니는 경우도 있으며, 자신의 다양한 신체 부분을 뚫어 링을 달기도 한다. [그림 5-6]은 과정모델을 통해 매력적 조작자에 대한 내용을 요약한 것이다.

- **사분할도**: 사정모델 도표로 보면, 반사회성 성격적응은 능동적 참여(左上) 영역과 수동적 회피(右下) 영역에 걸쳐 있다. 다른 말로 하면, 이들은 능동, 수동, 참여, 회피 등 네 가지 영역을 오간다는 것이다.

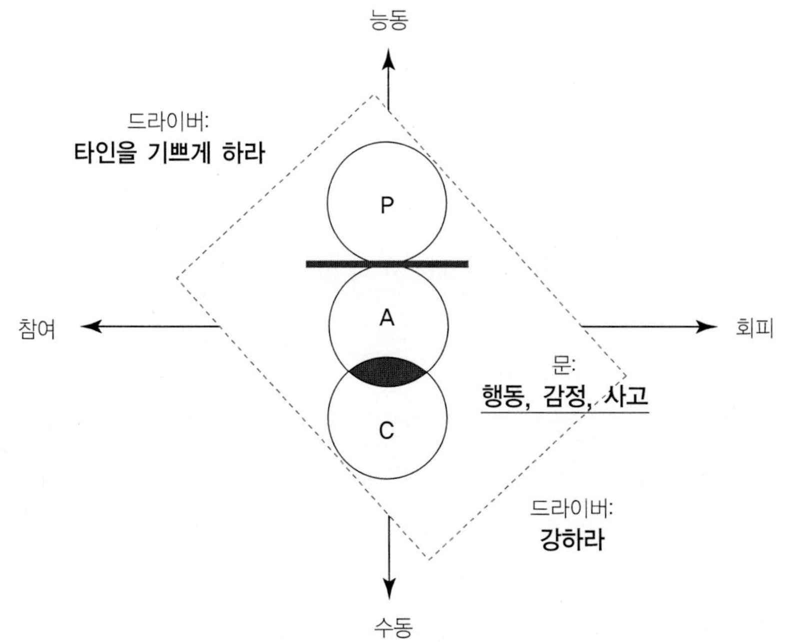

[그림 5-6] 매력적 조작자(반사회성) 성격적응

- **성격 구조**: 매력적 조작자의 자아상태를 분석해 보면, 어른 자아는 어린이 자아상태에 의해 오염되어 있고, 어버이 자아상태는 배제되어 있다.
- **웨어 이론**: 행동, 감정, 사고
- **주요 드라이버**: 타인을 기쁘게 하라, 강하라

신체의 특징

신체적인 특징을 보면, 반사회성 성격적응은 신체의 윗부분이 불룩하게 나오거나 허리나 피부, 좁은 다리 등에서 압축감을 보인다. 이들의 머리는 에너지로 가득 차 있고, 눈은 계속 관찰하고 있다. 이들은 아동일 때에도, 필요 이상의 지지와 관심을 얻으려는 모습을 보인다. 이미지 관리에 많은 에너지를 투자하는 경향이 있으며, 주변을 주도하고 통제하는 시도를 한다. 이러한 시도는 주도와 통제를 가해 왔던 부모와의 경험을 통해 일종의 '경쟁'을 낳았다. 이들이 친밀과 자유 사이에서 경험해 왔던 딜레마는 다음과 같다. "나의 자유를 포기하고 너의 통제에 따라야만, 난 너와 친해질 수 있을 것이다. 너 또한 자유를 포기하고 나의 통제에 따라야만, 나와 친해질 수 있을 것이다."(Lowen, 1975) 이 중에서 매력적 조작자는 전자를 피하고, 후자를 성취하려 노력한다. 이들은 '책임 공포증'을 지니고 있는 사람이다.

일반적으로 겪게 되는 어려움

매력적 조작자가 자주 겪게 되는 어려움은 자신이 직접 할 수 있음에도 불구하고, 타인을 조작하거나 이용하려 한다는 것이다. 이들은 어떠한 상황에서든지 유리해지기 위해서 타인을 협박하거나 속이려 든다. 이들은 한 단계 앞서 있는 것을 좋아하며, 자신의 주변 사람들보다 영리하려고 노력한다. 이들은 상황을 경쟁적으로 만드는 경향이 있으며, 모든 사람이 자신을 위해 존재하는 것으로 결론을 맺으려 한다. 이들은 어린 시절에 '유기'의 고통을 경험했으며, 다시는 그 누구도 믿지 않겠다는 결단을 하였다. 매력적 조작자는 과격한 속임수를 즐기는 경향이 있다. 이들은 가식적인 사랑이 존재하는 세계에 살고 있다고 믿기 때문에, 사랑을 하는 데에 자주 흔들리는 모

습을 보인다. 또한 이들은 버림받은 존재임에도 불구하고, 살아남기로 결심하였다. 그래서 타인을 바보로 보이게끔 만들려고 한다. 이들의 이상적인 환상은 돈, 권력, 영향력 등을 충분히 획득하는 것이다. 그래서 다시는 의존적인 위치에 서지 않고자 하는 것이고, 타인이 자신에게 다가오도록 하는 것이다.

매력적 조작자는 친밀한 시간을 갖는 것에 어려움을 느낀다. 사실 이들은 이러한 시간을 매우 원하지만, 마음속에 꼭꼭 숨겨 둔다. 이들은 자신이 속박되거나 갇히거나 또는 통제된 상황을 두려워한다. 인간관계를 맺을 때에는 처음에는 매력적인 모습으로 상대에게 다가가지만, 버림받을지도 모른다는 두려움 때문에 먼저 상대를 버리는 모습을 보이기도 한다. 이들은 마치 누구도 필요하지 않다는 듯이 행동한다. 또한 친밀을 극적인 흥분으로 대체하고는, 타인이 자신에게 접근해 오지 못하도록 한다. 이들은 사람을 조작하고 통제할 수 있는 존재로 보고 있다. 이들은 '믿을 수 있는 약탈자'로 보일 수 있고, 주는 것 없이 자신이 원하는 것을 얻기도 한다. 이들의 의식 밖 역동은 '타인을 내치기 위해 타인을 초대하는 것'으로 분석될 수 있다. 이를테면, 자신을 착취한 존재에 의해 공포를 느끼는 것처럼 말이다.

웨어 이론

반사회성 성격적응을 하는 사람이 제일 먼저 세상과 접하는 영역은 이들의 개방문인 '행동'이다. 행동은 이들의 에너지가 가장 많이 모인 곳이다. 이들이 사용하는 행동은 '활동적인 공격'이다. 이들은 사람을 협박하거나 속인다. 이들과 효과적인 관계를 만들려면, 이들이 하려는 행동에 대해 유희적으로 직면하는 것이 매우 중요하다. 가장 최선의 방법은 익살스러운 방식을 통하여, 이들이 하려는 행동의 명백한 '동기'를 간단하게 표현하는 것이다. 이들은 자신의 의도가 간파당한 것을 재미있어 하며, 상대방이 자신의 행동을 어떻게 알아차렸는지 흥미 있어 한다. 이들은 다른 사람들보다 스스로가 영리하다고 믿는다. 그래서 당신이 이들의 의도를 간파하면, 이들은 당신을 능력 있는 상대자로 여기며, 어떻게 그렇게 할 수 있는지에 대해 알기를 원할 것이다. 이들의 성격을 통합하기 위한 다음 영역은 '감정'이다. 감정은 문제 해결의 영역이고 변화가 필요한 이들의 표적문이다.

매력적 조작자는 교묘한 모습을 보이기도 한다. 그러나 이런 모습은 어린이 위치에서 행동하는 경우다. 이들은 '네가 할 수 있으면, 날 잡아 봐!' 라는 심리적 게임을 한다. 이 게임은 예측 가능한 일련의 행동 패턴을 지니고 있다. 그러므로 이들이 어떤 행동을 하여 놀라게 하기 이전에, 이들이 어디에 가고 있으며 어디쯤에 있는지를 예상할 수가 있다. 이러한 과정을 통해서, 이들은 자신이 좋아하는 극적인 흥분을 자아낸다. 이 게임이 표현된 후의 다음 단계는 과연 이들이 진정으로 얻고자 했던 것이 현실에서 실현 가능한 것이었는가를 물어보는 것이다. 왜냐하면 이것이 심리적 게임을 유발한 동기이기 때문이다. 이 단계에서 이들의 감정을 다루는 것이 중요하다. 결국, 이들은 문제를 해결하기 위해 필요한 초점이 어디 있는지를 알게 된다.

이들의 행동과 감정이 다루어짐에 따라, 당신은 이들의 '사고' 에 많은 변화가 생겼음을 알게 될 것이다. 이들은 다른 사람들을 바보로 만들기 위해 타인의 머리 위에 올라서고 영리해져야만 한다는 것보다, 긴 시간을 통해 만들어지는 결과물을 서서히 생각하기 시작할 것이다. 이러한 변화는 이들의 표적문인 감정을 다룬 결과다. 당신이 이들의 사고에 직접적으로 접촉한다면, 당신은 어디에도 없는 존재가 되어 버릴 것이다. 사고는 바로 이들의 함정문이기 때문이다. 사고는 이들에게서 가장 많은 방어기제가 있는 곳이다. 이들이 아동기 때에 긍정(OK)적인 존재가 되기 위해서 받은 메시지는 '타인을 기쁘게 하라' 와 '강하라' 이다. 이들은 타인을 속이거나, 영리한 모습으로 이 메시지를 따른다. 당신이 이들의 사고를 통해 작업을 한다면, 이들은 당신보다 뛰어나려고 최선을 다해 노력할 것이고, 결국에는 당신을 '바보' 로 만들 것이다.

사 례

반사회성 성격적응을 하는 35세의 내담자는 내가 하는 질문에 대하여 다른 주제를 끌어들임으로써 계속 빠져나가려고 하였다. 나는 씩 웃으면서 "당신은 정말 재미있는 분이군요." 라고 하며, 유희적으로 그의 행동에 직면하였다. 그도 미소를 지으며 밝게 반응하였다. 나는 그에게 언제 사람을 믿지 않기로 결심했는지 물어보았고, 그는 나에게 그러한 결단을 했던 순간을 정확히 말해 주었다. 그 순간은 바로 내담자가 어린이였을 때, 어머니가 자신을 저버렸을 때다. 나는 그에게 책략을 쓰는 대신 당신이 진심으로 원했던 것이 무엇인지를 물었다. 그는 자신이 진실로 원했던 것은 자신의 행동을 그대로 두는 것이 아니라, 누군가 진심으로 자신에게 관심을 가져 주는 것이라고 말하였다. 그제야 그는 나보다 영리하려고 노력하지 않게 되었고, 자신의 진정한 욕구에 대해서 말하기 시작하였다.

어린 시절 주제

반사회성 성격적응을 성격 구조 모델로 분석해 볼 때, 어른 자아는 어린이 자아상태에 의해 오염되어 있고, 이들의 어버이 자아상태는 배제되어 있다. 이들의 어른 자아는 어버이 자아상태의 규칙과 기준이 자신의 욕구를 제거한다고 믿기 때문에 어버이 자아상태를 무시하거나 배제하려 한다. 매력적 조작자는 과정을 결과로 정당화하려고 한다. 이들은 이득을 취하기 위해서, 다른 사람보다 늘 영리하고자 하기 때문에 쉽게 소진된다. 이러한 문제는 구강기 발달단계에서 그 원인을 찾아볼 수 있다. 이들은 정서적으로나 신체적으로 풍족하지 못한 경쟁적인 환경에서 양육되었다. 이들은 '버림' 받았다는 경험에도 불구하고, 살아남기 위해서 부모에게 잘 보이고 경쟁에서 승리해야겠다는 결심을 하였다. 이들은 거칠게 행동하는 것을 배웠고, 마치 보호받지 못했던 것처럼 행동하며, 자신이 원하는 쪽으로 타인을 끌어들인다. 이들은 부모가 그랬던 것처럼 그 누구도 진정으로 믿지 않는다. 구강기 발달단계의 과업은 기본적인 신뢰성과 다른 사람들과의 애착을 형성하는 것이다. 매력적 조작자는 이 과업을 완수하지 못하였고, 현시점에서 필요하게 된 것이다. 이들의 해결점은 이들이 할 수 있는, 즉 깨지지 않고 할 수 있는 것을 계속 해 나가도록 하는 것이다. 비록 이들은 기본적인 사랑과 보호를 받지 못했지만, 꾀를 내어 다른 것을 취득하면서 어떻게든 이 세상을 살아가고 있는 것이다.

요 약

한 개인이 어떻게 다른 사람들과 관계되어 있고, 어떻게 문제를 해결하는지에 대한 것은 이들이 어렸을 때 자라 온 환경에서 어떤 모습으로 적응했느냐에 의해 결정될 수 있다. 각각의 성격적응 유형은 아동이 원가족 속에서 자신을 보호하기 위한 최선의 선택을 나타낸다. 때때로 성격적응 유형은 현재의 상황에서 여전히 최선의 선택이 될 수도 있다. 또한 각각의 성격적응 유형은 독특한 성격 구조를 가지고 있으며, 외부세계와 관계 맺는 방법과 성장을 위해 통합할 필요가 있는 영역을 가지고 있다. 그리고 가장 많은 방어기제가 있는 영역을 나타내기도 한다. 이러한 정보를 통해서, 당신은 가장 효과적이고 효율적인 방법으로 각 성격적응 유형에 개입할 수 있다.

이번 장에서 여섯 가지 성격적응 유형에 대해 자세히 기술하였다. 그러나 실제 생활에서는 각각의 성격적응 유형은 조합되어 나타난다. 조합된 성격적응 유형을 어떻게 구별할 수 있을 것인가? 그리고 개인적인 차원에서 이것은 어떤 의미를 지니고 있는 것인가? 이러한 질문에 대한 대답이 다음 장에서 기술될 것이다.

Personality Adaptations

6

성격적응 유형의 조합

이미 언급하였듯이, 모든 사람은 적어도 하나의 '생존적 적응'과 하나의 '실행적 적응'을 가지고 있다. 어떤 사람은 가장 두드러지는 하나의 성격적응 유형을 보이기도 한다. 그러나 대부분의 사람은 성격적응 유형의 '조합'을 보인다. 이번 장에서는 개인 속에 존재하는 성격적응 유형의 조합을 기술하고자 한다. 또한 하나의 성격적응 유형이 다른 성격적응 유형과 어떻게 조합되어 다르게 나타나는지를 고찰해 보고자 한다.

예를 들면, 연기성 성격적응과 조합된 반사회성 성격적응은 극단적으로 극적인 삶을 살아간다. 반면, 강박-신경증적 성격적응과 조합된 반사회성 성격적응은 더욱 억제된 모습을 보인다. 그러므로 각 성격적응 유형은 조합되는 다른 성격적응 유형에 의해 영향을 받아 또 다른 특성을 보이게 된다.

이번 장에서는 몇 가지 가능한 성격적응 유형의 조합을 고찰한다. 그리고 그것이 어떻게 나타나는지도 살펴볼 것이다. 각 성격적응 유형의 조합을 통해서, 우리에게 잘 알려진 공적인 인물(예, 사업가, 정치인 등)을 보여 주려고 한다. 이것은 성격적응 유형의 조합을 설명하는 데 좋은 실례가 되기 때문이다. 확실히 이러한 '차이점을 통한 진단'은 개인의 독특한 공적인 모습인 페르소나(persona)를 기본으로 해야만 한다. 우리가 실례로 말하고 있는 몇 명의 인물은 실제의 인물이 아니라, 영화나 텔레비전에서 활동하는 허구의 캐릭터다. 이러한 경우의 '진단'은 배우로서 연기하는 것이 아니라, 성격에 맞게 행동한다는 것을 의미한다.

정신분열성(생존적) 성격적응과 연기성(실행적) 성격적응

생존적 적응이 창의적 몽상가(정신분열성)이고, 실행적 적응이 열정적 과잉 반응자(연기성)인 사람은 친절하고 남을 배려한다. 그리고 많은 양의 에너지를 다른 사람을 즐겁게 하는 데 사용한다. 또한 타인의 감정과 욕구에 대해 지지해 주는 사람이다. 하지만 자신의 감정이나 욕구에 대해서는 종종 손해를 보는 경우가 허다하다. 이들은 자신이 타인을 배려해 주는 것처럼, 타인 또한 자신의 감정과 욕구에 대해 관심을 가져 주길 기대한다. 그렇지 않을 경우, 이들은 심한 스트레스를 경험한다. 타인과의 관계에서 어떤 문제가 발생했을 때, 이들은 타인보다 '내가 잘못했다.'는 가정을 하는 경우가 많다. 이들은 타인을 지지해 줌으로써 문제를 해결하려고 노력할 것이다. 그러나 자신의 뜻대로 안 될 경우 '회피'하거나 '도망'간다. 그리고 자신에게 고마워할 타인을 찾기 시작한다.

이런 성격적응 유형의 조합을 지닌 사람은 양쪽 성격적응 유형에 표적문으로 사고를 가지고 있을 수 있고, 어느 성격적응 유형도 이 영역에 에너지를 투여하지 않을 수도 있기 때문에, 다소 '믿을 수 없어' 보이기도 한다. 이들은 많은 사람 속에서 자신을 종종 잃는 경우가 많고 명백한 경계를 세우지 못하는 경우가 있는데, 이는 스스로를 명확하게 내세우지를 못하기 때문이다. 이들은 상처를 받았을 때 자신을 보호하기 위해 회피를 하지만, 곧 좋지 않은 감정에 휩싸인다. 그러나 그러한 나쁜 감정을 숨기려고 한다. 그러므로 이들은 긍정적인 감정 상태일 때는 타인과 관계 맺기를 주저하지 않지만, 부정적인 감정 상태일 때에는 타인에게서 자신을 떨어뜨려 놓는다. 이러한 성격적응 유형의 조합을 가진 여자는 타인을 양육하고 보호하는 '대모' 역할을 자처한다. 남자의 경우, 자신이 행동하는 결과에 대한 아무런 숙고 없이 그것이 긍정적이든 부정적이든 정서적인 반응을 선택한다. 양쪽 다 1960년대의 '꽃의 아이들(flower children, 히피족)'을 닮았다.

정신분열성 성격적응과 연기성 성격적응이 조합된 사람은 주변을 즐겁고 유쾌하게 만든다. 많은 코미디언이 이러한 성격적응 유형의 조합을 가지고 있다. 이들은 내적으로 풍요로운 삶을 살고 있으며, 자신의 상상으로부터 얻은 많은 양의 재료를 통해 열정적으로 일을 해 나간다. 또한 즉흥적으로 상황에 대처하는 것을 잘한다. '조나단 윈터스(Jonathan Winters)'와 '로빈 윌리엄스(Robin Williams)'가 잘 알려진 남자 배우들이고, '릴리언 톰린(Lillian Tomlin)'과 '골디 혼(Goldie Hawn)'이 잘 알려진 여자 배우들이다. 이들의 공적인 모습은 정신분열성과 연기성 성격적응의 조합을 잘 보여 준다.

정신분열성(생존적) 성격적응과 강박-신경증적(실행적) 성격적응

생존적 적응이 창의적 몽상가(정신분열성)이고, 실행적 적응이 책임감 있는 일 중독자(강박-신경증적)인 사람은 친절하고, 다른 사람들을 보호하며, 보통은 지지적인 사람이다. 이들은 타인의 복지에 많은 관심을 가지며, 옳다고 생각되는 일을 하는 사람이다. 이 성격 조합을 지닌 남녀 모두 조용한 편이며, 양육적이고 책임성이 강하다. 이들은 거절하는 것을 매우 어려워하고, 자신의 욕구를 뒤로 한 채 타인을 보호하려는 경향이 있다.

또한 이들은 매우 훌륭한 일꾼이다. 오랫동안 열심히 일하고, 그 성과도 뛰어나다. 그리고 자신의 방식대로 문제를 해결하는 경향도 보인다. 이들은 자신의 업적에 대해 자랑하지 않고, 자기 자신에 대해서도 쉽게 이야기하지 않는다. 매우 도덕적이고, 양심적이며, 자신이 한 일을 통해 즐거움을 얻는다. 가난한 사람을 돕는 것과 같은 사회적인 이슈에 관심이 많으며, 선한 사회를 만들고자 노력한다. '지미 카터(Jimmy Carter)와 로잘린 카터(Rosalynn Carter)'가 이 조합에 가장 알맞은 사람이다.

이 성격 조합을 가진 사람이 가장 힘들어하는 것은 다른 사람이 주변에 있을 때, 자신의 욕구를 챙기지 못한다는 것이다. 일반적으로 이들은 이것을 스스로 해결하기 위해 '회피'를 선택하는 편이다. 이들은 혼자만의 시간을 즐긴다. 혼자 있는 시간이야말로 자신이 원하는 것에 집중할 수 있기 때문이다. 사람들과 상호작용하며 현실에서 자신의 욕구를 채워 간다는 것은 이들에게 있어서 일종의 환상이다.

정신분열성(생존적) 성격적응과 수동-공격성(실행적) 성격적응

생존적 적응이 창의적 몽상가(정신분열성)이고, 실행적 적응이 유희적 반항자(수동-공격성)인 사람은 자신의 표현을 극도로 절제하는 경향이 있다. 이들은 문제 해결을 하는 데에 상당히 '수동적'이다. 이들은 문제를 해결해야 할 때, 이것을 하찮은 일로 여기거나 타인의 해결을 기대한다. 또한 화가 났을 경우에 매우 완고해지는 경향이 있으며, 이때 대화를 시도한다면 이들은 마구 짓밟으려 할 것이다. 이럴 경우에는 이들이 회복될 때까지, 곁에서 떠나 있는 것이 최선의 방법이다.

일반적으로 이들은 매우 좋은 친구이자 훌륭한 일꾼이다. 매우 편안한 상대이긴 하지만, 때때로 변덕스러운 면도 지니고 있다. 이들은 많은 양의 유희적 에너지를 가지고 있기는 하지만, 이것을 억누르는 경향이 있다. 그리고 우울해한다거나, 골이 나 있거나 토라져 있는 경우도 많다. 이들은 곧잘 수동적이 되거나 너무 관계에 의존하는 경우가 있으며, 먼저 대접받기를 원하지만 직접적으로 이것을 요구하기는 어려워한다. 대신에 당황스럽게 보인다든지, 매우 언짢은 신호를 주변에 보낸다. 이들은 노골적이지 않게 자신의 불편함을 은근히 표현하기 때문에 주변 사람을 거북하게 만들곤 한다. 또한 어떤 상황에서든지 옳지 못한 것에 대한 미묘한 뉘앙스를 찾아낼 수 있는 사람이다. 피터 포크(Peter Falk)가 연기한 '콜롬보(Colombo)'가 좋은 예다.

반사회성(생존적) 성격적응과 연기성(실행적) 성격적응

생존적 적응이 매력적 조작자(반사회성)이고, 실행적 적응이 열정적 과잉 반응자(연기성)인 사람은 극적인 삶을 추구하고 타인의 관심을 받고자 하는 경향이 두드러진다. 이 유형의 남자는 삶을 파티로 여기며, 늘 웃음과 유머로 모든 사람과 친구를 맺는다. 하지만 진정으로 친한 사람은 없다. 그는 밝은 모습으로 피상적인 관계를 맺고 있을 뿐, 절친한 사람은 없다. 여자의 경우, 매우 많은 에너지와 매력적인 모습을 지니고 있으나 때로는 남자에 대한 피해의식으로 분풀이할 기회를 찾고 있다. 이들은 남자를 유혹하는 '요부' 또는 '유혹녀' 역할을 하기도 한다. 때때로 '검은 과부 거미 증후군(black widow spider syndrome)'이라고 불리는 과정을 보여 주기도 한다. 이들은 진정한 친밀을 힘들어하기 때문에, 상황을 조작하기 위해서 자신의 성(性)을 사용하기도 한다. 〈보디 히트(Body Heat)〉 및 〈최종분석(Final Analysis)〉과 같은 몇몇 영화들이 이러한 내용을 극적으로 표현하고 있다. 영화에서 보면, 한 여자는 남자를 유혹한다. 그리고 그에게 범죄를 저지르게 만들고, 자신은 돈을 가지고 도망가는 동안에 그 남자를 함정에 빠뜨린다.

이들은 타인의 관심을 좋아하고, 그 중심에 있기를 원한다. 그러나 친밀한 관계 속에서 얻는 마음의 상처에 대해 두려움을 가지고 있다. 그래서 안전한 거리를 두고, 청중으로부터 많은 관심을 받을 수 있는 연극무대나 예술 공연장에서 그 역량을 발휘한다. 많은 '록 스타(Rock Star)'가 이 유형을 잘 설명해 준다. '마돈나(Madonna)'와 '믹 재거(Mick Jagger)'가 그 예에 속한다.

반사회성(생존적) 성격적응과 강박-신경증적(실행적) 성격적응

생존적 적응이 매력적 조작자(반사회성)이고, 실행적 적응이 책임감 있는 일 중독자(강박-신경증적)인 사람은 종종 비즈니스에서 그 능력을 충분히 발휘하는 모습을 보인다. 이들은 상황을 조장하는 기술(반사회성)과 더불어 책임감 있는 특성(강박-신경증적)을 지니고 있다. 이들은 상품을 잘 팔 뿐만 아니라, 책임성 있게 잘 전달한다. 특히 이들은 판매, 기금모금, 광고, 홍보 활동을 잘한다. 또한 이들은 카리스마와 신뢰성을 동시에 지니고 있으며 매력적이고 믿을 수 있다. 책임감 있는 일 중독자의 모습이 매력적 조작자의 모습을 유지할 수 있도록 도와주고, 매력적 조작자의 모습이 책임감 있는 일 중독자의 활기 없어 보이고 따분한 모습을 보완해 준다.

이러한 성격적응 유형을 하는 사람이 겪고 있는 가장 큰 문제점은 개인적으로 친한 관계에서는 편안한 감정을 갖지 못한다는 것이다. 이들은 일정한 거리를 유지하기 위해 일을 한다. 또한 한 사람과의 특별한 만남을 피하기 위해, 몇 명의 성관계 상대를 찾기도 한다. 이들은 마음의 상처를 피하기 위해, 감정으로부터 도망치려는 경향이 있다. 뿐만 아니라 다른 사람보다 영리하며, 그 위에 있으려고 노력한다. 누군가 자신을 위해 곁에 있을 것이라고 믿지 않으며, 버림받을까 봐 두려워하기도 한다.

남자인 경우, 카리스마 있는 지도자의 모습을 보인다. 반사회성 성격적응이 도를 지나치게 되면, 어려움에 곧잘 빠진다. '빌 클린턴(Bill Clinton)' '짐 베이커(Jim Baker)' 그리고 '지미 스와가트(Jimmy Swaggart)'가 가장 가까운 인물들이다. 여자의 경우, 때때로 공격적인 커리어 우먼의 모습을 지니지만, 마찬가지로 반사회성 성격적응이 도를 지나치게 되면 어려움에 곧잘 빠진다. 〈폭로(Disclosure)〉라는 영화에 출연한 '데미 무어(Demi Moore)'의 역할이 가장 어울리는 예다. 그녀는 자신의 밑에서 일하고 있는 남자를 유혹하지만, 그가 자신을 받아들이지 않자 보복을 가한다.

반사회성(생존적) 성격적응과 수동-공격성(실행적) 성격적응

생존적 적응이 매력적 조작자(반사회성)이고, 실행적 적응이 유희적 반항자(수동-공격성)인 사람은 많은 양의 에너지를 다른 사람들과 상호작용하는 데 사용하는 경향이 있다. 그러나 이러한 상호작용은 일반적으로 매우 피상적이고 강한 친밀감이 없는 경우가 많다. 친밀감을 갖는다는 것은 이들에게 매우 어려운 과제다. 이들은 친밀감을 자신이 좋아하는 흥분과 극적인 상황으로 대체한다. 이들은 타인과 매우 즐겁고 흥분되는 관계를 맺는 듯이 보이지만, 다른 한편으로는 상처받은 상한 마음과 그에 따른 깊은 앙심을 품고 있는 경우가 많다. 또한 타인을 신뢰하지 않고 힘 겨루기 게임을 하는 경향이 있다. 그리고 어린 시절 느꼈던 부조리한 것에 대해 복수할 기회를 찾으며 화를 내기도 한다. 이런 방법 때문에, 이들은 자신이 하는 행동에 대해 정당성을 부여하나 결과적으로는 파괴적인 결말을 맞이하곤 한다.

이들은 타인과 싸우는 데 많은 시간을 허비한다. 무엇이든지 자신의 방법으로 하기를 원하고, 관계를 자신의 뜻대로 조절하려고 한다. 이들의 관계 패턴은 주로 갈등이기 때문에, 종종 타인은 이들과 관계 맺는 것을 어려워한다. 이들은 그냥 이 세상에 살아가는 것보다, 자신의 문제를 다루는 데 많은 시간을 보내는 경향이 있다. 이들 중에는 자신이 경험한 문제에 대해서, 비난하고 부당하게 대우받는 것을 불편해 하는 사람도 있다. 어떤 경우에는 '자기 파괴'를 통하여, 자신이 원하는 것을 취하고자 한다. 이들은 자신뿐만 아니라, 타인의 어려움을 유발하여 곤란한 상태를 만드는 경향도 있다. '리처드 닉슨(Richard Nixon)'과 '로잔느 바(Roseanne Barr)'가 이 유형을 잘 설명하는 인물들이다.

이 조합의 남자인 경우, 경찰 업무에 끌리기도 한다. 여자의 경우, 집에서 주부로 지내기도 한다. 양쪽 모두 직업을 유지하는 데 어려움을 느끼며, 많은 불평을 가지고 있다. 또한 이 조합의 사람은 종종 비만 또는 다식증과 같은 섭식장애를 가지고 있기도 하다.

편집성(생존적) 성격적응과 연기성(실행적) 성격적응

생존적 적응이 재기형 회의자(편집성)이고, 실행적 적응이 열정적 과잉 반응자(연기성)인 사람은 극단적인 것을 추구하는 모습을 보인다. 이들은 생각 없는 감정에서 갑자기 감정 없는 생각으로 옮겨 간다. 이들은 개방되어 있어서 타인을 쉽게 믿는 반면, 자신을 보호하기 위한 적절한 제한을 두지는 않는다. 이들은 스트레스 상황에서 타인을 의심하고 부정(Not-OK)적인 존재로 규정한 후 공격하기 시작한다. 또한 자기 자신은 내부로 깊숙이 숨어드는 반면, 타인은 자신의 틀 밖으로 밀어낸다.

일반적으로 이들은 많은 환호성과 함께 즐기는 것을 좋아한다. 당신이 이들과 어울리기 원한다면, 이들을 배제해서는 안 된다. 이들이 화가 났을 때에는 주변을 재미없게 만들고, 환호성만큼이나 비판을 가하며, 거칠어진다. 이를 설명할 수 있는 공적인 모습은 '베트 미들러(Bette Midler)'와 '돈 리클스(Don Rickles)'에서 볼 수 있다.

이들은 영리하고 재미있지만 통제적이다. 일반적으로, 이들은 관리하는 위치에서 그 능력을 발휘한다. 왜냐하면 이들은 조직을 잘하고 사람을 다루는 데 익숙하기 때문이다. 또한 자기 의견을 강하게 주장하기 때문에 주로 요구하는 사람이다. 하지만 이것을 익살스럽게 표현한다.

편집성(생존적) 성격적응과 강박-신경증적(실행적) 성격적응

생존적 적응이 재기형 회의자(편집성)이고, 실행적 적응이 책임감 있는 일 중독자(강박-신경증적)인 사람은 지적인 편이고 자신의 전문 영역에서 성공하는 모습을 보인다. 이들은 은행과 같은 업종에서 그 역량을 발휘하며, 가끔 자신의 지역사회를 대표하는 역할을 맡기도 한다. 이들은 늘 쉬지 않고 바쁘게 일하는 일꾼이다. 이들에게는 늘 해야 할 일들이 쌓여 있다. 이들은 타인이 자신에게 자문을 구하길 바라며, 약간 두목 행세를 하는 경향도 있다. 하지만 감정을 느끼며 타인과 친밀하게 지내는 것을 매우 어려워한다. 이들은 자신의 행동에 대한 타인의 비판에 매우 민감하며, 자신의 결점을 알게 될까 봐 타인과 가까워지면 밀쳐 내기 시작한다.

이들은 자기주장이 굉장히 강한 편이다. 이들에게 인생이란, '심각한 사업'이다. 이들은 '정당'한 일에 관심의 초점이 있으며, 자신과 그 주변을 통제하는 데 많은 에너지를 사용한다. 이들은 신경질적인 반응을 보일 때가 많으며, 흥분을 잘하고, 담배를 피우거나 잘못된 습관을 가지고 있기도 하다. 이들은 지속적으로 이야기하기를 좋아한다. 그리고 자발적이고, 자유로운 존재가 되는 것에는 익숙하지가 않다.

이러한 조합으로 잘 알려진 몇몇 인물로는 '마거릿 대처(Margaret Thatcher)' '헨리 키신저(Henry Kissinger)' 그리고 영화 〈남아 있는 나날(Remains of the Day)〉에서 안소니 홉킨스(Anthony Hopkins)가 연기한 '버틀러(butler)'를 들 수 있다. '일'은 이들 삶의 여러 부분을 감추어 버렸다. 이러한 모습은 종종 이들에게 고통을 주기도 하지만, 반면에 자신이 꼭 해야만 하는 의무 중의 하나로 여기며 정당화시킨다.

편집성(생존적) 성격적응과 수동-공격성(실행적) 성격적응

생존적 적응이 재기형 회의자(편집성)이고, 실행적 적응이 유희적 반항자(수동-공격성)인 사람은 자기주장이 매우 강하며, 자신의 행동을 통제하는 경향이 있다. 이들의 근원적인 문제는 타인과의 힘 겨루기 게임에 많은 에너지를 사용한다는 것이다. 이들은 어떤 일이나 사람에 의해 자주 좌절하곤 한다. 그러나 스트레스가 없는 상황에서는 매우 사교적이고 개방적이다.

이들은 훌륭한 조사연구자다. 만약 어떤 상황에서 옳지 못한 일이 발생한다면 일반적으로 가장 먼저 눈치를 챈다. '바바라 월터스(Babara Walters)'와 '마이크 웰리스(Mike Wallace)'가 가장 좋은 본보기다. 이들은 보통 타인의 약점을 노출시킬 수 있는 적절한 질문을 가지고 있다.

이들은 사회적 관계를 표면적으로 맺는 경향이 있으며, 깊이 있는 친밀한 관계를 형성하는 데 많은 어려움을 가지고 있다. 이들은 비난받는 것을 두려워하며, 이러한 비난을 피하기 위해 타인의 결점을 찾아낸다. 그래서 타인과는 늘 일정한 거리가 형성된다. 이들은 일반적으로 과도한 통제력을 구사하며, 어린이처럼 싸우는 모습을 보일 때도 있다. 결과적으로, 이들은 상처받는 것으로부터 자신을 보호하기 위해 통제할 수 있는 상황을 만드는 방법을 배우게 된다. 이러한 자기보호 방식 때문에, 이들은 다른 방식은 전혀 고려하지 않은 채 결국에는 혼자 남게 된다.

〈보통 사람들(Ordinary People)〉에서 '매리 테일러 무어(Mary Tyler Moore)가 연기한 어머니'가 이 조합의 좋은 예다. 그녀는 자신이 가지고 있는 마음의 상처를 피하기 위해서 남편과 아들 모두에게 심리적인 거리를 두고 있다.

정신분열성(생존적) 성격적응과 반사회성(생존적) 성격적응

생존적 적응이 창의적 몽상가(정신분열성)이며 매력적 조작자(반사회성)인 사람은 항상 혼자 있고 싶어 하는 사람이다. 이들은 홀로 행동하기를 선호하는 개인적인 사람이다. 즉, 살아남기 위해서 자기 방식대로 살기로 초기에 결단한 사람이다. 이 조합의 남자는 '싹싹한 중년 남자'로 보인다. 이들은 숲 속에서 사냥과 낚시에 많은 시간을 보내며, 때때로 여자를 만나기 위해 잠시 마을로 내려오지만 다시 숲 속으로 돌아간다. 친절하고 양육적이며 말이 없는 사람이지만, 어디 한 곳에 마음을 쏟지는 않는다. 이들은 목수일과 같은 업종에 종사하거나, 이와 유사한 사업에서 일을 한다. 이러한 적응을 하는 여자는 자주 '뉴에이지(New Age)' 활동과 같은 것을 전수받고 전수하는 데 투신한다. 이들은 비밀과 신비로움을 간직한 '모나리자'와 같은 모습을 지니고 있기도 하다. 가수이자 여배우인 '셰어(Cher)'가 가장 대표적인 인물이다.

이들이 입는 옷이나 습관은 보통 사람과는 다른 모습이다. 때때로 괴상해 보이기까지 한다. 이들은 '관심을 얻는 것'과 '고독' 사이에서 갈등한다. 이 조합을 잘 말해주고 있는 다른 인물로는 '클린트 이스트우드(Clint Eastwood)'와 '셜리 맥클레인(Shirley MacLaine)'을 들 수 있다.

정신분열성(생존적) 성격적응과 편집성(생존적) 성격적응

생존적 적응으로서 창의적 몽상가(정신분열성)이며 재기형 회의자(편집성)인 사람의 독특한 특성은 '회피'한다는 것이다. 이들은 자신에 대한 많은 것이 드러나기 전에, 안전하다고 판단될 때까지 약간 물러서는 경향이 있다. 이들은 매우 창조적이고 뛰어난 사고자다. 그러나 이런 생각을 다른 사람과 늘 공유하는 것은 아니다. 독립적인 생활을 추구하는 이들은 자신만의 세계 속에 살고 있는 발명가, 사회조사 과학자 또는 대학 교수에서 찾아볼 수 있다. 이들은 혼자 일하는 것을 선호한다. 타인을 믿고 친해지는 것에 어려움이 있다고 호소하며, 인생 초기에 감정과 욕구를 충족시키지 못한 채 강해져야만 한다는 자기 신뢰에 빠져 있다. 이 유형을 잘 설명하고 있는 두 인물은 '랠프 네이더(Ralph Nader)'와 '에밀리 디킨슨(Emily Dickinson)'이다.

반사회성(생존적) 성격적응과 편집성(생존적) 성격적응

생존적 적응으로서 매력적 조작자(반사회성)이며 재기형 회의자(편집성)인 사람은 훌륭한 기업가다. 이들은 편집성 성격적응의 뛰어난 사고기능에 더하여 반사회성 성격적응 유형 특성인 매력적인 카리스마 그리고 임기응변을 가지고 있다. 편집성 성격적응은 반사회성 성격적응의 틀을 지켜 주고, 반사회성 성격적응은 편집성 성격적응의 완고함을 보완해 준다. 이러한 조합은 뛰어난 지적 능력과 카리스마를 양산한다. 이러한 조합을 지닌 사람은 때때로 자신의 분야에서 리더인 경우가 많으며, 비즈니스, 법률, 정치, 의료 분야에 진출하곤 한다. 이들의 가장 어려운 과제는 친밀한 관계를 맺지 못한다는 것이다. 이들은 기본적으로 타인을 믿지 않으며, 상처받지 않기 위해 늘 타인보다 한 단계 위에 있으려고 노력한다. 이들은 힘을 지닌 위치에 서서 다른 사람들이 자신에게 오기를 원한다.

이들은 자기애성 성격을 지니는 경우가 많으며, 사회에서 타인이 따를 만한 신화를 종종 만들어 내곤 한다. 이들은 법을 대변하기도 하면서, 다른 측면을 지니고 있기도 하다. 이들은 사회 지도자가 될 수도 있고, 흉악범이 될 수도 있다. 사회 지도자로서 잘 알려진 이 조합의 인물은 '리 베일리(Lee Bailey)' '앤 리처드(Ann Richards)'

와 '린든 존슨(Lyndon Johnson)'이다. 반면에 부정적인 측면의 인물로는, TV 시리즈 〈댈러스(Dallas)〉에서 래리 해그먼(Larry Hagman)이 연기한 'J. R. 유잉(J. R. Ewing)'을 들 수 있다. 이러한 인물은 다른 사람들과의 관계를 파괴하고, 자기 자신을 파멸로 몰아간다.

그 외의 다른 조합

지금까지 언급한 성격적응 유형의 조합에 더하여 세 번째, 네 번째 그리고 다섯 번째 성격적응 유형이 한 개인 안에서 관찰될 수 있다. 이러한 부가적인 성격적응 유형은 한 개인의 성격 안에서 조금씩 변할 수 있다. 우리 대부분은 성격적응 유형에 따라 어떤 행동을 한다. 그러나 거기에는 세상과 상호작용하려는 각각의 선호 방식이 존재한다. 다양한 가능성이 존재하기 때문에, 같은 유형을 선호하는 사람들 안에서도 각각의 사람은 독특한 유형을 보여 준다. 가장 필요한 것은 각각의 성격적응 유형마다 어떻게 계약을 맺을 것이며, 문제를 어떤 방식으로 해결하는지, 그리고 감정적인 위협이 있을 때마다 어떻게 자신을 보호하는지를 아는 것이다.

요 약

하나의 성격적응 유형은 또 다른 성격적응 유형과 조합될 수 있다. 성격적응 유형의 특성이 어떻게 나타나는가는 조합된 성격적응 유형이 무엇이냐에 따라 달라진다. 각각의 성격 특성 중에서 주요하게 조합된 성격적응 유형의 특성을 고려해 보는 것은 매우 중요하다. 성격적응 유형이 독립적으로 하나만 존재하는 경우는 없기 때문이다. 이런 방식으로 성격적응 유형을 보게 되면, 각각의 성격적응 유형의 영향을 더욱더 쉽게 이해할 수 있을 것이다.

제1장에서 이야기했듯이, 폴 웨어는 정신병리의 전통적인 진단의 틀 안에서 사용되는 용어를 사용하여 여섯 가지 성격적응 유형의 이름을 정하였다. 전문 심리치료사들이나 상담자들은 정신병리학에 종사하는 사람들과 상호작용하기 위해, 이 부분을 특히 중요하게 생각하고 있다. 그러므로 여섯 가지의 성격적응 유형과 진단 매뉴얼로 널리 쓰이고 있는 'DSM-IV-TR'이 어떤 관련성이 있는지를 살펴보는 것은 매우 유용한 작업이라 할 수 있다. 다음 장에서는 이 주제에 대해 다루고자 한다.

7 성격적응 유형과 DSM-IV-TR 분류체계와의 관계

앞서 언급했듯이 개인은 어떤 성격적응 유형을 가지고 있으며, 성격적응 유형은 '정신건강 스펙트럼(mental health spectrum)' 상에서 완벽하게 건강한 상태와 완벽한 역기능 사이의 한 지점에 위치한다. 이번 장에서는 성격적응 유형이 『DSM-IV-TR』(American Psychiatric Association, 2000)에 있는 서로 다른 분류체계와 어떤 관계가 있는지를 조망하고자 한다. 역기능 스펙트럼 쪽으로 가면 갈수록 성격적응 유형의 긍정적인 측면이 적고 부정적인 측면이 더 많이 있음을 의미한다.

적응장애

정신건강 스펙트럼상에서 가장 건강한 상태와 가장 역기능 상태 사이를 움직일 때, 어려움에 직면하게 되는 첫 번째 단계는 '적응장애'다. 이러한 장애는 실직이나 이혼 또는 자연재해와 같은 심각한 스트레스가 발생하였을 때, 심리기능을 안정적으로 유지하는 데 어려움을 지니고 있다. 증상은 스트레스에 따라 3개월 안에 발생하는 경우가 많지만, 신체장애나 이혼에서 비롯되는 재정적 또는 정서적 어려움과 같은 만성 스트레스일 경우를 제외하고는, 스트레스 원인을 6개월 안에 해결해야만 한다.

적응장애는 성격적응 유형과 함께 발생할 수 있다. '하부 유형(subtypes)'이라는 용어를 사용하여, 분노나 우울한 기분을 지닌 적응장애는 연기성, 강박-신경증적, 수동-공격성, 정신분열성 또는 편집성 성격적응을 지닌 사람과 유사하게 보인다. 행동장애를 지닌 적응장애자는 반사회성 성격적응을 지닌 사람과도 비슷하게 보인다.

분노장애와 기분장애

전통적인 정신병리학의 스펙트럼상의 연속선에서 보이는 두 번째 단계는 '분노장애'와 '기분장애'다. 이것은 전통적으로 '신경증(neuroses)'이라는 용어로, 초기 DSM-II에서 명명되었다. 이러한 장애는 주로 정신 내적으로, 어버이 자아상태가 어린이 자아상태를 압박하는 결과다. 이들은 '억눌려 있는' 어린이 자아상태를 과도하게 보호하고자 하는 어버이 자아상태를 가지고 있기도 하다. 이것에 대한 어린이 자아상태의 반응은 분노와 우울, 또는 양쪽 모두를 보이는 것이다. 어버이 자아상태의 압박을 가장 많이 경험하게 되는 성격적응 유형은 연기성, 강박-신경증적 그리고 수동-공격성 성격적응이다. 증상이 더욱 심각해지면, 정신분열성 성격적응이나 편집성 성격적응과 같은 생존적 성격적응이 관여한다. 반사회성 성격적응은 분노와 우울보다는 무반응적인 행동을 보인다.

성격장애, 신체형 장애/심리생리학적 장애, 물질 관련 장애, 섭식장애

정신건강 스펙트럼의 다음 단계에 있는 것은 '성격장애' '신체형 장애'와 '심리생리학적 장애' '물질관련 장애' 그리고 '섭식장애'다. 이러한 장애들은 스트레스가 있을 때, 환경에 대응(성격장애)하거나 또는 자기 안으로 들어가는(신체형 장애와 심리생리학적 장애, 물질관련 장애, 섭식장애) 만성적인 부적응을 나타낸다. 반사회성 성격적응은 일반적으로 각각의 장애마다 조금씩 나타난다.

성격장애 다양한 성격장애의 이름은 전통적인 용어로 되어 있다. 웨어(Ware, 1983)는 여섯 가지 성격적응 유형에 이러한 이름을 부여하였고, 더불어 우리가 성격적응 유형의 조합도 포함된다고 믿는 성격장애를 추가하였다. 순수 유형들은 '연기성' '강박-신경증' '편집성' '정신분열' 그리고 '반사회성'이다. '수동-공격성' 장애는 DSM 초기에는 있었지만, DSM-IV(American Psychiatric Association, 1994)의 성격장애 중 물질 관련 장애에서 빠졌고, DSM-IV-TR에서는 남아 있다. 현재는 '추가 연구를 위한 기준 설정(criteria sets for further study)' 사이에 있다(DSM-IV-TR: 789-790). 그러나 우리는 여전히 물질 관련 장애 목록에 이것이 포함되어야 한다고 생각한다. 우리는 임상적인 경험과 밴 조인스(Vann Joines, 부록 B 참조)와 타이비 칼러(Taibi Kahler, 1972, 1982)의 결과에 대한 신념을 기본으로 한다. 다른 성격장애들은 다음과 같다.

- **정신분열형**(Schizotypal) **성격장애**: 정신건강 스펙트럼상의 연속선에서 부정적인 끝부분으로 향해 있는 '정신분열성(Schizoid)' 성격적응의 표현으로 간주한다.
- **경계성**(Borderline) **성격장애**: '수동-공격성'과 '반사회성' 성격적응의 조합으로 나타난다.
- **자기애성**(Narcissistic) **성격장애**: '편집성'과 '반사회성' 성격적응의 조합을 지닌 사람에게서 잘 보인다.
- **회피성**(Avoidant) **성격장애**: '정신분열성'과 '편집성' 성격적응의 조합에서 잘 보인다.
- **의존성**(Dependent) **성격장애**: '정신분열성'과 '수동-공격성' 성격적응의 조합으로 간주한다.

우리의 경험으로는 하나의 성격장애 안에서 이와 같은 성격적응 유형 조합뿐만 아니라, 다른 성격적응 유형을 다양하게 볼 수 있었다. 그러나 우리가 언급한 성격적응 유형은 '늘' 존재하고 있었다. 예를 들면, 자기애성 성격장애인 경우, 실행적 성격적응 유형 중 하나를 볼 수도 있었지만, 생존적 성격적응 유형에서 편집성 성격적응과 반사회성 성격적응은 늘 나타났다. 경계성 성격장애 또한 여러 가지 성격적응 유형을 보였지만, 반사회성 성격적응과 수동-공격성 성격적응은 늘 관찰되었다.

경계성 성격장애와 자기애성 성격장애는 우리가 언급해 온 성격적응 유형 모델 설명 외에 다른 모습을 보이기도 한다. 다른 연구자들(Johnson, 1994; Oldham & Morris, 1990)은 성격적응 유형과 같이, 하나의 연속선상의 성격 유형으로 경계성 성격장애와 자기애성 성격장애를 보고 있다. 그러나 우리의 견해로는, 이 두 가지 성격장애는 여섯 가지 성격적응 유형과 질적인 차이를 보이고 있다. 이것들은 성격적응 유형보다 좀 더 심각한 발달상의 문제를 포함하고 있다고 생각된다. 또한 이것들을 연속선상에 놓을 수는 있다 하더라도, 이 책에서 성격적응 유형을 설명하고 있는 건강한 모습을 찾아보기는 힘들다. 그러므로 경계성 성격장애와 자기애성 성격장애는 병인학(etiology)의 몇 가지 특성을 보여 주고 있다. 이에 대해서는 제18장에서 좀 더 자세하게 다루고자 한다.

신체형 장애/심리생리학적 장애 신체형 장애와 심리생리학적 장애는 연기성 성격적응과 반사회성 성격적응이 포함된 것으로 볼 수 있다. 이러한 성격적응 유형 조합을 지니고 있는 개인은 자신의 몸이 반응하고, 고통이 수반될 때까지 신체의 증상을 무시하는 경향이 있다. 감정이 요동치는 경험을 하는 대신, 몇 가지 신체적인 고통을 경험한다.

물질 관련 장애 물질 관련 장애는 특히 감정이나 고통으로부터 자신을 '마비' 시키고, '미혹' 시키는 것을 포함한다. 주요 성격적응 유형으로는 편집성, 정신분열성 그리고 반사회성 성격적응인 생존적 성격적응을 포함하고 있다. 실행적 성격적응 유형도 보이긴 하지만, 가장 두려운 감정을 보이는 것은 생존적 성격적응 유형이다.

섭식장애 섭식장애에는 두 가지 특정 진단이 있다.

- **신경성 식욕부진**(Anorexia Nervosa): 최소한의 정상적인 체중 유지를 거부하는 특징이 있다(DSM-IV-TR: 583-589).
- **식욕 이상 증진**(Bulimia Nervosa): 유도구토 설사제, 이뇨제 또는 다른 약물 등의

남용, 단식 또는 과도한 운동과 같은 부적절한 보상행동으로 인한 혼란스러운 섭식이 반복되는 특징이 있다(DSM-IV-TR: 583, 589-594).

'신경성 식욕부진'의 주요 성격적응 유형은 '편집성' 성격적응을 포함한다. 편집성 성격적응은 자신과 주변의 모든 상황을 안전하게 유지하기 위한 통제 방법을 원한다. 이들의 어린 시절 경험은 외부 환경을 통제할 수는 없었지만, 자신의 식사만큼은 철저하게 통제할 수 있었다는 것이다. 식사의 엄격한 통제는 특별히 '성적인 강요'나 '관장제' 또는 '강제 급이'의 유입과 같은 것들로 간주되는 불안을 완화시킬 수 있는 하나의 방법이었다.

'식욕 이상 증진'의 주요 성격적응 유형은 '수동-공격성' 성격적응이다. 이들의 이상 행동은 부모의 통제에 대항하는 어린이 자아상태에서 출발한다. 설사, 그리고 특히 구토는 어린 시절 직접적으로 표현할 수 없었던 경험에 대한 분노를 표출하는 하나의 방법이기도 하였다. 통제권에 대한 싸움은 원래 부모와 자녀 사이에서 발생한 것이지만, 현재는 정신 내적으로 어버이 자아상태와 어린이 자아상태 사이에서 벌어진다.

'비만(obesity)'으로 표현되는 사람의 과체중은 일반적으로 '반항'을 포함한다. 과체중이 된다는 것은 부모의 과도한 통제에 대항하는 반항으로 볼 수 있기 때문이다. 개인이 과체중을 보일 때, 일반적인 견해는 '성적인 것'을 포함한다. 즉, 과체중이 된다는 것은 성적인 관심을 다루는 것을 포기한다는 의미다. 점점 비만이 되어 간다는 것은 '존재'를 말하는 것이기도 하다. 비만이란 자기 자신을 죽이는 간접적인 방법이다. 심각한 비만을 가지고 있을 때, 일반적으로 '반사회성' 성격적응과 '수동-공격성' 성격적응을 보인다. 섭식 행위를 보이는 사람은 '네가 할 수 있으면, 나를 잡아 봐!'라는 심리적 게임으로, 극적인 모습이 되어 간다. 계속 비만 상태에 있다는 것은 체중을 줄일 수 있도록 도와주는 사람을 바보로 만드는 한 가지 방법이며, 정신 내적인 어버이 자아상태와 어린이 자아상태 사이의 끊임없는 투쟁을 보여준다. 이것은 근본적으로 부모와 자녀 사이의 투쟁에서 비롯된 것이다.

정신장애

정신병리학적 스펙트럼상의 마지막 역기능 단계는 '정신장애'다. 정신장애의 주요 차이점은 '망상'이나 두드러진 '환상'과 같은 사고장애가 존재한다는 것이다.

'정신분열증(Schizophrenia)'인 경우, 다른 성격적응 유형과 함께 정신분열성 성격적응의 전형적인 역기능을 보인다. 다른 하부 유형은 정신분열성 성격적응과 함께 어떤 성격적응과의 조합으로 나타난 결과다. '편집증(Paranoid)'인 경우, 명백하게 정신분열성 성격적응과 함께 나타나는 극단적인 편집성 성격적응의 모습이다. '파과증(Hebephrenia)'과 같이 비체계적인 유형인 경우, 반사회성 성격적응은 정신분열성 성격적응과 함께 극단적인 모습으로 나타난다. '긴장형(Catatonic)'인 경우, 수동-공격성 성격적응은 정신분열성 성격적응의 극단적인 모습 속에서 보인다(사람들은 움직이는 것을 거부한다.).

'망상장애(Delusional disorder)'에서, 편집성 성격적응은 피막화된 편집 망상(Encapsulated paranoid delusion)을 제외하고는 거의 정상인과 비슷한 모습과 행동을 보인다. '단기정신장애(Brief psychotic disorder)'와 '공유정신장애(Shared psychotic disorder)' 또한 성격적응 유형과 함께 나타날 수 있다. 그러나 특정한 어떤 성격적응 유형보다는 개별적인 기능 수준, 스트레스 상황 그리고 외적인 환경에 더 많은 영향을 받는다.

제17장에서는 서로 다른 기능 수준에서의 '병인학(etiology)'을 논의할 것이다. 그리고 이것이 어떻게 성격적응 유형과 연관되어 있으며, 베일런트(Vaillant, 1977)에 의해 발전된 개념적인 준거 틀을 어떻게 사용할 것인가를 논의할 것이다.

요 약

성격적응 유형들은 DSM-IV-TR 범주의 모든 수준에서 관찰된다. 어떤 성격적응 유형은 특정 범주에서는 더욱 뚜렷한 모습을 보이기도 한다. 기능이 높으면 높을수록 성격적응 유형의 긍정적인 측면은 더욱 선명하게 나타난다. 반면에 기능이 낮으면 낮을수록 성격적응 유형의 부정적인 모습이 더욱 나타나게 된다.

표준 진단 범주와 여섯 가지 성격적응 유형의 내용이 제2부의 전반적인 내용이었다. 제2부의 초점은 성격적응 유형에 대한 깊이 있는 이해, 성격적응 유형의 근원, 성격적인 측면에서 의미하는 것, 그리고 개인적인 변화를 가져오게 하는 주제들이었다.

사실, 이번 장은 제3부의 다리 역할을 하고 있다. 우리는 다음의 질문에 대한 답변으로 나아가고자 한다. "당신이 상담이나 심리치료를 할 때, 순간순간 벌어지는 상황 속에서 내담자의 성격적응 유형을 어떻게 진단하겠는가?"

제3부

여섯 가지 성격적응 유형 모델의 진단

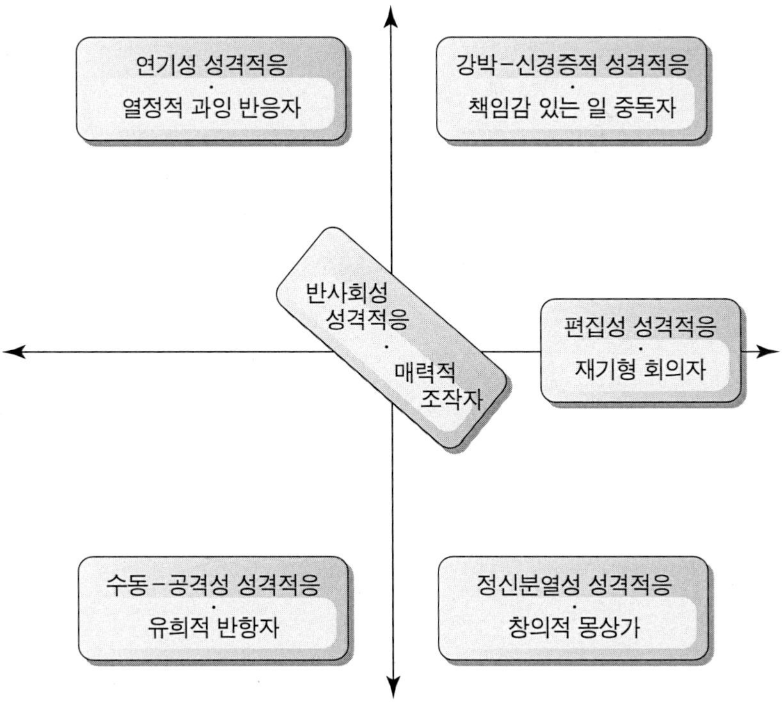

8

드라이버 행동: 진단의 열쇠

이번 장에서는 '드라이버 행동(Driver behaviours)'이라 불리는 독특한 행동을 관찰함으로써, 어떻게 성격적응 유형을 빠르고 신뢰성 있게 진단할 것인가를 설명하려 한다. 이것을 통하여 당신은 '개인의 역사에 대한 청취' 없이 진단을 내릴 수 있을 것이다. 당신은 약 몇 분간의 드라이버 행동을 관찰함으로써 한 개인의 성격적응 유형을 신뢰성 있게 판단하는 것이 가능해질 것이다. 내담자가 어떤 이야기를 하는가는 중요하지 않다. 진단은 '내용(Content)'이 아닌 '과정(Process)'에 기본을 두기 때문이다.

우리의 주관적인 견해지만, 드라이버 행동을 통한 빠른 진단의 용이성은 과정모델의 가장 큰 장점 중 하나다.

드라이버 메시지와 드라이버 행동

제4장에서 이미 다섯 가지 드라이버 메시지를 언급하였다. 당신은 인생각본 이론

을 떠올릴 것이고, 이러한 드라이버 메시지는 길항금지령에 의해 정의된다는 것을 알고 있을 것이다. 즉, 이것은 아동이 원가족의 규칙에 따라 '해야만(Should)' 하고 '하지 말아야 할 것(Should not)'을 포함하고 있으며, 부모가 기대하는 옳고 그른 행동을 이어 주면서 한 개인의 각본 안에 존재하는 메시지의 조합이다.

또한 당신은 타이비 칼러(Taibi Kahler)가 다섯 가지 드라이버에 사용하는 일상적인 용어를 기억하고 있을 것이다.

- **완벽하라**(Be Perfect).
- **강하라**(Be Strong).
- **노력하라**(Try Hard).
- **타인을 기쁘게 하라**(Please Others).
- **서둘러라**(Hurry Up).

그리고 제4장 인생각본에서 언급했듯이, 사람은 자신의 내부 경험을 통해 다섯 가지 드라이버를 각각 재현함으로써 자기 자신을 만들어 낸다.

우리는 당신에게 드라이버에 대한 몇 가지 중요 요점을 소개하고자 한다. 그 요점은 다음과 같다.

① 어떤 사람이 자신의 내부 경험에 입각한 드라이버 메시지를 재현할 때마다, 특별한 외부 행동 신호의 조합을 보여 준다. 이러한 신호의 조합을 '드라이버 행동'이라고 한다.

② 드라이버 행동은 매우 짧은 시간 동안에 나타난다. 일반적으로 약 0.5초 안에 이루어진다.

③ 다섯 가지 '드라이버 메시지(내부)'는 각각 독특하게 구별된 '드라이버 행동(외부)'을 수반한다. 임상적으로 다섯 가지 드라이버 행동은 쉽게 관찰되고 구별된다.

④ 제4장에서 언급했듯이, 각각의 성격적응 유형은 한 개의 드라이버 메시지와 매우 밀접하게 관련되어 있다. 또는 드라이버 메시지들의 조합으로 이루어져 있다.

⑤ 그러므로 당신은 한 사람의 드라이버 행동을 관찰함으로써 성격적응 유형을 진단할 수 있다.

드라이버 행동의 탐색은 성격적응 유형을 진단하기 위한 가장 중요한 기술이다.

어떤 사람의 드라이버 패턴을 알아감에 따라, 당신은 그 사람의 성격적응 유형을 신뢰할 만하게 판단하는 것이 가능해진다. 뿐만 아니라 당신에게 한 개인의 각본에 대한 정보를 풍부히 제공해 주며, 심리치료나 상담장면에서 효과적인 계획을 수립할 수 있도록 도와준다. 이러한 부분에 대해서는 제2부에서 이미 많이 논의해 왔고, 앞으로도 계속 언급할 것이다.

이미 언급했듯이, 당신은 '개인의 역사에 대한 청취'나 공식적으로 행하는 각본 분석 없이 성격적응 유형을 진단할 수 있다. 또한 상담이나 치료 주제를 논의할 필요 없이 그리고 무엇을 하든지 상관없이 어떤 주제를 잡아 낼 수 있다. 왜냐하면 드라이버 행동을 탐색한다는 것은 '내용'이 아닌 '과정'을 다루는 것이기 때문이다. 당신은 '무엇(what)'이 아닌 '어떻게(how)'에 대해서 보고 들어야만 한다.

사람들은 대화를 하면서 일반적으로 일정 시간 동안 몇 번의 드라이버 행동을 보인다. 이것은 왜 당신이 2~3분 동안의 상호작용을 통해서, 한 개인의 주요 드라이버 행동을 믿을 만하게 읽어 낼 수 있는가를 말해 준다.

당신이 이 모델을 처음 접했다면, 어떤 주제든 간에 몇 분 간의 일반적인 대화에서 한 사람의 성격을 믿을 만하게 진단할 수 있다는 것에 신뢰가 가지 않을 것이다. 우리가 이 책에서 말하는 모든 자료를 동원하더라도, 우리의 주장을 타당하게 당신에게 전달하기는 어려울 것이다. 단지 우리가 당신에게 단순하게 전달하고 싶은 것은, 우리가 여기에서 무엇을 설명하려고 하는지, 그리고 당신이 도달한 결론이 무엇인지를 점검해 보기를 바란다는 것이다.

드라이버 행동을 인지하기 위한 꾸준한 기술을 개발하기 위해서는 많은 양의 실습이 필요하다. 다음 장에서도 계속 강조하게 될 이러한 기술 중의 한 가지 열쇠는 '내용'이 아니라 '과정'을 관찰하라는 것이다.

만약 당신이 슈퍼비전이나 동료집단의 피드백을 받으면서 드라이버 관찰하기를 연습한다면, 당신의 기술이 쌓여 감에 따라 점차 이것의 장점을 알게 될 것이라고 확신한다.

어떤 드라이버가 여섯 가지 성격적응 유형과 관련되는가

〈표 4-2〉에서 당신은 각각의 성격적응 유형이 특정 드라이버 메시지 또는 조합된 메시지와 어떻게 연결되어 있는지를 보았을 것이다. 여기에서는 이 정보를 〈표 8-1〉로 다시 나타냈다. 그러나 여기서는 드라이버 이름을 먼저 적고, 다음에 드라이버와 관련된 성격적응 유형의 이름을 정리하였다.

각각의 성격적응 유형에는 주된 드라이버가 있고, 이와 동반하는 이차적 드라이버가 있다. 이것은 표에서 괄호로 묶었다. 편집성 성격적응은 '완벽하라'와 '강하라'가 똑같은 비중으로 함께 조합되어 있다. 반사회성 성격적응은 '강하라'와 '타인을 기쁘게 하라'가 교차되어 있다. 왜냐하면 이것은 사정모델에서 '수동적 회피(右下)'와 '능동적 참여(左上)' 사분할도에 걸쳐 있기 때문이다.

[그림 8-1]에서는 이 정보를 다이어그램 형태로 반복적으로 보여 주고 있다. 이 그림을 통해서 당신은 사정모델의 지리적 위치를 확인하고, 간편하게 드라이버와 성격적응의 관련성을 파악해 볼 수 있을 것이다. 예를 들어, 상단 왼쪽에 있는 사분할도(능

표 8-1 • 주요 드라이버와 성격적응 유형과의 연관성

주요 드라이버	성격적응 유형
타인을 기쁘게 하라 (+노력하라 또는 서둘러라)	열정적 과잉 반응자 (연기성 성격적응)
완벽하라 (+강하라)	책임감 있는 일 중독자 (강박-신경증적 성격적응)
완벽하라 = 강하라	재기형 회의자 (편집성 성격적응)
강하라 (+노력하라 또는 타인을 기쁘게 하라)	창의적 몽상가 (정신분열성 성격적응)
노력하라 (+강하라)	유희적 반항자 (수동-공격성 성격적응)
강하라 타인을 기쁘게 하라	매력적 조작자 (반사회성 성격적응)

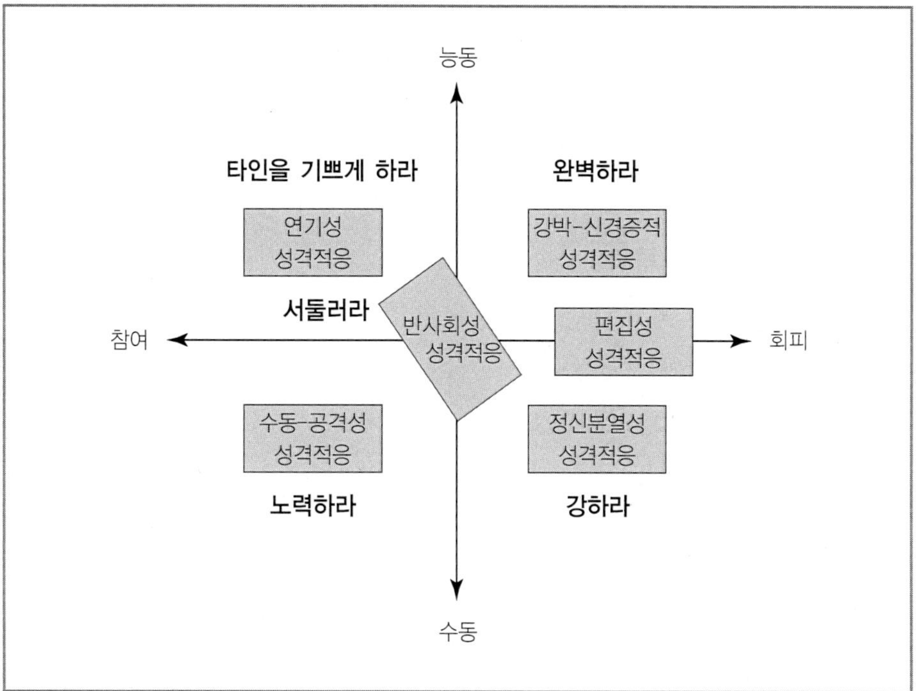

[그림 8-1] 드라이버와 성격적응과의 관계

동적 참여, 左上)는 연기성 성격적응과 '타인을 기쁘게 하라' 드라이버를 포함하고 있다. '타인을 기쁘게 하라'는 연기성 성격적응을 진단할 수 있는 드라이버 행동이다.

다음 내용에서는 드라이버를 정의하는 서로 다른 다섯 가지 '일련의 행동들(behaviour packages)'을 설명하고, 이것을 어떻게 탐색할 것인가에 대한 실제적인 내용을 다루고자 한다.

드라이버는 '일련의 행동들'이다

드라이버 각각의 이름은 특정한 행동을 보여 주고 있다. 사람은 일반적으로 0.5초 정도의 매우 짧은 시간 동안 이러한 행동을 보인다. 이러한 행동을 관찰함으로써 당신은 서로 다른 드라이버를 믿을 만하게 진단할 수 있다.

각각의 '일련의 행동들'은 다음으로 구성되어 있다.

- **말**(words)
- **어조**(tones)
- **몸짓**(gestures)
- **태도**(postures)
- **얼굴 표정**(facial expressions)

각각의 드라이버를 정의하는 행동의 조합들은 〈표 8-2〉에 있다.

과정모델을 통해 작업을 하는 동안 칼러(Kahler, 1979, 1997a)가 제시한 원론적인 드라이버 행동 단서 중에서 두 가지 변화가 필요하다는 것을 알게 되었다. 첫째, 칼러가 제시한 드라이버 단서 외에 몇 개의 단서를 첨가하였다. 우리는 이것이 특정 드라이버를 설명할 수 있는 신뢰할 만한 단서라고 확신한다. 이것은 드라이버를 확인하기 위한 서로 다른 여러 가지 질문을 통해서 많은 사람이 보여 주었기 때문에 첨가할 만한 내용이라 생각된다. 우리는 특정 드라이버에 대해서 '해야만 한다(should).'라고 생각되는 것은 첨가하지 않았다. 첨가된 단서는 〈표 8-2〉에 별표(*)를 달았다. 둘째, 우리의 경험상 몇몇 관찰되는 행동은 드라이버를 진단하기에 매우 타당성이 높다는 것이다. 이러한 행동은 〈표 8-2〉에서 진하게 나타내었다.

드라이버 행동 관찰하기

당신이 드라이버 행동을 관찰할 때, 마음속에 염두에 두어야 할 중요 사항은 다음의 세 가지다.

① 매우 짧은 시간에 관찰된다.

② 행동단서의 실마리를 찾아라.

③ 각 사람의 주요 드라이버를 확인하라.

표 8-2 ● 드라이버의 행동단서

드라이버	말	어조	몸짓	태도	얼굴 표정
완벽하라	덧붙여서 말하는 강조 숫자를 통한 강조 "이를테면……, 요컨대……." "내가 확신하건대……." "즉, 다시 말해서……."	각진 어조 차분한 잘 조율된 정확한 발음	손가락으로 지시하는 턱을 괴는 손가락으로 세는(V자 모양)*	똑바른 신체의 중간 부분이 균형 잡힌 (어른과 유사)	멈춰 서서*, 두 눈이 위(아래로 덜 향하는)나 한쪽으로 향하는 입이 다소 긴장된, 입을 꽉 다문*
강하라	(거리를 두고) "넌 나를 화나게 해." "이것이 나를 지루하게 하는군." "좋은 느낌인걸!"	한결같은 단조로운 일반적으로 낮은	몸짓이 별로 없거나 아예 없는	고정된(움직이지 않는) 폐쇄적인(팔짱을 낀, 다리를 꼬고 앉은)	표정이 없는 표현이 없는
노력하라	"어? 어? 뭐?" "나는 노력할 거야." "난 할 수 없어." "이건 어렵군." "너를 얻을 수 없어."	긴장된 억압된 약한 소리 주저하는	귀를 쫑긋 세우는* 주먹을 꽉 쥐는	등을 앞으로 미는	눈을 가늘게 뜨는 (코 위에 두 줄의 가로선이 그어진)
타인을 기쁘게 하라	"(높게)……그러나……(낮게)" "OK? 좋아?" "친절하게……." "응?"	높은 깩깩거리는 말끝이 올라가는	머리를 끄덕이는 손을 뻗는(일반적으로 손을 올리는)	어깨를 들썩이고 앞으로 미는 다른 사람에게 기대는	치켜 올라 간 눈으로 쳐다보는 눈웃음을 치는 치아가 드러난 과도한 미소 얼굴을 아래로 떨어뜨리는
서둘러라	"빨리." "서둘러야만 해." "자, 가자." "시간 없어."	딱딱 끊기는 기관총 같은 달리면서 말하는 듯한 안절부절못하는	손가락을 톡톡 두드리는 발을 계속 흔드는 몸부림치는	흥분하는 태도로 돌변하는	시선이 빠르고 자주 바뀌는

매우 짧은 시간에 관찰된다 드라이버 탐색을 위한 첫 번째 실제적인 방법은 먼저 일 분, 한 시간 단위보다는 0.5초 또는 0.25초 단위로 관찰하는 것이다.

예를 들어 보자.

상담자: 이번 회기를 통해서 당신이 얻고자 하는 것을 나에게 말해 줄 수 있나요?

내담자: 음…… (그녀는 가볍게 입 주위를 강하게 경직시키고, 자신의 손끝을 가슴 앞에 대고서는 위와 오른쪽을 쳐다보았다.) 글쎄요(그녀의 목소리는 커졌고, 음절의 끝부분은 위로 올라갔다. 동시에 그녀의 눈썹은 위로 올라갔고, 그에 따라 그녀의 이마에는 주름살이 보이기 시작했다. 반면에 점차 그녀의 눈은 넓게 커져 갔으며, 이가 보일 정도로 입이 벌어졌고, 그녀의 손이 상담자에게 과도하게 향하면서 몸은 상담자 쪽으로 기울어지기 시작했다.)!

앞의 묘사를 통해서, 당신은 실제 일어난 일보다 더 많은 정보를 얻었을 것이다. 이 내담자는 약 1초 동안에 실시간으로 자신에게 있는 모든 드라이버 행동을 보여 주었다. 이 시간 동안에 그녀는 첫 번째 '완벽하라'를 보여 주었고, 다음에는 '타인을 기쁘게 하라' 드라이버를 보여 주었다.

매우 짧은 시간 동안의 움직임을 잘 살핀다면, 당신은 더욱 쉽게 드라이버 행동을 탐색할 수 있을 것이다. 이러한 것은 어느 정도의 지속적인 훈련이 쌓였을 때 가능하다. 그러나 드라이버를 탐색할 때, 너무 상세하고 미세한 행동에 집중할 필요는 없다. 드라이버는 일반적으로 관찰 가능하고 즉각적으로 보이는 거시적인 행동으로 정의되기 때문이다.

행동단서의 실마리를 찾아라 타이비 칼러(Taibi Kahler, 1979)는 "한 가지 행동 단서만을 가지고 드라이버를 단정할 수는 없다."고 강조한다. 신뢰할 수 있는 드라이버 탐색을 위해서 당신은 드라이버 행동단서의 실마리를 보고 들을 필요가 있다. 이러한 실마리는 개인의 행동 영역(말, 어조, 몸짓, 태도, 얼굴 표정)을 통해 획득할 수 있다. 일반적인 안내를 하자면, 우리는 당신이 적어도 세 가지 이상의 단서가 함께 출현하는 것을 보고 해당 드라이버라고 진단하기를 바란다. 〈표 8-2〉의 목록은 당신에게 특정 단서에 대한 근거를 뒷받침해 줄 수 있을 것이다.

각 사람의 주요 드라이버를 확인하라 성격적응 유형을 진단하기 위해서 한 개인의 주요 드라이버를 판단하는 것은 무척 중요한 일이다. 대화하는 것 또한 일종의 드라이버로, 가장 많이 보이는 부분이다. 당신의 말에 대해 가장 먼저 반응하는 모습 속에서 주요 드라이버를 발견할 수 있다.

일반적으로 사람은 상호작용 과정 중에 발생되는 '사이'에서 드라이버 행동을 보여 준다. 2분간의 지속적인 대화 속에서, 당신은 한 개인의 주요 드라이버를 판단할 수 있을 만큼의 충분한 단서를 보고 듣게 될 것이다. 반복하지만, 내담자와 대화하는 동안 '무엇'에 대해서 이야기하는 것은 적절하지 않다. 당신은 '내용'이 아닌 '과정'을 관찰해야만 한다.

당신이 내담자에게 어떤 말이나 질문을 한 뒤에 발생하는 '순간'에 관심을 갖는 것은 매우 중요하다. 이 짧은 순간에 사람은 자신의 주요 드라이버를 자주 보여 주기 때문이다. 대부분의 사람은 다섯 가지 드라이버 행동 중에 하나를 보여 준다. 당연히 이것이 주요 드라이버다. 소집단에서는 빈도가 거의 비슷한 두 가지 드라이버를 보여 주기도 한다. 가끔 규모가 더 작은 집단에서는 첫 대면에서 세 가지 또는 더 많은 드라이버를 나타내기도 한다.

경험에 따르면, '서둘러라.' 드라이버는 드라이버 행동 중의 '따돌리기'의 여러 방법 중 하나다. 당신은 주요 드라이버로 이것을 거의 감지하지 못할 것이다. 대신에 이것은 이차적인 드라이버로 자주 나타나고, 주요 드라이버를 강화시켜 주는 역할을 한다.

드라이버 단서: 몇 가지 다른 암시

여기서는 드라이버를 탐색하기 위한 몇 가지 추가적인 암시를 나열하고자 한다.

① 내담자를 조심스럽게 관찰하다 보면, 어떤 드라이버 행동에도 포함되지 않는 다른 종류의 행동 단서를 발견하게 된다. 예를 들면, 머리 긁적이기, 옷에서 튀

어나온 실밥 집어내기, 의자 위에서 몸을 좌우로 움직이기 또는 그 밖의 수많은 다른 행동을 할 것이다. 그렇지만 내담자나 당신에게서 의미 있는 비언어적인 행동 단서는 〈표 8-2〉에서 제시되는 다섯 가지 드라이버와 구별되는 독특한 행동을 말한다. 지속적인 훈련을 통해서, 당신은 드라이버 행동을 계속 발생시키는 구별된 행동 단서를 알아볼 수 있을 것이다.

② '덧붙여서' 말하는 문구를 사용할 경우에는 특히 '완벽하라' 드라이버일 경우가 크다. 이런 방법으로 말하는 효과는 화자가 자신의 말이 끝나기 전에 하나 또는 더 많은 정보를 제공하는 것이다. 예를 들면 다음과 같다. "내 의견으로는—내가 오늘 아침에 말한 바와 같이, 그리고 복잡한 상황을 명백하게 하기 위해서—이 상황에서 행동을 취하는 것입니다." "이 책은 당신이 말한 바와 같이, 성격을 이해하는 데 실제적인 안내를 해 주고 있네요."

③ 비록 "나는 ~을 시도할 것이다."라는 말이 '노력하라' 드라이버와 자주 관련이 있기는 하지만, 꼭 그런 것만은 아니다. "나는 ~을 시도할 것이다."라는 말이 '노력하라' 드라이버라고 판단하기 전에, 당신은 어조, 몸짓, 그 밖의 여러 가지 추가적인 단서를 탐색해 보아야 한다.

④ '타인을 기쁘게 하라.'를 보여 주는 사람은 '(높게)……그러나……(낮게)' 대화양식을 보여 준다. 이러한 대화양식은 처음에는 좋은 점에 흥분하여 과장되게 표현하지만, 곧 '그러나'와 같은 용어를 사용하여 상황을 반전시킨다. 예를 들면 다음과 같다. "헤이, 난 정말 이 파티를 너무나도 즐겁게 보내고 있어요. 그러나 내일 아침을 위해 일찍 가야만 해요." "오! 당신의 강의는 정말로 좋았어요. 그러나 내가 정말로 당신을 이해하고 있는지는 확신할 수가 없네요."

중요: 당신은 내용을 통해서가 아닌 과정을 관찰함으로써 드라이버를 찾을 수 있다

드라이버를 효과적으로 탐색하기 위해서는 그 '과정'에 초점을 두어야 함을 다시 한 번 강조한다. 당신이 사람의 행동에 대한 '내용'에 관심을 두게 된다면, 드라이버를 발견할 수 없을 것이다. 여기에 이런 중요성을 설명할 수 있는 네 가지 간략한 실례를 살펴보고자 한다.

사례 1 대학생인 자넷(Jeannette)은 다가오는 시험 걱정 때문에 상담을 왔다. 상담 초기에 그녀는 나(Ian)에게 자신이 원하는 것을 어떻게 하면 얻어 갈 수 있는지를 물어보았다. 그러나 그녀는 그대로 잘 이행하지 못할 것이라 염려하였다. 그녀가 말하기를, "부모님은 내가 모든 것을 잘해야 한다는 것에 매우 예민하신 분들이에요. 무슨 말인지 알죠? 내가 그런 착한 아이로 남는 것은 정말로 중요한 일이었어요. 난 시험 준비 기간 동안 열심히 잘해 왔거든요. 그런데 시험 보는 날에 실수를 할까 봐 매우 걱정이 돼요. 내가 뭘 말하는지 아시죠?"

자넷이 말하는 것을 듣고서, 나는 그녀가 원하는 것은 '모든 것을 잘하려고 한다는 것'이라고 확실하게 알 수 있었다. 내가 그녀의 상담 내용을 가지고 주요 드라이버를 진단했다면, '완벽하라'로 진단하는 실수를 범했을 것이다. 그러나 실제 그녀의 주요 드라이버는 '완벽하라'가 아니라 '타인을 기쁘게 하라'다.

나는 그녀가 말하는 '과정' 속에서 그녀의 드라이버를 보고 들을 수 있었다. 그녀가 말하는 동안에, 자주 '타인을 기쁘게 하라' 드라이버를 나타내는 일련의 행동을 점차적으로 보여 주었기 때문이다. 그녀는 순간순간 눈살을 치켜올렸고, 과장된 웃음으로 치아가 보였으며, 눈은 위를 바라보며 얼굴을 위아래로 끄덕였다. 그리고 이마에는 웃음 때문에 생기는 주름살이 보였다. 동시에 그녀는 자신의 귀 근처까지 어깨가 올라올 정도로 등을 구부렸으며, 때때로 내 쪽을 향해 몸을 기대고, 두 손을 모아 무언가를 요구하는 몸짓을 보였다. 그녀는 앞에서 예를 들었던 것과 같은 '(높게)...... 그러나...... (낮게)' 대화 패턴을 자주 사용하였다. 그녀의 대화 끝에서는 자주 '~알지요?'라는 말을 집어넣었다. 점차 그녀의 어조는 올라갔으며, 때때로 거의 울다시피 말을 이어 나갔다.

또한 나는 다른 드라이버 행동의 단서를 〈표 8-2〉에서 찾아보았다. 그러나 자넷은 '타인을 기쁘게 하라' 드라이버만큼 다른 드라이버는 보여 주지 않았다. 때때로 그녀는 잠시 무표정한 모습으로 '강하라'에 고정되어 있는 것을 볼 수 있었다. 그래서 나는 자넷이 '타인을 기쁘게 하라' 드라이버 다음으로, '강하라' 드라이버를 사용한다는 것을 판단할 수 있었다.

사례 2 사미르(Samir)는 결코 포기할 수 없는 일 중독 때문에 상담에 참여하였다(이 사람은 제16장에서 다시 보게 될 것이다.). 상담 초기에 사미르는 왜 자신이 곤경에 처해 있고, 부산하게 움직이는가에 대해 많은 시간을 할애하였다. "난 한 번에 두 가지 일을 하지요. —사실, 음…… 정확히는 세 가지 일이네요. 여러분이 이 잡지를 읽고 있을 때, 나는 글을 쓴답니다.—나는 내가 왜 이 일에 모든 것을 걸어야 하는지를 모르겠어요. 사실, 나에게는 24시간보다 더 많은 시간이 필요해요.— 음, 그래요. 내가 의미하는 것은…… 그러니까…… 내가 이 모든 것을 끝내기 위해서 내가 잠잘 시간이 필요하다는 거예요."

당신은 이 내용으로 사미르의 주요 드라이버를 진단할 수 있는가? 나는 사미르가 계속적인 전진만을 말했기 때문에, '서둘러라'로 예상하였다. 그러나 그의 주요 드라이버는 '서둘러라'가 아니라, '완벽하라'였다.

나는 사미르와의 의사소통 '과정' 속에서 그의 드라이버를 보고 들을 수 있었다. 그는 말하는 동안 많은 부분을 '덧붙여서' 강조하였다. 그는 하나의 생각을 말하다가 다른 생각을 말하기 시작하였다. 이때의 전후로는 잠시 쉼표를 찍었다. 그리고 자신의 말을 마치기 위해서 다시 처음 생각으로 돌아왔다. 사미르는 자주 그의 손가락으로 수를 세었다. 이 예에서, 자신의 직업에 대해 말할 때 두 가지 일 또는 세 가지 일을 하면서 손가락으로 직접 세었다. 또한 그는 잠시 동안 얼굴 표정에서도 '완벽하라'를 보여 주었다. 두 눈은 한쪽 면을 향해 위를 쳐다보았고, 그의 입은 꽉 다물어져 있었다. 특히 이것은 내가 그에게 질문을 하고 난 후, 대답하기 전 잠시 동안 본 얼굴 표정이었다.

그렇다면 사미르는 내용보다는 과정 속에서 '서둘러라' 드라이버 또한 보여 주고 있는가? 그렇다. 그는 한두 가지 정도의 '서둘러라' 드라이버를 행동으로 보여 주었다. 사실, 사람은 하나의 드라이버를 나타내는 동시에, 다른 드라이버를 보여 주기도 한다. 사미르의 경우, 그의 '서둘러라' 드라이버의 행동 단서는 오른쪽 다리를 흔드는 것이다. 그러나 이러한 행동 단서는 오직 '완벽하라'의 행동이 나타나는 동안에만 보였다. 이러한 과정을 통해서 나는 그의 주요 드라이버가 '완벽하라'임을 확신할 수 있었다.

사례 3 우울증을 지닌 애니(Annie)는 나에게 개인상담을 신청하였다. 그녀의 문제는 파트너와 일대일 관계에서 만족감을 찾지 못한다고 하였다. 초기 상담에서 그녀의 목소리는 단호하게 들렸으나, 단조로웠다. 또한 그녀의 얼굴은 경직되어 있었다. 그녀는 오랜 시간을 앉아 있었으며, 종종 팔짱을 꼈다. "나는 지속될 수 있는 관계를 찾는 데 노력해야 한다고 느끼고 있어요. 당신도 그런 관계가 필요하다고 말씀하시겠지요? 안 그런가요? 그런데 어쩐지 그것이 나를 피해 갈 것만 같아요. 바로 이 문제가 나를 우울하게 만들어요. 이것이 정말로 나를 괴롭히는 것들이지요."

애니의 의사소통 과정에서 보여 주는 주요 드라이버는 확실하게 '강하라'다. 이것은 〈표 8-2〉의 단서를 찾아보면 바로 알 수 있다. 비록 그녀는 '노력해야 한다'고 말하고 있지만, 주요 드라이버는 '강하라'다. 내가 과정보다 내용을 가지고 진단을 시도하였다면, 그녀의 행동을 '노력하라'로 잘못 진단할 수도 있었을 것이다.

사례 4 리로이(Leroy)는 내가 이끌고 있는 성장 집단이 유용하다는 이야기를 듣고서 자신도 참가하고 싶다고 말하였다. 나는 그를 만나기 위해 예약을 잡았고, 그와 나는 참가 가능성에 대해 이야기하였다. 지금 내 상담실에서 그는 나의 반대편에 앉아 있다. 그리고 나는 집단 구성원으로서 지켜야 할 규칙에 대해 그에게 설명하고 있다.

내가 누락된 상담회기 조정에 대해 말하기 시작하자, 리로이가 "정말이요? 뭐가? 나는 당신과 함께하고 있다고 확신할 수가 없어요."라고 말하며 치고 들어왔다. 그는 이것에 대해 이야기하면서, 내 쪽으로 몸을 구부렸고, 귀를 쫑긋 세웠다. 그는 얼굴을 찡그렸고, 눈썹이 위로 끌어당겨졌다. 그 결과, 코 위에는 두 줄의 수평선이 그어졌다. 그의 목소리는 마치 목구멍 근육이 팽팽하게 당겨진 듯 긴장되고 억제된 음성이었다. 실제로 리로이는 근육이 팽팽하였다. 리로이는 대화하는 동안에 이미 몇 번이나 자신의 드라이버 행동을 보였고, 자주 반복하였다. 매번 그는 약 0.5초의 짧은 시간 동안 독특한 일련의 행동을 보인 것이다.

중요한 점은 리로이는 여전히 자신의 상담 내용에 대해서 한마디도 하지 않았다는 것이다. 그럼에도 불구하고, 나는 그와의 의사소통 과정을 통해서 그의 주요 드라이버가 '노력하라'임을 알 수 있었다.

요 약

드라이버 행동을 관찰함으로써 당신은 신속하고 믿을 만하게 성격적응 유형을 진단할 수 있을 것이다. 드라이버의 효과적인 탐색을 위해서는 드라이버 '내용'에 집중하는 것이 아니라, 드라이버 '과정'에 중심을 두는 것이 중요하다. 당신은 독특한 드라이버 행동을 믿을 만하고 일관성 있게 확인할 수 있을 것이다. 이러한 각각의 드라이버는 일반적으로 1초가 채 되기 전의 시간 속에서 발생한다.

드라이버 행동의 관찰만이 신속하게 성격적응 유형을 진단하는 열쇠는 아니다. 성격적응 유형을 진단하는 몇 가지 다른 단서가 있다. 우리는 다음 장에서 유용하게 사용할 수 있는 몇 가지 단서를 기술하고자 한다.

9 성격적응 유형을 진단하기 위한 다른 단서

드라이버 행동의 단서뿐만 아니라, 서로 다른 성격적응 유형을 규명해 줄 수 있는 또 다른 단서가 있다. 각 성격적응 유형은 이들의 행동에서 관찰될 수 있고, 자기를 표현할 수 있는 전형적인 특성을 가지고 있다. 이번 장에서는 성격적응 유형을 진단하는 데 도움이 될 수 있는 몇 가지 추가적인 단서를 서술할 것이다. 추가적인 단서는 다음과 같다.

- 타인과 관계 맺기 위해 선호하는 방식
- 위협에 대한 반응
- 시간을 구조화하기 위해 선호하는 방식
- 걷는 모습
- '실행적 성격적응 유형'과 '생존적 성격적응 유형'의 전반적인 행동

타인과 관계 맺기 위해 선호하는 방식

우리가 사정모델과 네 가지 사분할도(제1장)에 대해 소개할 때, 각 성격적응 유형에 따라 사회 상황에서 타인과 어떻게 관계를 맺는지에 대한 방식을 설명하였다. 초기 관계를 맺는 방법에 따라 타인에게 먼저 접근하는 '능동'과 타인이 다가오기를 기다리는 '수동'이 있다. 또한 대집단에 속하기를 즐겨 하는 '참여'와 한 사람 또는 두 사람과 깊이 있게 사귀기를 선호하는 '회피'가 있다.

또한 제1장에서는 세 가지(사고, 감정, 행동) '접촉문'에 대해서도 설명하였다. 각각의 성격적응 유형에 따라 타인과 접촉하기를 선호하는 서로 다른 영역이 있다는 것이다. 우리는 웨어 이론에 따라 각각의 성격적응 유형에 따른 '문'에 대해 알고 있다.

개방문은 타인과 제일 먼저 접촉하기를 선호하는 영역으로, 가장 많은 에너지가 집중되어 있는 곳이다. 또한 이곳은 일반적으로 관계를 형성하기 위해 타인을 초대

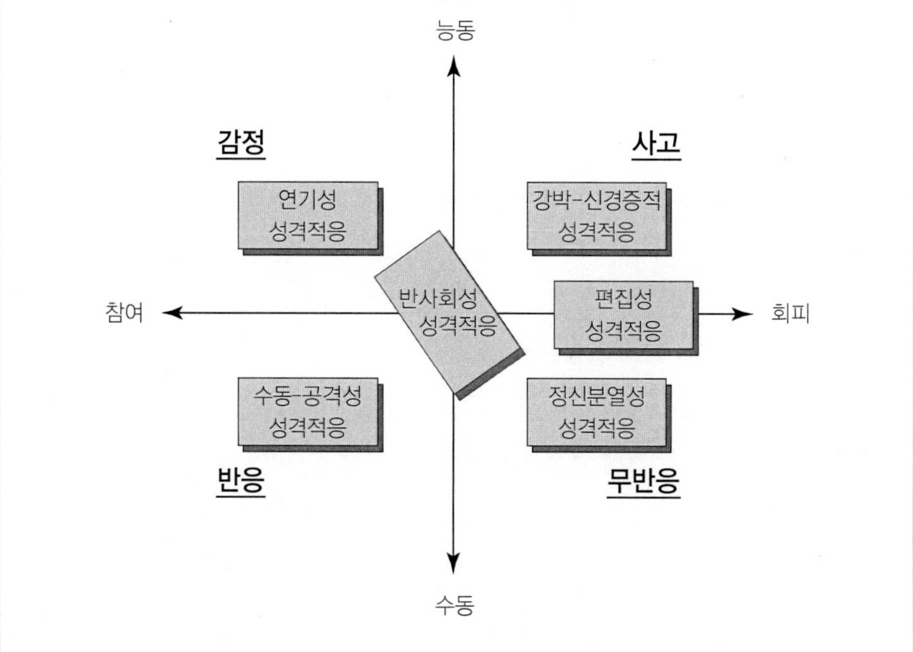

[그림 9-1] 여섯 가지 성격적응 유형에 따른 타인과 관계 맺는 방식

하는 곳이기도 하다. 예를 들면, 책임감 있는 일 중독자의 개방문은 '사고'다. 이들은 타인과 관계를 맺을 때, 맨 먼저 사고 영역으로 들어간다. 그리고 사고 영역에서 타인과 관계를 맺는다.

이 모든 정보를 함께 고려해 본다면, 사회에서 서로 다른 성격적응 유형이 타인과 어떤 방법으로 관계 맺는지에 대한 일반적인 내용을 그림으로 표현할 수 있을 것이다. 이것은 [그림 9-1]에서 보여 주고 있다.

- **열정적 과잉 반응자(연기성 성격적응)**: '능동적 참여(左上)' 사분할도에 위치하고 있으며, '감정(emotion)'적인 측면을 먼저 보인다. 이들은 타인에게 웃거나, 친절한 방식으로 접근하고 목소리 톤이 올라간 감정적인 반응으로 첫 대면에 임한다. 이들은 다수의 사람과 접촉하기를 즐기고, 그 주변에는 많은 사람이 몰려든다.
- **책임감 있는 일 중독자(강박-신경증적 성격적응)**: '능동적 회피(右上)' 사분할도에 위치하고 있으며, '사고(thinking)' 영역으로 이끈다. 사회적인 상황에서 이들은 한두 사람과의 깊이 있는 관계를 선호하지만, 문제를 해결하기 위해서는 먼저 접근하는 편이다. 이들은 감정적인 주제보다는 사고를 요구하는 주제로 대화하기를 선호한다.
- **재기형 회의자(편집성 성격적응)**: 사정모델의 '회피' 영역에 있으면서, '능동'과 '수동' 중간에 위치하고 있다. 이들은 능동적일 것이냐 수동적일 것이냐를 정하기 전에, 먼저 상황에서 물러나 자신의 생각을 정리한다. 이들이 타인에게 관여해야 한다고 결정했을 때에는 책임감 있는 일 중독자와 비슷한 방식으로 관계를 맺는다. 이들은 개인이나 소규모 집단에 접근할 것이고, 맨 처음 사고 영역에서 대화하기를 시도할 것이다. 일반적으로 다소 진지한 태도를 보인다.
- **창의적 몽상가(정신분열성 성격적응)**: '수동적 회피(右下)' 사분할도에 있으며, 타인과 먼저 대화하기보다는 물러나 있는 모습을 보일 것이다. 그래서 이들의 사회행동 유형은 '무반응(Inaction)'이다. 한두 사람이 이들에게 접근하면, 이들은 친밀해질 때까지 대화를 시도한다. 그리고 서로 친밀해지면, 자신의 방식으로 다시 시작한다. 만약 정신분열성 성격적응이 대집단에 속해 있다면, 이들은 일

반적으로 주류에서 일탈하려 하거나 조용히 남아 있기를 바랄 것이다.

- **유희적 반항자(수동-공격성 성격적응)**: '수동적 참여(左下)' 사분할도에 있고, 감정이나 사고보다는 행동으로 관계 맺기를 선호한다. 이들의 사회행동 방식은 '반응(reaction)'이다. 즉, 이들은 일반적으로 대집단에 있으면서 비주류 위치에 있지만, 모든 내용을 듣고 있다. 그리고 집단의 의견이나 행동과는 다른 엇갈리는 반응을 한다. 이들은 종종 매우 유희적인 모습을 보이지만, 타인을 약 올리는 등의 표현을 통해 도를 지나치는 경우가 있다.
- **매력적 조작자(반사회성 성격적응)**: '능동적 참여(左上)' 사분할도와 '수동적 회피(右下)' 사분할도에 걸쳐 있다. 이들은 능동적으로 있느냐 수동적으로 있느냐를 결정하기 전에, 먼저 상황을 평가한다. 만약 자신의 장점으로 이 상황을 조작할 방법이 보인다면, 이들은 타인을 위협하거나 속이기 위해서 공격적인 행동을 보일 것이다. 반면에 어떠한 것도 취득할 것이 없어 보인다면, 회피하거나 수동적인 입장에 머물 것이다.

위협에 대한 반응

어떤 위협 상황에서, 각 성격적응 유형의 반응을 통해 독특한 차이점을 관찰할 수 있다.

- 연기성 성격적응은 감정이 과도하게 상승될 것이다.
- 강박-신경증적 성격적응은 매우 경직된 이성작용으로 대응할 것이다.
- 편집성 성격적응은 날카로운 지적인 민감성으로 상대방을 공격할 것이다.
- 정신분열성 성격적응은 얼굴을 약간 옆으로 돌리면서 외면하려 할 것이다.
- 수동-공격성 성격적응은 투덜대고 불평하며 싸움을 할 것이다.
- 반사회성 성격적응은 위협을 하거나 또는 최대한의 이득을 얻기 위해서 타인을 조종하려 할 것이다.

시간을 구조화하기 위해 선호하는 방식

각 성격적응 유형의 흥미로운 또 다른 특성은 바로 시간을 구조화하는 방법이 다르다는 것이다. 에릭 번(Eric Berne, 1966)은 사람이 타인과 함께 생활하는 데에서 시간을 구조화하는 여섯 가지 방법이 있다고 하였다. 여섯 가지 방법은 다음과 같다.

- **회피**(withdrawal): 타인과 상호작용을 하지 않는 것이다. 이들은 "마음이 없는 곳에는 몸도 없다."라고 말한다.
- **의식**(rituals): 사람은 서로 익숙한 것이나 미리 예견된 대화만을 교환한다. 예를 들면, 다음과 같다. "아, 잘 지냈어요?" "네, 좋습니다. 당신은요?"
- **잡담**(pastimes): 사람은 어떤 주제에 대해서 이야기는 하지만, 여기에는 중심이 될 수 있는 목적이 없다. 단지, '소소한 대화'만을 하고 있을 뿐이다. 전형적인 잡담의 주제는 스포츠, 자녀 교육 또는 날씨 등이다.
- **활동**(activities): 몇 가지 목표를 성취하기 위한, 객관적인 관심이 있는 경우다. 하지만 그저 객관적인 입장에서 이야기와 행동만 나눌 뿐이다. 한 예로, 비즈니스 계획에 대해 토론을 하는 경우다.
- **게임**(**라켓티어링**, racketeering): 제4장에서 심리적 게임에 대해서 언급한 적이 있다. 심리적 게임은 반복적인 결말을 보이는데, 게임에 엮인 사람은 역할의 변화를 가지고 오고, 결국에는 나쁜 감정(라켓감정)과 타인을 비난하는 입장에 서게 된다. 모든 게임에는 일종의 '전환'이 있는데, 이것은 게임을 하는 사람의 역할이 갑자기 변하는 것이다. 심리적 게임과 밀접하게 관련된 것은 '라켓티어링'이다. 여기에서의 교환은 라켓감정을 동반하는 것이기는 하지만 역할의 전환은 없다.
- **친밀**(intimacy): 번은 '친밀'이라는 용어를 일반적인 사전상의 의미와는 다른 의미로 사용하였다. 그는 사람이 자신의 진실한 감정을 표현하고, 서로의 욕구에 대해서 숨은 의도 없이 상호작용하는 것을 묘사하는 데 사용하였다.

'회피'에서 '친밀'로 이동함에 따라, 스트로크 밀도는 점점 상승한다. 이것은 타인으로부터 받게 되는 인정과 접촉의 정도가 높아지는 것을 의미한다. 더불어 심리적 위기감도 높아지게 되는데, 이는 거절에 대한 두려움을 포함하기 때문이다. 시간을 구조화하는 데에서 여섯 가지 방법을 적당하게 사용하는 것이 중요하다. 반면에 어느 한 가지만을 일방적으로 사용하게 되면, 어려움에 빠질 수 있다. 각각의 성격적응 유형은 시간을 구조화하는 데 있에서 선호하는 방법이 서로 다르다.

- **열정적 과잉 반응자(연기성 성격적응)**: '잡담' '게임' 그리고 '친밀'을 선호한다. 이들은 잡담을 통해서 쉽게 타인과 관계를 맺는다. 그리고 잡담은 가장 많은 만족감을 주는 시간의 구조이기도 하다. 게임은 소위 '라포(Rapo)'라는 게임을 하는데, 이것은 '애태우는 존재(being a tease)'로 표현된다. 라포 게임을 통해서 자신이 가장 좋아하는 타인으로부터의 관심을 성적인 접촉 없이 대폭적으로 얻을 수 있다. 친밀은 안정된 정서 상태를 맞이했을 때, 타인과 깊이 있는 정서적 지지를 가질 수 있도록 돕는다.
- **책임감 있는 일 중독자(강박-신경증적 성격적응)**: '활동' '게임' 그리고 '친밀'을 선호한다. 이들은 바쁜 상태에 있다는 것이 '선한 것'이고 일을 통해 가장 가치 있는 것을 끌어낼 수 있다고 믿기 때문에, 활동은 이들에게 최고를 의미한다. 이들의 심리적 게임은 소위 '곤경에 처하기(harried)'인데, 이것은 자신이 할 수 있는 능력보다 더 많은 일을 하면서 동시에 이것에 대해 불평을 하는 것이다. 또한 이 심리적 게임은 타인으로부터 스트로크와 동정을 얻으면서, 추가되는 책임을 회피하려는 것이다. 친밀은 이들에게 일을 떠나서도 인생은 가치 있다는 것을 느끼게 해 준다. 그러나 이들에게 이런 변화는 매우 힘들어 보인다. 이들은 일단 일을 하고 나서야 놀 수 있기 때문이다.
- **재기형 회의자(편집성 성격적응)**: '의식' '잡담' 그리고 '게임'을 선호한다. 이들은 의식을 좋아하는데, 이는 구조화되어 있고 예측 가능하기 때문이다. 갑자기 발생하는 일은 싫어한다. 또한 이들은 잡담을 좋아하지만, 대화를 최대한 억제하고 타인의 이야기를 주로 들으면서 그 상황을 통제하려 한다. 이들이 추구하는 라켓티어링 주제는 '흠집을 내다(blemish)'다. 이것은 타인의 잘못된 점을 찾아내는 것으로 타인을 통제하고 안정된 거리를 유지하는 데 정당화할 수 있는

방법이다. 하지만 이런 심리적 게임은 타인이 이들에게 통제받는 것에 대해 지치고 관계를 끊게 되면서부터 이들에게 다시 고통으로 되돌아온다. 이러한 결과로, 이들은 우울과 버림받았다는 느낌을 갖게 된다. 이것은 '흠집을 내다'에서 '나를 차라' 게임으로 전환되는 과정을 보여 준다.

- **창의적 몽상가(정신분열성 성격적응)**: '회피' '활동' 그리고 '친밀'을 선호한다. 회피는 이들에게 일종의 고독을 선사하는데, 이 시간에 이들은 마음의 안정을 통해 새로워지는 경험을 한다. 활동을 할 경우에 이들은 일반적으로 혼자 일하는 것을 좋아한다. 비언어적인 친밀은 이들이 타인과 관계 맺는 데 선호하는 시간의 구조화다. 이론적으로 말하면, 이들은 회피와 친밀을 넘나들지만 그 사이의 모든 과정은 지나친다. 이들은 집단에서 상호작용하는 것을 원치 않는다. 대신 이들은 혼자 있거나 한 사람과 깊이 있는 친밀한 관계를 유지한다. 이들은 말이 필요 없는 친밀한 관계를 좋아하고, 감정 차원에 있는 본심과 잘 통한다. 때때로 다른 사람들은 이들이 어떤 일을 하는지 잘 모를 때가 있다. 왜냐하면 이들은 말없이 행동하고 관계를 너무 단순하게 만들기 때문이다.
- **유희적 반항자(수동-공격성 성격적응)**: '잡담'과 '게임'을 좋아한다. 잡담은 이들에게 타인과 가벼운 주제로 관계 맺을 수 있도록 도와준다. 여기에서 이들은 가장 많은 만족감을 얻는다. 이들은 재미있는 것을 좋아한다. 소위 '~하는 게 어때? 예, 그러나……(Why Don' t you, Yes But).'라는 심리적 게임을 하는데, 이것은 이들이 해결하고자 노력은 하지만 현존하는 문제를 통해 새로운 다툼이 형성되고, 제공되는 해결에 대해서 다시 거부를 하는 것이다. 이들이 자주 하는 또 다른 심리적 게임은 '나에게 뭔가를 하라(Do Me Something)'다. 이것은 자신이 원하는 것에 대해 직접적으로 요구하지 않고, 타인으로부터 원하는 것을 얻고자 하는 것이다.
- **매력적 조작자(반사회성 성격적응)**: '게임'과 '잡담'을 선호한다. 이들이 좋아하는 심리적인 게임은 대부분 극적인 효과나 흥분을 자아내기 때문에 이들은 많은 만족감을 얻고 있다. 이들이 가장 좋아하는 심리적 게임은 '네가 할 수 있으면, 나를 잡아 봐!(Catch Me If You Can)'로, 타인을 우둔하게 만들거나 항상 우위를 점하기 위해 계속 속임수를 쓰는 것을 포함한다. 결국, 다른 사람을 바보로 보이게

끔 만든다. 이것은 이들에게 일종의 승리감과 더불어 복수했다는 느낌을 선사한다. 그러나 때로는 '경찰과 도둑(Cops and Robbers)' 게임으로 전환되어서, 실제 잡히는 경우도 있다. 이들이 사용하는 또 다른 게임은 '조심해, 거짓말쟁이는 너를 바보로 만들 거야(Watch Out Liars will Fool you: WOLF).'다. 이 게임을 하는 사람은 실제로 거짓말을 할 때, 표면적으로는 진실을 말하는 것처럼 꾸민다. 반대로 실제로는 진실을 말하는데, 표면적으로는 거짓말하는 것처럼 보인다. 다른 사람은 어째서 이런 일이 발생하는지를 몰라 당황하고, 바보처럼 보이게 된다. 결국, 시간이 지나면서 타인은 이들을 믿지 않게 된다. 이들은 잡담을 통해서 타인과 유희적이고 즐거운 방식으로 관계를 맺는다. 자신들의 방식이 더욱 대담해지고 흥미로워짐에 따라 이들은 더욱 좋아한다. 이들은 지루함을 무척이나 싫어한다. 이들에게 지루함이란 죽음보다 더 나쁜 일상이다.

걷는 모습

성격적응을 비교하는 재미있고 즐거운 방법 중의 하나는 개인의 걷는 모습이 어떠한가를 관찰하는 것이다. 당신이 서로 다른 성격적응 유형의 걷는 모습을 주의해서 본다면, 몇 가지 현저한 차이점을 발견할 수 있을 것이다. 이러한 작업을 위해 공항이나 백화점에 있는 사람을 관찰해 보라. 여기에 당신이 이해할 수 있을 만한 일반적인 단서가 있다.

- **열정적 과잉 반응자(연기성 성격적응)**: 걷는 모습이 매우 가볍고 경쾌하며 두 다리가 부드럽게 앞뒤로 흔들린다.
- **책임감 있는 일 중독자(강박-신경증적 성격적응)**: 지나친 움직임을 통제하려는 경향이 있다.
- **재기형 회의자(편집성 성격적응)**: 마치 자신의 등 위에 강철을 얹은 듯 다소 경직된 자세로 걷는다.
- **창의적 몽상가(정신분열성 성격적응)**: 다소 힘없이 걷는 경향이 있다. 이들의 신체는 조화되어 보이지 않는다. 이들은 마치 옷걸이에 걸려 있는 늘어진 커튼과

같은 모습을 보인다.

- **유희적 반항자(수동-공격성 성격적응)**: 걷는 모습에서 자주 실룩이는 행동을 보인다.
- **매력적 조작자(반사회성 성격적응)**: 〈토요일밤의 열기(Saturday Night Fever)〉에서 존 트라볼타(John Travolta)가 열연한 캐릭터와 같이 뽐내며 걷는 경향이 있다. 이들은 가끔 자신의 골반을 흔들면서 걷는다.

자세히 관찰하다 보면, 당신은 걷는 모습을 통해서도 성격적응 유형마다 독특한 특성이 있다는 것을 경험하게 될 것이다.

'실행적 성격적응 유형'과 '생존적 성격적응 유형'의 전반적인 행동

성격적응 유형을 사정하는 마지막 단서는 실행적 · 생존적 성격적응 유형의 차이점을 고려하는 것이다. 모든 사람은 이 두 가지 성격적응 유형을 모두 가지고 있기 때문에, 세 가지 실행적 적응과 세 가지 생존적 적응의 몇 가지 일반적인 행동 패턴을 찾아보면 구별할 수 있다.

실행적 적응 실행적인 성격적응 유형을 사정하기 위해서, 당신은 한 개인이 타인의 기대를 충족시키기 위해서 어떤 행동을 하는지를 관찰하면 된다.

- 개인은 주변의 모든 사람을 행복하고 좋은 느낌을 가질 수 있도록 에너지를 쓰고 있는가?—열정적 과잉 반응자
- 개인은 자신이 가장 올바르다고 생각하는 일을 가장 성실하게 하려고 하는가?—책임감 있는 일 중독자
- 개인은 자신의 방식을 고수하고자 다른 사람의 기대에 대항하여 지속적으로 투쟁하는가?—유희적 반항자

생존적 적응 당신은 한 개인이 스트레스 상황에서 어떤 행동을 하는지, 그리

고 생존에 위협을 느끼는 상황에서 어떤 느낌을 갖는지에 대한 정보를 통해 생존적인 성격적응 유형을 사정할 수 있다.

- 개인은 먼저 조심스럽게 상황을 생각해 보고, 그 후에 변화를 위한 결단을 통해 해결하려고 하는가?—재기형 회의자
- 개인은 뒤로 한 발자국 물러서는 경향이 있으며, 잠잠해질 때까지 기다리는가?—창의적 몽상가
- 개인은 상황을 어림잡아 파악하려 하고, 자신의 이득을 위해 어떤 조치를 바로 취하는 경향이 있는가?—매력적 조작자

요 약

여기서는 성격적응 유형이 구별되는 몇 가지 관찰할 수 있는 단서를 기술하였다. 이 내용은 한 개인이 타인과 어떻게 접촉하고, 위협에 어떻게 반응하며, 시간을 어떻게 구조화하는지, 그리고 걷는 모습이 어떤지를 포함하고 있다. 또한 전체적인 행동 패턴을 보여 주고 있는데, 전형적으로 다양한 실행적 적응과 생존적 적응을 보여 주고 있다. 당신은 직접적인 관찰과 다른 직관적인 단서를 통해서 성격적응 유형의 진단을 신속하게 하는 데 도움을 받을 수 있을 것이다.

이번 장을 끝으로 제3부를 마치려고 한다. 제2부와 제3부를 통해서, 여섯 가지 성격적응 유형의 자세한 설명과 이를 어떻게 진단할 것인지에 대해 알아보았다. 당신은 이미 성격적응 유형에 대해 많은 것을 깨달았을 수도 있다. 당신은 제1장의 성격적응 유형의 간단한 개요를 전할 수 있을 것이다. 또한 제2부에서 다루었던 각본 주제, 성격 구조, 그리고 아동의 발달에 대한 질적인 내용도 첨가할 수 있을 것이다. 이러한 정보는 상담 및 치료 장면에서 발생하는 상담의 주제가 될 뿐만 아니라, 각본분석 및 개인의 역사를 이해하는 데 매우 유용하게 쓰인다.

성격적응 유형의 진단을 위해서, 당신은 사람들의 드라이버 행동과 제3부에서 설명한 또 다른 근거들을 사용할 수 있을 것이다. 당신은 모델의 틀 안에서 관련된 모든 정보를 지속적으로 사용함으로써, 결국에는 내담자의 성격을 깊이 있게 이해하게 될 것이다. 우리의 견해이지만, 이렇게 서로 관련된 정보는 이 모델의 커다란 장점 중 하나다.

진단이란 관점에서, 모델을 이해하기 위해서는 더욱 많은 것이 존재한다. 그러나 다음 장부터는 '진단'보다 '활용'으로 논의의 초점을 바꾸고자 한다. 제4부에서는 내담자와 적절한 라포를 유지하고 성취하기 위해서 어떻게 모델을 사용할 수 있는지를 설명하고 있다.

제4부

라포를 형성하고 유지하기

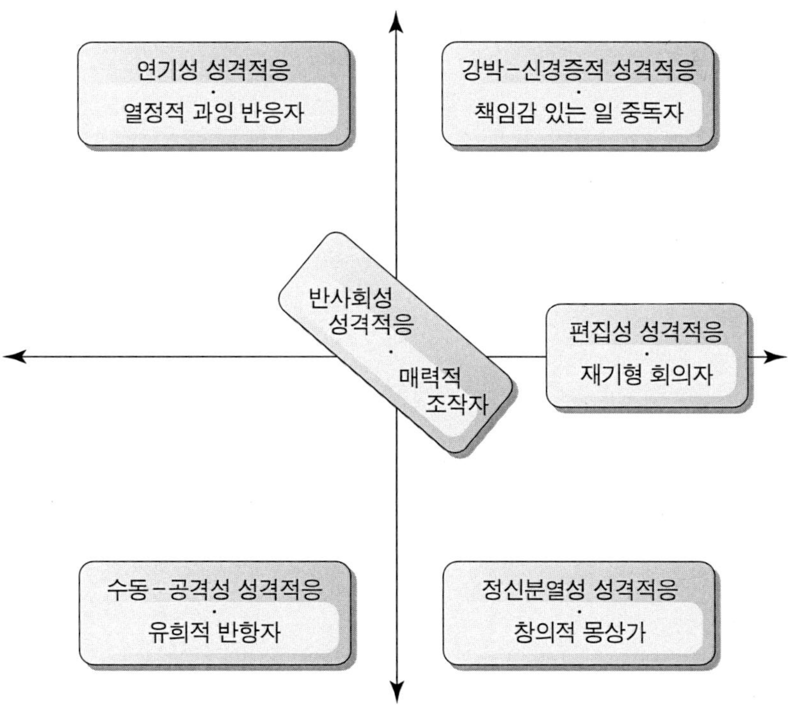

Personality Adaptations

10

어떻게 드라이버로 가는 것을 피하는가

앞으로 전개되는 제4부에서는 성격적응 유형에 대한 지식을 활용하여 심리치료나 상담장면에서 당신의 내담자와 어떻게 효과적으로 라포를 형성하고 유지하는가를 논의하려고 한다.

'좋은 라포(Rapo)'란 무엇인가? 그리고 이것을 '형성하고 유지하기' 위해 당신은 어떤 판단을 해야만 하는가? 대부분의 접근은 이 기술의 중요성을 강조하고 있다. 몇몇 접근은 '라포'를 느낌과 직관으로 판단할 수 있는 어떤 것으로 정확하게 정의하고 있는 반면, 몇몇 다른 접근은 특별히 정의하지 않은 채 남겨 두기도 한다.

성격적응 유형 모델은 '라포'의 개념을 명확하게 정의하고 있다. 이 모델은 당신의 내담자와 가장 잘 접촉할 수 있는 영역뿐만 아니라, 라포를 형성하고 유지할 수 있는 특정 행동을 서술하고 있다. 다시 말해서 '라포 유지하기'는 일종의 기술로서, 관찰할 수 있고 제시할 수 있으며 배울 수 있는 것이다.

좋은 라포의 기준

성격적응 유형 모델에서는 '좋은 라포'를 다음의 두 가지 기준으로 정의하고 있다. 그 내용은 다음과 같다.

① 당신은 내담자가 선호하는 접촉의 영역과 의사소통 방식에 맞추어 의사소통을 한다.

② 당신은 각본에 빠지지 않고, 각본 밖으로 나와서 의사소통을 한다.

우리는 이미 웨어 이론인 '접촉문'과 사정모델의 사분할도에 대해서 자세히 언급하였다. 제4부에서는 어떻게 하면 당신이 기존의 몇몇 개념을 활용하여 라포를 유지할 수 있는가를 언급한다. 제11장에서는 다섯 가지 의사소통 방식을 첨부할 것이다. 이것은 각각의 성격적응 유형에 따라 선호하는 의사소통 방식을 연결하기 위해 '무엇을 말하고 어떻게 말하느냐'에 대한 방법이다.

②에 대한 주제에 관해서는 이미 제4장에서 인생각본을 다룰 때 기술하였다. 인생각본이란, 어린 시절에 만들어진 '인생 이야기'다. 특이하게도 사람은 스트레스 상황에서, 의식적인 자각 없이 어린 시절로 되돌아가는 것을 볼 수 있다. 각본이론의 용어를 사용해서 표현하면, 이 순간을 "각본에 빠져들었다."라고 말한다. 사람은 각본에 빠졌을 때마다 현재의 문제 해결을 위해서 최선을 다하기보다, 어린 시절에 사용했던 전략을 사용하며 자신의 에너지를 소비한다.

그러므로 심리치료사나 상담자가 현시점에서 적절한 계약을 맺고 유지하기 위한 중요한 요소 중 하나는, 내담자가 각본에 빠지지 않도록 의사소통을 하는 것이다. 또한 각본에 빠져들도록 만드는 의사소통을 피하는 것도 같은 맥락에서 동등하게 중요하다.

당신은 이미 사람이 각본에 빠져드는 것을 어떻게 판단할지를 알고 있다. 그것은 당신이 드라이버 행동을 알기 때문이다. 사람이 드라이버 행동을 외부로 보여 줄 때마다, 내부로는 다음과 같은 '자기진술'을 반복하고 있다. '나는 (타인을 기쁘게 하라, 완벽하라, 강하라, 노력하라, 서둘러라)를 해야만, 긍정(OK)적인 존재가 될 수 있다.' 사람이 자신의 각본으로 빠져들면, 라켓감정을 경험할 것이고 심리적 게임이나 라켓티어링을 시작할 것이다. 시간이 지나고 나서야, 드라이버에서 벗어나고 각본에 빠지지 않은 사고, 감정 그리고 행동을 하게 될 것이다.

그러나 드라이버에 사로잡히게 되면, 자신의 머릿속에 존재하는 부모의 명령에 따라 모든 에너지를 소진하게 된다. 결국에는 '지금-여기' 에서 문제를 해결하는 데 사용해야 할 에너지가 부족해진다. 이런 과정을 통해서 드라이버 자체는 '좋은 라포'를 파괴하는 역할을 한다.

우리는 내담자가 드라이버 행동을 하는 것에 대해서 언급해 왔다. 두말할 나위 없이, 상담자인 당신이 자신의 드라이버를 탐색해 보는 것은 매우 중요한 일이다. 내담자와 최적의 라포를 유지하기 위해서는 상담 과정 동안 가능한 당신의 드라이버 행동 '밖' 에 있는 것이 중요하다. 이번 장에서는 이러한 목표를 성취하기 위한 방법을 제안하고자 한다.

드라이버 행동은 길항각본으로의 초대다

당신이 내담자와 의사소통을 하는 동안 드라이버 행동을 보았다면, 이것은 내담자가 또 다른 드라이버를 가지고 반응할 수 있는 기회다. 이것은 내담자가 소유한 주요 드라이버일 수도 있고, 당신이 보아 온 드라이버가 무엇이든 간에 그에 따른 반응일 수도 있다. 타이비 칼러(Taibi Kahler)는 "드라이버는 드라이버를 초대한다."(Kahler, 1981)라고 말하였다.

왜 이런 일이 발생하는가? 우리는 드라이버가 주는 각본의 암시를 통해 이것에 대한 대답을 하려고 한다. 나는 드라이버 행동을 외부로 표출하면서, 매번 내부로는 나의 길항각본 신념을 재현하고 있다. 예를 들면, 상담장면에서 나는 '완벽하라' 드라이버 행동을 한다. 그렇게 함으로써 내적으로 나의 길항각본 신념을 주장하게 된다. "내가 주변으로부터 긍정(OK)적인 존재가 되기 위해서는, 모든 일을 '완벽'하게 해야만 해!" 상담장면에서는 이와 같은 신념이 "나의 내담자가 조금이라도 변화가 없다면, 난 이 상담 회기를 마치고 싶지 않아."라는 내용으로 각색된다.

나의 내담자는 자신의 '의식 밖' 에서 나의 드라이버 행동을 감지한다. 그의 심리적인 차원에서 나의 각본신념을 간파하고 있는 것이다. 그때 내담자는 의식 밖에서 자신에게 말을 건다. "주변으로부터 긍정(OK)적인 존재가 되기 위해서는 사람들은…… '완벽하라'('노력하라' '타인을 기쁘게 하라' 또는 어린 시절 가장 많이 들었던 메시지들)를 해야만 해." 다른 말로 표현하면, 내담자 또한 내부적으로 자신의 길항각본 신념을 주장하게 되는 것이다. 그리고 외부적으로 내담자는 자신의 드라이버 행동 중 하나를 보여 주게 된다.

당신이 드라이버 행동을 보여 주게 되면, 당신은 내담자가 소유한 길항각본으로 초대하는 역할을 하는 것이다. 확언하건대, 이것은 당신이 되도록이면 피해야 할 과정이다. 당신이 내담자를 각본 안으로 초대한다면, 당신은 상담 목표를 무심결에 파괴한 사람이 되고 마는 것이다.

특히 당신이 드라이버 행동을 사용하여 진단을 하고 있을 때, 당신이 자신의 드라이버 행동을 보게 된다면, 정확하게 사정할 수 있어야만 한다. 그렇게 함으로써, 내담자의 드라이버 행동을 당신의 드라이버 행동에 비추어 명료하게 진단할 수 있다.

상담자를 위한 개인 작업의 중요성

드라이버 행동은 각본의 표현이기 때문에, 당신 또한 각본에서 자유로워짐에 따라 드라이버 행동의 강도와 빈도는 점차 낮아질 것이다. 물론, 당신은 개인적인 상담을 통해서도 이것이 가능하다.

그러나 타이비 칼러는 각본으로부터 자유로워진 사람이라도 여전히 일반적인 대화를 할 때, 드라이버 행동을 많이 사용하고 있다고 주장한다(Kahler, 1981). 그러므로 칼러는 '개인치료'가 의사소통을 할 때 결코 드라이버로부터 완전히 자유롭게 해 주지는 못한다고 주장한다. 그럼에도 불구하고, 많은 시간을 드라이버 행동 밖에서 지내는 훈련은 매우 좋은 경험이다.

어느 누구도, 심지어 경험이 많은 상담자조차도 드라이버 행동을 100% 안 할 수는 없다. 그러나 이것 하나만큼은 확실하다. 당신이 드라이버 행동 밖에 머물면 머물수록, 당신의 내담자는 더욱더 당신과 함께 머물게 될 것이다.

드라이버를 피하는 전형적인 용어 패턴

상담 과정 동안, 드라이버 행동을 피할 수 있는 효과적인 용어 형태가 몇 가지 있다. 먼저 상담가가 쉽게 드라이버 행동으로 유인하는 일반적인 단어를 이탤릭체로 서술하였다. 각 예를 제시한 후, 우리는 드라이버로부터 자유로울 수 있는 대안 문장을 제시하였다.

(1a) "당신이 ***특별하게*** 원하는 것이 무엇인지 말해 보세요." ('완벽하라' 로 유인)

(1b) (비드라이버) "당신이 원하는 것을 말해 보세요."

(2a) "당신이 ***가지고 있는 느낌***은 어떠한가요?" ('강하라' 로 유인)

(2b) (비드라이버) "당신은 그것에 대해 어떻게 느끼나요?"

(3a) "당신에게 ***오는 생각***은 무엇입니까?" ('강하라' 로 유인)

(3b) (비드라이버) "당신이 생각하는 것은 무엇입니까?"

(4a) "당신이 의미하는 바가 무엇인지 ***말해 줄 수 있나요?***" ('노력하라' 로 유인)

(4b) (비드라이버) "어떤 의미입니까?"

(5a) "당신이 의미하는 것을 나에게 설명할 수 있도록 ***노력해 보세요.***" ('노력하라' 로 유인)

(5b) (비드라이버) "당신이 의미하는 것을 나에게 설명해 주시겠어요?"

(6a) "당신은 진행하기를 원하나요? **또는** 중지하기를 원하나요?" (한 번에 두 가지 질문하기, '노력하라' 로 유인)

(6b) (비드라이버) "당신은 지금 진행할 수도 있고, 중지할 수도 있어요. 당신이 원하는 것은 무엇입니까?"

(7a) "나는 당신의 느낌이 어떤지를 설명해 ***주기를 원해요(주면 좋겠어요)***." ('타인을 기쁘게 하라'로 유인)

(7b) (비드라이버) "만약 당신의 느낌이 어떤지를 표현하길 원한다면, 그렇게 하셔도 됩니다."

비언어적인 드라이버 신호 피하기

드라이버로부터 자유로울 수 있는 대화 형태와 더불어, 당신은 다른 종류의 드라이버 신호를 피해 갈 수 있어야만 한다. 예들 들면, 상담자가 앞서 제시한 마지막 예로 반응을 했다고 가정해 보자. "당신의 느낌이 어떤지를 표현하길 원한다면, 그렇게 하셔도 됩니다." 또한 상담자는 이 말과 함께 다음의 행동을 했다고 가정해 보자.

- 상담자는 보통 때보다 높은 목소리를 낸다. 그리고 마지막 몇 단어에서는 소리가 더 높아진다.
- 내담자 쪽으로 몸을 기울인다.
- 손과 손바닥은 내담자를 접촉하려고 한다.
- 내담자를 올려 본다.
- 웃기 때문에 잇몸이 훤히 드러난다.

여러분도 이제는 알겠지만, 상담자는 이러한 행동을 통해 '타인을 기쁘게 하라'를 보여 주고 있는 것이다. 그러므로 상담자는 내담자로부터 '타인을 기쁘게 하라' 드라이버(또는 적어도 다른 드라이버) 반응을 심리적으로 유도하는 것이다.

당신은 이와 같은 일련의 행동이 상담장면에서 '따뜻함' 또는 '수용'이란 용어로 자주 서술된다는 것을 잘 알고 있을 것이다(당신이 이와 같은지는 거울 앞에서 역할극을 통해 시험해 볼 수 있을 것이다.). 이것은 상담가가 내담자의 드라이버 행동을 유도하는 잠재된 행동이 있을 수 있다는 것을 강조하는 것이다. 상담자 자신이 가지고 있는 드라이버 행동은 상담 훈련 과정 속에서 다루어지고 조절되어야만 한다.

전통적으로 표정, 위치, 이동, 몸짓 또는 목소리의 음색 등의 표현을 가능한 적게 하는 상담자 또는 심리치료사의 태도가 훌륭하다는 것은 일반적인 사실이다. 그러나 내담자의 의식 밖에서는, '무표정한 얼굴'이 '강하라' 드라이버로 유인하는 행동으로 읽힐 수도 있다.

요 약

당신은 상담을 할 때마다 매번 드라이버 행동을 하게 될 것이다. 그에 따라 내담자는 자신의 '길항각본'에 빠지게 된다. 이러한 과정을 예방하고 상담의 효과성을 향상시키기 위해, 당신은 드라이버 행동을 하지 않기 위한 적절한 언어의 선택과 비언어적 행동에 되도록 주의를 집중해야만 한다.

이번 장에서는 의사소통 시에 드라이버 행동을 피하기 위한 과업을 정리해 보았다. 이것은 매우 유용한 기술이다. 더불어 과정모델은 드라이버를 피하는 것뿐만 아니라, 드라이버를 긍정적으로 대할 수 있는 몇 가지 의사소통 방식을 제시하고 있다. 다음 장에서는 이와 같은 내용을 다루고자 한다.

11 다섯 가지 방식의 의사소통

이번 장에서는 당신이 어떤 대화를 선택하느냐에 따라, 내담자와의 '라포' 형성에 미치는 영향에 대해 기술하고자 한다.

타이비 칼러(Taibi Kahler, 1979, 1997a)는 드라이버 행동을 더욱 잘 피하기 위해서는 명확한 의사소통을 해야만 한다고 주장한다. 당신은 다섯 가지 방식의 의사소통 중에서 한 가지를 선택하여 현장에서 사용할 것이다.

칼러의 다섯 가지 방식은 '의사소통의 과정'에 대한 것이다. 이것은 당신이 말하고자 하는 것에 대해서 어떻게 '표현'하고 있느냐에 대한 것이다.

이번 장 후반부에 자세히 설명할 내용은 당신이 타인의 성격적응 유형에 따라 의사소통 방식을 선택할 수 있다는 것이다. 그럼으로써 당신은 타인의 주요 드라이버를 쉽게 관찰할 수 있고, 성격적응 유형을 보다 '빠르고 정확하게' 진단하는 데 성공할 수 있을 것이다.

다섯 가지 방식의 의사소통

〈표 11-1〉은 다섯 가지 방식의 의사소통에 대한 특성을 보여 준다. 이 방식은 높아져 가는 정서적인 반응의 순서로 표에 정렬되어 있다. 일반적으로 의사소통이 적은 곳에서부터 많은 곳으로 움직일수록 스트로크 밀도가 향상된다.

'자아상태 행동'과 의사소통 방식

당신은 〈표 11-1〉을 통해 타이비 칼러가 전통적인 교류분석 개념인 '기능적인 자아상태 모델' 용어를 사용하여 각 의사소통 방식에 이름을 붙인 것을 볼 수 있다. 제3장의 내용을 생각해 보면, 기능적 자아상태의 분화가 어떻게 우리의 자아상태를 직관적으로 이해할 수 있는지를 보여 준다. 우리가 '어버이 자아상태'에 있을 때, 우리는 '통제하는 어버이 자아상태(〈표 11-1〉에서 CP로 표현)' 또는 '양육적 어버이 자아상태(NP)'로 기능할 것이다. 마찬가지로 '어린이 자아상태'에 있을 때, 우리는 '순응하는 어린이 자아상태(AC)' 또는 '자유스러운 어린이 자아상태(FC)'로 기능할 것이다.

표 11-1 ● 여섯 가지 성격적응 유형의 요약

방식	'자아상태' 행동	의사소통 유형	예
정서적인 방식	+FC→+FC	정서와 놀이의 교환이 개방된	"난 너 때문에 화가 나!" -"어, 그래? 나도 너 때문에 화가 나!"
양육적인 방식	+NP→+FC	양육적인	"깊게 안아 주는 것을 좋아하나요?" -"오, 네!"
요구하는 방식	A→A	질문하고 요구하는 (그리고 질문과 요구에 반응하는)	"당신이 뭘 원하는지 알려 줄래요?" -"네, 그렇게 하겠습니다."
지시하는 방식	+CP→A	지시하는, 직접적인	"복사 다섯 장만 해 주세요." -"OK."
차단하는 방식	+CP→+AC	명령하는(행동이나 의견에 목적을 둔)	"계속 서 있어!" -'(그렇게 하지 뭐……)'

'어른 자아상태'는 분화되지 않는다.

칼러는 또 다른 전통적인 교류분석 개념을 사용하여 어버이 자아상태와 어린이 자아상태에서 각각 분화된 자아상태를 '부정적' 기능과 '긍정적' 기능으로 구별하였다. 여기에서는 '긍정적인 통제하는 어버이 자아상태(〈표 11-1〉에서는 +CP로 표현)' 또는 '긍정적인 순응하는 어린이 자아상태(+AC)'라는 용어를 사용하였다. 일반적으로 기능적인 자아 모델에서는 긍정적 · 부정적 행동에 대한 구별을 교류분석 용어를 사용하여 명확하게 정의하고 있지는 않다. 기능적 모델은 제3장에서 언급했듯이, 가장 쉽게 이해될 수 있고, 사람이 어떻게 자아상태를 사용하는지에 대한 직관적인 방식을 제공하고 있다.

여기에 표시된 칼러의 '기능적인 자아상태'는 약자로 표시한 것이다. 의사소통 방식의 가장 중요한 요지는 당신이 말하고자 하는 내용을 어떤 방식으로 말할 것인가에 대한 선택을 언급하고 있다는 것이다. 만약 당신이 '지금-여기'에서 어떤 선택을 했다면, 그 선택의 내용이 무엇이든 간에 어른 자아상태로 선택했음이 틀림없다. 그러나 특정한 '기능적인 자아상태'에 있는 행동을 한다면, 어른 자아가 요구하는 의사소통 방식이 아닌 다른 의사소통 방식일 것이다. 예를 들면, 양육적인 의사소통 방식을 선택하게 된다면, 당신은 먼저 차분해질 것이며, 따뜻한 목소리 톤을 유지하고, 내담자에게 '미소'를 짓고, 당신이 무슨 말을 하기 전에 내담자의 말을 들어 줄 것이다. 이러한 모든 반응을 전통적인 교류분석 표현으로 '양육적 어버이 자아상태에 있다.'고 한다. 실제로 당신은 어른 자아를 통하여 자신의 행동을 선택한 것이다.

물론, 당신의 내담자는 그 반응으로 어떤 자아상태로 옮겨지게 될 것이다. 이것이 진정한 의사소통의 목적이다. 예를 들면, 양육적인 방식으로 대한다면, 내담자는 어린이 자아상태로 옮겨 가게 될 것이다. 그리고 내담자는 어린이 자아상태에 있으면서 당신이 숙고하여 선택한 행동인 '긍정적인 양육적 어버이 자아상태'를 경험하게 될 것이다.

각 방식의 묘사와 앞서 제시한 예들은 모두 드라이버 행동에서 벗어난 것임을 가정한 것이다. 그러므로 앞서 제시한 예처럼, '미소'는 '타인을 기쁘게 하라'를 암시하는 잇몸을 드러낸 점잔 뺀 얼굴이 아닌 정말로 진정한 마음을 갖춘 미소인 것이다.

의사소통 방식에 따른 추가적인 내용

정서적인 의사소통 방식 정서적인 의사소통 방식은 당신의 '감정을 직접적'으로 표현하는 것을 의미한다. 다른 의미로는 전통적인 교류분석 개념상, '자유스러운 어린이 자아상태'와 관계된 것이다. 정서적인 방식으로 대화하기 위한 효과적인 방법은 정말로 그냥 당신의 감정에 대해서 내담자에게 직접 표현하는 것이다. 당신이 내담자에게 화가 났거나 혹은 내담자가 말한 내용이 슬프다면, 정서적인 방식의 대화에서는 당신의 감정을 개방적으로 표현하는 것이다. 단, 이것은 당신의 감정에 대해서 보고하는 것이 아니라 단지 있는 그대로를 표현하는 것임을 명심하라.

당신의 감정은 당신이 소유한 어린이 자아상태 경험의 일부분이다. 그러나 지속적으로 정서적인 의사소통 방식에 머물러 있기 위해서는, 어린이 자아상태의 행동을 선택했을지라도 어른 자아로서 당신의 감정을 계속 관찰할 필요가 있다.

어른 자아가 지속적으로 관찰해야 할 내용 중 하나는, 당신의 감정이 라켓감정인가 아닌가를 점검해 보는 것이다. 당신이 당혹감, 죄책감, 수치심 등 라켓감정으로 묘사되는 다른 수많은 감정 중에 하나를 느낀다면, 당신은 정서적인 의사소통 방식 안에서 이러한 감정을 사용해서는 안 된다. 만약 당신이 그렇게 한다면, 당신은 내담자에게 올바른 의사소통 방식을 사용하기보다는 내담자의 라켓감정을 사용하도록 유도한 것이 되기 때문이다. 당신이 표현해야 할 진실한 감정은 전통적인 교류분석 개념으로 화(mad), 슬픔(sad), 두려움(scared), 기쁨(glad)임을 늘 염두에 두어야 한다.

정서적인 방식의 또 다른 활동은 '유희적인 활동'이다. 당신은 자기 긍정-타인 긍정의 위치를 유지하면서, 당신의 '작은 교수'를 활용하여 내담자와 함께 유머와 놀이를 찾을 수 있을 것이다. 이러한 유희적인 접근은 주요 성격적응 유형이 유희적 반항자인 사람과 의사소통을 할 때 특히 효과적이다(〈표 11-2〉 참조).

양육적인 의사소통 방식 우리는 이미 양육적인 방식을 나타내는 일반적인 행동의 예를 보았다. 당신은 부모나 그 밖의 사람들로부터 받았던 효과적인 양육 방식을 그대로 사용할 수 있을 것이다. 그리고 늘 드라이버 행동에 말려들지 않도록 어른 자아를 통해 체크해야만 한다. 양육적인 방식에서 가장 위험한 것은 진실한 감정에서 벗어나, 당신이 지닌 '타인을 기쁘게 하라' 드라이버를 통해 "나는 단지 당신을 돕기 위해 노력했을 뿐이에요."와 같은 심리적 게임에 빠져드는 것이다.

요구하는 의사소통 방식 요구하는 의사소통 방식을 사용한다는 것은 타인에게 어떤 것을 물어보거나 행동, 사고 및 감정을 탐색하는 것을 의미한다. 이 의사소통 방식을 사용한다는 것은 현실에 있다는 것으로써, 질문이나 탐색을 통해 '지금-여기'에서의 반응을 이끌어 내는 것이다. 즉, 어른 자아의 행동을 사용하는 것이다. 특히 목소리 톤을 일정하게 유지하고, 눈맞춤을 지속하며, 몸의 자세는 곧추선 자세에서 양쪽에 균형을 유지한다. 이럴 때, 경각심을 가지고 '완벽하라'나 '강하라' 드라이버에 말려드는지를 늘 점검해야만 한다.

물음표(?)로 끝마치게 되는 요구하는 의사소통 방식에서, 모든 질문을 생각해 보는 것이 필요하다. 또한 질문을 할 때, 문장의 끝 부분에서 당신의 목소리를 약간 올려서 사용해 보는 것도 필요하다. 요구하는 의사소통 방식에서 질문이나 요구에 반응할 때, 문장의 마지막을 늘 탐색해 보는 것이 좋다. 이렇게 하기 위해서는 당신의 목소리 높낮이를 평이하게 유지하는 것이 필요하다.

지시하는 의사소통 방식 지시하는 의사소통 방식에서, 당신은 '교육' 또는 '지시'를 하게 된다. 다른 말로 표현하면, 당신은 특별한 방식으로 타인의 행동, 사고 또는 감정에 대해서 표현하는 것이다. 당신은 이것을 기능적 자아상태인 '비판적 어버이 자아상태'의 행동을 통해서 이룰 수 있다. 지시하는 의사소통 방식에서, 당신은 문장의 처음부터 마지막까지 목소리 높이를 아래로 깔면서 단호한 목소리 톤을 사용할 필요가 있다. 이 의사소통 방식에서는 당신은 말하는 것이지 질문하는 것이 아니다.

당신이 사회적 수준에서 부드럽게 표현하기를 원한다면, 지시하는 의사소통 방식에서 '죄송하지만'을 사용할 수 있을 것이다. 이것은 직접 '죄송하지만'이라는 용어를 사용하는 것이 아니고, 당신의 목소리 톤을 변화시키거나 다른 행동 신호를 보내는 것으로서 요구하는 의사소통 방식에서 지시하는 의사소통 방식을 구별하는 것이다. 경험상으로, 당신은 두 가지 서로 다른 방식으로 "죄송하지만 앉아 주세요."라는 말을 할 수 있을 것이다. 하나는 점차 올라가는 목소리 톤을 통해 요구하는 의사소통을 하는 것이고, 다른 하나는 (공손한) 명령을 포함하고 단호하게 지시하는 의사소통 방식이다.

차단하는 의사소통 방식 차단하는 의사소통 방식은 어떤 명령을 내린다는 면에서 지시하는 의사소통 방식과 비슷하다. 이것은 목적을 가지고 하는 '단호한 명령'이다. 순전히 내담자의 행동이나 의견에 목적을 둔 것이다. 당신의 목적은 내담자가 '순응하는 어린이 자아상태'에서 어떤 생각이나 주저함 없이 당신의 명령에 순종하도록 하는 것이다. 명령 끝 부분에서 당신의 목소리 톤은 세찬 외침이 되어야만 한다. 예를 들면,

"앉아!"
"날 봐!"
"숨 쉬어!"
"그것을 멈춰!"

등이 있다. 사실, 차단하는 의사소통 방식은 내담자의 감정이나 행동이 격정적으로 흘러 잠재적인 위험을 지니고 있다고 판단될 때 사용하는 흔치 않은 의사소통 방식이다. 예를 들면, 내담자가 일종의 환기가 필요할 때, 또는 폭력의 가능성을 가지고 상담실을 뛰쳐나가려고 할 때 등이다. 차단하는 의사소통 방식을 사용할 때에는 '죄송하지만'이라는 용어를 사용하지 않는다. 당신의 목적은 공손한 것이 아니라 강한 충격을 주려는 것이다.

의사소통 방식과 성격적응 유형과의 관계

당신이 타인의 주된 성격적응 유형을 알고 있다면, 당신은 그 사람이 가장 선호하는 의사소통 방식을 알 수 있다. 그 안내는 〈표 11-2〉(Kahler, 1996)를 통해 받을 수

있다. [그림 11-1]은 사정도표를 통한 의사소통 방식을 표현한 것이다.

사례: 편집성 성격적응 유형을 가진 사람과의 의사소통 방식 먼저 당신의 내담자의 주된 성격적응 유형이 편집성 성격적응이라고 가정해 보자. 이것은 당신이 내담자와 처음 접촉할 때, 가장 최적의 의사소통 방식이 '요구하는' 방식임을 암시한다. 즉, 내담자에게 어떤 것을 '질문'함으로써 이루어지는 방식이다. 예를 들면, "당신이 지금 생각하는 것을 나에게 말해 줄 수 있나요?" 내담자는 일반적으로 이 간단한 질문에 긍정적으로 반응할 것이다. 또한 "당신이 생각하는 것을 말해 보세요."와 같은 '지시하는' 의사소통 방식을 사용할 수 있을 것이다.

대조적으로, 당신이 편집성 내담자에게 정서적인 의사소통 방식을 사용한다면 어떤 일이 발생할까? 당신이 입가에 미소를 지으며 즐기는 태도로 대했다고 가정해 보자. "오! 안녕하십니까? 나는 오늘 당신이 나에게 많은 것을 이야기해 줄 것이라는 것에 내기를 걸겠어요." 이때 내담자는 입을 다물기 시작할 것이고, '완벽하라'와 '강

표 11-2 ● 성격적응 유형에 따른 서로 다른 의사소통 방식

성격적응 유형	선호되는 의사소통 방식
열정적 과잉 반응자 (연기성 성격적응)	양육적인(정서적인)
책임감 있는 일 중독자 (강박-신경증적 성격적응)	요구하는(지시하는)
재기형 회의자 (편집성 성격적응)	요구하는, 지시하는
창의적 몽상가 (정신분열성 성격적응)	지시하는
유희적 반항자 (수동-공격성 성격적응)	정서적인
매력적 조작자 (반사회성 성격적응)	정서적인, 양육적인, 지시하는

주) 차단하는 의사소통 방식은 어떤 한 성격적응 유형에 특별히 포함되지 않는다.

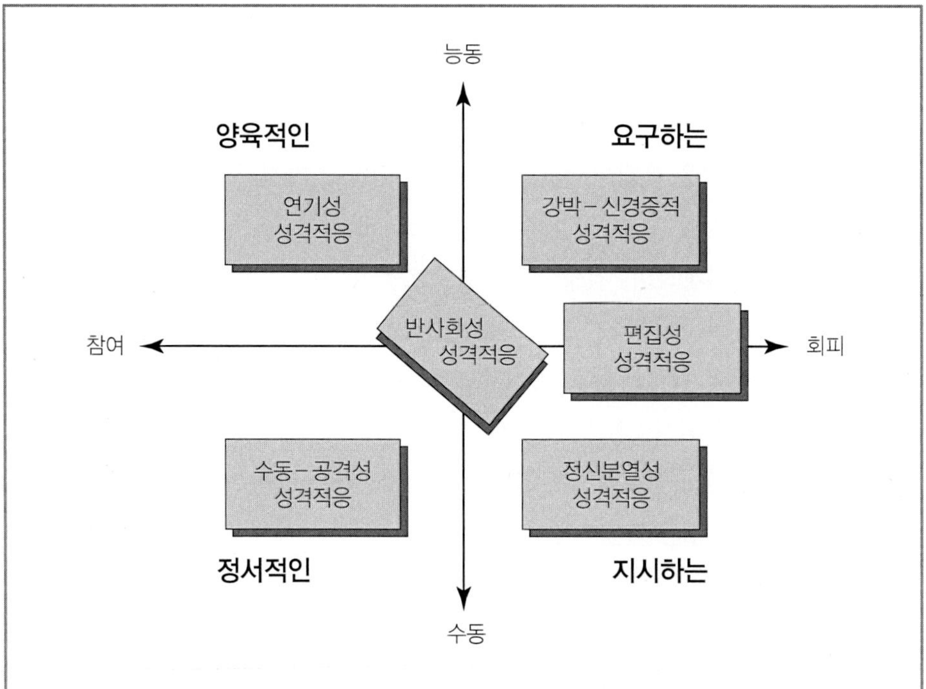

[그림 11-1] 여섯 가지 성격적응 유형에 따른 초기 의사소통 방식

하라' 드라이버로 반응할 것이다. 내담자는 어렸을 적에, "나는 내 주변이 정말로 나를 안전하게 해 주리라 확신이 들 때까지 나 자신을 놓지 않겠어."라고 결심했기 때문이다. 현재, 내담자의 어린이 자아상태는 "당신이 나에게 그런 방식으로 접근해 오기에는 너무 일러요."라고 말하고 있다.

의사소통 방식을 검토하기

당신이 내담자의 성격적응 유형을 잘 파악하지 못하면, 직접 내담자가 선호하는 의사소통 방식을 검토해 보는 것이 도움이 된다. 간단하게 다양한 의사소통 방식을 적용해 보고, 그 반응을 점검해 봄으로써 알 수 있다. 적절한 의사소통 방식을 시도했다면, 내담자의 반응 또한 일반적으로 똑같은 의사소통 방식으로 반응할 것이다. 반면에 잘못된 의사소통 방식을 시도했다면, 내담자는 자신이 가지고 있는 드라이버 행동으로 반응할 것이다.

'의사소통 방식 검토하기' 과정은 내담자의 주요 성격적응 유형을 재진단하는 방식이 아니라, 과정모델로 들어가는 또 다른 방법이라는 것을 당신은 알게 되었을 것이다.

의사소통 방식 전환하기

당신이 내담자와 첫 번째 접촉을 가진 뒤, 당신은 직관적으로 다른 의사소통 방식으로 전환해야 할 필요성을 느낄 때가 있을 것이다. 예를 들면, 강박-신경증적 성격적응을 지닌 사람과 상담을 진행할 때, 당신은 '요구하는' 의사소통 방식을 사용하여 '좋은 라포'를 형성할 수 있을 것이다. 여기에서 '좋은 라포'란 당신과 내담자가 어떠한 드라이버 행동 없이 '요구하는' 의사소통 방식으로 대화를 교환하고 있는 것을 말한다. 상담을 진행하면서, 내담자는 개방문인 '사고' 영역에서 표적문인 '감정' 영역으로 옮겨 갈 것이다. 이때 당신은 '양육적인' 의사소통 방식으로 전환할 필요성을 느낄 것이다. 또 다른 선택으로는 적절한 시기에 당신이 미리 '요구하는' 의사소통 방식에서 '양육적인' 의사소통 방식으로 전환함으로써 내담자를 '사고' 영역으로부터 '감정' 영역으로 초대하는 것이다.

이론상으로 모든 의사소통 방식은 어떠한 개입 영역에도 사용될 수 있다고 보고 있다. 그러나 의사소통 방식과 개입 영역 사이에는 직관적으로 잘 맺어질 수 있는 조합이 있다. 앞서 보았던 예처럼, 내담자가 '사고'에서 '감정'으로 전환한다면 당신은 직관적으로 자연스럽게 '요구하는' 의사소통 방식에서 '양육적인' 의사소통 방식으로 전환하는 것이다. 제12장에서는 이 주제를 가지고 다시 논의할 것이고, 우리가 경험해 본 각각의 성격적응 유형에 따른 가장 효과적인 접촉문과 의사소통 방식의 몇 가지 조합을 서술할 것이다.

계속 이야기하지만, 중요한 열쇠는 당신이 성격적응 유형 관점에서 가능한 조합에 대한 지식을 활용하여 실제로 실험해 보는 것이다. 내담자와 적절한 관계를 계속 유지하고 있는지를 알아보기 위해서는, 일반적으로 드라이버 행동을 검토해 보면 된다.

요 약

다섯 가지 의사소통 방식은 당신이 말하고 싶은 내용을 어떻게 표현하는지에 대한 다섯 가지 의식적인 선택이다. 서로 다른 성격적응 유형을 가지고 있는 사람들은 선호하는 의사소통 방식 또한 서로 다르다. 성격적응 유형과 관계된 의사소통 방식을 알게 되면, 당신은 상담이나 치료 장면에서 내담자와 가장 적절한 라포를 형성할 수 있고 유지할 수 있을 것이다.

이번 장에서는 이미 다루었던 웨어 이론과 의사소통 방식이 어떻게 서로 조화되는지를 언급하였다. 다음 장에서는 이 주제를 좀 더 확장하고자 한다. "당신은 내담자와 적절한 라포 관계를 형성하고 유지하는 데, 순간순간 어떻게 웨어 이론을 활용할 것인가?"

12 라포를 형성하기 위한 웨어 이론의 사용

이 책의 초반에서 폴 웨어(Paul Ware)의 '접촉문'에 대한 개념을 언급하였다. 당신은 각 사람에게는 사고, 감정, 행동의 세 가지 영역과 관련된 접촉문이 있다는 것을 알고 있다. 당신은 또한 각각의 성격적응 유형마다 선호하는 접촉문이 서로 다르게 존재한다는 것도 알고 있을 것이다.

순간순간 웨어 이론을 사용하기

이 책을 통해서 우리는 웨어 이론이 오랜 상담 기간 동안 전략을 어떻게 유지할 수 있도록 하는지를 강조해 왔다. 우리는 장기간의 상담 계획을 통해서 어떻게 내담자의 성격적응 유형을 활용하여 개입 영역을 찾아가는지, 그리고 내담자와 함께 가장 효과적으로 상담의 초기, 중기, 마무리 단계를 맞이하는지에 대해 알아보았다.

이번 장에서는 관점을 돌려 당신의 내담자와 '최적의 라포'를 유지하기 위해서, 각 상담 회기마다 어떻게 웨어 이론을 사용할 것인지에 대해 이야기하고자 한다. 순간순간마다 당신은 내담자의 '개방문' '표적문' 그리고 '함정문'에 대한 인식을 바탕으로 상담관계를 지속시킬 수 있고, 적절한 웨어 이론을 활용하여 이들과 계속 접촉할 수 있을 것이다. 드라이버 행동의 지속적인 관찰을 통해, 당신은 내담자가 당신과 함께하고 있는지 아닌지를 가늠해 볼 수 있다.

웨어 이론의 기본적인 구조는 장기간이나 단기간이나 마찬가지다. 내담자와 첫 번째 접촉할 때, 이들의 개방문과 관련이 있는 영역으로 접촉하는 것이 가장 효과적이다. 당신이 내담자의 개방문을 통해 라포를 형성하였다면, 이들의 표적문으로 이동할 수 있을 것이다. 표적문은 성격의 한 부분으로 상담에서 변화를 일으키기 위해 '통합'이 필요한 곳이다.

함정문은 방어기제가 가장 많이 존재하는 영역이다. 그러나 내담자의 가장 심오한 변화를 보이는 곳이기도 하다. 내담자의 표적문에서 상담 작업을 진행해야만 이러한 변화가 일어난다.

반면에 당신이 접촉문을 통해 내담자와 접촉하지 않는다면, 당신은 곧 내담자에게서 멀어지게 될 것이다. 특히 내담자의 함정문에 당신이 첫 번째로 개입을 한다면, 그 현상은 틀림없이 벌어지게 될 것이다. 그렇다면 당신은 내담자가 '방어'했다는 사실을 어떻게 알 수 있을까? 그 대답은 드라이버 행동을 관찰하는 것이다. 당신이 잘못된 영역으로 접촉했다면, 내담자가 자신의 드라이버를 보여 줄 기회를 가진 것이나 마찬가지다. 이때 내담자는 라켓감정이나 각본행동과 같은 형태를 보여 줄 것이다.

사례: 열정적 과잉 반응자에게 웨어 이론을 사용하기 주된 성격적응 유형이 연기성인 사람에게는 이들의 개방문인 '감정'으로 처음 접촉하는 것이 매우 효과적이다. 이들이 상담에 오면, 당신은 따뜻한 목소리로 "안녕하십니까? 당신을 만나 뵙게 되어서 매우 반갑네요. 그래, 오늘 기분은 어떤가요?"라는 말로 시작하는 것이 좋다.

이들에게 "지난 회기에서 우리가 했던 것에 대해 당신은 어떤 '생각'이 드셨나요?"라는 식의 질문은 좋지 못하다. 당신이 이들로부터 어떤 정보가 필요하다면, 이들이 당신에게 어떻게 '느끼고' 있는지에 대해서 말할 기회를 준 후 그다음에 질문하는 것이 좋다.

또 다른 비효과적인 초기 질문은 "이번 회기에서 당신이 원하는 것은 무엇이지요?"다. 이에 대해 열정적 과잉 반응자는 좋지 않은 반응을 보일 것이다. 이들이 아동기 시절 심리적으로 결단한 것은, 인생에서 자신이 원하는 것을 얻기 위해서는 '타인을 기쁘게 하라'를 해야만 한다는 것이다. 또한 이들은 자신을 만족시키기 위한 욕구가 무엇인지 알기 위해서 타인의 마음을 먼저 읽을 필요가 있다고 심리적으로 결단하였다.

그러므로 당신이 무엇을 원하는지 물어본다면, 이들은 아동기의 패턴을 재현할 가능성이 높다. 이들은 당신을 즐겁게 하기 위해, 자신에게 거는 기대가 있을 것이라고 생각하기 쉽다. 이들의 머릿속에 있는 부모의 목소리가 이렇게 말해 줄 것이다. "네가 나를 '기쁘게 한다면', 넌 긍정(OK)적인 존재가 될 수 있을 거야." 결국, 이들은 외부적으로 '타인을 기쁘게 하라' 드라이버 행동을 보일 것이다. 이때 이들은 라켓 감정인 '미숙함'과 '혼돈'을 느끼게 되는데, 이는 당신을 즐겁게 하기 위한 행동을 할 수 없다는 '두려움' 때문이다. 그러나 당신이 함정문인 행동에 계속 머무르기를 고집한다면, 내담자는 다음의 부정적인 감정인, '바보(Stupid)' 또는 '아이고, 당신은 대단하시네요.'가 상승할 것이다.

그러므로 이들과 '좋은 라포'를 맺기 위해서는, 이들의 개방문인 '감정'과 첫 번째로 접촉하는 것이 최선이다. 감정 영역에서의 대화가 드라이버로부터 자유로워졌을 때, 당신은 이들의 표적문인 '사고'로 이동할 수 있다. 이때 내담자가 당신과 함께 갈 수 있도록 내담자의 속도에 맞춰 가는 것이 중요하다. 이것은 당신이 내담자의 드라이버 행동을 늘 점검해 봄으로써 가능한 일이다. 만약 내담자가 드라이버 행동을 보이거나 다른 각본신호를 보여 줄 때, 당신이 할 수 있는 최선의 선택은 뒤로 한 발자국 물러서서 전 단계의 접촉문에서 다시 좋은 관계를 형성하는 것이다.

내담자와 상담을 시작할 때에는 함정문에 결코 직접적으로 접촉하지 않기를 바란다. 상담 작업은 표적문에서 이루어진다. 반면, 가장 의미심장한 각본의 변화는 함정문에서 이루어진다.

접촉 영역을 검토해 보기

성격적응 유형 진단에 대한 당신의 능력에 의심이 간다면, 약간의 시행착오를 인정하는 검토를 해 볼 수 있다. 당신의 내담자가 드라이버 행동이나 라켓감정으로부터 자유로운 반응을 보였다면, 당신은 내담자의 개입 영역에 적절히 개입한 것이다. 반대로 내담자가 드라이버 행동이나 라켓감정을 보인다면, 아마도 당신은 잘못된 개입 영역을 선택했을 가능성이 크다. 예를 들면, 지금 상담을 시작한다고 가정해 보자. 당신은 내담자의 개방문을 '행동'이라 여기고 검토해 보기를 결정하였다. 당신은 "그래요, 이번 상담에서 당신이 원하는 것을 나에게 말해 보세요."라고 말을 할 것이다.

내담자가 자신이 원하는 것을 바로 말한다면, 그의 개방문은 정말로 행동이라는 증거가 된다. 그러나 이와 같은 반응 대신에, 조심스럽게 의자에 자신을 눕혀 중심선을 중심으로 몸이 곧추서 있다고 상상해 보라. 그는 숨을 멈추고 손가락을 마주 부딪치면서 오른쪽 천장 구석을 올려다보며 대답할 것이다. "음…… 글쎄요. 사실, 내가 원하는 것이 무엇인지 아직 잘 모르겠어요."

이러한 '완벽하라' 드라이버 신호를 알아챔으로써, 당신은 창의적 몽상가보다는 책임감 있는 일 중독자 또는 재기형 회의자로 판단할 수 있을 것이다. 이것은 내담자의 개방문이 행동이 아니라 '사고'임을 말해 준다. 그러므로 당신은 방향을 바꾸고, 다음과 같이 시험해 볼 수 있다.

"좋아요. 당신은 이번 상담에서 당신이 원하는 것을 기꺼이 생각해 볼 수 있겠군요. 그렇죠?"

웨어 이론의 사용: 일곱 가지의 요점 요약

웨어 이론을 사용하기 위한 도움이 될 만한 내용을 정리해 보았다.

① 내담자의 성격적응 유형을 파악하라. 당신은 성격적응 유형의 특성(<표 1-1>)이나 주요 드라이버의 증거(<표 8-2>)를 활용할 수 있다. 또는 이 두 가지를 모두

활용하여 진단할 수 있다.

② 성격적응 유형을 판단한 후, 당신은 성격적응 유형의 감정, 사고 그리고 행동에 따라 접촉 영역을 효과적으로 찾을 수 있다.

③ 내담자를 처음으로 접촉할 수 있는 '개방문'을 찾는다.

④ 접촉이 성립되면, '표적문'으로 이동한다.

⑤ '함정문'은 내담자가 가장 의미심장하게 변화할 수 있는 곳이다. 이것은 당신이 내담자의 표적문을 통해 작업을 하고 있을 때 발생한다.

⑥ 다른 영역으로 접근하지 마라. 당신이 작업하고 있는 동안, 내담자가 다른 영역으로 옮기는지 계속적으로 검토해 본다. 이것은 드라이버 행동이 없다는 것을 확인해 봄으로써 검토해 볼 수 있다. 내담자가 당신과 함께 이동하지 않는다면, 당신은 이전 영역으로 돌아가야만 한다.

⑦ 이러한 과정들은 당신이 장기간의 상담 및 치료를 계획(전략)하는 데, 적용될 뿐만 아니라, 단기간에 개입을 선택(전술)하는 데도 적용된다.

웨어 이론과 다섯 가지 의사소통 방식을 가지고 상담하기

당신은 라포 기술을 향상시키기 위해서, 제11장에서 배운 다섯 가지의 의사소통 방식과 웨어 이론을 사용할 수 있다. 우리는 성격적응 유형에 따라, 어떻게 웨어 이론과 의사소통 방식을 활용하여 가장 '좋은 라포'를 형성할 수 있는가를 요약하려 한다.

열정적 과잉 반응자

연기성 성격적응 유형과의 효과적인 접촉은 양육하고 유희적인 방식('양육적인' 또는 '정서적인' 의사소통 방식)을 통해서 이들의 '감정(개방문)'에 접근하는 것이다. 이들이 가장 원하는 것은 자신의 감정이 보호받는 것이다.

다음에 효과적인 변화를 위해서, 당신은 이들의 감정이 무엇인가에 대한 깊이 있는 질문('요구하는' 의사소통 방식)을 통해서 이들이 감정을 탐색할 수 있도록 도와줘야 한다. 이러한 과정은 자신의 감정에 대해서 '사고(표적문)' 하도록 이끈다. 자신의 감정에 대한 깊이 있는 사고를 지속함에 따라, 이들의 과도한 '행동(함정문)' 은 멈추게 된다.

책임감 있는 일 중독자

강박-신경증적 성격적응과 관계 맺기 위한 최선의 방법은 적절한 질문의 형태('요구하는' 의사소통 방식)를 가지고 이들의 '사고(개방문)' 에 접근하는 것이다. 이들은 사고하기를 좋아하고, 또한 잘 사용한다.

효과적인 변화를 위해서 '요구하는' 의사소통 방식에 머물러 있으면서, 이들에게 자신이 생각하는 것에 대해서 어떤 '감정(표적문)' 을 느끼는지에 대한 깊이 있는 질문을 한다. 이들이 사고하는 것에 대한 감정이 점점 발달하면서 이들은 긴장을 놓게 되고 이완하는 '행동(함정문)' 을 시작하게 된다. 그다음에 '양육적인' 의사소통 방식으로 바꾸면, 당신은 내담자와 좋은 관계를 유지할 수 있을 것이다.

재기형 회의자

편집성 성격적응과 맨 처음 관계 맺기 위한 가장 좋은 방법은 이들의 '사고(개방문)' 를 통해서 접촉하는 것이다. 사고 영역은 이들에게 가장 많은 에너지가 있는 곳이다. 이들은 처음에 '요구하는' 의사소통 방식에 반응한다.

효과적인 변화를 위해서는 이 의사소통 방식을 유지하면서 타인이 진실인지 아닌지를 타인과 함께 검토해 볼 수 있도록 유도하는 것이 중요하다. 이들이 진실한 '감정(표적문)' 을 발견해 감에 따라 지금까지 생각했던 것에서 벗어나기 시작하여 의심하는 '행동(함정문)' 을 멈추게 될 것이다. 강박-신경증적 성격적응과 마찬가지로, 편집성 성격적응 유형 또한 점차 감정 영역에서 편안함을 느낄 것이다. 이때 이들은 어린이 자아상태 안에서 기꺼이 당신의 '양육적인' 의사소통 방식을 수용할 것이다. 이들은 자신을 돌보기 위해서 당신을 신뢰하게 된다.

창의적 몽상가

창의적 몽상가(정신분열성) 성격적응에 대한 가장 효과적인 초기 개입 방법은 명확한 기대치를 이들에게 제시해('지시하는' 의사소통 방식) 줌으로써, 이들의 '회피하는 수동성(개방문-행동)'에 적극적으로 접근하는 것이다. '회피'나 '수동적인 행동'은 이들의 에너지가 가장 많이 집결되어 있는 곳이다.

효과적인 변화를 위해서 이들에게 자신의 욕망과 욕구를 '사고(표적문)'해 볼 수 있도록 질문하고, 이러한 것을 얻기 위해서 어떤 행동이 필요한지를 생각해 보게 한다. 이들이 생각하고 행동함에 따라 점차 생기를 띠게 되고 활동적이 되며, '나쁜 감정(함정문)'이 멈추게 된다. 이들이 처음부터 움직이기(이들이 좀처럼 하지 않는 '수동성으로부터 나오기')를 기다리는 것은 권장되지 않는다.

유희적 반항자

수동-공격성 성격적응과 초기에 효과적으로 관계 맺기 위한 최선의 방법은 '정서적인' 의사소통 방식으로 접근하고, 이들이 반응하는 '행동(개방문)'에 유희적으로 접근하는 것이다. 이들의 유희적인 행동 속에 가장 많은 에너지가 포함되어 있기 때문이다.

효과적인 변화를 위해서 양육을 사용하여 이들이 '감정(표적문)'을 탐색하도록 이끈다. 이들이 감정을 경험하게 되면, 점차 '사고(함정문)' 속에 존재하는 투쟁을 멈추게 된다.

매력적 조작자

반사회성 성격적응과 관계 맺기 위한 최선의 방법은 이들이 얼마나 '영리한가(개방문, 행동)'를 말해 줌으로써 유희적인 방법('정서적인' 의사소통 방식)으로 관계를 맺는 것이다. 타인보다 영리한 행동을 하고자 하는 것은 이들에게 가장 중요한 특징이다.

다음에는 양육을 사용하여 이들이 '감정(표적문)'을 경험하도록 돕는다. 이들이 직접적으로 획득할 수 없었던 진정한 욕구가 무엇인지 탐색한다. 이들이 획득할 수 없었던 것에 대한 아픔과 감정을 인정해 주고, 더욱 진실할 수 있도록 모든 것을 허용한다. 이들은 자신의 '사고(함정문)'로 당신 위에 올라서려는 지속적인 시도를 멈출 것이다.

이와 같은 내용은 반사회성 성격적응이 사분할도의 '능동적 참여(左上)' 영역에서 기능할 때 적용할 수 있는 것이다. 이들이 '수동적 회피(右下)' 영역에 있을 때에는 웨어 이론과 의사소통 방식이 정신분열성 성격적응과 같다.

성격적응 유형의 추적을 전환하기

지금까지 언급하였듯이, 당신은 내담자의 개방문을 통하여 라포를 성립하고 접촉할 수 있다. 만약 내담자가 한 성격적응 유형에서 다른 성격적응 유형으로 바뀐다면, 당신 또한 가장 효과적인 주요 접근 방법을 즉시 바꾸어야 할 것이다. 그래야만 가장 극적인 변화가 있는 표적문으로의 상담 방향을 지속적으로 유지할 수 있기 때문이다. 예를 들면, 내담자의 성격적응 유형이 연기성에서 편집성으로 바뀌었다면, 당신은 먼저 '양육적인' 대응으로 '감정'에서 접촉을 하고, '사고' 수준의 질문을 통해 표적문으로 이동할 것이다. 이때 내담자가 편집성 성격적응으로 바뀐다면, 당신은 내담자와 함께 움직여야 한다. '사고'에서 접촉을 하고 '감정'에 대해 물어봄으로써 표적문으로 이동해야 한다. 함정문을 피하는 것은 당신이 소진되는 것을 막아 줄 것이다.

제14장에서는 성격적응 유형이 변할 경우의 기술에 대해 좀 더 상세하게 다룰 것이다. 그리고 제7부에서 당신은 각각의 성격적응 유형별 상담 과정을 통한 각본 변화의 사례를 보게 될 것이다. 또한 〈표 12-1〉과 [그림 12-1]에는 각 성격적응 유형에 따른 웨어 이론과 의사소통 방식에 대한 정보를 정리해 놓았다.

표 12-1 ● 성격적응 유형에 따른 드라이버, 웨어 이론과 의사소통 방식

성격적응 유형	주요 드라이버	웨어 이론	선호되는 의사소통 방식*
열정적 과잉 반응자 (연기성 성격적응)	타인을 기쁘게 하라	F, T, B	양육적인(정서적인)
책임감 있는 일 중독자 (강박-신경증적 성격적응)	완벽하라	T, F, B	요구하는(지시하는)
재기형 회의자 (편집성 성격적응)	완벽하라 = 강하라	T, F, B	요구하는, 지시하는
창의적 몽상가 (정신분열성 성격적응)	강하라	B, T, F	지시하는
유희적 반항자 (수동-공격성 성격적응)	노력하라	B, F, T	정서적인
매력적 조작자 (반사회성 성격적응)	강하라 타인을 기쁘게 하라	B, F, T	정서적인, 양육적인, 지시하는

*주) 의사소통 방식은 초기 접촉 시의 방식을 보여 주는 것이다.

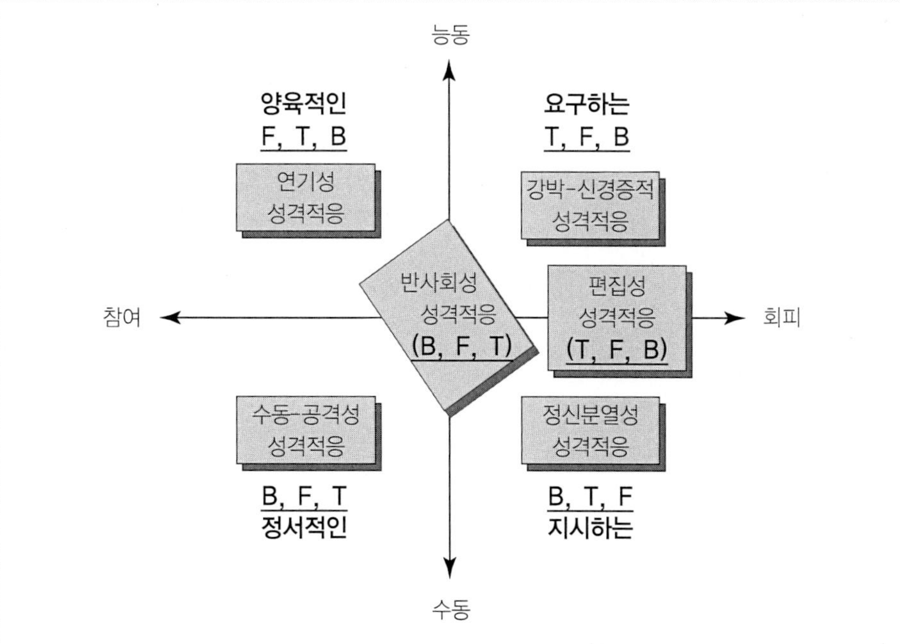

[그림 12-1] 성격적응 유형에 따른 드라이버, 웨어 이론과 의사소통 방식

요 약

내담자의 성격적응 유형을 사정하는 것은 짧은 시간 안에 최적의 라포를 형성하는 방법뿐만 아니라, 장기간의 상담(치료) 방법을 제공한다. 우리의 경험상, 상담자가 내담자로부터 '뒤얽힌 듯이' 또는 '라포 상실'을 느낄 때는 바로 내담자의 성격적응 유형을 파악하지 못한 경우이며, 이에 따라 잘못된 개입문과 의사소통 방식을 사용했기 때문이다. 가장 안 좋은 경우는 상담자가 내담자의 함정문에서 작업하는 경우로, 내담자는 이미 상담(치료)을 포기한 경우다. 개방문과 표적문을 드나들며 적절한 의사소통 방식을 사용하는 상담자는 라포 재설정을 쉽게 할 수 있을 것이며, 효과적인 과정을 지속시켜 나갈 수 있을 것이다.

성격적응 유형에 잘 대응하느냐 잘 못 대응하느냐의 문제는 상담 과정에서의 라포 유지뿐만 아니라 일상의 관계 문제에도 적용할 수 있다. 성격적응 유형에 대한 정보는 우리에게 관계 맺기 위한 적절한 작업과 다른 사람이 어려워하는 것을 예측할 수 있도록 도와준다. 이러한 내용에 관해서는 다음 장에서 다루고자 한다.

Personality Adaptations

13 성격적응 유형 간의 상호작용

성격적응 유형 개념을 통한 의미심장하고 흥미로운 요소는 서로 다른 성격적응 유형이 어떻게 상호작용하는가다. 예를 들면, 누가 누구에게 매력을 느끼고 누가 누구에게 어려움을 느끼는지, 그리고 누가 누구와 함께 잘 살 수 있는가 등이다.

일반적으로 우리가 가진 성격적응 유형에 따라 모든 사람이 알맞게 대해 준다면, 삶은 편안할 것이다. 반면에 그렇게 대해 주지 않는다면, 다른 사람이 잘못되었다고 여길 수 있다. 우리는 성격적응 유형을 배움으로써 각 성격적응 유형에 따른 독특함을 알기 시작했고, 또한 주어진 상황에 따라 성격적응 유형마다 최선의 선택을 해야 한다는 것도 깨닫게 되었다. 성격적응 유형을 계속 연구하다 보니 각각의 성격적응 유형이 어떻게 서로 관계를 맺으며 배우는지에 대해 궁금증이 유발되었다. 이번 장에서 우리는 모든 사람이 가지고 있는 공통점보다는 좀 더 다양한 차이점에 대해 계속 언급하고자 한다.

매 력

대부분의 사람은 자신이 가지고 있는 성격적응 유형과 유사한 사람과 잘 어울리는 경향이 있다. 우리 각자에게는 가장 편안한 사람이 있으며, 곧잘 이들을 자신의 친구로 선택하곤 한다. 왜냐하면 이들에게는 자신이 선호하는 유형이 있기 때문이다. 또한 우리는 자신과 같은 개방문, 표적문 그리고 함정문을 가진 성격적응 유형과 잘 지내는 경향이 있다. 예를 들면, 강박-신경증적 성격적응 유형과 편집성 성격적응 유형의 개방문은 '사고'다. 또한 표적문은 '감정'이고, 함정문은 '행동'이다. 수동-공격성 성격적응 유형과 반사회성 성격적응 유형의 개방문은 '행동'이고, 표적문은 '감정'이며, 함정문은 '사고'다.

그러나 우리가 이성을 만날 때는 자신이 가진 성격적응 유형과는 반대인 사람에게 '매력'을 느끼곤 한다. 그것은 아마도 자신의 미발달된 측면을 발달시키고자 하는 욕구가 있기 때문일 것이다. 예들 들면, 연기성 성격적응 유형과 강박-신경증적 성격적응 유형은 종종 서로에게 매력을 느끼는데, 그 이유는 반대 측면에 대한 자연스러운 끌림 때문이다. 연기성 성격적응은 자신의 '과잉 반응'을 중지시키기 위해 '사고'기능의 사용을 배울 필요가 있고, 강박-신경증적 성격적응은 자신의 '일 중독'을 피하기 위해 '감정'을 배울 필요가 있다.

문제점

서로에게 가장 어려움을 느끼는 사람은 사분할도에서 반대쪽에 있는 사람일 것이다([그림 13-1] 참조). 이성 간의 관계에서 보면, 이것은 일종의 '매력'일 수도 있지만 '불쾌감'을 주는 요인이기도 하다. 이들을 진단해 보면, 개방문과 함정문은 서로 반대다. 그러나 흥미롭게도, 이들의 표적문은 같다. 강박-신경증적 성격적응과 편집성 성격적응은 개방문이 '사고'이고, 함정문은 '행동'이다. 반면에 수동-공격성 성격적응과 반사회성 성격적응의 개방문은 '행동'이고, 함정문은 '사고'다. 강박-신경증적 성격적응과 편집성 성격적응은 자신의 '사고' 영역으로 수동-공격성 성격적응과 반사회성 성격적응을 끌어들이려 하지만 잘 안 된다. 반면에 수동-공격성 성격적응과

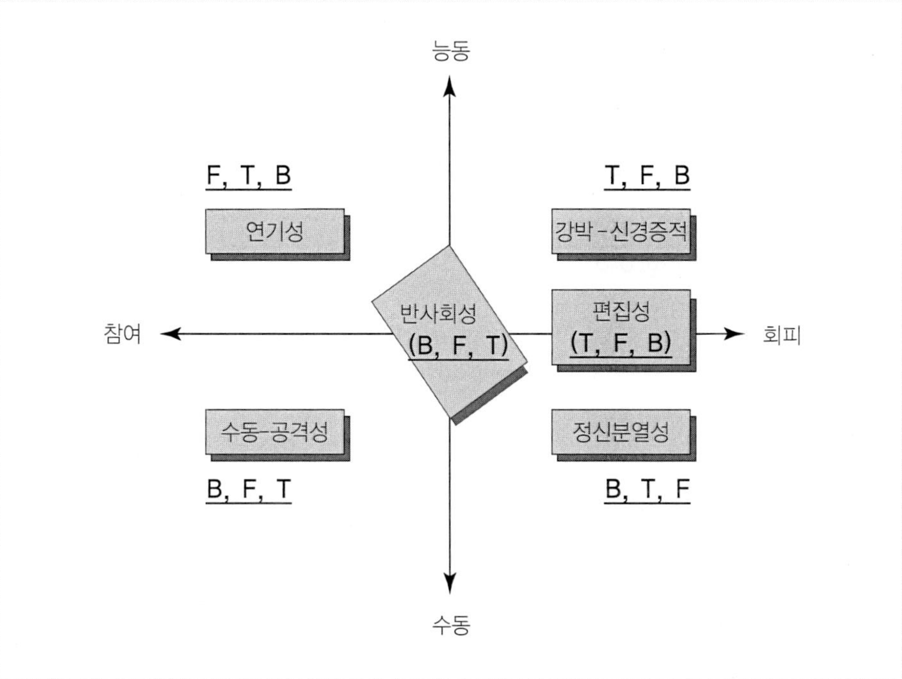

[그림 13-1] 여섯 가지 성격적응 유형의 관계에 따른 '접촉문'

반사회성 성격적응은 이들과 싸우거나 혹은 조작하려고 시도하겠지만 효과가 없을 것이다. 네 가지 성격적응 유형 모두 표적문은 '감정'이다. 이들 모두 자신의 감정을 직접적으로 다루게 됨에 따라 자신의 문제를 풀기 시작할 것이며, 관계 면에서 성장해 나갈 것이다.

연기성 성격적응의 개방문은 '감정'이고, 함정문은 '행동'이다. 반면에 정신분열성 성격적응의 개방문은 '행동'이고, 함정문은 '감정'이다. 연기성 성격적응은 정신분열성 성격적응을 들뜬 분위기로 유도하려 하지만 효과는 없을 것이다. 반면에 정신분열성 성격적응은 연기성 성격적응을 조용히 하도록 시도하겠지만 잘 되지 않을 것이다. 두 성격적응 유형 모두 표적문은 '사고'다. 이 사고기능을 직접적으로 다루게 됨에 따라, 이들은 문제를 해결하고 함께 성장해 나갈 것이다.

인간관계에서 어려움이 예상되는 조합

높은 어려움이 예상되는 인간관계가 있다. 특히 배우자 선택 시, 이러한 조합은 어려움에 대비할 필요가 있다. 이들은 다음과 같다.

편집성 남성과 연기성 여성 예상되는 어려움은 연기성 여성이 다른 남성과 있을 때, 편집성 남성이 '질투'를 한다는 것이다. 연기성 여성은 '성관계'보다는 '관심'을 원한다. 편집성 남성은 연기성 여성이 성적인 동기를 품고 있다고 여기고, 여성의 의도와는 다른 해석을 하면서 점차 '분노'에 휩싸이게 된다. 그 결과 종종 아내를 '학대'하게 된다.

반사회성 남성과 편집성 여성 반사회성 남성은 '네가 할 수 있으면, 날 잡아 봐!'라는 심리적 게임을 한다. 그리고 편집성 여성은 본능적으로 '의심'을 하게 된다. 계속적으로 그를 잡으려고 노력하게 되고, 늘 남성을 '나쁜 사람'이라고 말한다. 반사회성 남성은 늘 여성이 자신을 '통제'하려 든다고 불평하며, 편집성 여성은 남성이 믿음직스럽지 못하다고 불평한다. 점차 이 관계는 '엄마'와 '나쁜 어린 소년'의 모습으로 되어 갈 것이다.

반사회성 남성과 정신분열성 여성 정신분열성 여성은 자신이 남성을 충분히 지지하고 즐겁게 해 준다면, 그 남성은 자신을 사랑해 주고 보호해 줄 것이라 믿는다. 반사회성 남성은 처음에는 자신이 여성을 지켜 줄 것이라 믿게 만들 것이다. 그러나 그녀가 애쓰는 동안, 반사회성 남성은 여성을 속이고 악용할 것이다. 결국 이들은 '학대하는 주종관계'가 된다.

강박-신경증적 남성과 수동-공격성 여성 강박-신경증적 남성은 모든 일을 '완벽'하게 처리하려고 한다. 그러나 아무리 그렇게 할지라도 수동-공격성 여성은 그가 하지 못한 어떤 것을 집어낸다. 강박-신경증적 남성은 그것을 바로잡기 위해서, 자기 자신을 죽도록 일하게 만든다. 결국 이러한 관계는 '심한 좌절감'과 '끓어오르는 분노'만이 남게 된다.

커플관계에서 성격적응 유형 조합을 활용하기

앞서 언급한 바와 같이, 서로 간에 잘 지낼 수 있는 배우자는 적어도 한 가지 이상의 공통된 성격적응 유형이 있기 마련이다. 예를 들면, 실행적 적응 차원에서 한 사람은 강박-신경증적 성격적응을 하는 사람이고 또 다른 사람은 연기성 성격적응을 하더라도, 생존적 적응 차원에서는 둘 다 정신분열성 성격적응을 하는 경우다. 공통된 성격적응 유형이 있다는 것은 서로에 대해 더욱 이해하기 수월하다는 의미이고, 배우자와 함께 집에서 좀 더 편안함을 느낄 수 있다는 것이다.

서로 다른 성격적응 유형이 보완을 해 주면, 성공의 가능성은 더욱 높아질 수 있다. 앞서 제시한 연기성과 강박-신경증적, 편집성과 강박-신경증적, 그리고 반사회성과 수동-공격성 성격적응 유형 등이 여기에 속한다. 또한 배우자의 성격적응 유형에 대해 알면 알수록, 서로 간의 차이점에 대해 이해할 수 있으며 발생 가능한 문제에 대해 함께 해결해야 한다는 필요성을 느끼게 될 것이다. 그리고 성격적응 유형에 대한 정보는 어떻게 하면 배우자를 방어 태세 없이 문제 해결의 장으로 데려올 수 있는가를 알려 준다. 또한 조직에서의 팀빌딩(team building), 상담자와 내담자의 관계, 그리고 장래에 친구를 선택하는 데도 적용할 수 있다.

상담이 진행되어 감에 따라, 성격적응 유형의 정보는 커플에게 서로의 독특함을 이해하는 방법과 그 가치의 중요성을 인식하게 해 주며, 어떻게 하면 최상의 의사소통을 유지하면서 문제를 해결할 수 있는지를 제공한다.

요 약

각각의 성격적응 유형에는 그 나름의 매력이 있다. 하나의 성격적응 유형은 다른 어떤 성격적응 유형과는 잘 어울릴 수 있는 반면, 또 다른 어떤 성격적응 유형과는 관계 맺는 데 어려움을 느낄 수 있다. 그래서 거절당하는 경우도 있다. 이러한 사실 때문에, 어떤 성격적응 유형의 조합은 다른 조합보다 더 좋은 관계가 성립될 수 있다. 성격적응 유형에 대한 정보는 잠재적으로 배우자를 선택해야 하는 시점에서 많은 어려움을 방지해 줄 것이다. 또한 가족과 직장 동료, 그리고 친구와의 관계에서도 유용하게 사용할 수 있다.

제4부에서는 성격적응 유형의 지식이 상담이나 치료를 위한 장면에서 '좋은 라포'를 맺고 유지하는 데 매우 유용하다는 것을 말하고 있다. 이러한 방법을 통해, 우리는 효과적으로 상담을 진행할 수 있게 되었다. 제5부에서 이러한 상담 과정을 좀 더 세밀하게 살펴보려고 한다. 이 모델의 이해는 당신이 내담자의 개인적인 변화를 가져오는 데에서 빠르고 효과적이며 지속적으로 진행될 수 있도록 돕는다.

제5부

개인적인 변화로의 초대

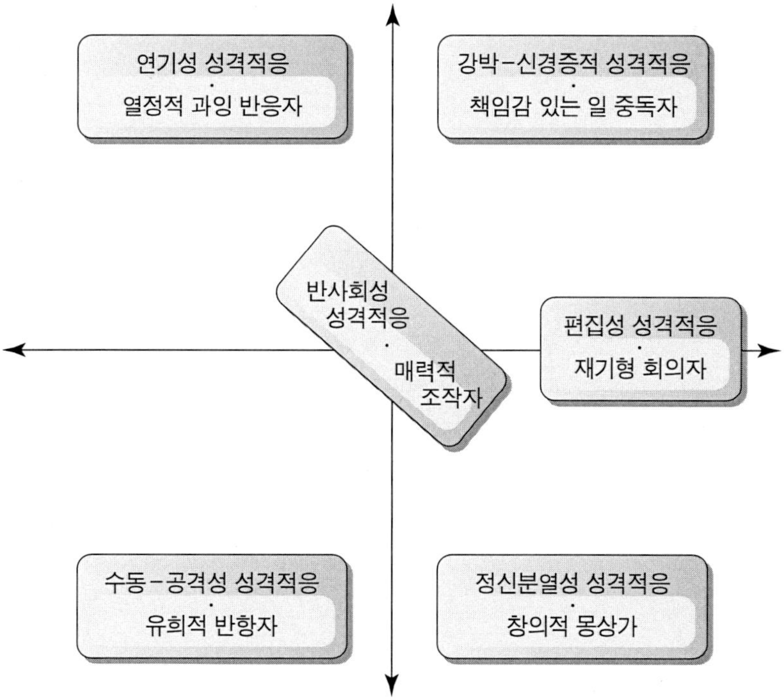

Personality Adaptations

14

서로 다른 성격적응 유형을 치료하기

상담이나 심리치료를 할 때에 어떤 기법을 사용하는 데에서 겪게 되는 일반적인 경험은 어떤 내담자에게는 자연스럽게 적용되지만 또 다른 어떤 내담자에게는 똑같은 접근을 했음에도 불구하고 효과적이지 못하다는 것이다. 여기서 가정해 볼 수 있는 것은 어떤 특정 방식은 어떤 유형의 내담자에게는 잘 맞지만, 또 다른 내담자에게는 맞지 않을 수 있다는 것이다.

그러나 우리는 이러한 어려움이 결코 상담자의 상담기법의 선택 문제라고만 보지 않는다. 대신, 상담자가 내담자에게 어떤 접근 방식으로 했는지가 더 중요하다고 생각한다. 우리의 경험상, 성격적응 유형의 개념은 상담장면에서 자칫 실수했을 때, 그것을 해결해 나갈 수 있도록 상담자를 도와주는 강력함을 지니고 있다. 이 모델은 어떻게 하면 내담자와 가장 적절한 관계를 맺을 수 있는지, 어떻게 변화를 일으키고자 하는 영역으로 가장 효과적인 개입을 할 수 있는지, 그리고 내담자의 방어기제가 가장 많은 영역을 어떻게 피해 갈 수 있는지에 대한 유용한 지침을 제공한다.

이번 장에서는 성격적응 유형의 개념이 상담장면에서 어떻게 최대의 효과를 낼 수 있는지를 설명하고자 한다. 이 모델을 적용하면서, 가장 많이 사용하는 기법은 '재결단 치료(redecision therapy)'다. 우리는 여기에 초점을 맞출 것이다. 그러나 당신이 다른 상담(치료) 모델을 사용한다면(그것이 교류분석이든 아니든 간에), 당신은 성격적응 유형을 사용함에 따라 당신의 상담 작업이 매우 향상됨을 느끼게 될 것이다.

이번 장의 개관 교류분석이 아닌 다른 이론이나 모델을 사용하는 독자를 위해, 이번 장에서는 몇 가지 중요한 교류분석의 개념을 개관하고자 한다. 특별히 '재결단 치료'를 설명할 것이다. 이것은 교류분석을 사용하는 주요 치료학파 중 하나다.

다음에는 성격적응 유형의 개념이 어떻게 상담장면에서 당신의 능력을 향상시킬지에 대해서도 논의하려고 한다. 우리는 먼저 성격적응 유형을 활용하여 개인과 상담하는 것에 대해 언급할 것이고, 다음으로 성격적응 유형의 조합을 보이는 사람과 상담할 때의 효과적인 방법에 대해서 개관할 것이다. 마지막으로, 하나의 성격적응 유형에서 다른 성격적응 유형으로 전환하는 내담자에게 어떻게 상담할지를 논의해 보고자 한다.

치료를 위한 준거 틀

지금부터 우리는 교류분석에서 사용되는 독특한 몇 가지 개념에 대해서 설명할 것이다. 만약 다른 모델을 사용하는 사람이라면, 이 개념이 익숙하지 않을 것이다. 우리는 교류분석의 개념을 포괄적으로 정리하고자 하는 것이 아니다. 우리의 목적은 단지, 교류분석의 주요 개념을 이번 장에서 간략히 개관하고자 할 뿐이다. 당신이 흥미를 가지게 되어 좀 더 심도 있고 다양한 교류분석 개념을 공부하고자 한다면, 다음의 사람들이 쓴 책을 살펴보면 도움이 될 것이다. 번(Berne, 1966), 클락슨(Clarkson, 1991), 굴딩과 굴딩(Goulding & Goulding, 1978, 1979), 쉬프 등(Schiff et al., 1975), 스튜어트(Stewart, 1996, 2000), 스튜어트와 조인스(Stewart & Joines, 1987: 260-277) 그리고 울램스와 브라운(Woollams & Brown, 1979) 등이다.

계약 방법 교류분석을 활용한 상담에서는 내담자가 무엇을 원하든 간에 상담자와 내담자의 관계 성공의 책임은 '쌍방'에게 있다고 본다. 이것은 상담자와 내담자의 관계가 동등하다는 가정에서 출발하고 있는 것이다.

상담자와 내담자는 변화의 과정에 동등한 책임이 있기 때문에, 양쪽 모두 자신의 과업에 대해 명확하게 해 두는 것이 매우 중요한 일이다. 그래서 이들에게는 쌍방계약이 필요하다. 에릭 번(Eric Berne)은 계약에 대해 다음과 같이 정의했다. "계약이란 쌍방이 명확하게 약속한 잘 정의된 행동 과정이다." (Berne 1966: 362)

'전반적인 계약(Overall Contract)' 이라는 용어는 내담자가 장기간 맺게 되는 주요 계약을 나타낼 때 사용한다. 이것은 중요한 각본의 변화를 가지고 온다. 내담자와 상담자는 몇 회기에 걸치거나 혹은 상담 기간 전체에 대한 내용으로 '전반적인 계약' 을 맺는다. '회기 계약(Session Contract)' 은 용어에서 의미하듯이, 한 회기나 심지어 회기 안의 일부분 동안에 맺는 짧은 계약을 일컫는다.

계약이 '돌 위에 새겨진' 것이 아니라는 점은 매우 중요한 사실이다. 즉, 내담자와 상담자 사이의 합의에 의해 이것은 지속적으로 재조정될 수 있는 것이다. 내담자가 성장함에 따라 계약 또한 내담자와 함께 성장한다.

치료 방향 교류분석은 개인 변화에 대한 행동적인 접근이다. 교류분석을 사용하는 상담자는 치료적 관계 그 자체가 변화를 발생시키는 필수불가결한 것이라고 생각하지 않는다. 대신, 상담자는 내담자의 문제를 지속적으로 분석하고 내담자가 만들 변화에 대한 계약을 협의해야만 한다. 그리고 내담자의 변화가 성공할 수 있도록, 계획되고 구조화된 방식을 통해 활동적으로 개입해야만 한다. 이러한 계획된 개입 과정을 '치료 방향(Treatment Direction)' 이라고 한다.

'치료 방향' 은 "동의된 계약과 내담자에 대한 (치료자의) 진단 안에서 내담자를 촉진시키기 위한 정보화된 개입 선택" (Stewart, 1989: 9)으로 정의할 수 있다.

'계약' '진단' 그리고 '치료 방향' 이라는 이 세 가지 방식은 지속적으로 상호작용한다. 예를 들면, 당신은 내담자에 대한 당신의 진단을 수정할 수 있을 것이다. 왜냐하면 내담자에 대한 정보를 더 알았기 때문일 수도 있고, 혹은 상담 과정을 통해 이미 변화가 있는 내용일 수도 있기 때문이다. 이때 변화된 진단은 계약의 재협상을 요구한다. 그리고 새로운 진단과 새로운 계약은 당신의 개입 선택에 대한 새로운 시각을 필요로 할 것이다.

'직면'의 의미 교류분석 상담의 원칙은 상담자가 내담자의 각본에 '직면'하게 하는 것이다. 교류분석에서 사용되는 '직면(confrontation)'이라는 용어는 공격적이거나 거친 개입을 의미하는 것이 아니다. 이것은 '상담자가 내담자로 하여금, 지금-여기의 현실에 맞지 않는 내담자의 각본신념을 시험해 보도록 유도하는 것'을 의미한다.

도피구의 폐쇄 교류분석 상담의 독특한 특징 중 하나는 '도피구의 폐쇄(closing escape hatches)'로 알려진 과정이다(Holloway, 1973; Drye, Goulding, & Goulding, 1973; Mellor, 1979; Boyd & Cowles-Boyd, 1980; Stewart, 1996: 54-58; Stewart, 2000: 93-105). 도피구를 폐쇄하기 위해서, 내담자는 어떤 상황에서든지 자기 자신이나 타인을 죽이거나 해치지 않으며 미쳐 가지 않겠다는 '절대적인 결정'을 내려야만 한다. 또한 교류분석 상담자는 더 나아가 이 '절대적인 결정'을 더욱 정교하고 구체적으로 내담자와 다듬는다. 예를 들면, 밴 조인스(Vann Joines)는 내담자에게 다음과 같은 '절대적인 결정'을 내리도록 유도하였다—"나는 나를 죽이기 위해 어떠한 것도 하지 않겠습니다." 그리고 "나는 결코 도망가지 않을 것입니다."

결론적으로, 이러한 작업은 상담자가 약속하는 것이 아니다. 이러한 결단은 내담자 스스로가 혼자 힘으로 만들어 가는 것이다. 상담자의 역할은 과정과 절차를 제공해 주고, 내담자에게 어떤 부적합한 조짐이 있는지를 관찰하는 것이다.

'도피구의 폐쇄'는 두 가지 목적이 있다. 첫째, 이것은 '자살' '살인' 또는 '미치광이로 되어 가는 것'이라는 비극적 결과에 대항하는 실제적인 보호망을 제공한다. 둘째, 이것은 각본으로부터 빠져나올 수 있도록 활성화시켜 준다. 각본을 분석해 본 경험에 비추어 보면, 많은 사람의 각본이 세 가지의 비극적 결말 중 하나인 마지막 장면(각본결말)으로 향한다는 것이다. 이러한 각본의 조기결단의 형태는 "만약 나쁜 상태가 지속되면, 나는 꼭 (나를 죽일, 다른 사람을 죽일, 미쳐 버릴) 거야."다. '도피구의 폐쇄'를 통해서, 사람은 이러한 결단으로부터 빠져나와 절대적인 어른의 결단을 만들어 낼 수 있다. 이것의 정신내적인 효과는 각본의 전반적인 구조를 불안정하게 만들고, 치료적인 움직임을 더욱 쉽게 만들어 주는 것이다.

이러한 치료적인 움직임은 때때로 내담자에게 일시적인 불편함을 일으킬지도 모른다. 내담자는 어린 시절에 '기존에서 벗어난 편안함'에 두려움을 경험했기 때문이다. 그러나 내담자가 '도피구의 폐쇄'를 하지 않으면, 상담장면에서 변화를 거부하는 상황이 발생하고 내담자의 부분(의식 밖)은 비극적 결말을 '정당화'하기 위해 여전히 활동할 것이다.

세 가지 비극적 결말의 도피구를 폐쇄하도록 내담자를 유도하는 것은 기본적인 실천이다. 이것은 내담자의 주요 성격적응 유형이 무엇이든 간에 모두에게 적용되는 것이다. 그러나 각각의 성격적응 유형은 인생각본의 '열점(hot spot)'에 따라 한 가지 이상의 도피구를 가지고 있다. 각 성격유형에 따른 주요 도피구는 다음에 기술되어 있다.

재결단 치료

재결단 치료(redecision therapy)(Goulding & Goulding 1978, 1979; Kadis, 1985)는 행동, 인지, 정서적 접근이 조합된 가장 효과성이 높은 단기치료다. 이것은 1960년대 초 프리츠 펄스(Fritz Perls, MD)와 에릭 번(Eric Berne, MD)이 함께 작업한 결과로써, 로버트 굴딩(Robert Goulding, MD)과 매리 굴딩(Mary Goulding, MSW)에 의해서 발전되었다. 굴딩은 번의 교류분석(1961)과 펄스의 게슈탈트(1951, 1971)를 함께 통합하여 사용하면, 매우 강력한 조합이 될 것으로 생각하였다. 교류분석은 매우 명확한 개념적인 준거 틀을 제공하며, 게슈탈트는 경험에 의거한 실질적인 방법을 제공해 주기 때문이다. 결국 이러한 각각의 독특성이 함께 모여 '재결단 치료'가 탄생하였다. 이러한 '재결단 치료'에 성격적응 유형의 개념이 조합되었을 때, 더욱 효과적인 접근방법이 된다.

임패스와 재결단 재결단 치료의 주요 개념 중 하나는 '임패스(Impasse)'다. 임패스는 사람이 두 가지 갈등 상황을 강하게 경험하는 '고정된 지점'이다. 이러지도 저러지도 못하는 상황이며, 고정된 채 많은 에너지를 소비하는 곳이다.

게슈탈트의 프리츠 펄스는 '임패스'를 '승자와 패자' 사이의 내부 싸움이라고 규정하였다. 로버트와 매리 굴딩은 이러한 펄스의 개념을 교류분석 용어를 사용하여, 심리내적인 싸움은 서로 다른 자아가 싸우는 것이라고 설명하였다. 즉, 한 개인의 내부에서 어버이 자아상태의 '열심히 일하라!' 메시지와 어린이 자아상태의 '난 그게 싫어요.' 메시지가 서로 충돌하여 갈등을 유발한다는 것이다.

개인의 변화를 위한 굴딩 모델에서는 각본을 형성하는 '조기결단'을 매우 강조한다. 이러한 최초의 조기결단은 어린 시절에 이루어졌기 때문에, '지금-여기'에서 가장 강력한 변화를 유도할 수 있는 곳은 어린이 자아상태라고 가정하고 있다. 이렇게 어린이 자아상태 안에서 새롭게 결단을 내리는 것을 '재결단(redecision)'이라고 말한다.

상담장면에서, 비교적 초기에는 상담자와 내담자가 내담자의 '임패스'를 의식하지 못한다. 임패스에 대한 내용이 명확하지 않을지라도 변화에 꼭 필요한 단계는 임패스의 내용을 알아내는 것이다. 이러한 과정을 '임패스 해명(impasse clarification)'이라고 한다.

재결단 치료를 위한 준거 틀 재결단 치료는 '계약하기' '임패스 해명' 그리고 '재결단 작업'이라는 세 단계로 구성된다(McNeel, 1977). '계약'은 상담 목표를 자세히 서술하고, 심리적 게임에 빠지는 것을 방지한다. '임패스 해명'은 어버이 자아상태를 재프로그램하고, 어른 자아의 오염을 제거하며, 어린이 자아상태의 혼란을 완화함으로써, 재결단 작업을 준비하는 데 도움을 주는 것이다. '재결단 작업'은 초기 경험에서의 감정적인 부분을 다루는 내용을 포함하고 있다. 그러므로 어린이 자아상태의 재결단 성공은 행동의 변화를 유도한다.

재결단 치료는 내담자가 상담에서 원하는 자신의 행동 변화에 대한 구체적이고 명확한 '계약'을 맺는 것으로부터 시작한다. 이러한 방법은 내담자로 하여금 자신의 힘을 믿고, 책임성을 가질 수 있도록 유도하며, 자신의 무의식적인 방어기제에 대한 조심스러운 탐색을 하도록 이끌어 준다. 상담자는 내담자의 '자연스러운 어린이 자아상태' 곁에 늘 머물러 있어야 한다. 그리고 내담자로 하여금, 이 부분 또한 내담자 자신의 중요한 일부분임을 늘 상기시킨다. 내담자는 자신이 경험하고 있는 현재의 문제를 내놓는다. 이 문제의 내용을 '지금-여기'에서 경험하기 위해서 구체적으로 함께 있었던 사람, 자신이 한 행동, 현재의 긴장 상태 등을 표현한다. 또한 내담자는 자신이 느끼고 있는 감정을 묘사해 보고, 자신이 느끼고 있는 자신에 대해서 또는 타인이 느낄 것이라 생각하는 자신에 대해서 말해 본다. 그리고 자신의 운명에 대해서도 말해 본다.

재결단 치료에서는 '현재의 갈등 상황이란, 생애 초기에 자기 자신, 다른 사람, 그리고 자신의 운명에 대해서 결단한 존재론적 입장을 유사하게 재경험하는 것'으로 가정한다. 이러한 결단은 자신이 살아가기 위해 인식한 최선의 선택임을 나타내고 있다. 그러나 현재에서의 가장 큰 어려움은 당면한 문제를 해결할 더 나은 다양한 선택이 있음에도 불구하고, 우리 자신은 스스로 결단한 최초의 선택만을 고집한다는 것이다. 재결단 과정은 우리에게 과거의 결단으로부터 자유로울 수 있도록 도와주며, 현재의 새로운 선택을 위한 재경험을 추구한다.

다음으로 내담자는 어린 시절에 존재론적 입장에서 '익숙한 감정'에 대한 질문을 받는다. 이때 내담자는 초기 광경을 묘사한다. 그 당시에 일어난 일을 묘사하기 위해서 당시의 사람, 있었던 행동 그리고 표현된 긴장 상태 등을 묘사한다. 상담자는 내담자에게 어렸을 적, 그 상황에서 자신을 보호하기 위해 어떤 것을 결단했는지를 물어본다. 상담자는 이때 내담자에게 아직도 해결되지 않은 감정적 주제를 가진 사람에 대해 말하도록, 게슈탈트 대화 방식으로 접근한다. 목표는 과거의 결단을 지금 해결하도록 하는 것이며, 내담자가 현재 자신을 보호하기 위해 어떻게 할 것인지에 대한 새로운 결단을 하도록 유도하는 것이다.

상담자는 내담자의 몸 움직임, 감정 상태 그리고 에너지의 전환 등을 관찰함으로써, 내담자의 변화된 모습을 찾도록 한다. 내담자에게 가장 필요한 것은 '지금 이 시점에서 변화를 경험하는 것'이다. 이때 내담자는 상담 밖에서도 새로운 결단을 계속 사용할 의지가 있는지에 대해서 구체적으로 질문받는다. 변화는 때때로 매우 빠르고 극적으로 나타나기 때문에 이러한 과정이 다소 마법적으로 보일지 모르지만, 이 자체의 접근법은 매우 체계적이고 학습적이며, 또한 배울 가치가 있다. 이것은 분노, 공황, 공포, 초기 마음의 상처, 우울, 자살 충동 그리고 상실감 등을 포함한 넓고 다양한 주제를 다루는 데 효과적이다.

재결단 치료는 일반적으로 내담자에게 긍정적인 스트로크와 지지를 제공하기 위해 집단에서 실시된다. 그러나 개인치료나 커플치료 그리고 가족치료에서도 사용된다. 특정 용어와 기술은 변화를 위한 '양육적인 환경'을 만들기 위해 사용된다. 상담자는 내담자 안에 있는 '자연스러운 어린이 자아상태' 옆에서 개인의 힘과 책임성을 강조하며, 현실에 맞지 않는 신념을 분리시킨다. 또한 부적절한 대응에 대해 직면하도록 하고, 다양성을 인정해 주며, 건강한 행동을 보여 주는 모델 역할을 한다(McNeel, 1977). 양육적인 환경에서 적절한 시간이 주어지면, 내담자는 재결단 치료 과정에 들어갈 수 있는 충분한 보호를 경험하게 된다. 그러나 몇몇 내담자는 집단 안에서 안정감을 느끼지 못하는 경우가 있으며, 마음의 상처를 보여 주지 않기 위해서 강한 방어기제를 사용하기도 한다. 이러한 경우, 성격적응 유형에 대한 정보는 상담자로 하여금 변화를 용이하게 이끌기 위한 재결단 치료 방법을 찾아낼 수 있도록 도와준다. 게다가 성격적응 유형은 내담자의 다양한 성격적응 유형에 따라 상담자가 더욱 용이하게 재결단 치료를 사용할 수 있도록 한다.

'심리적 함정'을 탐색하고 직면하기 에릭 번(1972)은 모든 심리적 게임은 '함정(con)'을 가지고 시작한다고 언급하였다. 많은 메시지는 비록 표면상으로는 별 의도가 없어 보이지만, 사실상 심리적 게임으로 이끄는 은밀한 의도가 있다는 것이다. 예를 들면, 상담자가 내담자에게 "당신은 무엇을 변화시키고 싶은가요?"라고 물을 때, 내담자는 "나는 권위에 대한 두려움을 가지고 일하고 싶어요."라고 말한다. 함정은 "일하고 싶어요."라는 문구에 있다. 내담자의 말에 숨어 있는 어린이 자아상태는 '나는 일할 것이다. 그러나 나는 바꿀 수 없기 때문에, 어떠한 것도 바꾸지 않을 것이다. 나는 더 이상 일을 하지 않을 것이다.'를 의미한다. 상담자가 이러한 함정을 알아채지 못하면, 내담자와 상담자는 '나에게 뭔가 좀 해 주세요.' '예……, 그러나…….'와 같은 심리적 게임을 할 가능성이 높다.

재결단 치료의 창시자인 밥(Bob)과 매리 굴딩은 '함정'을 찾아내는 것이 매우 중요한 것임을 강조했다. 특히 상담 첫 회의 처음 말에서 보이는 내담자의 '첫 번째 함정'은 더욱 그러하다. 각각의 성격적응 유형은 몇 가지 자주 쓰는 함정이 있다. 다음에서는 관련된 목록을 보여 줄 것이다. 이 목록은 모든 내용을 총망라한 것이 아니다. 그러나 서로 다른 성격적응 유형을 지닌 내담자로부터 듣게 되는 언어 속의 함정을 찾을 수 있도록 안내해 줄 것이다.

재결단 치료와 성격적응 유형

성격적응 유형은 사람들이 보편적으로 지니고 있는 것이다. 그래서 상담에 오는 내담자는 한 개 또는 그 이상의 성격적응 유형을 보여 준다. 내담자가 사용하는 성격적응 유형을 적절하게 진단한다면, 당신은 어떻게 내담자와 최상의 라포를 맺을 수 있는지를 알게 되며, 가장 좋은 결과를 만들기 위해 상담의 각 단계에서 어떤 영역(행동, 감정, 사고)에서 작업해야 하는지도 알게 된다. 또한 당신은 내담자의 방어기제 때문에 쉽게 상담이 중지되지 않도록 피해야만 하는 영역도 알게 될 것이다.

제2장에서 살펴보았듯이, 모든 사람은 적어도 한 개의 생존적인 성격적응 유형과 한 개의 실행적인 성격적응 유형을 가지고 있다. 생존적인 성격적응 유형은 정신분열, 반사회성 그리고 편집성 성격적응이다. 이것은 생후 초기부터 18개월 동안에 발달되는 것으로써, 신뢰가 깨졌거나 위급한 상황에서 생존하기 위해 자신을 보호해 왔던 방법이다. 실행적인 성격적응 유형은 수동-공격성, 강박-신경증적 그리고 연기성 성격적응이다. 이것은 생후 18개월 이후부터 6세 동안에 형성되는 것으로, 자신이 긍정(OK)적인 존재가 되기 위해서 부모 또는 의미 있는 타인에 대한 기대를 충족시켜 왔던 방법이다.

이번 장에서는 효과적인 상담을 하기 위해서, 이러한 개념을 한 가지 주요 성격적응 유형을 보이는 내담자에게 어떻게 사용하는지를 설명할 것이다. 다음 장에서는 조합된 성격적응 유형을 보이고 있는 내담자와 어떻게 유용하게 이 개념을 사용할 수 있는지를 논의할 것이다(상담장면에서 내담자가 자주 보이는 상담의 주제는 생존적 적응과 실행적 적응 양쪽 다 관련된 것이다.). 마지막 장에서는 하나의 성격적응 유형이 다른 성격적응 유형으로 전환되는 내담자를 탐색해 볼 것이며, 이런 내담자에게 가장 효과적인 개입을 위해서 내담자에게 발맞춰 어떻게 움직일 것인가를 서술하고 있다.

연기성 성격적응

이미 언급하였듯이, 연기성 성격적응의 개방문은 '감정'이다. 이들은 먼저 감정을 통하여 외부세계를 다루려고 하며, 균형을 잡기 위해서 '사고'를 통합할 필요가 있다. 그러므로 비록 이들의 표적문이 사고일지라도, 먼저 감정을 통한 대면이 필요하다. 열정적인 과잉 반응자는 얕고 피상적으로 느끼는 경향이 있다. 만약 이들의 감정을 깊이 있게 표현하도록 유도한다면, 이들은 그렇게 하기 위해 사고를 사용할 것이다.

당신은 먼저 내담자의 감정을 통하여 좋은 관계를 맺을 수 있다. 양육적인 어투를 사용하고 감정을 나눔으로써 '양육적인' 또는 '정서적인' 의사소통 방식을 사용한다. 교류분석 용어를 사용하면, 당신은 '양육적 어버이 자아상태'와 '자연스러운 어린이 자아상태' 기능을 작동시키는 것이다.

다음 단계는 내담자의 '사고'를 이끌어 냄으로써 '어른 자아'가 활성화되도록 하는 것이다. 사고기능을 사용하도록 하는 것은 이들의 어린이 자아상태 신념에 의해 오염되어 있는 어른 자아를 분리하는 것이다. 연기성 성격적응을 가진 사람의 '행동'에 직접 접근하는 것은 좋지 못하다. 왜냐하면 이들의 함정문이 바로 행동이기 때문이다. 이들은 이미 모든 것에 '타인을 기쁘게 하라'를 하기 때문에 이들의 행동 영역은 가장 상처받기 쉬운 영역이다. 따라서 연기성 성격적응 유형 사람의 행동 영역에 직면하면, 이들은 매우 힘들어하고 방어기제를 사용하거나 상담을 중지하게 된다. 또한 '직면하거나' '지시하는' 의사소통 방식은 피하는 게 좋다. 교류분석 용어를 사용하여 표현하자면, 당신은 '비판적 어버이 자아상태' 사용을 자제하는 것이 좋다.

상담을 진행해 감에 따라, 이들은 점차 과도한 감정적 반응 대신에 '지금-여기'에서 가장 적절한 방법을 행하기 시작한다. 그러나 이러한 행동적인 변화는 행동에 직접 접근하기보다는, 이들의 표적문인 사고와의 상담 과정 속에서 발전된 것이다.

연기성 성격적응을 지닌 사람과의 재결단 과정은 일반적으로 무난하게 진행되는 편이다. 이들은 '계약' '임패스 해명' 그리고 이들의 '사고'를 이끌어 내는 작업을 자연스럽게 느끼기 때문이다.

치료의 핵심 주제 연기성 성격적응의 경우 치료를 통해 변화가 있으려면, 자기 안에 있는 힘을 이용하여 '스스로 홀로 설 수 있다는 것'을 배울 필요가 있다. 이들은 다른 사람과의 적절한 제한을 두기 위해서 자신의 '분노'를 사용할 필요가 있다. 이들에게 중요한 또 하나의 주제는 주어진 상황에서 '도망가는 것을 중지하는 것'이다. 그러므로 상담자와 계약을 할 때 자신이 느끼는 감정에 대해서 이야기할 수는 있지만, 절대로 자신이 견디기가 어려운 감정 때문에 상담을 중지하지 않기로 계약할 필요가 있다. 또한 이들은 타인이 자신에게 관심을 쏟지 않더라도, 소중하고 사랑받을 만한 가치가 있는 존재임을 인정할 필요가 있다.

이들은 자신이 사용하는 '사고'기능에 대해서 격려와 인정을 받을 필요가 있다. 이러한 격려와 인정은 자신이 유능하고 사랑받는다는 느낌을 갖도록 해 준다. 또한 타인이 자신에 대해 어떻게 생각하는지보다 자신이 스스로 자신을 어떻게 생각하는지를 알도록 도와준다.

함정, 라켓 그리고 주요 금지령 연기성 성격적응을 지닌 내담자와 상담에서 직면하게 되는 주요 함정은 일반적으로, '내가 추측컨대…….' 또는 '나는 할 수 없다.'다. 그리고 일반적인 라켓은 '슬픔' '혼란' '불안' 그리고 '두려움'인데, 대부분은 '분노'라는 진정한 감정을 감추기 위한 것들이다.

일반적인 이들의 주요 금지령은 '생각하지 마라.' '성장하지 마라.' '중요한 존재가 되지 마라.' 그리고 '너 자신이 되지 마라.'다(남자 연기성 성격적응인 경우, 때때로 자신의 이름이 붙은 '남자가 되지 마라.'라는 금지령을 가지고 있기도 하다.). 그러므로 이런 것들이 치료 변화 과정에서 가장 중요한 측면이 된다. 이들이 사용하는 주요 도피구는 '도망치는 것'이다. 심할 경우, '자살'함으로써 세상으로부터 도망가려고 한다.

강박-신경증적 성격적응

책임감 있는 일 중독자 또는 강박-신경증적 성격적응을 가진 사람은 개방문인 '사고'를 통해서 세상과 맨 먼저 접촉한다. 이들의 균형을 잡기 위해서는 '감정'과 통합할 필요가 있다. 상담장면에서 이들의 변화가 필요한 표적문은 감정이긴 하지만, 이들의 감정에 다가서는 방법은 이들의 사고를 통해서 가능하다. 당신이 이들을 사고 영역으로 깊이 있게 유도한다면, 이들의 감정이 점차 드러날 것이다. 이들과 맨 처음 접촉을 시도할 때에는 이들의 사고기능에 질문을 하는 '요구하는' 의사소통 방식을 사용하는 것이 효과적이다. 상담의 후반기에 이들이 표적문인 감정에 있을 때 당신은 '양육적 어버이 자아상태' 또는 '자연스러운 어린이 자아상태' 기능('양육적인' 또는 '정서적인' 의사소통 방식)을 사용하는 것이 좋다.

이들의 함정문은 '행동'이기 때문에, '비판적 어버이 자아상태'로 직면하는 것은 바람직하지 못하다. 강박-신경증적 성격적응을 하는 사람은 어떻게 하면 모든 일을 '완벽하게' 처리할 수 있는지를 이미 알고 있다. 상담이 진행됨에 따라, 이들은 점차 긴장이 완화되고 편안해지기 시작할 것이며, 즐기는 것이 가능해지고, 완벽해지는 것을 중지할 것이다. 이들의 행동을 변화시키는 방법은 행동을 직접 대면하는 것이 아니라 이들의 감정을 이끌어 내는 것이다.

재결단 치료에서, 이들의 치료는 일반적으로 일직선으로 진행된다. 이들의 개방문은 '사고'이고, 표적문은 '감정'이기 때문이다. 이러한 작업은 '계약'을 시작으로 하여 '임패스 해명' '재결단 작업' 그리고 '감정의 자유'로 진행된다.

치료의 핵심 주제 책임감 있는 일 중독자는 일을 하지 않더라도 자신은 '사랑스러운 존재라는 경험'이 필요하다. 자신이 사랑스러운 존재임을 자각하기 위해서는 자신에 대한 허용과 스트로크가 필요하다. 이들은 완벽하지 않더라도 충분히 사랑받을 가치가 있는 존재임을 배울 필요가 있다.

또한 강박-신경증적 성격적응을 하는 사람은 불합리한 요구에 대해, 당당히 "아니요!"라고 말할 수 있어야 하며, 어떻게 하면 홀로 설 수 있는지를 배울 필요가 있다. 그리고 이들은 아동기 때 잃어버린 것에 대해 '애도'할 필요가 있다. 이들은 너무 빨리 너무 많은 것을 책임지기 시작했기 때문에 일찍이 어른이 되었다. 이들에게는 즐거운 시간이 필요하고, 자신이 매우 가치 있고 존중받을 만한 존재라는 것을 경험할 필요가 있다.

함정, 라켓 그리고 주요 금지령 이들의 함정은 '더욱' '더 좋게' 그리고 '할 수 있다.'다. 이들의 일반적인 라켓은 타인에 대한 직접적인 '분노'와 '노여움을 동반한 불안' '죄책감' 그리고 '우울'이다. 이들의 주요 금지령은 '어린아이가 되지 마라(즐기지 마라.)' '친해지지 마라.' '중요한 존재가 되지 마라.' 그리고 '감정을 느끼지 마라.'다. 주된 도피구는 '자살'이다. 이것은 일반적으로 과도하게 일에만 매달림으로써 죽음까지 맞이하게 되는 형태를 취한다.

편집성 성격적응

편집성 성격적응과의 상담은 개방문, 표적문 그리고 함정문이 같다는 점에서 강박-신경증적 성격적응과 유사하다. 가장 큰 차이점은 편집성 성격적응은 '어린이 자아상태가 덜 기능한다는 것'이다. 이들은 '완벽하라'뿐만 아니라 '강하라' 드라이버를 가지고 있으며, 마음의 상처가 없는 것처럼 행동한다. 날카로운 사고자이지만, 때때로 잘못된 자극을 받아들여 점차 '망상'에 빠지기도 한다. 이들을 맨 처음 대할 때의 의사소통 방식은 '요구하는' 의사소통 방식이 가장 효과적이다. 교류분석 용어로 표현하자면, '어른 자아'를 사용하는 것이다.

이들의 표적문인 '감정'을 끌어올리기 위해서, 당신은 '양육적 어버이 자아상태'('양육적인' 의사소통 방식)를 사용할 필요가 있다. 이들은 상담 초기에는 자연스러운 어린이 자아상태 반응을 하지 않을 것이다. 왜냐하면 이들은 자연스러운 행동을 단순하고 유치한 관점으로 보는 경향이 있으며, 상담자의 동기에 대해 의심하는 경우가 많기 때문이다. 또한 이들은 자신에게 반하는 비판적인 어버이 자아상태에 대해서 직접적으로 맞서고 싸운다. 때때로 상담자인 당신은 이들에게서 자연스러운 어린이 자아상태 모습을 감지할 경우가 있을 것이다. 이때 신뢰감 있는 라포를 형성하기 위해서 어린이 자아상태에 긍정적인 스트로크와 지지를 해 주는 것은 매우 중요하다. 그러므로 가장 큰 변화는 이들의 '행동'에서 보게 될 것이다. 그러나 이것은 이들과의 '감정' 작업을 통해 성취된 결과다.

일반적으로 이들과의 재결단 치료 과정은 천천히 이루어지는 편이다. 이들은 상담자나 상담 과정에 대한 신뢰관계를 맺는 데 제법 오랜 시간이 필요하기 때문이다. 이들은 상담자를 조정하는 것을 포기하는 것과 빈 의자 기법 또는 이중 의자 기법 그리고 감정으로 들어가는 것을 어려워한다. 당신은 시종일관 불변하는 태도로 이들과의 신뢰성 있는 관계를 설립하고 유지하는 것이 중요하다. 일단 자신에게 있는 마음의 상처에 대한 안정감을 느끼게 되면, 이들은 기꺼이 재결단 치료의 과정 속에 합류하게 될 것이다.

치료의 핵심 주제 이들과의 상담 작업 대부분은 오염되어 있는 어른 자아를 정화하고, 어린이 자아상태가 편안하게 나타날 수 있도록 어버이 자아상태를 재조정하는 것이다. 재결단 작업은 이들의 두려운 감정과 지지받는 경험 사이를 공전한다. 그리고 과도한 통제를 막기 위해, 이들에게 필요한 보호막을 설정한다.

함정, 라켓 그리고 주요 금지령 이들이 어버이 자아상태에서 보여 주는 함정은 '~해야만 한다.' '~하는 것은 당연하다.' '~를 할 필요가 있다.'이고, 어린이 자아상태에서 보여 주는 함정은 '~을 할 수 있다.'다. 이들은 자주 라켓감정으로, 다른 사람에 대한 '분노'를 보여 준다. 그러나 이것은 실제적으로 거절당할 '두려움'을 감추려는 것이다. 다른 라켓으로는 '불안' '질투' '의심'이 있다. 주로 가지고 있는 금지령은 '감정을 느끼지 마라.' '친해지지 마라(신뢰하지 마라.).' 그리고 '어린아이가 되지 마라(즐기지 마라.).'다. 이들이 상담 작업 중에 보여 주는 극단적인 도피구는 '살인'이다.

정신분열성 성격적응

이들에게서 '행동'은 개방문이다. 특히, 이들이 사용하는 행동은 '회피하는 수동성'이다. 이들이 균형 잡기 위해 통합할 필요가 있는 영역은 표적문인 '사고'다. 그러나 이들이 사용하는 사고기능은 내부에서 활동하고 있고, 외부로 표출되지는 않는다. 이들에게 필요한 것은 자신의 사고를 외부로 표출하고, 그 사고에 대한 스트로크를 구하는 것이다. 또한 자신의 진정한 욕구를 체험하고 문제를 해결함으로써 그 과정에서 타인과 친밀해질 수 있도록 하는 것이다.

이들과 맨 처음 계약하는 과정에서 가장 중요한 것은 이들이 해야 할 행동을 명확히 제시해 줄 수 있는 '통제하는 어버이 자아상태'('지시하는' 의사소통 방식)의 접근이 필요하다는 것이다. 당신의 목적은 이들이 내부로만 생각하는 것을 중단하고, 밖으로 표현할 수 있도록 하는 것이다. 다음에는 '요구하는' 의사소통 방식을 사용하여 '어른 자아'를 활용할 수 있도록 함으로써, 당신은 이들의 표적문인 '사고'로의 접근을 시도해야만 한다.

이들이 항시 멈추어 있는 영역인 함정문은 '감정'이다. 이들은 일반적으로 자신의 감정이나 욕구에 대한 표현 없이, 단지 '강해야만 한다.'는 믿음을 가지고 있다. 이들이 만약 나쁜 감정을 경험하게 되면, 이들은 쉽게 지치고 만다. 이들은 나쁜 감정 자체를 무시하기 때문이다. 하지만 감정 영역에서 상담을 진행시키지는 않는다. 이들의 표적문인 사고기능에서 작업을 진행해 감에 따라 가장 커다란 변화는 감정에서 볼 수 있기 때문이다. 이들은 '회피'하거나 '나쁜 감정'에 머물러 있지 않고 문제를 해결하려 할 것이며, 자신의 진정한 욕구를 찾아감에 따라 더욱 활기차고 활발해질 것이다.

치료의 핵심 주제 이들은 먼저 '홀로 서는 것'을 배울 필요가 있고, 자신의 영역에 대해 주장할 수 있어야 하며, 다른 사람에게도 의미가 있을 수 있는 자신의 욕구를 현실화시킬 필요가 있다. 이들은 자신이 경험한 것과 원하는 것을 비교해 볼 필요가 있으며, 원하는 것을 요구하는 연습이 필요하다. 또한 다른 사람과 마찬가지로, 스스로 자신을 지지할 필요가 있으며, 다른 사람이 자신의 욕구를 조절할 수는 있지만 그것에 의해서 압도되지 않는다는 경험을 해 볼 필요가 있다.

이들에게 '임패스 해명' 작업은 재결단 치료를 위해 매우 중요한 부분이다. 때로는 어떤 계약을 하기 전에, 이 작업이 필수적인 경우도 있다. 이들은 일반적으로 문제를 해결하기보다는 문제를 회피하려는 경향이 있기 때문에, 최선의 전략은 계속적으로 이들을 문제로 데리고 오는 것이다. 이때, 당신은 이들에게 유능하고 문제를 풀 수 있는 능력이 있다는 사실을 강하게 주입해 주어야만 한다. 어떤 상황에서도 이들의 개인적인 힘과 책임성을 경험하도록 도와주는 것은 무엇보다 중요하다. 재결단 작업은 일반적으로 감정만큼이나 사고를 가지고 진행된다.

함정, 라켓 그리고 주요 금지령 이들이 자주 사용하는 함정은 '나(I)'라는 말을 쓸 곳에 '그것(it)'이라는 말을 사용하고, 능동적인 동사보다 수동적인 동사를 사용하는 것이다. 전형적인 라켓은 '무감각'과 '혼돈'이다. 이들로부터 보게 되는 금지령은 무척 다양하다. 이들이 전형적으로 보여 주는 금지령은 '생각하지 마라.' '중요한 존재가 되지 마라.' '(분노 또는 흥분)을 느끼지 마라.' '즐기지 마라.' '소속되지 마라.' '성취하지 마라.' '성장하지 마라.' 그리고 '제정신으로 있지 마라.'다. 이들의 도피구는 '미치광이가 되어 가는 것'이다.

수동-공격성 성격적응

수동-공격성 성격적응을 가진 사람의 개방문은 '행동'이다. 이들은 대부분 친밀한 관계를 맺는 데 어려움을 가지고 있다. 이들은 수동-공격적인 행동으로 관계를 맺기 때문이다. 예를 들면, 수동-공격성 내담자는 약간 화난 투로 "미안해요. 나는 당신의 말을 따를 수가 없어요."라고 말을 해 놓고, 상담자가 적절하게 맞춰 주거나 자신에게 설명해 주기를 기다린다. 치료를 위한 이들의 표적문은 '감정'이며, 함정문은 '사고'다. 이들의 인생각본은 '노력하라'로 가정되고 있고, 일반적으로 심리내적인 힘의 투쟁 속에서 한쪽으로만 나가려고 한다.

이들과 상담 초기 라포를 형성하기 위해서는, '자연스러운 어린이 자아상태' 행동과 이들과 즐기는 대화방식('정서적인' 의사소통 방식)을 사용하는 것이 최선이다. 당신이 '어버이 자아상태' 방식을 사용한다면, 이들은 즉각적으로 당신과 심리적인 힘싸움을 시작할 것이다. 어른 자아를 사용하기 위한 일반적인 시도가 이들에게는 어버이 자아상태의 메시지로 들릴 수 있다.

일단 자연스러운 어린이 자아상태를 통해 이들과 라포를 형성한 다음, '양육적인 어버이 자아상태'의 접근('양육적인' 의사소통 방식)을 사용하여 이들의 표적문인 '감정'과의 접근을 시도해야 한다. 이들의 감정(특히, 마음의 상처)을 다룸에 따라, 이들은 '사고'에서 가장 큰 변화를 보이게 된다. 이들은 '이것 아니면 저것'이라는 입장을 버릴 것이며, 심리적인 투쟁에서도 서서히 벗어나기 시작할 것이다.

치료의 핵심 주제 이들은 먼저 존재 그 자체로서 긍정(OK)이 될 수 있고, 어떠한 경우에도 수용될 만하다는 경험이 필요하다. 그리고 타인은 자신의 욕구를 채우기 위해 이들과 '협력'하려 한다는 사실을 배울 필요가 있다. 또한 삶을 '투쟁'하듯 살 필요가 없다는 것을 인식할 필요가 있다. 이들은 자신이 원하는 것을 기다리기보다는 직접 요구하는 법을 배울 필요가 있고, 자신이 원하는 것이 아닌 다른 것을 받았을 때에는 당당히 화낼 권리가 있음을 인지할 필요가 있다. 그 결과 이들은 순수한 자기가 될 수 있을 뿐만 아니라, 스스로 자신을 지지하는 법을 배울 수 있게 된다.

이들과의 재결단 치료 과정을 지속시키기 위한 주요 방법은 이들의 '자연스러운 어린이 자아상태' 옆에서 지속적으로 이들과 유쾌하게 상호작용하는 것이다. 이들의 사고에 직접적으로 관여하는 계약이나 시도는 효과가 없을 것이다. 역설적으로, 이들의 '반항하는 어린이 자아상태'에게 스트로크를 주고, 변화에 역행하는 유희적인 접근이 일반적으로 이들에게는 더욱 생산적이다. 치료자의 최선은 치료 과정에서 이들과 함께 뒹굴고 고함을 치는 것이며, 매 치료 단계에서 내담자의 변화에 대해 오히려 항의하는 모습을 보이는 것이다. 이렇게 함으로써 당신은 이들의 '저항'을 무마하게 된다. 이들은 방어기제를 중지하게 될 것이며, 그에 따라 자유로워진 에너지는 긍정적인 방향으로 옮겨지게 된다. 이들은 자신의 '임패스'를 매우 고통스럽게 인식하고 있다. 유희적인 접근은 이들에게 이러한 것을 편하게 느끼도록 돕는다. 후반부 재결단 치료의 주요 초점은 자신과 양육자 사이의 초기 투쟁의 고통에서 해방되는 것이고, 싸우지 않더라도 잘 살아갈 수 있다는 경험을 하는 것이다.

함정, 라켓 그리고 주요 금지령 이들이 자주 사용하는 함정은 '모르겠어요.' '~그러나'다. 일반적인 라켓은 '좌절감'과 '혼돈'이다. 이들이 가지고 있는 주요 금지령은 '성취하지 마라.' '성장하지 마라.' '감정을 느끼지 마라.' '즐기지 마라.' 그리고 '친해지지 마라.'다. 이들의 극단적인 도피구는 '미치광이가 되어 가는 것'이다.

반사회성 성격적응

반사회성 성격적응을 지닌 사람의 개방문은 '행동'이다. 이들은 활동적이고 공격적인 행동으로 외부세계에 접한다. 이들은 어떤 상황에서든 이득을 취하기 위해 자신의 매력을 발산하거나 위협적으로 행동한다. 이들이 성장하기 위해서는 표적문인 '감정'과 통합할 필요가 있다. 이들의 함정문은 '사고'다. 이들은 주로 '작은 교수(어린이 자아상태 속에 있는 어른 자아)' 자아를 사용하고, 타인을 압도하거나 속여서 바보로 만들곤 한다. 이들이 심리적으로 함정을 거는 방법은 '강하라'와 '타인을 기쁘게 하라'를 시도하는 것이다. 또한 이들은 장기간의 결과물을 고려하는 어른 자아를 사용하지 않는다.

이들과 상담관계를 지속시키기 위해서는 상담자 자신이 가지고 있는 '작은 교수'를 사용해야 하며, 이들이 상담자에게 시도하는 '함정'을 직면하고 이를 노출하도록 해야 한다. 여기서 당신이 어른 자아를 사용한다면, 이들이 사용하려는 심리적 게임과 예상 가능한 패턴을 알아차릴 수 있을 것이다. 이렇게 함으로써 당신은 이들이 어디로 갈지를 예측할 수 있으며, 미리 한발 앞서 나아갈 수 있게 된다. 이들은 이러한 대응에 놀라기도 하며 당혹해할 것이다. 이들은 당신이 어떻게 해서 이렇게 할 수 있었는지를 찾아내기 위해 상담에 적극적으로 임하게 된다. 이때 당신은 '양육적인 어버이 자아상태'를 사용하여 이들이 정말로 원하는 것이 무엇인지를 물어봄으로써 이들의 표적문인 '감정'으로 들어갈 수 있다. 이들은 직접적으로 그것을 취할 수 없다는 것을 알게 되고, 대신에 취할 수 있는 다른 것을 시도하게 될 것이다. 만약 당신이 어른 자아에서만 작업을 한다면, 이들은 계속 주위를 맴돌 것이다. 반면에 어버이 자아상태 유형으로 나간다면, 당신은 좀 더 이들의 뒤에 머무를 수 있을 것이다.

이들은 상담에 들어가기 전에, 상담자가 성실한지 그리고 의지할 만한 사람인지를 결정하기 위해 많은 시험을 할 것이다. 이들의 감정에서 상담을 진행함에 따라 이들은 거짓된 모습보다 솔직한 자신의 모습을 받아들이게 되고, 눈에 보이는 커다란 변화는 '사고'에서 나타나게 된다. 이렇게 되면, 이들에게 장기간의 결과물을 고려하는 '어른 자아'의 사용이 시작되며, 타인을 압도하려는 지속적인 시도보다 자신의 진정한 욕구를 채우기 위해 타인과 '협력'하여 문제를 해결하려고 할 것이다.

치료의 핵심 주제 매력적 조작자 성격적응을 지닌 사람은 자신의 행동을 되새겨 볼 필요가 있고, 다른 사람을 속이려는 시도를 멈추어야만 한다. 이들은 인생이란 다른 사람을 밟고 일어서는 것이 아니라, 자신의 욕구를 채워 감과 동시에 다른 사람의 욕구도 채워져야 한다는 사실을 배워야만 한다. 또한 이들은 어린 시절에 획득하지 못했던 '유대감'과 '애착'을 새롭게 경험할 필요가 있다. 자신이 진정으로 원하는 욕구를 채우기 위해서, 타인과 '협력'할 필요가 있음을 배워야 한다. 이들은 타인과 가까워지더라도, 여전히 자유로운 존재란 것을 알 필요도 있다. 인생은 '이것 아니면 저것'이 아니다. 결과적으로, 거짓된 가식보다는 솔직한 모습을 찾을 필요가 있다.

이들은 자신이 지니고 있는 마음의 상처에 대항하여 싸우려 하기 때문에, 처음에는 재결단 작업에 참여하려 하지 않을지 모른다. 또는 일종의 함정으로써 '참여하는 척' 할지도 모른다. 그러므로 반사회성 성격적응과의 초기 재결단 작업은 작업이 직접적으로 진행되기 전까지는 주로 함정에 직면하게 하는 것이다. 그러므로 '임패스 해명'에는 후반 재결단 작업에서 이들의 초기 '유기 경험'을 애도하도록 돕는 작업이 포함된다.

함정, 라켓 그리고 주요 금지령 이들이 처음에 행하는 거의 모든 행동은 '함정'으로 봐도 무방하다. 그러므로 자신이 원하는 것을 진실하게 구하기 시작할 때까지 계약을 유보하는 것이 중요하다. 이들이 말하는 것이 진실한 것이라고 설명할 수 있는 증거를 남겨 두는 것은 유용하다. 이들의 전형적인 라켓은 '분노'와 '혼란'이다. 주요 금지령은 '친해지지 마라(신뢰하지 마라.).' '성취하지 마라.' '(두려움 또는 슬픔)을 느끼지 마라.' 그리고 '(문제 해결)을 생각하지 마라.' 또는 '영리하게 타인을 바보로 만드는 생각을 하라.'다.

조합된 성격적응 유형 다루기

대부분의 사람은 성격적응 유형이 조합되어 있다. 그러므로 하나의 적응에서 다른 적응으로 전환될 때, 이에 따라 당신의 접근법을 달리 해야만 내담자에게 가장 효과적으로 접근할 수 있다. 서로 다른 성격적응 유형으로 조합이 된 내담자와 상담 작업을 할 때, 다양한 전략을 쓰는 것은 매우 중요한 요소다. 게다가 상담자 자신이 가지고 있는 성격적응 유형은 다른 몇몇 내담자의 성격적응 유형에서 좀 더 자연스럽게 발휘될 수 있을 것이다. 그러나 시간이 지남에 따라, 당신은 어떠한 성격적응 유형이라도 능숙하게 다룰 수 있게 될 것이다.

제6장에서는 이미 몇 가지 일반적인 성격적응 유형의 조합에 대해 언급했고, 임상 장면에서 이것을 어떻게 이해해야만 하는지를 제안하였다. 이번에는 각각의 조합된 성격적응 유형에 따라 가장 효과적으로 접근할 수 있는 상담 개입에 대해 개괄하고자 한다.

정신분열성과 연기성 성격적응

이 두 성격적응 유형의 표적문은 '사고'다. '감정'은 연기성 성격적응의 개방문이지만, 정신분열성 성격적응에는 함정문이다. '행동'은 정신분열성 성격적응의 개방문이지만, 연기성 성격적응에는 함정문이다.

이들과 상담을 하기 위한 가장 최선의 접근법은 먼저 양육적인 자세로 이들의 사고에 접근하는 것이다. 그리고 질문을 던짐으로써, 이들의 어른 자아를 이끌어 내는 것이다. 단호하고 제한적인 상담자의 어버이 자아상태는 이들이 스스로도 어떻게 할 수 없는 감정의 확장을 막아 주는 데 필수적인 요소다. 이들의 사고 작용이 시작되면, 자신의 힘을 문제 해결을 위해 이용하게 되고, 타인과의 관계에 적절한 제한을 둘 것이다. 또한 자신에 대한 긍정적인 감정을 유지하고, 필요할 때 적절한 행동을 취할 것이다.

정신분열성과 강박-신경증적 성격적응

이들과 상담할 때 중요한 것은 먼저 이들이 자신의 중요성을 인정할 수 있도록 도와주고, 자신만의 공간을 확보할 수 있는 권리를 인정하며, 본인이 원하는 것을 주변에 요구할 수 있도록 하는 것이다. '사고'는 강박-신경증적 성격적응에서 개방문이고, 정신분열성 성격적응에는 표적문이다. '감정'은 강박-신경증적 성격적응에는 표적문이지만, 정신분열성 성격적응에는 함정문이다. 그러므로 이들과의 상담 작업에서 최선의 방법은 사고 영역에서 시작되어야 한다는 것이다. 그리고 내담자가 명확하게 강박-신경증적 성격적응의 모습을 보일 때, 감정 차원으로 움직이는 것이 좋다.

선명한 '어른 자아'와 든든한 '양육적 어버이 자아상태'가 내담자의 사고기능이 발휘될 수 있도록 도와주며, 다른 사람과 관계된 자신의 권리를 주장할 수 있도록 촉진한다. 상담이 진행됨에 따라 이들은 점차 생기가 넘칠 것이며, 자신의 욕구를 보호하고, 이 욕구를 채우기 위한 자신의 주장에 자신감을 가지게 될 것이다. 따라서 결국에는 다른 사람과의 관계에서도 더욱 적극적이 되고, 즐거워하게 될 것이다. 이 시점에서 자신의 욕구를 채우기 위해서, 예전처럼 '회피'하는 것은 더 이상 도움을 주는 행동이 아니라는 것을 배우게 된다. 상담이 진행될수록 이들은 더욱더 쉽게 자신의 감정 영역에 머무를 수 있게 된다.

정신분열성과 수동-공격성 성격적응

이들에게 가장 중요한 상담의 주제는 문제 해결을 위해서 이들의 감정과 사고가 통합될 수 있도록 도와야 한다는 것이다. 정신분열성 성격적응에는 '사고'가 표적문이지만, 수동-공격성 성격적응에는 함정문이다. '감정'은 수동-공격성 성격적응에는 표적문이지만, 정신분열성 성격적응에는 함정문이다. '행동'은 이 둘 모두에게 개방문이다. 이들과 '좋은 라포'를 형성하기 위해서는 먼저 유희적인 행동으로 접근하는 것이 가장 효과적이다. 그리고 동시에 아주 명료한 의사소통을 사용하고 이들에게 활동적으로 행동할 수 있도록 허용하기 위해서 상담의 기대를 견고히 할 필요가 있다. 라포를 형성하고 난 후, 당신은 내담자가 혼자 생각하면서 중얼거리는 것을 통해 가장 효과적으로 이들의 '사고'에 초점을 맞출 수 있다. 그리고 '사고'와 '감정'을 통합하기 위해 점차 '감정'으로 전환할 필요가 있다. 이러한 과정을 통해 이들은 타인과의 상호작용에 더욱 활기를 띠게 될 것이다. 문제가 생겼을 때, 이들은 당황하거나 회피하거나 수동적이 되기보다는 활동을 하기 시작할 것이다. 결국, 이들의 전체적인 행동에 밝은 모습을 가지고 온다.

반사회성과 연기성 성격적응

이들에게 가장 중요한 상담 주제는 친밀에 대한 두려움을 해결하도록 도움을 주는 것이다. 이들이 신뢰를 갖고 양육적인 관계를 맺는 일은 매우 중요한 부분이다. 또한 안전한 상황이 보장되는 최소한의 위험부담 속에서 친밀감을 경험하는 것도 중요하다. 이러한 관계를 발전시키는 것은 시간이 필요하며, 내담자의 반응을 잘 살펴야만 한다. '행동'은 반사회성 성격적응에는 개방문이지만, 연기성 성격적응에는 함정문이다. 연기성 성격적응에는 '사고'가 표적문이지만, 반사회성 성격적응에는 함정문이다. '감정'은 내담자의 가장 생산적인 영역이다.

상담장면에서 유용하게 개입하기 위해서는 성격적응 유형의 자취를 조심스럽게 살펴볼 필요가 있다. 당신은 그렇지 않음에도 '친한 척'하는 내담자의 미세한 '함정'을 공손하게 직면해야만 한다. 그리고 점차 다른 사람과 실존적인 만남이 될 수 있도록 도와야 한다. 이것은 이들이 아동기 때 경험한 '유기' 감정을 다루고, 다시는 사람을 믿지 않겠다는 결단을 바꾸는 것을 포함한다. 또한 자기가 현재 받은 상처에 대해 복수하기보다는 어떻게 치유할 것인가에 대해 배우는 것이 필요하다. 사람을 신뢰하는 법을 배우게 되고 감정적인 문제를 해결해 나감에 따라, 이들은 현실과 현실에 존재하는 사람들을 새롭게 보기 시작한다. 이들은 더 이상 친밀감에 대해 두려움을 갖지 않게 되며, 개인적인 관계에서도 만족감을 느끼게 된다.

반사회성과 강박-신경증적 성격적응

이들을 상담하는 경우에는 어떻게 자신의 감정을 다룰 수 있는가를 배울 수 있도록 도와주고, 안정된 친밀감을 느끼도록 하는 것이다. '감정'은 이 두 성격적응 유형 모두에게 표적문이다. 어려운 점은 라포를 형성하는 것인데, '행동'이 반사회성 성격적응에는 개방문인 데 반해 강박-신경증적 성격적응에는 함정문이고, '사고'가 강박-신경증적 성격적응에는 개방문이지만 반사회성 성격적응에는 함정문이기 때문이다. 당신은 먼저 자연스럽게 상담을 이끌어 나갈 필요가 있는데, 이들이 감정을 회피하는 점에 대해서 부드럽게 직면하게 하고, 감정을 사용하여 타인과 어떻게 관계를 맺고 문제 해결을 할 수 있는지를 알려 줄 필요가 있다. 이러한 과정은 시간이 걸리고, 당신과의 신뢰성 있는 관계 성립을 요구한다. 이렇게 내담자가 자신의 '사고'와 '행동'을 통합하는 '감정'에 대해 배우게 되고 타인과의 관계에 '감정'을 사용함에 따라, 이들은 점차 이완되고 친밀감을 즐기게 되며 인간관계에서 만족감을 성취하게 될 것이다.

반사회성과 수동-공격성 성격적응

이들과의 상담은 유희적인 행동과 양육적인 위치에 대한 명확한 한계 설정과 더불어 직면을 요구한다. 이 두 성격적응 유형 모두 개방문은 '행동'이고, 표적문은 '감정'이며, 함정문은 '사고'다. 내담자는 분명히 당신과 신뢰성 있는 라포를 형성하기 전에 모든 가능한 방법을 동원하여 당신을 시험하려고 할 것이다. 그 반응으로 당신은 인내하고, 확실한 태도를 보이며, 일관성 있는 행동을 보여 주어야 한다. 일단 이러한 시험이 끝나고 나면, 이들은 상담 과정에 전적으로 참여할 것이다. 목표는 이들이 자신의 감정을 다룰 수 있도록 도와주고, 타인의 감정에 주의를 기울일 수 있도록 안내하는 것이다. 이러한 과정을 통해 내담자는 외부세계에 대한 자신의 생각과 태도에 변화를 가져오게 되고, 좀 더 부드러워지며, 타인을 보호하게 되고, 인간관계에 더 많은 만족감을 가져오기 위한 방법을 찾게 된다.

편집성과 연기성 성격적응

이들의 주요 상담 주제는 '사고'와 '감정'을 통합하는 것이다. 그래서 두 극단적인 사이를 왔다 갔다 하지 않도록 하는 것이다. 이들은 타인과 자신 사이에 적당한 제한을 두는 것을 배울 필요가 있다. 그래서 자신의 과잉행동을 방지할 뿐만 아니라, 타인이 자신을 속이지 않도록 해야만 한다. '감정'과 '사고'가 통합되어 감에 따라, 이들은 자신의 힘과 긍정성을 회복하게 되고 더 이상 자신의 '행동'에 대한 비판에 의해 상처받지 않게 된다.

편집성 성격적응의 개방문은 '사고'이고 연기성 성격적응의 개방문은 '감정'이기 때문에, 이 두 성격적응 유형의 개입 차원을 알아 두는 것은 매우 중요하다. 이에 따라 효과적인 접촉이 가능하기 때문이다. 궁극적인 목적은 '사고'와 '감정'을 통합하도록 도와주는 것이다. 또한 '행동'에 직면하는 것은 피하는 것이 중요하다. 행동은 이 두 유형의 함정문이기 때문이다.

편집성과 강박-신경증적 성격적응

이들과의 상담 작업은 온종일 일만 하는 것을 중지하도록 도와주고, 자신의 '감정'을 돌봐 주도록 하는 것이며, 자신을 '통제'하기보다는 자신의 감정에 대해 긍정할 수 있는 경험을 갖도록 하는 것이 포함된다. 이들이 신뢰감과 안정감을 갖기 위해서는 약간의 시간이 필요하다. 이것은 상담 기간 내내, 당신의 일관적이고 신뢰성 있는 행동을 보면서 형성된다. 꼭 확인해 보아야 할 이들의 중요한 감정은 '두려움'이다. 자신의 두려움에 대한 진실한 경험을 해 보고, 이에 대한 지지를 받아 보며, 자신의 욕구를 보호해 감에 따라서 이들은 타인과의 친밀한 관계에서 점차 안정감을 느끼기 시작할 것이다.

이 두 성격적응 유형의 개방문은 '사고'며, 표적문은 '감정'이다. 당신은 각 성격적응 유형에 비슷하게 접근할 수 있을 것이다. 이들의 함정문은 '행동'이기 때문에, 이곳에 직면하는 것은 피해야만 한다.

편집성과 수동-공격성 성격적응

이들과의 상담 작업에서 중요한 것은 당신을 비난하는 모습 속에서도 지속적인 신뢰성을 유지함으로써 신뢰관계를 성립하는 것이다. 그리고 점차 자신 안에 있는 감정을 경험할 수 있도록 도와주고, 여전히 긍정(OK)적인 존재임을 확인시키는 것이다. 이들이 경험하는 가장 중요한 감정은 '두려움'과 '마음의 상처'다. 이들이 '감정'을 경험함에 따라 이들에게 필요한 것은 잃어버린 어린 시절에 대한 충분한 '양육'과 '보호'다. 이들이 안정된 감정을 얻게 되었다는 것은 다른 사람과의 친밀한 관계를 허락한다는 뜻이다.

이 조합의 사람과 상담 작업을 하는 것은 매우 힘든 작업이다. 편집성 성격적응의 개방문이 '사고'인데, 이것은 수동-공격성 성격적응에는 함정문이기 때문이다. 게다가 유희적인 행동은 수동-공격성 성격적응에는 관계 맺기 위한 최선의 선택인 데 반해, 편집성 성격적응에는 매우 불편한 행동이기 때문이다. 그러므로 이들의 성격적응의 '전환'을 잘 관찰하여야 한다. 그때에는 '행동'과 '사고'를 가장 적당하게 사용해야만 한다. 이 문제는 이들과 라포를 어떻게 형성할 것이며, 상담 과정의 시간을 어떻게 정할 것인가의 문제이기도 하다. 두 성격적응 유형의 표적문은 '감정'이다. 그러나 이것에 접근하는 것은 어렵다. 두 성격적응 유형 모두 '마음의 상처'에 대해 방어기제가 작동하고 있기 때문이다. 이들과의 상담은 일반적으로 신뢰성 있는 라포가 형성되기까지 매우 천천히 진행된다.

정신분열성과 반사회성 성격적응

이들과 상담을 하는 데 가장 중요한 주제는 상담에 대해 개방하고 참여할 수 있도록 초기 관계를 설정하는 것이다. '사고'는 정신분열성 성격적응의 표적문이기도 하지만, 반사회성 성격적응에는 함정문이다. '감정'은 반사회성 성격적응에는 표적문이지만, 정신분열성 성격적응에는 함정문이다. 반면, '행동'은 이 두 성격적응 유형 모두에게 개방문이다.

이들에게 접근할 수 있는 가장 최선의 방법은 '유희적인' 방식으로 이들의 '회피하는 수동성'에 관여하는 것이다. 그리고 자신을 소외시키면서 이미 얻을 수 없다고 스스로 가정해 버린 진정한 욕구를 찾아내는 것이다. 이들은 다른 사람이 진심으로 자신을 보호하려 하거나 곁에 있어 준다는 사실을 믿지 않는다. 상담관계는 이들의 초기 경험을 교정하는 것을 고려한다. 이들과의 상담에서 최선의 방법은 이들이 진정으로 준비되고 자신의 진정한 욕구에 대해 말할 준비가 될 때까지 '유희적인' 방식으로 접근해야 한다는 것이다. 일단 이들이 개방하게 되면, 수년 동안 표현되었어야 할 상당한 '고통'을 표현하게 될 것이다. 자신의 고통을 표현하고 애도함에 따라 이들은 기쁨을 회복하게 되고, 다른 사람과 더불어 삶에 참여하게 된다. 그러므로 이들의 결과물은 '행동'으로부터 시작하여 '사고'나 '감정'으로 움직이게 되고, 타인과의 협력 속에서 자신의 욕구를 얻기 위한 '행동'을 시작한다.

정신분열성과 편집성 성격적응

이들의 주요 상담 목표는 다른 사람을 신뢰하는 것이고, 자신의 감정과 욕구에 대해 긍정(OK)적으로 경험하며, 자신의 생각을 타인과 나누는 것이다. 그리고 문제 해결을 위한 행동을 통해서 서로 가까워지는 것이다. 이렇게 함으로써, 이들은 점차 자유롭게 타인과 상호작용을 시작하며, 자신의 진정한 욕구와 만나게 된다. 당신에게 줄 수 있는 조언으로는 처음에는 천천히 시작하고, 신뢰관계를 설정하기 위해서 일관적이고 믿음직스러운 자세를 잃지 말아야 한다는 것이다.

이들과의 상담 작업은 다소 까다로운 면이 있다. '행동'이 정신분열성 성격적응에는 개방문이지만 편집성 성격적응에는 함정이며, 반면에 '감정'이 편집성 성격적응에는 표적문이지만 정신분열성 성격적응에는 함정문이기 때문이다. 당신은 순간순간에 맞게 개입할 수 있도록 조심스러운 관찰이 매번 필요하다. 상담 초기에는 이들이 개방하기 위해서 안정된 상태가 될 때까지 '사고' 차원으로 접근하는 것이 좋다. 그다음에는 내담자의 성격적응 유형 '전환'에 따라 '사고'나 '감정'으로 옮겨 갈 수 있다.

편집성과 반사회성 성격적응

두 성격적응 유형 모두 표적문은 '감정'이다. 이들은 신뢰성을 개발할 필요가 있고, 타인과의 친밀한 관계가 안전하다는 것을 경험할 필요가 있으며, 정서적인 개방이 필요하다. 문제는 어떻게 그렇게 할 수 있느냐는 것이다. '사고'가 편집성 성격적응에는 개방문이지만, 반사회성 성격적응에는 함정문이다. 유희적인 '행동'이 반사회성 성격적응에는 개방문이지만, 편집성 성격적응에는 함정문이다. 그러므로 당신은 천천히 진행할 필요가 있고, 내담자가 타인과의 관계를 단절하는 것에 대해 중지할 수 있도록 '사고' 영역에서의 해석이 요구된다. 더불어 내담자의 '감정'에 이입하여 그 감정을 반영해 주는 과정 속에서 지속적인 신뢰성을 유지하는 것이 필요하다. 이들이 점차 개방됨에 따라 당신은 이들의 '어린이 자아상태'를 다루기 위해 어린 시절에 이들이 경험한 정서적인 '유기'를 보완해 줄 '양육적인' 방식이 필요할 것이다. 그 결과, 마음의 상처를 받지 않기 위해 타인보다 우월해야 한다는 생각보다는 자신을 이완시키기 시작하고, 타인과 친밀해지기 시작하면서 자신의 진정한 욕구를 찾기 시작할 것이다.

성격적응 유형의 다양한 조합

성격적응 유형의 조합에 대한 다양한 경우를 살펴보았다. 하지만 한 개인에게 있어서는 세 번째, 네 번째 성격적응 유형이 있을 수 있다. 당신은 성격적응 유형의 지침에 따라 상담 접근을 변경할 수 있을 것이며, 각 성격적응 유형에 대한 일반적인 정보를 계속적으로 관찰함으로써 적절한 상담 접근을 할 수 있을 것이다. 성격적응 유형이 다양하게 조합된 사람과의 상담 경험이 많아질수록, 당신은 각 사람의 욕구가 독특하다는 것을 발견할 뿐만 아니라 상담 과정을 이끄는 데에서 전반적인 전략을 배워 나갈 수 있을 것이다.

과정모델에 따른 움직임 분석

내담자가 한 가지 이상의 성격적응 유형을 보여 줄 때, 당신은 우리가 제시한 조합된 성격적응 유형을 가지고 효과적인 접근을 할 수 있을 것이다. 그러나 매우 빠르게 한 성격적응 유형에서 다른 성격적응 유형으로 '전환'하는 내담자도 있을 수 있다.

이렇게 성격적응 유형이 빠르게 전환되는 내담자가 있을 경우에는, 각 성격적응 유형을 설명하고 있는 '과정모델'의 모든 정보를 상황에 따라 적용해 볼 수 있다. 지금부터는 당신의 내담자와 함께 효과성을 증진시킬 수 있는 방법을 논의하고자 한다.

과정모델에 따른 단기와 장기 움직임 과정모델의 움직임은 단기와 장기로 나누어 볼 수 있다.

단기의 경우, 순간순간 하나의 성격적응 유형에서 다른 성격적응 유형으로 전환되는 것을 포함한다. 예를 들면, 어떤 내담자가 한순간에 편집성 성격적응의 드라이버, 접촉문 그리고 의사소통 방식을 보여 주다가, 다음 순간 바로 정신분열성 성격적응의 신호를 보여 주는 경우다.

대조적으로, 장기의 경우는 한 사람의 '각본변화'를 일컫는다. 이것은 상담이나 심리치료로 달성될 수 있으며, 새로운 관계에 대한 개방과 같은 어떤 의미 있는 삶의 사건 등을 동반한다. 변화가 일어남에 따라 사람은 자신의 드라이버 패턴에서 전환을 보여 줄 것이다. 성격적응 유형의 전환에 따라 의사소통 방식, 그리고 웨어 이론에도 변화가 있을 것이다. 이번 장의 후반부에는 과정모델에 따른 장기 변화의 패턴이 서술된다.

단기 움직임에 따른 내담자 사례

내가 슈퍼비전을 주는 상담자 중 하나는 자신의 내담자 중에서 치료의 방향을 정하기에 매우 까다로운 내담자가 있다고 보고하였다. 내담자는 자신의 위치를 계속 바꾸었기 때문에 상담자는 매번 자신이 헤매고 있다고 느꼈다. 이에 따라, 상담 과정은 늘 제자리에 머물러 있었다.

슈퍼비전 시간에 우리는 이 문제를 '과정모델' 관점에서 분석해 보았다. 상담 초기에 상담자는 내담자가 자주 '완벽하라' 드라이버 행동을 많이 보여 주고 있다는 것을 알았다. 그러므로 내담자의 주요 실행적인 성격적응 유형은 웨어 이론이 사고, 감정, 행동이고, 선호하는 의사소통 방식이 '요구하는' 방식인 책임감 있는 일 중독자라 결론지었다.

그러나 이 내담자와의 상담 작업 녹음을 들으면서 우리는 내담자가 때때로 이 패턴을 변화시킨다는 것을 알게 되었다. 주요 드라이버가 '완벽하라' 인 상태에서 갑자기 '열심히 하라' 드라이버를 보여 주기 시작하는 것이다. 상담자는 이런 변화를 '디스카운트' 했다는 사실을 깨닫게 되었다. 그동안 상담자 자신은 내담자의 주요 드라이버는 '완벽하라'라고 '단정' 했기 때문이다.

또한 우리는 한 가지 흥미로운 사실을 관찰할 수 있었는데, 내담자의 드라이버 전환이 무작위로 발생하지 않는다는 점이다. 드라이버 전환은 내담자의 각본이 중요한 변화에 직면하였을 때에만 발생한다는 것이다.

나는 내담자의 드라이버 전환이 보일 때, 새로운 개입을 시도해 보기를 제안하였다. 즉, 내담자가 '열심히 하라' 드라이버를 보여 줄 때, 상담자가 강박-신경증적 성격적응이 아니라 수동-공격성 성격적응에 따른 상담을 진행토록 하는 것이다. 웨어 이론은 행동, 감정 그리고 사고가 되며, 의사소통 방식은 '정서적인' 인 방식이다. 상담자는 이 전략을 시도하는 데 동의하였다.

다음 슈퍼비전 때, 상담자는 새로운 접근법이 매우 '매력적인 작업' 이었다고 보고하였다. 내담자가 강박-신경증적 성격적응에서 수동-공격성 성격적응으로 전환될 때 상담자의 전략은 함께 전환되었고, 따라서 상담관계를 유지할 수 있었다. 내담자는 의미 있는 재결단 단계까지 갈 수 있었다고 한다.

그러나 다음 슈퍼비전 회기에서 상담자는 내담자와의 상담관계가 다시 악화되었다고 말하였다. 이 회기에서 슈퍼비전의 내용을 바탕으로 상담자는 내담자의 드라이버 신호에 또 다른 변화가 있었다는 것을 발견하였다. 그것은 내담자의 수동-공격성 성격적응에서 강박-신경증적 성격적응으로 다시 돌아갔다는 것이다. 상담자는 의사소통 방식과 개입 방식을 다시 적당하게 전환할 필요를 느꼈고, 그 결과 상담 작업은 매우 효과적으로 진행할 수 있게 되었다.

앞의 사례처럼, 때때로 내담자는 자신의 각본을 방어하기 위해 결정적인 순간에 다른 성격적응 유형으로 전환할지 모른다(이러한 전환의 동기는 슈퍼비전을 통해 어떤 사건 이후에 나타난 것으로 확인할 수도 있다.). 어떤 경우에는 확실한 각본의 동기 없이 빠르게 전환이 이루어지는 경우도 있다. 그래서 이들에게는 상담 과정 순간순간마다 드라이버 변화와 성격적응 유형의 전환이 나타날 것이다.

다행히도 전환에 대응할 수 있는 '경험법칙(rule of thumb)'이 있는데, 그것은 다음과 같다.

- 내담자와의 지속적인 교류를 통해, 내담자에게 순간순간 보이는 드라이버에 맞게 의사소통 방식과 웨어 이론을 선택하라.

예를 들면, 어떤 내담자가 '완벽하라' 드라이버 행동을 보여 줄 때마다 당신은 강박-신경증적 성격적응을 가정해 볼 수 있다. 그러므로 당신의 반응은 '요구하는' 의사소통 방식과 '사고' '감정' '행동'의 웨어 이론을 선택할 수 있다. 하지만 다음 교류 속에서 내담자가 '강하라' 드라이버를 보여 준다면, 그때는 즉시 당신의 반응을 '지시하는' 의사소통 방식과 '행동' '사고' '감정' 순서인 웨어 이론으로 전환해야 한다. 다른 말로 하면, 정신분열성 성격적응에 맞는 개입을 해야 하는 것이다.

처음에는 이것이 복잡하게 보일지 모르지만, 약간의 훈련을 한다면 자연스럽게 사용할 수 있을 것이다. 당신의 기억을 돕기 위해 〈표 14-1〉은 내담자가 보여 주는 드라이버와 그에 따른 가장 효과적인 의사소통 방식과 개입 영역을 보여 준다.

당신이 개방문이나 표적문에 있을 때, 내담자와 함께 상담 작업을 진행시킬 수 있을 것이다. 당신이 함정문에 있다면, 내담자의 반응을 통해 또 다른 드라이버 행동을 찾을 필요가 있고, 그것을 찾게 되면 일반적으로 당신은 개방문으로 가는 데 어려움이 없을 것이다.

표 14-1 ● 각각의 드라이버에 따른 웨어 이론과 초기 의사소통 방식

드라이버	의사소통 방식 (초기)	개방문	표적문	함정문
타인을 기쁘게 하라	양육적인	감정	사고	행동
완벽하라	요구하는	사고	감정	행동
강하라	지시하는	행동	사고	감정
노력하라	정서적인	행동	감정	사고
서둘러라	양육적인	감정	사고	행동

장기간 동안 과정모델의 움직임

한 개인은 상담에서 변화하는 동안 일반적으로 과정모델에서의 위치 변화를 보여 준다. 이러한 변화의 근본은 한 개인이 다양한 성격적응 유형에 따른 행동, 사고 그리고 감정의 더 많은 선택권을 풍부하게 획득하는 것을 말한다(Kahler, 1997c).

일반적으로, 내담자는 상담 초기에 자신이 지니고 있는 '본연(home base)'의 성격적응 유형 한 가지를 보여 줄 것이다. 점차 변화가 일어나면서, 두 번째 성격적응 유형도 관찰될 것이다. 그러나 내담자는 자신의 첫 번째 성격적응 유형의 특성을 잃지 않고, 여전히 사용할 것이다. 변화가 지속됨에 따라 내담자의 세 번째 성격적응 유형이 보일 것이다. 완전하지 않지만 첫 번째와 두 번째 성격적응 유형은 여전히 유지되고 있는 것을 관찰할 수 있다. 이렇게 한 개인이 하나의 성격적응 유형에서 다음 성격적응 유형으로 전환하지만, 여전히 이전의 성격적응 유형 모습을 보여 주는 현상을 설명하기 위해서 칼러(Kahler, 1997c)는 '변화국면(phase change)'이라는 용어를 사용하였다.

우리의 경험상, 한 개인의 본연의 성격적응 유형은 생존적인 성격적응 유형 또는 실행적인 성격적응 유형이다. 이것은 한 개인에게서 가장 편안한 것이다. 각본이 변화하는 과정 속에서 사람은 자신이 어렸을 적에 선택했던 다른 성격적응 유형으로 전환할 것이다. 그러므로 이 특정 성격적응 유형은 매우 독특한 요소를 담고 있다. 그러나 당신은 사람의 다양한 성격적응 유형을 탐색해 볼 수 있는 '조인스의 성격적응 유형 검사지(Joines Personality Adaptations Questionaire, 부록 C)'를 통해, 성격적응 유형의 전환을 살피는 데 도움을 얻을 수 있다.

우리가 '성격적응 유형의 목록'이라고 말할 때, 이것은 전형적인 성격적응 유형의 특성(〈표 1-1〉 참조)뿐만 아니라 과정모델의 모든 내용을 의미한다. 그러므로 한 개인의 본연의 성격적응 유형이 강박-신경증적 성격적응이라면, 그가 자주 쓰는 드라이버 행동은 '완벽하라'다. 웨어 이론은 '사고' '감정' 그리고 '행동'이고, 선호하는 의사소통 방식은 '요구하는' 방식이다. 각본신념과 일반적인 라켓감정은 쉽게 드러나지는 않지만, 강박-신경증적 성격적응의 내용과 깊게 상호 연관되어 있다(〈표 4-3〉 참조).

두 번째 성격적응 유형 목록이 연기성 성격적응이라도 우선 강박-신경증적 성격적응의 모습은 잃어버리지 않는다. 그러나 상대적으로 좀 더 자주 '타인을 기쁘게 하라' 드라이버 행동을 보여 줄 것이다. 기존의 내용에 첨부되어 웨어 이론인 '감정' '사고' 그리고 '행동'을 보여 주게 되고, 가장 편안한 의사소통 방식은 '양육적인' 방식이 된다. 또한 각본의 내용은 연기성 성격적응의 전형적인 주제와 강박-신경증적 성격적응의 주제가 결합되어 나타난다.

만약 개인의 변화가 계속 진행되어 세 번째 성격적응이 정신분열성 성격적응이 되면 어떻게 될 것인가? 그때는 기존의 내용에 더하여 '강하라' 드라이버 행동이 보인다. 거기에 더하여, 웨어 이론은 '행동' '사고' 그리고 '감정'이 될 것이고, 건설적인 의사소통 방식은 '지시하는' 방식이 될 것이다. 이 사람의 각본 내용의 주제는 정신분열성 성격적응의 전형적인 내용이 합해져 더욱 넓어지게 될 것이다.

진단의 함의 당신은 내담자의 개인적 변화가 더욱 많아질수록 과정모델에서 그 위치를 찾기란 더욱 어렵다는 것을 알게 되었다. 이것은 이미 실질적인 개인 변화를 경험한 내담자가 다시 상담하러 왔을 때, 직접적으로 경험할 수 있다. 이때 과정모델로만 진단하는 것이 어려울 수 있다. 또한 상담장면에서 이런 경우가 제법 많다는 것도 알게 될 것이다. 다시 말하면, '조인스의 성격적응 유형 검사지(부록 C)'가 내담자의 주요 성격적응 유형을 정확하게 진단하는 데 많은 도움을 줄 것이다.

어떤 경우에는 이러한 문제가 당신을 더욱 유능한 상담자로 만들어 준다. 당신은 과정모델에 따라 잘 정의된 존재로 머무르고 있는 사람이 아니라, 상호작용하는 의사소통 속에서 많은 선택권을 지닌 사람을 대하고 있다는 '분명한 사실'을 늘 염두에 두어야만 한다.

상담 방향의 함의 성격적응 유형에 따른 장기적인 움직임의 가능성을 알아내는 것과 내담자의 상담 계획과 개략적인 정보를 얻는 것은 중요하다. 상담을 진행하는 과정 중에 매우 중요한 장면에서 내담자는 각본의 변화를 일으킬 수 있다. 또한 이런 경우에 내담자는 과정모델에서 변화 국면을 겪을 수도 있다.

우리는 타이비 칼러(1997c, 1999)의 주장에 동의한다. 그는 상담 초기에 내담자의 주요 성격적응 유형에 접촉해야만 한다고 주장한다. 그리고 변화국면이 일어날 경우에도 변화되는 성격적응 유형에 그 초점을 맞출 필요가 있다고 주장한다.

과정모델에서 내담자가 변화하거나 많은 선택권을 개발함에 따라 당신은 몇 가지 즉각적인 접근법을 사용할 수 있다. 당신은 우리가 지금까지 서술해 온 드라이버 행동에 따라 접근할 수 있고, 각 드라이버에 반응하는 의사소통 방식과 접촉문을 사용할 수 있을 것이다(제11장과 제12장 참조).

장기간의 상담 작업에서 당신은 우리가 언급해 온 타이비 칼러의 주장을 마음에 새길 필요가 있다. 어떤 내담자는 다른 사람보다 특별한 의사소통이나 웨어 이론을 덜 사용할 수 있다는 것을 기억해 둘 필요가 있다. 이것은 상담자인 당신이 내담자의 개방문에 의미 있는 시간을 보내기보다는 표적문에 상대적으로 빨리 움직여야 한다는 것을 시사한다. 이것은 심지어 대부분의 변화 작업과 함께 개별적으로 작업해 오지 않은 내담자에게도 적용할 수 있다. 사실, 내담자는 당신을 적극적으로 표적문으로 초대할지도 모른다. 만약 드라이버 행동을 보여 주지 않은 채 그렇게 한다면, 당신은 내담자를 따라가야 한다.

요 약

재결단 치료는 개인의 변화를 이끌어 내는 강력한 도구다. 전반적인 접근이 무엇인지, 그리고 어떤 순서로 형성되었는지에 의해 결정된 서로 다른 성격적응 유형을 가진 내담자와 작업하는 데 효과적이다. 다양한 성격적응 유형이라도 기본적인 상담의 덕목은 '신뢰'다. 내담자 모두가 즉각적으로 재결단 과정에 참여하는 것은 아니다. 먼저 상담자의 신뢰감과 일관성을 확인하기 위해 시험해 보는 시간을 갖는다. 하지만 일단 신뢰성이 형성되면, 내담자는 기꺼이 자신의 마음에 있는 문제를 가지고 재결단 과정에 참여하게 될 것이다.

성격적응 유형에 대한 정보와 서로 다른 조합에 따른 주요 특성을 알게 되면, 당신은 신뢰성 있는 첫 관계를 형성할 수 있고, 문제 해결을 가지고 올 수 있는 표적 영역에 직접적으로 관여할 수 있을 것이다. 동시에, 변화의 발목을 붙드는 함정 영역을 피할 수 있도록 도와줄 것이다. 그러므로 성격적응 유형은 재결단 치료와 다른 치료 접근에게 가장 효과적인 과정이 될 수 있도록 도와준다.

당신도 알다시피, 각 사람의 각본은 '내용'과 '과정'이라는 측면에서 분석될 수 있다. 가장 효과적인 개인의 변화를 위해서는 각본의 '내용'뿐만 아니라 '과정'을 탐색하는 것이 매우 중요하다. 다음 장에서는 각본 과정의 패턴을 개관하고, 어떻게 직면할 것인가에 대해 제안하고자 한다.

15 각본 과정에 직면하기

이전 장에서는 서로 다른 성격적응 유형을 상담하는 것에 대해 자세히 다루었다. 특히, 내담자 각본의 '내용(Content)'을 가지고 작업하는 것에 초점을 두었다. 즉, 내담자 각본에 포함되어 있는 것들을 변화시키는 데 도움을 주고자 하는 것이었다.

이번 장에서는 각본의 '과정(Process)'에 직면함으로써, 당신의 상담기술을 어떻게 향상시킬지에 대해서 살펴보고자 한다. 이것은 사람이 '어떻게(How)' 자신의 각본 패턴을 이어 나가는지에 대한 선택을 의미한다. 그리고 내담자가 갈망하는 변화를 어떻게 만들어 갈 수 있도록 돕는지를 말하는 것이다.

제4장에서는 이미 다양한 각본 과정의 패턴에 대해서 서술했고, 이것이 어떻게 여섯 가지 성격적응 유형과 관계되는지도 언급하였다. 또한 드라이버와 각본 과정 사이의 관련성에 대해서도 다루었다.

쉽게 이야기를 풀어 나가기 위해, 먼저 간단한 요약을 통하여 그 내용을 반복해 보기로 하겠다. 〈표 15-1〉은 각본 과정을 나열해 놓았다. 그리고 그 옆에는 각 각본 과정 특성에 따른 각본 '좌우명'과 '삶의 패턴' 그리고 '드라이버'를 각각 나열하였다.

표 15-1 ● 서로 다른 각본 과정의 특성

명칭	좌우명	삶의 패턴	드라이버
Until ~할 때까지	"나는 내 일을 끝마칠 때까지는 즐길 수가 없어요."	불쾌한 것을 완벽히 끝마칠 때까지는, 유쾌한 것들을 얻을 수 없다.	완벽하라
Never 결코~하지 않는	"나는 결코 내가 가장 원하는 것을 그동안 갖지 못했어요."	결코 출발할 수도 없고, 어디에 도착할 수도 없다.	강하라
Always 늘~	"저는 이런 상황을 늘 만들어 왔어요. 그리고 계속 그렇게 해야만 할 것 같아요."	상태가 나쁜 때에도 늘 같은 일을 한다.	노력하라
After ~한 후에	"나는 오늘 놀 수는 있어요. 하지만 내일(그 후에) 그것에 대한 대가를 지불해야만 할 것 같아요."	유쾌한 것을 획득하지만, 곧 그 후에 불쾌한 일이 나에게 일어날 것이다.	타인을 기쁘게 하라
Almost I 한 발 더 가면 I	"나는 한 발만 더 가면 정상에 도달할 수 있었지요. 그러나 곧 다시 밑으로 떨어지고 말았답니다."	일(기획 등)을 시작했지만, 확실히 끝낼 수 없다.	타인을 기쁘게 하라 + 노력하라
Almost II 한 발 더 가면 II	"나는 한 발만 더 가면 정상에 도달할 수 있었지만, 바로 더 높은 고지를 향해 출발했지요."	일(기획 등)을 끝내면, 멈추지 않고 다음 일을 시작한다.	타인을 기쁘게 하라 + 완벽하라
Open-Ended 결말이 없는	"나는 어떤 특정 시점부터는 다음에 무엇을 해야 좋을지 모르겠어요."	인생 또는 사업에서 어떤 지점에 도달하지만, 그때부터는 어떻게 해야 좋을지 알 수 없다.	타인을 기쁘게 하라 + 완벽하라

드라이버 행동을 통한 각본 과정 진단

각각의 각본 과정 패턴은 직접적으로 특정 드라이버와 관계되어 있다. 〈표 15-1〉의 세 번째 항목은 각본 과정과 드라이버 사이의 관계성을 보여 준다.

제8장에서는 어떻게 드라이버 행동을 탐색하는지와 성격적응 유형을 진단하는 데 어떻게 사용하는지를 서술하였다. 지금이라도 〈표 15-1〉의 자료를 활용한다면, 당신은 내담자의 드라이버 행동을 순간순간 관찰함으로써 각본 과정을 빠른 시간 내에

진단할 수 있다.

우리가 계속 언급하였듯이, 모든 사람에게는 다섯 가지 드라이버가 약간씩 존재하고 있으나 대부분의 사람은 그중에서 가장 많이 사용하는 드라이버를 가지고 있다. 마찬가지로, 모든 사람은 여섯 가지 각본 과정의 특질을 지니고 있지만 대부분은 전형적으로 사용하는 한 가지 주요 각본 과정을 가진다. 각본 과정은 주요 드라이버와 관계되어 있다. 모델 안에서의 다른 관계들과 마찬가지로, 각본 과정과 주요 드라이버 사이의 연결은 확률의 문제가 아니다. 이것은 일대일로 일치한다.

세 가지의 각본 과정(Almost Ⅰ, Almost Ⅱ, Open-Ended)에서는 일반적으로 두 가지의 동등한 드라이버가 관찰된다. 이러한 각본 과정의 독특한 드라이버 조합은 〈표 15-1〉에서 보여 주고 있다. Almost Ⅱ와 Open-Ended 각본에서는 똑같이 '타인을 기쁘게 하라'와 '완벽하라' 드라이버 조합을 보여 주고 있다. 그러나 Open-Ended 각본을 가진 사람이 Almost Ⅱ 각본을 가진 사람보다 좀 더 심하게 양쪽 드라이버를 보여 준다.

각본 과정과 성격적응 유형 드라이버 행동을 통해 직접 각본 과정을 진단함으로써 당신은 내담자의 성격적응 유형 또한 사정할 수 있다. 〈표 15-2〉는 각본 과정과 여섯 가지 성격적응 유형과의 연관성을 보여 주고 있다. 이것은 사람의 드라이버 행동을 직접적으로 진단하는 것과 똑같은 결과를 보여 준다. 이것은 단지 어디로 갈 것인지에 대한 선택일 뿐이다.

각본 과정의 시간 규모

각본에 빠져 있을 때, 일반적으로 사람은 짧은 시간 또는 긴 시간의 각본 과정 패턴을 보여 준다. 어떤 사람은 아주 짧은 몇 초 동안 과정 패턴을 연출하기도 한다. 반면에 다른 사람은 하루, 한 달 또는 일 년 동안 연출할 수도 있다. 또는 자신의 전체 삶이 각본에 의해 계획되고 구성될 수도 있다.

예를 들면, 어떤 사람의 주요 각본 과정이 'Until'이라고 가정해 보자. 당신은 그가 40세일 때, 이미 은퇴 후의 삶에 대해 계획하고 있다는 것을 발견할 것이다. 미래의

표 15-2 ● 서로 다른 성격적응 유형에 따른 각본 과정 유형

성격적응 유형	각본 과정	주요 드라이버
열정적 과잉반응자 (연기성)	After (Almost I, II)	타인을 기쁘게 하라
책임감 있는 일 중독자 (강박-신경증적)	Until (Almost II, Open-Ended)	완벽하라
재기형 회의자 (편집성)	Until + Never	완벽하라 = 강하라
창의적 몽상가 (정신분열성)	Never (Always)	강하라
유희적 반항자 (수동-공격성)	Always, Almost I	노력하라
매력적 조작자 (반사회성)	Never (Always, Almost)	강하라 타인을 기쁘게 하라

주) 괄호 안에 있는 것은 각본 과정을 보조하는 각본이다.

충분한 노후대책을 마련하기 위해 현재의 그는 매우 열심히 일하고 있으며, 삶을 즐기기 위한 시간은 투자하지 않는다. 그는 날마다 저녁 여섯 시까지 책상 앞에서 일하며, 집에 와서는 자신에게 온 모든 편지를 처리한다. 저녁시간을 느긋하게 보낼 준비를 하기 전에 그는 조깅을 시작한다. 그때 그의 친구가 술 한 잔 하자며 전화를 걸어온다. 그는 "좋아. 너와 함께할 수 있는 시간이 돼. 단, 먼저 이 서류를 정리하고 나서 말이야."라고 말한다.

다른 모든 각본과 마찬가지로, 각본 과정 패턴은 부정적일 뿐만 아니라 긍정적으로 사용될 수 있다. 앞의 예처럼 'Until' 각본을 사용하는 사람의 경우, 각본은 잘 정돈된 삶을 살도록 그를 동기화시켜 줄 것이다. 다만, 이러한 과정 패턴이 이 사람에게 부적절한 결과를 가져올 때, 이것은 상담에서 변화의 주제가 될 수 있다.

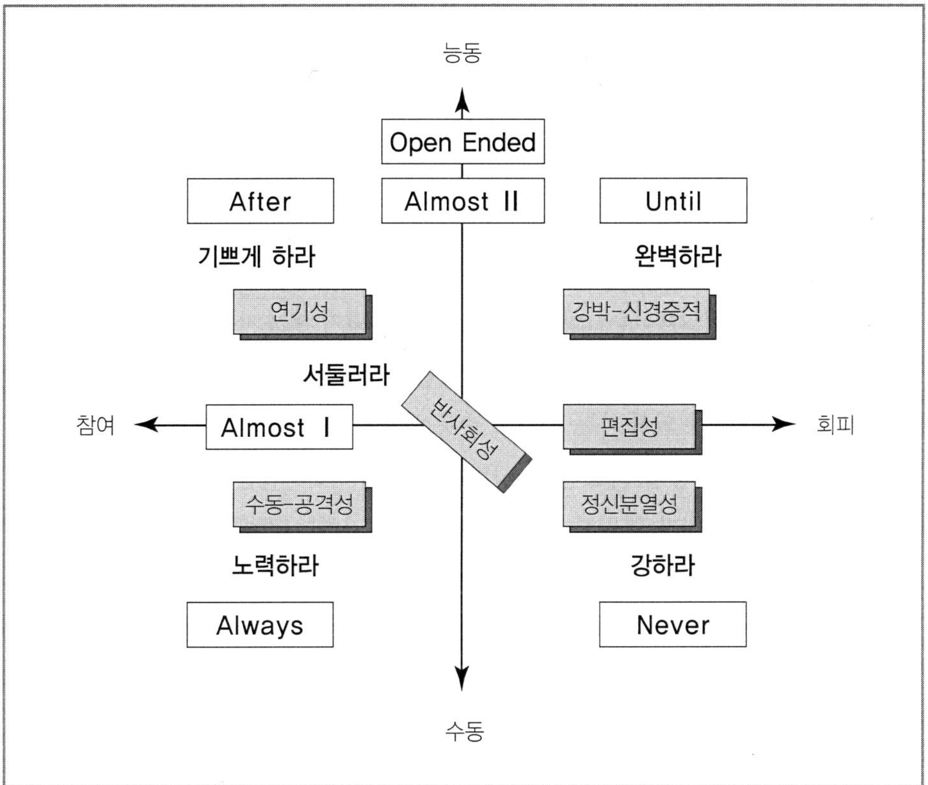

[그림 15-1] 각본 과정과 드라이버 그리고 성격적응 유형

각본 과정에 어떻게 직면하는가

원칙적으로 내담자의 각본 과정에 직면하는 법은 간단하다. 당신은 내담자를 '관찰'함으로써 이들의 패턴을 알 수 있다. 그리고 계약과 다르게 행동하는 것에 대해서 물어볼 수도 있다. 또한 당신은 각본 과정 패턴과 일치되지 않는 행동에 스트로크를 줄 수도 있다.

주의할 점 모든 각본에 직면할 때에, 내담자가 '도피구의 폐쇄'를 각오하기 전까지는 내담자의 각본 과정에 직면하는 것을 피하는 것이 현명하다(제14장 참조). 이것은 각본 과정 직면에서, 무엇보다 중요하다는 것을 기억할 필요가 있다. 왜냐하

- 내담자가 원하는 것이 무엇인지, 그것을 얻기 위해서 무엇을 해야만 하는지, 그리고 그렇게 하는 동안 어떤 생각과 감정을 느끼는지 자유롭게 말할 수 있도록 '개방'을 유지한다.

Always 각본

- 내담자의 '자발성'에 스트로크를 주고, 자발성이 자신이 원하는 변화에(즐겁게) 사용될 수 있는 수단임을 알려 준다.
- 내담자에게 계속 반복되고 있는 이전의 부정적인 행동 패턴을 관찰한다(인간관계 등). 그리고 내담자의 어른 자아에게 질문한다. "지금과 다르게 하기 위해 당신이 가지고 있는 것들은 무엇인가요?" 그리고 "다르게 하기 위해서 당신은 무엇을 할 수 있을까요?"

After 각본

- 나중에 있을 부정적인 확장을 예상하면서도, 현재는 긍정적인 자세로 상담에 임한다. 그리고 내담자가 보호받고 있다고 느낄 수 있도록 단계별로 진행한다.
- 다양성은 상담장면 안에서 내담자를 유도한다. 처음에는 부정적인 상승작용이 있지만, 나중에는 점차 긍정적인 것으로 옮겨간다.
- 긍정적인 말이 나온 후, '그러나' 또는 따라 나오는 부정적인 말을 하기 전에 바로 내담자에게 긍정적인 스트로크를 제공한다.
- 내담자가 '(높은)……그러나……(낮은)' 어조의 말을 할 때, 다시 말해 달라고 요구한다. 이때 두 가지 문구를 반대로 해 보도록 유도한다. 내담자가 다음과 같은 말을 했다고 가정해 보자. "나는 오늘 상담이 즐거웠어요. 그러나 내일 더 좋을 수 있을지는 모르겠어요." 당신은 내담자에게 다음과 같이 말하도록 요구한다. "내일 더 좋을 수 있을지는 잘 모르겠어요. 그러나 나는 오늘 상담이 즐거웠어요." 또 다른 방법은 내담자에게 '그러나'를 '그리고'로 대체하도록 하는 것이다. 이것은 두 가지 문장에 동일한 가중치를 준다.

Almost 각본

- '거의 끝나는데…….' '거의 이해했는데…….' 등의 내담자 패턴을 직면하게 한다. 내담자가 완벽하고자 하는 계약이 무엇인지 질문한다. 과업이나 계약을 깔끔하게 완성했을 때, 내담자에게 스트로크를 준다.
- 상담하는 동안, 어떤 새로운 과정으로 옮기기 전에 이미 시작한 과업은 끝마친다. 작업의 일부분이 끝나지 않았을 경우(시간 또는 내담자의 예기치 않은 상황 등에 의해), 지금까지 성취해 왔던 것들이 무엇인지 내담자가 요약하도록 한다.
- (Almost II 유형인 경우): 다음 상담 작업에서 기대하는 내담자의 욕구(상담장면의 외부 또는 내부)를 이전의 상담 작업 완성 여부와는 상관없이 직면하게 한다.

Open-Ended 각본

- 내담자가 직접 목표설정 기술을 사용하게 하고, 긴 기간이든 짧은 기간이든 간에 자주 그 목표를 재고해 보게 함으로써 Open-Ended 패턴을 직면하도록 한다.
- 내담자 각본 안에 있는 '공백'이 변장의 산물이라는 것을 이해하게 함으로써 각본 패턴을 다시 구성하도록 한다.

요 약

상담 과정에서 최대한의 효과성을 가져오기 위해, 당신은 내담자 각본의 '내용'뿐 아니라 '과정'에 대해서도 다루어야 한다. 성격적응 유형의 정보와 드라이버 행동을 통해서 당신은 보다 빠르고 신뢰성 있게 '각본 과정'을 진단할 수 있을 것이다.

다음 장에서는 과정모델을 전체적으로 조망하고자 한다. 당신이 이 모델을 완벽하게 습득하여 효과적으로 상담장면에 활용하기 위해서 순간순간 도움이 될 수 있을 만한 지침을 다루고자 한다.

Personality Adaptations

16 상담에서 과정모델 사용하기: 개요

이번 장에서는 과정모델의 모든 특징을 함께 다룰 것이며, 이것을 하나의 도면에 나타내고자 한다. 상담 계획을 세울 때에 빠르고 신뢰할 만한 과정모델을 어떻게 사용하는지 실례를 들어 가며 설명할 것이다.

완벽한 과정모델 다이어그램

[그림 16-1]은 과정모델(Kahler, 1996, 1997a)의 모든 특징을 보여 주고 있다. 처음에는 이것이 복잡해 보일 것이다. 그러나 당신이 이것을 어떻게 사용하는지를 안다면, 매우 유용하게 활용할 수 있을 것이다. 이것은 이전에 다루었던 사분할도를 기준으로 다양한 과정모델의 내용으로 구성되어 있다. 여섯 가지 성격적응 유형은 이 그림에서 각자의 위치에 자리 잡고 있다. 각 성격적응 유형에 따라 드라이버, 각본 과정, 의사소통 방식 등이 같은 방법으로 표시되어 있다.

그러므로 이 그림은 당신에게 과정모델에 따른 서로 다른 성격적응 유형을 시각적으로 안내하는 '지도' 역할을 한다. 예를 들면, 당신이 강박-신경증적 성격적응의 위

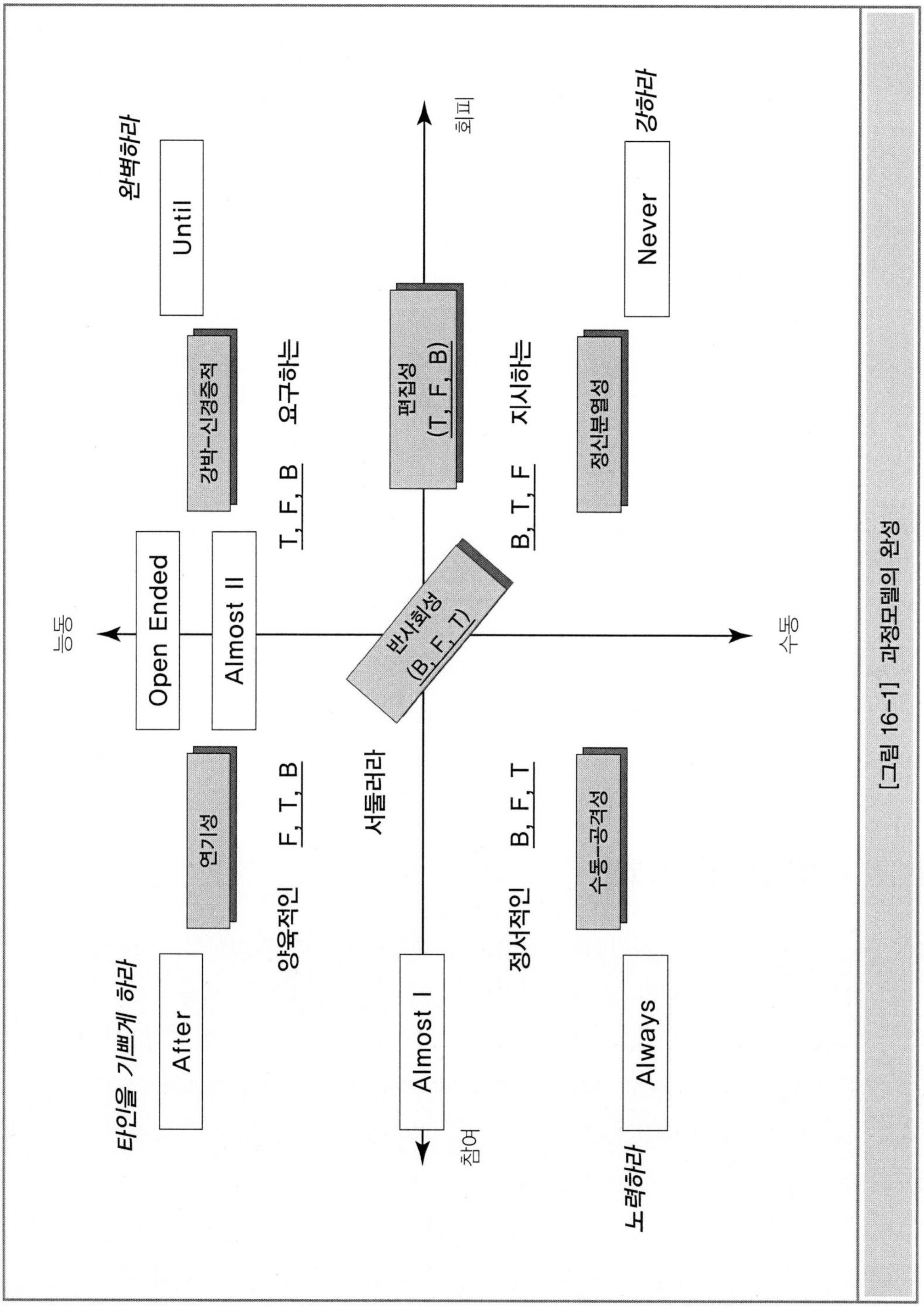

[그림 16-1] 과정모델의 완성

치(그림에서 右上)에 있다고 가정해 보자. 즉각적으로, 당신은 성격적응에 따른 다섯 가지 과정모델의 특징을 볼 수 있을 것이다.

- **선호하는 사회관계 유형**: 능동적 회피(右上)
- **주요 드라이버**: 완벽하라
- **주요 각본 과정**: Until
- **선호하는 초기 의사소통 방식**: 요구하는 의사소통 방식
- **웨어 이론**: 사고, 감정, 행동

당신은 이 그림에서 반드시 성격적응 유형을 찾는 것부터 시작할 필요가 없다. 그 이유는 당신은 과정모델의 어떠한 특징에서도 시작할 수 있기 때문이다. 당신이 '노력하라' 드라이버 위치에 있다면, 당신은 'Always' 각본 과정과 개방문이 '행동'이란 것을 함께 알 수 있다. 또한 어떤 사람이 '양육적인' 의사소통 방식에서 시작한다면, 당신은 주요 드라이버가 '타인을 기쁘게 하라'에 가장 잘 맞는 사람을 만나 보게 될 것이다.

치료 계획 지침으로 과정모델 사용하기

[그림 16-1]은 상담 계획을 세울 때에 과정모델이 어떻게 사용되는지를 보여 준다. 다음의 두 가지 방법이 있다.

① 이것은 내담자의 주요 드라이버를 빠르게 진단할 수 있는 방법을 제시한다.
② 이것은 당신의 계약과 상담 방향이 당신의 진단과 일치할 수 있도록 즉각적이고 시각적인 방법으로 검토할 수 있도록 한다.

효과적인 상담이 진행될 때에는 '계약' '진단' 그리고 '상담(치료) 방향'이라는 세 영역이 지속적으로 상호작용하고 있는 경우다. 그러므로 이 세 가지 영역이 조화를 이루며 정확하게 유지되는 것은 매우 중요하다. 과정모델은 이러한 조화를 빠르고

신뢰성 있게 만들어 준다. 또한 상담이 지속됨에 따라 정확하게 유지될 수 있도록 도와준다.

당신이 과정모델에 익숙해져 가는 동안, [그림 16-1]을 포스터로 만들어 상담실 벽에 걸어 놓으면 많은 도움이 될 것이다.

초기 과정모델 진단하기

당신은 내담자와의 상담에서 성격적응 유형에 대한 초기 진단이 가능할 것이다. 이것은 내담자의 드라이버를 관찰하는 것으로 가능하다. 계속 언급한 내용이지만, 드라이버는 내담자의 대화 내용과는 크게 관련이 없다. 당신은 내담자가 자신의 인생이야기나 현존하는 문제에 대해 이야기하기 전에 이미 드라이버를 진단할 수 있다.

사례 사미르(Samir)는 나(Ian)에게 상담을 요구하기 위해 전화를 걸어 왔다. 늘 그렇듯이, 나는 그에게 한쪽으로 치우침 없이 초기 30분 동안 질문을 하였다. 상담은 이미 시작되었고, 점차 사미르가 상담에서 해결하고픈 문제를 보이기 시작하였다.

나는 그가 말하는 상담의 내용뿐 아니라, 하나의 단계에서 다음 단계로 넘어가는 의사소통 과정 또한 유심히 관찰하였다. 그는 자주 위를 쳐다보았고, 잠깐씩 멈추는 동작을 하였으며, 그의 손가락으로 과장된 표현을 보여 주었다. 그가 나에게 말을 하는 동안 다음과 같은 문구를 자주 사용하였다. '제가 말했듯이' '말하자면' '말하는 방식으로' 등의 말을 사용할 때는 말의 끝 부분이 생략되었고, 냉정하게 어조를 바꾸었다. 사미르가 보여 주는 몇 가지 단서의 조합으로 나는 그가 '완벽하라' 드라이버에 있다는 것을 알아챘다(〈표 8-2〉 참조).

가끔은 사미르가 '강하라'의 단서를 보여 주기도 하였다. 이때 그의 얼굴은 단조로워졌고 무표정했다. 그는 자신을 '폐쇄'했고, 팔짱을 끼었으며, 다리를 꼬고 앉았다. 그의 목소리는 단조로운 톤이며, 자주 "그런 느낌이 내게 들어요."와 같은 표현을 하곤 하였다.

사미르가 다른 드라이버 행동 단서를 보여 주지는 않았다. 때로는 '타인을 기쁘게 하라' 드라이버로 옮겨지기도 하였는데, 이때는 그의 눈썹이 이마까지 치켜 올라갔으며, '웃음기 없이' 잇몸이 그대로 보였다. 사미르는 '노력하라' 드라이버는 거의 보여 주지 않았다. 그가 다리를 흔들거나 손가락으로 두드리는 '서둘러라' 드라이버를 보여 줄 때는 늘 다른 드라이버 행동 이후였다.

이러한 단서들이 2분 동안의 대화에서 반복적으로 이루어지는 것으로 보아, 나는 사미르의 주요 드라이버는 '완벽하라'라는 것을 확신하였다. 과정모델을 통해 내가 눈으로 확인한 내용을 대조해 보니, 그의 주요 실행적 적응은 '책임감 있는 일 중독자'라는 것을 알 수 있었다.

또한 나는 사미르의 '강하라' 드라이버를 통해 그의 가장 중요한 생존적 적응은 '창의적 몽상가'라는 것을 알게 되었다. 나는 이것이 상담에서 가장 중요한 몇 가지 요점으로 안내해 주는 것이라 생각하였다. (내 생각으로, 사미르는 실행적 적응인 '책임감 있는 일 중독자'임에 따라 타인의 욕구를 위해 일하는 것이 옳은 일이라 여겨 열심히 일할 것이다. 동시에, 생존적 적응인 '창의적 몽상가'가 자신의 욕구보다는 타인의 욕구를 우선 생각하는 것이 유일한 삶이라는 어린이 자아상태의 신념을 갖게 했을 것이다.)

이번 장을 서술하는 주요 목적은 실행적인 성격적응 유형인 '책임감 있는 일 중독자'를 설명하여, 주요 내용을 사례를 통해 단순화시키는 것이다. (제14장에서 이미 조합된 성격적응 유형을 어떻게 다루는지에 대해 서술하였다. 제25장에서는 이 주제로 다시 돌아올 것이며, 치료 주제를 지닌 조합된 성격적응 유형 내담자와의 상담 과정을 다룰 것이다.)

진단과 계약을 연결하기

상담 계약을 계획할 때는 상담의 '내용(What)'과 '과정(How)'을 모두 고려해야만 한다. 물론, 상담 계약의 내용은 내담자의 현존하는 문제에 집중되어야 한다. 그리고 내담자가 상담으로부터 해결되고자 원하는 것이 말로 표현되어야만 한다. 이때 서로 다른 성격적응 유형에 따른 각본 내용을 참고할 수 있다(〈표 4-3〉 참조). 이것은 당신이 상담을 하는 데에서 내담자의 문제, 욕구 그리고 일반적인 상담 주제에 대한 인식을 향상시켜 줄 것이다. 그러므로 상담을 진행하기 위한 계약에 많은 도움을 받을 수 있다.

계약하기 과정의 계획 어떻게 상담 계약을 맺을 것인가의 문제에서 내담자의 웨어 이론을 안다는 것은 많은 의미를 내포한다. 전체적인 상담 과정을 주시하면서, 당신은 내담자의 '개방문'을 통해 계약을 시도할 수 있기 때문이다. 당신과 내담자가 첫 번째 영역에서 효과적으로 대면했다고 판단될 때, 당신은 다음 영역으로의 움직임을 고려한다. 이것은 내담자의 '표적문'이다. 표적문에서의 만족스러운 상담이 지속되면, 내담자는 자신의 '함정문'에서 가장 근본적인 각본의 변화를 경험하게 될 것이다. 당신의 처음 접근이 내담자의 함정문이어서는 안 된다.

사례 초기 대화 이후, 사미르와 나는 함께 상담 계약을 맺었다. 그가 떠난 후, 나는 초기 상담 계획을 기획하였다.

사미르의 주요 성격적응 유형은 '책임감 있는 일 중독자'다. 나는 과정모델 다이어그램을 통하여 이를 확인했고, 그가 주로 사용하는 웨어 이론도 읽을 수 있었다. 그의 개방문은 '사고'이고, 표적문은 '감정'이며, 함정문은 '행동'이다(〈표 12-1〉 참조). 그러므로 사미르와 상담 계획을 맺을 때는 그의 개방문인 사고 영역에서의 용어 설정이 요구되었다. 몇몇 가능한 상담 계약은 다음과 같다.

- 다음 상담에 올 때까지, 나의 괴로움을 알기 위해 내가 어떻게 해야 하는지를 생각하는 시간을 갖는다. 내가 발견한 것을 노트에 적고, 상담자와 논의하기 위해 그것을 가져온다.
- 상담 중, 그 자리에서 각본분석을 완벽히 한다. 그리고 내가 상담자와의 상담 과정에서 변화시키고 싶은 하나의 각본결단을 선택한다.

상담 후반에, 나는 사미르가 준비되었다고 생각되었을 때, 상담의 방향을 개방문(사고)에서 표적문(감정)으로 전환하였다. 예를 들면, 그는 다음과 같은 계약을 맺었다.

- 이것 아니면 저것이라는 나의 생각보다는 내가 어떻게 느끼는지를 이번 상담 회기 동안에 적어도 네 번씩은 상담자에게 표현한다.
- 나의 어머니를 상상의 의자에 앉히고, 진정한 내가 될 수 없도록 한 어머니의 명

령에 대해 내가 어떻게 느끼는지를 어머니에게 그대로 표현한다.

진단을 상담 방향과 연결하기

성격적응 유형의 진단은 상담초기에 당신을 어떤 방향으로 나아가도록 해야 하는지를 바로 알려 준다. 당신의 선택은 과정모델의 다이어그램에 따라 이루어진다. 당신이 상담에 개입하기 위한 선택을 위해서는 '내용'뿐만 아니라, '과정'도 고려되어야만 한다. 과정모델은 이 두 가지 선택에서 중요한 안내자의 역할을 한다.

사례: 과정 측면 나는 사미르의 주요 성격적응 유형이 '책임감 있는 일 중독자'라는 판단을 가지고 상담을 시작하였다. 이것은 나의 초기 상담 방향이 그 과정에 따라 이루어지도록 이끌어 주었다. 그 내용은 다음과 같다.

① 나는 사미르의 주요 각본 과정인 'Until' 각본에 직면하도록 준비하였다(〈표 4-2〉, 〈표 15-2〉 참조). 그리고 나는 그의 모든 수준에서 대화할 것이다. "처음에 자기에 대해 빠짐없이 이야기하지 않아도, 당신이 원하는 것을 얻도록 변화하는 것에 대해 나는 긍정(OK)입니다."

② 어떤 일이 발생하였을 때, 나는 사미르가 가장 믿고 있는 '완벽하라' 길항각본 신념에 직면할 준비를 하였다(제4장). 내가 모델이 되어 줌으로써, 그가 다음의 위치에 가도록 도울 것이다. "때때로 당신이 실수를 할지라도, 그 자체로도 당신은 긍정(OK)적인 존재입니다."

③ 나는 사미르가 선호하는 웨어 이론인, '사고' '감정' '행동'의 과정에 따랐다(〈표 12-1〉 참조). 나는 우리의 대화 내용이 무엇이든 간에 순간순간 즉각적으로 이 과정을 적용하였다. 동시에, 장기간의 상담 작업에서 이 과정을 적용시킬 계획도 세웠다. 나는 상담 계약 단계에서 장기간의 결과에 대한 전반적인 흐름도 생각해 보았다. 나는 상담의 시작을 '사고'와 '분석'을 가지고 할 것을 계획하였다. 사미르와 나는 개방문에서 확실한 계약을 맺은 뒤에, 그의 표적문인 '감정'으로 전환하였다. 이러한 과정이 진행된 뒤에 가장 의미심장한 변화가 그의

함정문인 '행동'에서 보이기를 기대하였다. 대부분의 경우, 계약은 세 번째 영역에서 직접적으로 이루어지지 않는다.

④ 상담 초기, 나는 사미르가 가장 선호하는 의사소통 방식인 '요구하는' 의사소통 방식을 자주 사용하였다(〈표 11-2〉 참조). 다른 말로 표현하면, 사미르가 자신이 '소유한 사고방식'으로 말을 걸어 오면, 나는 우선 그에게 나와 함께 생각해 볼 것을 요청하였다. 나중에 그가 감정 영역으로 옮겨 오면, 나 또한 의사소통 방식을 전환하였다. 그때 나는 그의 감정에 머물기 위하여 '양육적인' 방식을 제공하였다. 즉, 감정 영역의 계약은 '양육적인' 의사소통 방식을 사용하는 것이다.

사례: 내용 측면 나는 사미르의 현존하는 문제가 길항각본의 내용에서 온 것이라 예상하였다. 사실 그가 나에게 온 이유는 그의 통제 불능인 일 욕심에 의해 몸과 마음이 지쳐 있었기 때문이다. 만성적인 피로, 근육 긴장, 위산과다 소화불량 등이 그가 한 주요 호소였다. 사미르는 이미 이러한 증상에 대해 그의 담당의사에게 검진을 받았고, 신체장애로 진단받았다.

사미르는 에릭 번(1972: 37)이 언급한 대로, '어떻게 하면 더욱 편안한 개구리'가 될 수 있을지에 대한 나의 조언을 구했다. 그는 매일 더 많은 일을 할 수 있게 되거나 또는 어떤 실수도 없이 그 일을 다 해낼 수 있기를 원했다. 이런 과정을 통해서, 나의 과정모델 지식은 그를 낙망시키고 '비치료적인 샛길'로 빠지지 않도록 나를 도왔다. 그러나 사미르는 이미 나에게 오기 전부터 이 지점을 넘어서 있었다. 그리고 과도한 일 중독에서 벗어날 수 있도록 도움을 요청하였다.

그의 길항각본 패턴으로 예상하건대, 이번 상담에서 다루어야 할 기본적인 주제는 각본 초기 단계에 있는 것으로 생각되었다. 사미르의 '책임감 있는 일 중독자'에 대해서 나는 그의 금지령에 초점을 모았다(〈표 4-3〉 참조). 어린 시절에, 그는 다음과 같은 금지의 메시지를 받았다. '어린아이가 되지 마라.' '즐기지 마라.' '다른 사람과 친해지지 마라.' '감정을 느끼지 마라.' 특히 '재미와 성적인 흥미를 가지지 마라.' 나는 사미르와 상담을 계속 진행해 나가면서, 그의 인생 후반을 제한하는 금지령들을 탐색할 수 있도록 계획하였다.

그는 자신의 개방문인 '사고'를 통해서 이 내용을 잘 받아들였다. 그래서 나는 여러 가지 개념이 담긴 교류분석 책을 사서 읽도록 권유하였다. 나는 그에게 자신의 각본 요소가 보이는지를 물어보았고, 자신이 생각하는 전형적인 금지령이 무엇인지를 이해하도록 도와주었다. 점차 나는 그의 표적문인 '감정'으로 옮겨갔고, 그를 재결단 작업으로 초대하였다. 거기에서 '두 의자 기법'과 '초기 장면' 직면하기를 사용하였다. 그때, 그는 부모님의 금지에 의해 그동안 억누르고 있었던 자신의 감정을 분출하기 시작하였다.

'존재하지 마라' 금지령을 다루기 나는 모든 내담자와 마찬가지로, 사미르 또한 '존재하지 마라'를 포함하는 금지령이 있다는 것을 알고 있었다. 과정모델은 '존재하지 마라'를 확연히 증명할 수 있는 특정 단서는 포함하고 있지 않다. 이 금지령은 특정한 어떤 하나의 성격적응 유형에만 있지 않기 때문이다.

어떤 경우에서든지, 사미르와의 상담 작업에서 '자살' '살인' '미치광이가 되어가는 것'에 대한 표면적인 징후가 나타난다면, 바로 중단할 것이다. 대신에 그가 준비가 된다면, 나는 그에게 '도피구의 폐쇄'를 요구할 것이다.

상담 계획의 계속적인 수정

과정모델을 통한 개념은 상담의 초기 진단과 상담 계획을 세우는 데 많은 도움을 준다. 여기서 중요하게 다룰 내용은 초기 진단은 단지 '임시적'일 뿐이라는 것이다. 당신은 단지 거친 연필선을 사용해 개략적인 '도로지도'만을 스케치한 것뿐이다. 당신은 내담자와의 상담 작업을 통해 이 지도를 계속 확인해 가야만 한다. 그러므로 이 지도는 계속적인 수정과 재정의가 필요하다.

사실, 당신은 다른 진단도구를 사용해서 이러한 수정을 할 수도 있을 것이다. 예를 들면, 당신은 전체적인 각본분석을 통해 이것을 시도해 볼 수 있다(Stewart & Joines, 1987: 99-106, 146-147 참조). 이것은 과정모델보다 더욱 자세한 각본에 대한 내용을 제공해 준다. 라켓 시스템 분석(Erskine & Zalcman, 1979: 15-29) 또한 현시점에서의 내담자 각본 패턴 외의 다양한 정보를 제공한다. 그리고 내담자의 생존적 · 실행적인 성격적응 유형을 명확히 알기 위해서, 당신은 이 책 부록 C에 첨부되어 있는 밴 조인스의 '성격적응 유형 검사지'를 사용할 수 있을 것이다.

어떤 경우라도 당신이 상담 계획을 세울 때 가장 최선의 방법을 사용하기를 권장하고 있으며, 그때그때마다 지속적인 수정이 필요함을 강조하고 싶다. 당신은 과정 모델을 기본으로 한, 상담 계획의 임시적인 초기 스케치를 시작할 수 있을 것이다. 이번 장의 몇 가지 사례는 상담자가 무엇을 해야 하는지를 다루었다.

당신은 수정 가능한 아이디어를 적용할 수 있다. 이렇게 함으로써 당신은 내담자로부터 오는 피드백을 계속적으로 관찰할 수 있다. 이것은 당신의 초기 진단과 교정의 정확성에 대한 근거를 지속적으로 제공해 준다. 이렇게 하면서, 당신은 계획된 상담 방향을 수정할 수 있다. 다양한 피드백을 관찰함으로써 당신은 새로 수정된 계획을 적용해 볼 수 있을 것이다.

요 약

진단, 계약 그리고 상담(치료)의 방향은 결코 고정되어 있는 것이 아니다. 이것은 독립적인 요소가 아니기 때문이다. 대신, 이것들은 계속적으로 움직이고 상호작용한다. 한 가지 혹은 두 가지에 변화가 오면, 다른 한 가지 역시 그것을 반영하여 변화를 가지고 온다. 과정모델은 이러한 변화를 추적하는 데 필요한 신뢰할 수 있을 만한 도로지도를 제공한다.

다음 장에서는 성격적응에 대한 깊이 있는 이해를 제공해 줄 확장된 모델을 소개하고자 한다. 어떻게 이것이 발전되었으며, 어떻게 이것을 가지고 작업할 것인가를 다루고 있다. '개인 간의 거리' 개념을 통해 여섯 가지 성격적응 유형을 분석해 볼 것이다. 각각의 성격적응 유형마다 자기 자신에 대한 감각으로 정의되는 '경계'는 사람에게 어떤 경험으로 진행되는지, 그리고 관계적인 측면에서 사람 사이를 유지시켜 주는 경계의 종류에는 어떤 것이 있는지를 고찰해 보고자 한다.

제6부

성격적응 유형 모델의 적용

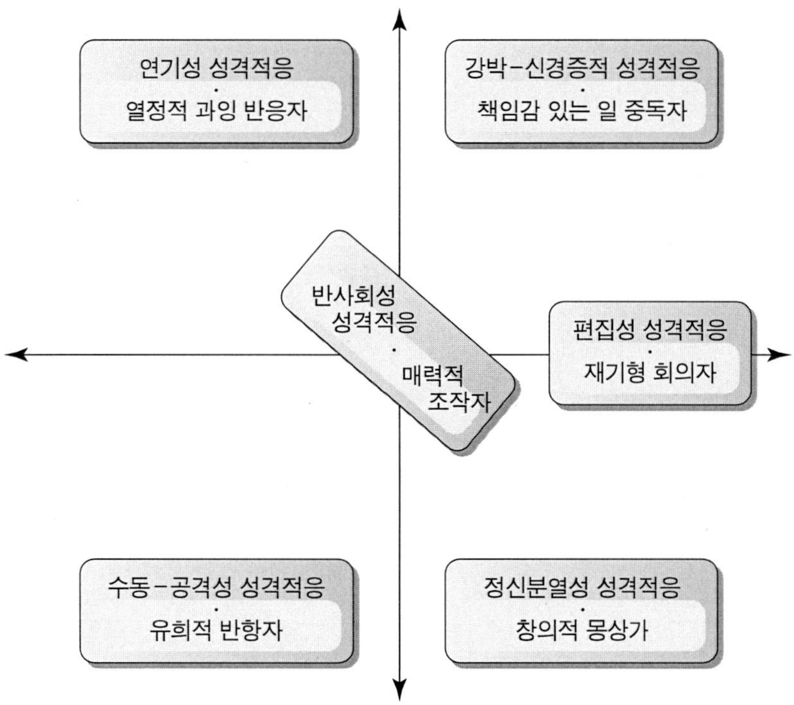

17 여섯 가지 성격적응 유형을 활용한 진단과 상담*

진단과 상담 계획은 효과적인 상담을 하기 위한 중요한 단계다. 정확하게 기술된 모델은 진단의 정확성과 상담 계획의 명확성을 가져온다. 간단한 용어, 개념의 명확성 그리고 성격적응 유형 모델의 이해는 내담자와 함께 무엇을 진행할 것인지, 그리고 어떻게 변화를 가지고 올 것인지를 사정하는 데 훌륭한 선택을 할 수 있게 해 준다.

기본적인 틀

내(Vann)가 진단과 상담 계획을 세우는 데 사용하는 틀은 교류분석 내에서 발전된 몇 가지 모델을 통합하고 교정한 것이다(Berne, 1969). 이 틀의 기본은 우리가 이미 제4장에서 언급한 번(Berne)의 '기본적인 네 가지 인생 태도'다. 이 개념을 에른스트(Ernst, 1971)는 'OK 목장(OK Corral)'이라고 하였다. 에른스트의 다이어그램에서 가로

* 이 번 장에서는 'Transactional Analysis Journal Vol. 18, Number 3, July, 1988, pp. 185-190'에 게재된 논문에서 발췌하였으며, 이 책의 스타일과 문맥에 맞게 일부 수정하였다.

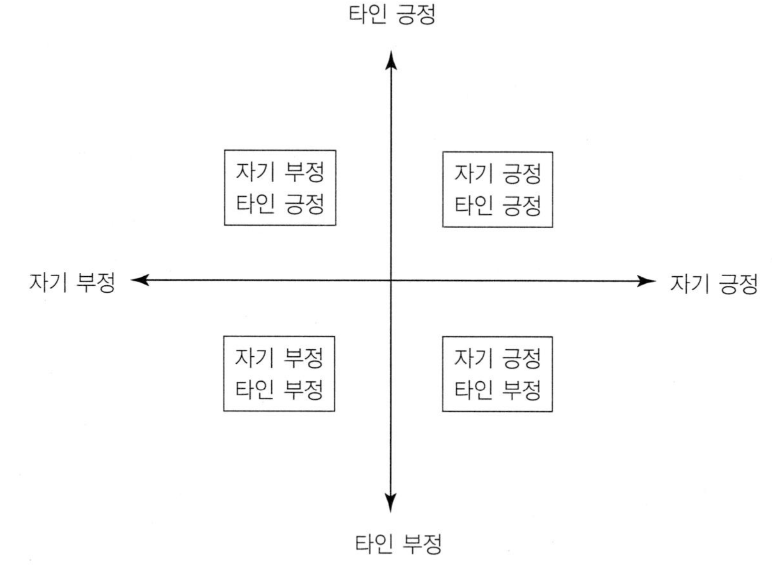

[그림 17-1] 'OK 목장'의 축과 사분할도

주) 이 다이어그램이 이미 이 책의 초반에서 다루었던 사분할도와 매우 유사하게 보일지 모른다. 그러나 각 내용은 서로 매우 다른 차원의 것을 다루고 있다. 사정도표의 사분할도는 사회적인 상황에서 타인에게 접근하는 사람의 유형을 말하고 있는 반면, 이번 장에서 다루는 사분할도는 번과 에른스트 그리고 다른 저술가들에 의해 연구된 네 가지 인생 태도를 다루는 것이다.

축의 위는 '타인 긍정'이고 아래는 '타인 부정'이다. 그리고 세로축의 오른쪽은 '자기 긍정'이고 왼쪽은 '자기 부정'이다. 그 결과, 두 가지 선이 나오고 네 개의 사분할도가 생긴다. 각각의 사분할도는 [그림 17-1]처럼 네 가지 인생 태도를 나타내고 있다.

카플란, 카페이스 그리고 클라이드(Kaplan, Capace, & Clyde, 1984)는 에른스트의 이론에 몇 가지 개념을 첨부하였다. 나는 이들의 개념을 약간 확장하여, '경계(boundaries)' 개념과 더불어 폴 웨어(Paul Ware, 1983)의 '성격적응 유형 이론', 슐츠(Schultz, 1984)의 '기능 수준 개념(level of functioning)' 그리고 DSM-IV(1994)와 DSM-VI-TR(2000)의 진단 틀을 함께 사용한다. 결과는 상담 계획을 위한 특정한 방향성을 제시하는 통합적인 진단모델이 된다.

개 정

카플란, 카페이스 그리고 클라이드(1984)는 'OK 목장' 개념에 자신들의 '개인 간의 거리(interpersonal distance)'에 대한 이차원적인 관점을 첨부하였다. 그 결과는 [그림 17-2]와 같다.

수평선상의 '자기 긍정'에는 '개별화(자신을 향함)' 개념을 두었고, '자기 부정'은 '비개별화(자신에게서 멀어짐)'를 두었다. 수직선상의 '타인 긍정'에는 '애착(타인에게 접근함)' 개념을 두었고, '타인 부정'에는 '비애착(타인에게서 멀어짐)' 개념을 두었다.

또한 카플란, 카페이스 그리고 클라이드는 자기를 타인과 구별하는 '자기와 타인에 대한 경계' 개념과 타인을 자기에게서 떼어 놓는 데 사용하는 '벽(walls)'의 개념을 언

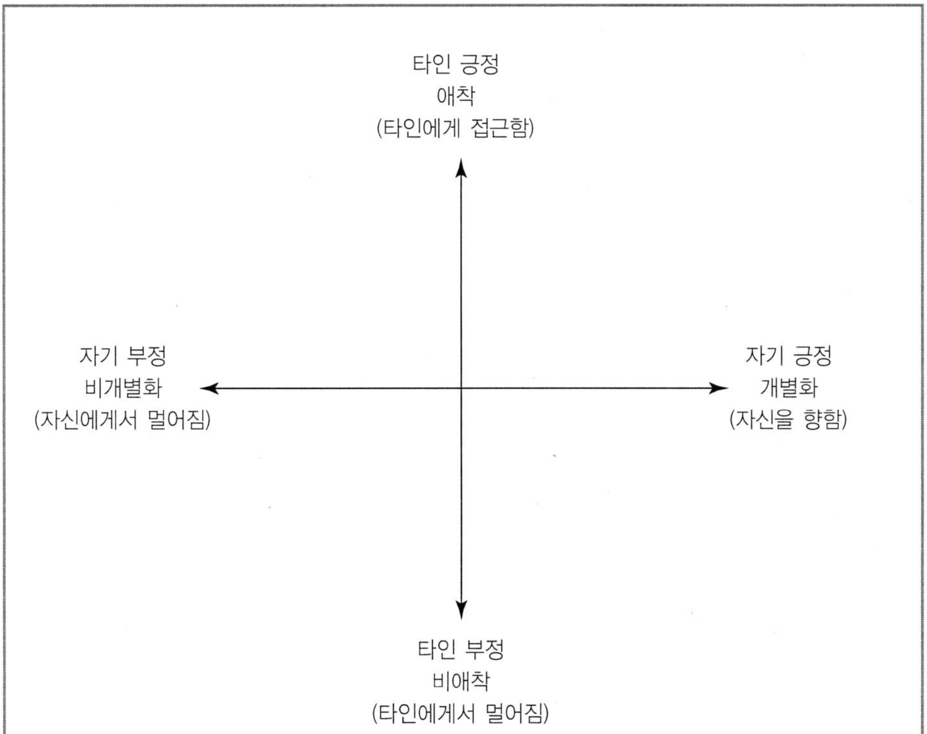

[그림 17-2] 개인 간의 거리에 대한 이차원적인 관점

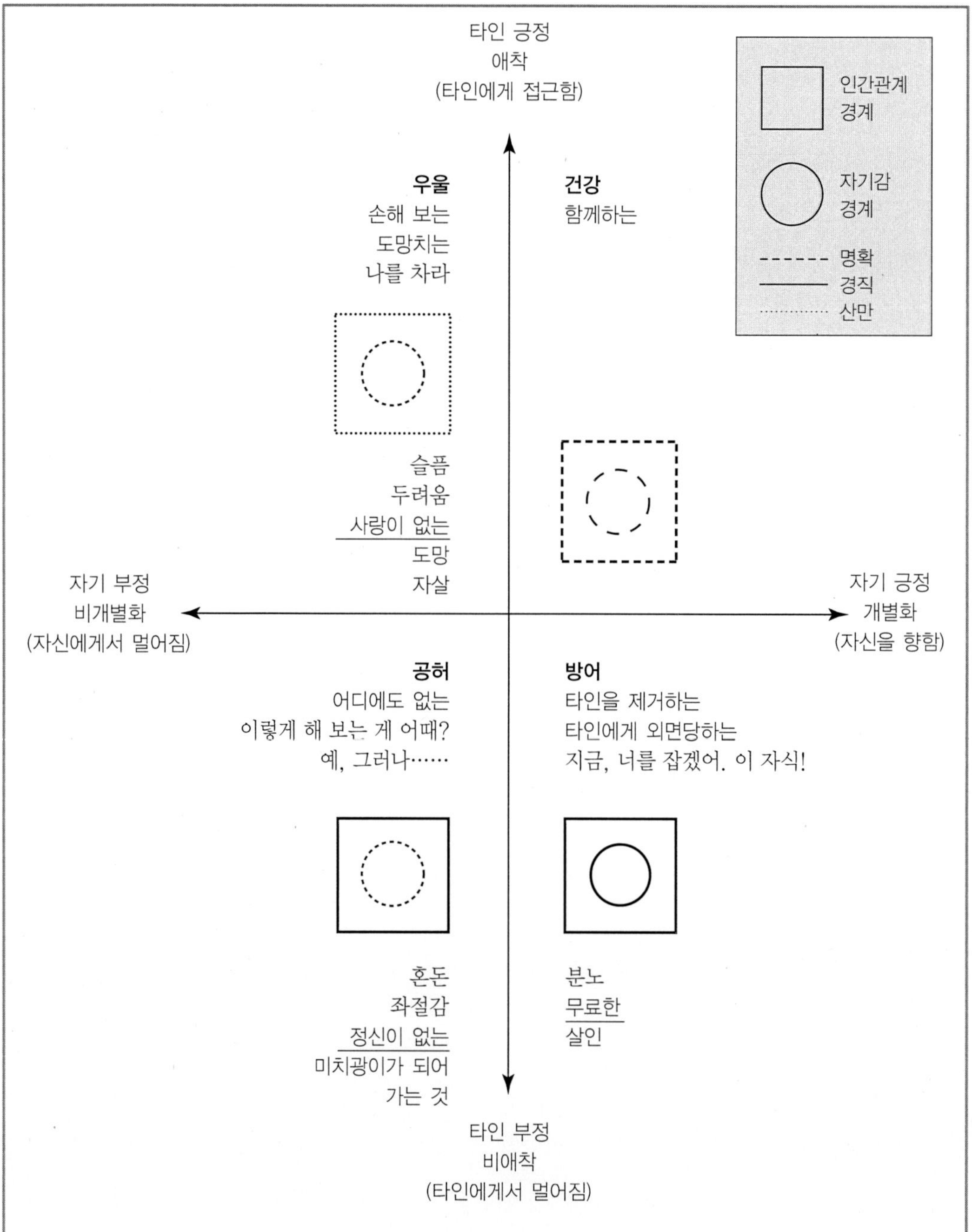

[그림 17-3] 각본 요소와 관련된 개인 서로 간 그리고 자기감 경계

급하였다. 이 개념은 '벽'이 존재하는 곳에 '경계'를 가지고 있는 사람은 없다는 것에서 시작한다. 이것은 두 가지 상황을 가정한다. 사람에게서 '경계'와 '벽'은 있을 수도 있고, 없을 수도 있다는 것이다. 그러나 나는 사람들 상호 간의 '경계'와 '벽'을 설명할 때에 미누친(Minuchin, 1974)의 '산만(diffuse)' '명확(clear)' 그리고 '경직(rigid)'된 경계선 분류가 더욱 유용하다는 것을 발견하였다.

[그림 17-3]에서는 앞서 제시한 개념을 다이어그램으로 나타냈다. 나는 카플란, 카페이스 그리고 클라이드(1984: 116)의 다이어그램을 기본으로 하였다. 각각의 사분할도에서 '인간관계(자기-타인) 경계'는 사각형으로 되어 있으며, '자기감 경계'는 원으로 표시하였다. '명확'한 경계는 굵은 점선으로, '경직'된 경계는 실선으로, 그리고 '산만'한 경계는 가는 점선으로 표시하였다. 그리고 나는 각각의 사분할도에 요약된 주요 인생각본 요소를 첨부해 놓았다. 인생각본에 대한 것은 제4장을 참조하기 바란다. 다음에서는 각 사분할도에 대한 좀 더 자세한 설명을 하도록 하겠다.

자기 긍정-타인 긍정 영역

자기 긍정-타인 긍정의 영역에 있는 사람은 명확한 '자기감'을 가지고 있다([그림 17-3] 참조). 이들은 자신의 성장에 사용할 수 있는 새로운 정보를 접하기 위해 자신과 타인의 경계 공간을 가지고 있다. 또한 선명한 자신에 대한 감각을 통해 자신과 타인 사이에 '명확'한 경계를 가지기 때문에, 타인에게 상처를 주거나 혹은 타인으로부터 상처를 받지 않는다. 만약 타인이 상처를 주기 시작할 때에는 "잠시만! 그렇게 하는 건 너에게 좋지 않을 수 있어."라고 말한다. 동시에 그 '경계' 안에는 자신이 타인에게 접근하고, 타인이 자기 안으로 들어올 수 있는 공간이 있다.

이들의 타인과의 전형적인 교류 패턴은 타인과 '함께하는 것'이다. 이것은 지금-여기에서 관계 또는 활동적인 측면을 효과적으로 해 나가는 것을 말한다. 이 영역에 있는 사람은 라켓감정이 없는 솔직한 감정을 경험할 것이다. 이들은 심리적 게임이나 라켓티어링에 빠지지 않을 것이다. 이러한 이유에 따라서, 에른스트는 '건강한 위치'에 있다고 하였다.

자기 긍정-타인 부정 영역

자기 긍정-타인 부정 영역에 있는 사람은 자신에 대한 '경직'된 경계, 즉 '나는 절대적으로 옳아.'를 가지고 있다([그림 17-3] 참조). 이들은 새로운 정보를 받아들이거나, 자신을 수정하는 것을 어려워한다. 이들은 타인을 '부정(Not-OK)'하기 때문에 점차로 자신과 타인 사이에 견고한 경계를 가지게 된다. 이들은 타인이 가까이 오지 못하도록 자신의 '벽' 밖으로 몰아내며, 타인이 자신의 잘못된 부분을 볼까 하는 두려움 때문에 가까이 하지 않는다.

이들의 전형적인 교류 패턴은 '타인을 제거하라.'다. 카플란, 카페이스 그리고 클라이드(1984)에 따르면, 이들은 인생 후반에 고독과 성취를 동시에 맛볼 것이며, 다른 사람으로부터는 '외면당할 것'이다. 에른스트에 따르면, 이들은 기본적으로 '방어적인 위치'에 있다. 이들이 첫 번째로 사용하는 라켓감정은 타인과 일정거리를 유지할 수 있는 '분노'다. 또한 이들이 일반적으로 사용하는 심리적 게임은 '지금, 내가 너를 잡아 보겠어.'다. 슈타이너(Steiner, 1974)에 따르면, 이들이 일반적으로 겪는 경험은 '무료함'이다. 왜냐하면 이들은 타인과 친하지 않기 때문이다. 이들의 최종단계는 '살인'이다.

자기 부정-타인 긍정 영역

자기 부정-타인 긍정 영역에 있는 사람은 자신의 경계가 모호하다. 이들은 타인에 의해 자신의 긍정성이 영향을 받는데, '만약 당신이 나와 즐겁게 지내거나 나를 인정한다면, 나는 긍정(OK)이 될 수 있다.'라고 생각한다. 이들은 자기 자신을 부정적으로 보고 있지만 타인은 긍정적으로 바라보기 때문에, 이 사이에는 산만한 경계가 형성되는 경향이 있다. 이들은 타인을 차별하기보다는 자유롭게 개방하는 경우가 많으며, 타인으로부터 적정 수준을 넘어선 부정적인 행동이나 비판을 잘 수용하는 편이다.

카플란, 카페이스 그리고 클라이드(1984)에 따르면, 이들의 전형적인 교류 패턴은 '손해보는 것'이다. 그리고 이들이 느끼는 감정은 '도망치고 싶은' 느낌이다. 에른스트에 따르면, 이들은 '우울한 위치'에 있다. 이들이 사용하는 심리적인 게임은 '나를 차라.'이고, 라켓은 '슬픔' '두려움' '죄책감'이다. 슈타이너(1974)의 용어로는 이들이 일반적으로 경험하는 것은 '사랑이 없는 것'이다. 이들이 점차적으로 확대되는 방향은 '도망치는' 경우이고, 극적인 경우는 '자살'이다.

자기 부정-타인 부정 영역

이들은 자신과 타인의 경계에서 '모호함'을 가지고 있다. 이들도 타인을 의식하기는 하지만 타인이 자신을 부정하리라고 생각하기 때문에, 타인을 자신의 '벽' 밖으로 몰아낸다. 결국, 이러한 것에 의해 얻게 되는 결과는 주는 것에 대해 '거절'하게 되는 것이다. 이들이 타인과 교류하는 전형적인 모습은 '어디에도 없는' 또는 '내가 긍정할 수 없다면, 누구도 너를 긍정할 수 없다.'는 것이다. 에른스트에 따르면, 이들의 기본적인 위치는 '공허' 또는 '절망'이다. 이들이 사용하는 심리적인 게임은 '이렇게 해 보는 게 어때? 예, 그러나…….'이고, 라켓감정은 '혼돈'과 '좌절감'이다. 슈타이너(1974)에 따르면, 이들이 일반적으로 경험하는 것은 '정신이 없는 것'이고, 극적인 경우는 '미치광이가 되어 가는 것'이다.

성격적응 유형과 사분할도와의 연관성

그렇다면 성격적응 유형은 그림에서와 같은 경계의 '명확' '엄격' '산만'과 어떤 연관성이 있는 것인가? [그림 17-4]는 [그림 17-3]에서 보여 주는 모든 정보뿐 아니라, 각 성격적응 유형에 따른 자아상태 다이어그램을 더하여 보여 준다.

자기 긍정-타인 긍정 영역에는 모든 성격적응 유형의 긍정적인 측면이 포함되어 있다. 다른 말로 하면, 모든 성격적응 유형은 긍정적인 상태에서 행동을 취할 때에는 상호 간의 긍정 속에서 상호작용할 수 있다는 것이다.

자기 긍정과 타인 부정의 영역은 '편집성'과 '반사회성' 성격적응 유형의 부정적 측면을 잘 보여 주고 있다. 편집성 성격적응은 어린이 자아상태를 부정하고 이를 제

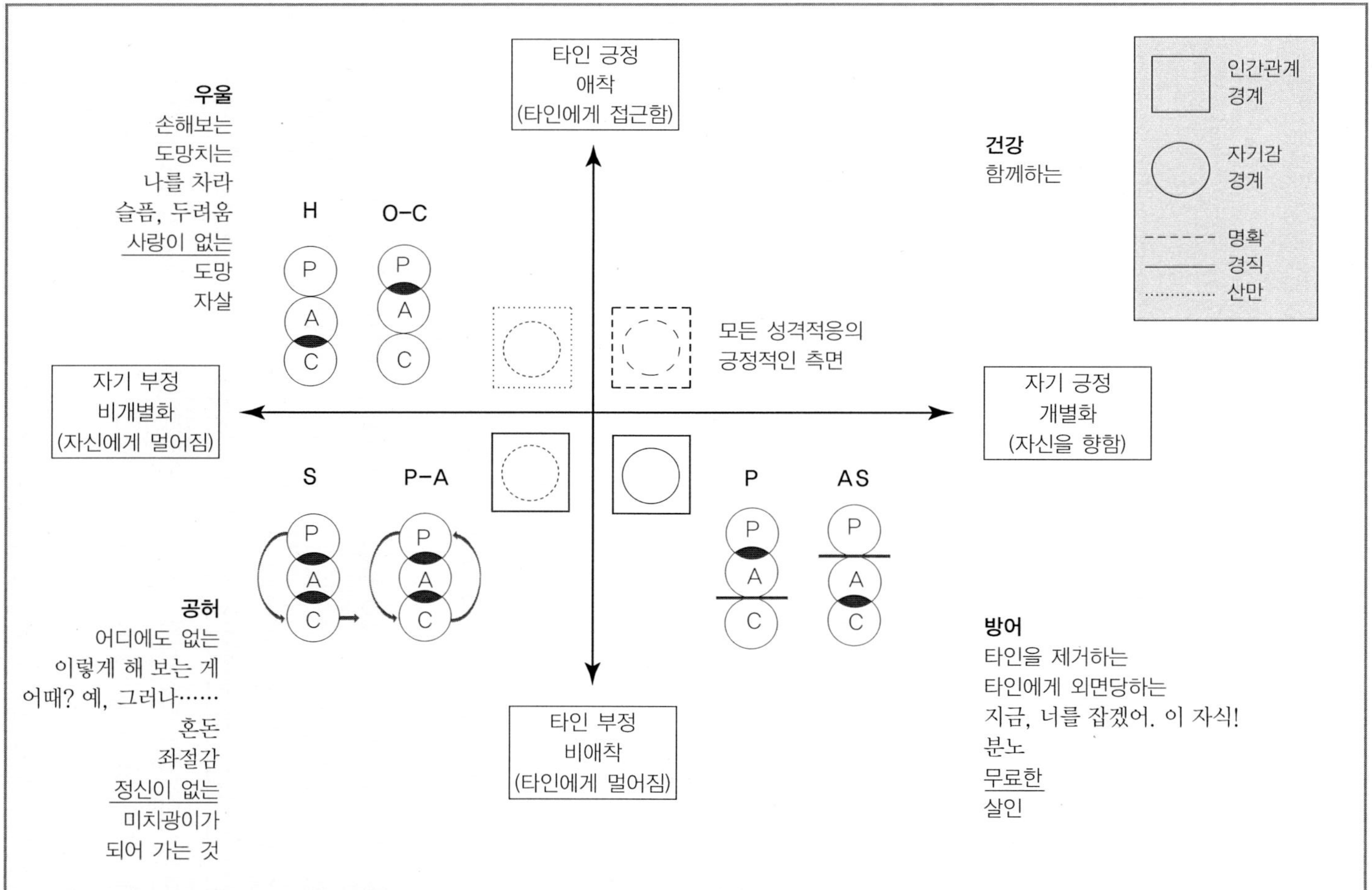

[그림 17-4] 여섯 가지 성격적응 유형과 관련된 사분할의 구조적 다이어그램

거하려 한다. 반면, 반사회성 성격적응은 어버이 자아상태를 부정하고 이를 제거하려 한다. 이 두 유형은 타인을 자신의 '벽' 밖으로 몰아내며, 결국 타인과의 친밀감을 획득하지 못하게 된다. 이들은 매우 개별적이지만, 애착을 두려워한다.

자기 부정과 타인 긍정 영역은 강박-신경증적 성격적응과 연기성 성격적응의 부정적인 측면을 보여 준다. 강박-신경증적 성격적응은 타인이 자신의 공로를 인정해 주기 바라며, 연기성 성격적응은 타인이 즐거워하기를 바란다. 이 두 유형은 다른 사람과의 관계에 제한을 두지 않기 때문에, 자신이 확고하지 않은 상태에서 마음의 상처를 받았을 때 '도망가는 것'을 해결 방법으로 사용한다. 이들은 애착을 원하지만, 개별적인 것을 두려워한다.

자기 부정과 타인 부정은 수동-공격성과 정신분열성 성격적응의 부정적인 측면을 보여 준다. 수동-공격성 성격적응은 타인의 대답을 먼저 듣고 난 다음에 주어진 것에 대해서 싸우거나 투쟁한다. 정신분열성 성격적응은 먼저 시작하지만, 타인이 동조해 주지 않으면 계속 두려워하며 '회피'한다. 이 두 유형은 상호작용이 거의 없는 편이다. 이들은 개별화와 애착을 모두 두려워한다.

성격적응 유형의 조합

주어진 사실로 볼 때, 대부분의 사람은 적어도 두 가지 성격적응 유형을 가지고 있다. 몇 가지 흥미로운 결과가 이를 뒷받침한다. 예를 들면, 한 적응이 자기 부정-타인 부정이고 다른 적응이 자기 부정-타인 긍정이라면, 첫 번째 상담 주제는 '개별화'시키는 것이다. 즉, 자기 부정 위치에 있기 때문에 자기 긍정할 수 있도록 하는 것이다. 두 번째 주제는 타인과의 관계를 명확히 설립하도록 변화시키는 것이다. 그렇게 함으로써 개인은 타인을 잃어버리거나 혹은 타인을 자기로부터 내모는 일을 하지 않는다. 카플란, 카페이스 그리고 클라이드(1984)는 '경계'가 없는 사람은 강한 '벽'을 가지고 있다고 지적하였다.

한 성격적응 유형이 자기 긍정-타인 부정이고 또 다른 유형이 자기 부정-타인 부정이라면, 첫 번째 개인을 위한 상담 목표는 타인 부정에 있기 때문에 '애착'에 대한 두려움을 극복시키고, 타인을 긍정할 수 있도록 변화시키는 것이다. 상담자가 초반에는 의심을 받을 수 있지만, 내담자와 신뢰관계를 구축해야만 한다. 두 번째 상담 목표는 자기 자신을 통합하는 것으로, 자기의 긍정성을 모호하게 생각하거나 혹은 부인하려는 것에 대해서 대처할 수 있도록 변화시키는 것이다.

한 성격적응 유형이 자기 긍정-타인 부정이고 또 다른 유형이 자기 부정-타인 긍정일 경우, 주요 상담 목표는 두 위치가 너무 상극이기 때문에, 두 가지 반대의 위치를 통합하는 작업이다. 이러한 목표를 달성할 때까지 개인은 타인을 거부하고, 상처 주기도 하며, 자신의 벽 밖으로 몰아내려 할 것이다. 그리고 자기를 긍정적으로 보게 될 때까지 이러한 일을 계속 할 것이다.

양쪽 성격적응 유형이 모두 자기 부정, 타인 부정에 있을 경우에 주요 상담 주제는 애착과 개별화 양쪽 모두에 대한 두려움을 해결하는 것이다. 이런 성격적응 유형을 가지고 있는 사람은 자신에 대한 자존감과 다른 사람과 친밀한 관계를 맺는 데 어려움을 지니고 있다.

기능 수준

성격적응 유형의 부정적인 정도는 개인의 '기능 수준'과 DSM-IV-TR(2000)에 있는 장애유형을 결정하는 데 사용된다. 제7장에서는 이미 여섯 가지의 성격적응 유형과 DSM-IV-TR 분류상의 관계성을 언급하였다. 슐츠(1984)가 언급한 베일런트(Vaillant, 1977)의 '심리병적(psychotic)' '미성숙(immature)' '신경증(neurotic)' 그리고 '성숙(mature)'의 분류는 서로 다른 범주의 기능 수준을 이해하는 데 유용한 개념이다. 이러한 '기능 수준'은 한 개인의 정상적인 발달 과정에서 얼마나 멀리 떨어져 있는가에 의해 결정된다.

'심리병적'인 수준에서의 개인은 자신과 타인을 구별하는 데 어려움을 느낀다(어버이 자아상태를 어린이 자아상태로부터 구별하지 못한다.). 이들에게 갈등이란 삶에 위협을 가하는 기제이기 때문에, 타인과의 교류는 갈등을 피하기 위해 겉도는 경향을 보인다. 결과적으로 심리병적인 장애를 겪게 된다.

'미성숙'한 수준에서의 개인은 자신과 타인과의 관계에서 구별은 명확하지만, 필요와 협조에 의한 타인과의 만남은 힘들어한다. 다른 말로 표현하면, 자신의 욕구를 채우기 위해 어버이 자아상태와 더불어 어린이 자아상태가 통합적으로 작용하지 못한다는 것이다. 그러므로 다른 사람과의 교류 방식은 다른 곳으로 회피하거나 통제할 수 있는 개인 행동 체계를 갖는 것, 그리고 자신의 내부로 들어가는 것, 통제할 수 있는 생리적인 상태에 놓이는 것 등이다. 그 결과 성격장애나 심리생리적 장애, 물질 관련 장애 그리고 섭식장애를 갖게 된다.

'신경증'적인 수준에서의 개인은 필요에 의해 다른 사람과 통합하는 데에는 성공한다. 그러나 '나는 너를 사랑할 것이다. 그러나 너는 내가 성장하는 것을 막고 있다는 걸 알아야 해!'처럼 값비싼 관계를 맺는다. 다른 말로 표현하면, 과도한 양육적 어버이 자아상태가 활동한다는 것이다. 그러므로 다른 사람과의 교류에서 개인은 부적절한 방법인 자기 자신을 닫아 버리는 경향을 보인다. 그 결과, 분노와 우울의 증상을 동반한 전통적인 신경증적 장애(기분과 분노 장애 목록에 있는)를 갖게 된다.

'성숙'한 수준에서의 개인은 자신의 어버이 자아상태로 들어가기 때문에 자유롭게 자신의 욕구를 함께 충족시켜 나갈 다른 사람과 통합하는 데 성공한다. 또는 치료를 통해서 이를 성취해 나간다. 다른 사람과의 관계에서, 이들은 이미 욕구를 채운 타인과 상호작용하여 자신의 욕구를 찾는 방법을 알고 있다. 때때로 이들은 환경적인 특정 스트레스에 대처하는 데 어려움을 맞이할 수도 있다. 그 결과, 적응장애를 겪을 수 있다.

계약의 중요성

대부분의 상담 초기에 진행되는 상담 계약 과정 중에서 내담자의 욕구와 변화 동기에 대한 자료를 조합하는 임상적인 사정은 매우 중요하다. 계약은 상호 간의 승인을 요구한다. 그러므로 상담자가 내담자와 계약을 공식화하는 것은 무척 중요하다. 계약은 내담자가 요구하는 것과 상담자가 보기에 명확하게 상담의 목적을 성취하기 위해 필요한 것들로 구성된다. 계약이 일관적이지 않을 때에는 내담자가 성격장애일 경우가 많다. 넓은 범주에서 초기 상담은 계약을 통해 상담동맹을 구성하는 것이다. 이것들이 무분별할 때, 예를 들면 성격장애와 같은 경우, 상담의 초기 부분은 상담동맹을 맺기 위한 직면에 많은 시간을 보내게 될 것이다.

그러므로 상담 계획은 내담자에 대한 상담자의 임상적인 사정의 넓은 토대 속에서 행해진 다음, 내담자의 서술로 완성된다. 계약은 내담자의 동기, 변화 그리고 새로운 자료에 의한 긴급사항을 통해 계속적으로 수정된다. 성격적응 유형 정보는 상담자와 내담자에게 내담자가 선택한 목적을 성취하기 위한 최선의 과정을 어떻게 진행할지에 대한 추가적인 유용한 정보를 제공한다.

요 약

성격적응 유형 모델과 함께 '존재론적 입장' '개인 간의 거리' 및 '자기감 경계' '라켓' '심리적 게임' '각본' 그리고 '도피구'가 조합된 정보는 진단과 상담 계획을 할 때 훌륭한 관점을 제공한다. 이러한 개념의 정확성과 명확성은 상담이 올바로 진행될 수 있도록 무엇을 해야 하며, 어떻게 해야 하는지를 결정해야만 하는 상담자와 내담자 모두에게 도움을 준다. 계약에서 강조해야 할 것은 성공의 가능성을 향상시키기 위한 내담자의 동기를 확실히 하는 것이다. 내담자와 상담자가 '긍정성(OK-ness)'을 강조하는 명확한 지도를 가지고 있으면, 편견을 제거하고 상담의 여정을 쉽게 만들어 준다. 그렇게 함에 따라 더욱 즐거워지게 된다.

이번 장을 읽어 나가면서, 당신은 성격적응 유형 모델이 '자기애성'과 '경계성' 장애에 대해서는 명확하게 설명하지 않고 있음을 발견하였을 것이다. 그러나 여기에는 나름의 이유가 있다. 다음 장에서는 이 두 가지 성격장애에 대해 논의할 것이다.

Personality Adaptations

18

경계성 성격장애와 자기애성 성격장애

경계성과 자기애성의 성격 특성 특질은 몇 명의 다른 저자들에 의해 저술되어 왔다(Millon, 1999, Johnson, 1994; Oldham, 1990). 이들은 여섯 가지 성격적응 유형을 함께 사용하여 이것들을 분류하기도 하였다. 그러나 우리는 여기에 동의하지 않는다. 우리는 '경계성(borderline)'과 '자기애성(narcissistic)' 성격 구조가 이 책에서 기술하는 여섯 가지 성격적응 유형과는 매우 다른 측면이라 보고 있다. 이번 장에서는 이러한 차이점에 대해서 탐색하고 기술하고자 한다.

경계성, 자기애성 성격 구조와 여섯 가지 성격적응 유형

경계성, 자기애성 성격 구조와 여섯 가지 성격적응 유형 사이에는 몇 가지 유사점이 존재한다. 또한 근본적으로 서로 다른 의미심장한 차이점도 존재한다. 이러한 유사점과 차이점을 정리하면 다음과 같다.

① 여섯 가지 성격적응 유형의 이름과 마찬가지로, '경계성'과 '자기애성' 진단명

은 변별되는 성격 특성을 의미한다.

② 여섯 가지 성격적응 유형과 마찬가지로, 모든 사람의 성격은 어느 정도의 경계성과 자기애성 성격 특성을 지니고 있다. 그러므로 '경계성' 또는 '자기애성'으로 묘사되는 사람은 그 정도에 따라 각각의 모습을 보여 줄 것이다.

③ 여섯 가지 성격적응 유형을 나타내는 방법과 마찬가지로, '경계성'과 '자기애성' 성격 구조로 정의된 성격 특성은 역기능(낮은 기능)에서부터 순기능(높은 기능)을 나타내는 스펙트럼의 연속선상에 표시될 수 있다.

④ 그러나 스펙트럼상의 높은 기능의 끝에 있더라도 '경계성'과 '자기애성' 성격 구조를 가지고 있는 사람은 '건강한(healthy)' 상태로 묘사될 수 있는 기능을 보여 주지 못한다. 이것이 바로 두 가지 성격장애와 여섯 가지 성격적응 유형의 근본적인 차이다. 여섯 가지 성격적응 유형의 경우, 스펙트럼상의 높은 기능에서 효과적으로 자신의 욕구를 채워 나간다거나 또는 자신과 타인에게 안정적으로 기능하는 긍정적인 적응의 특징을 보여 준다. 그러나 '경계성'과 '자기애성' 성격장애를 가진 사람은 이러한 모습을 보여 주지 못한다.

⑤ 어른들 간의 기능 수준의 차이는 아동기 때 다루어야만 했던 발달 주제의 차이점에서 기인한다. 우리는 이러한 발달 측면을 다른 장에서 자세하게 다룰 것이다. 핵심은 '경계성'과 '자기애성' 성격장애 또한 여섯 가지 성격적응 유형과 마찬가지로 유아기의 결단을 반영한다는 것이다. 이러한 결단은 어린아이가 생존하고 욕구를 채워 나가기 위한 최고의 전략적인 선택이었다. 그러나 '경계성'과 '자기애성' 성격장애를 발달시킨 사람은 유아기 시절, 여섯 가지 성격적응 유형의 경우보다 더 무거운 생존을 위한 '값(price)'을 치러야만 했다.

⑥ '경계성'과 '자기애성' 성격장애는 사정도표에 의미 있게 배치할 수 없다. 이것은 두 가지 성격장애와 여섯 가지 성격적응 유형 간의 또 다른 근본적인 차이다. 여섯 가지 성격적응과는 달리, '경계성'과 '자기애성' 성격장애는 특정 각본 과정 유형, 선호하는 의사소통 방식, 특정 웨어 이론 또는 우리가 이 책에서 기술해 왔던 어떤 정보와도 관련성을 보이지 않는다.

여섯 가지 성격적응 유형은 매우 보편적으로 보이는 현상이기 때문에, 비록 경계성과 자기애성 성격장애를 강하게 보이는 사람일지라도 한 개 또는 두 개의 성격적응 유형을 보여 주고 있다. 엄밀하게 말하면, 이것은 어떤 성격적응 유형 또는 성격적응 유형의 조합이 있음을 의미한다(Divac-Jovanovic & Radojkovic, 1987; Haykin, 1980 참조). 제7장에서 언급한 것과 같이, 실제로도 경계성 또는 자기애성 성격장애를 가진 사람은 일반적으로 어떤 다른 성격적응 유형을 지니고 있음을 보게 된다. 경계성 성격장애는 '반사회성'과 '수동-공격성' 성격적응을 보이며, 자기애성 성격장애는 '편집성'과 '반사회성' 성격적응을 생존적인 수준에서 보여 준다. 또한 다른 성격적응 유형은 다른 성격장애를 가진 사람에게서 나타날 수도 있을 것이다. 그러나 우리가 다시 반복하건대, 경계성 또는 자기애성 성격장애와 더불어 성격적응 유형이 있기는 하지만, 근본적으로 똑같은 개념은 아니다.

'건강' 대 '병리'의 발달

유아기 또는 후기 아동기 발달의 맥락 속에서, 자신을 보호하기 위해 최선의 선택을 한 여섯 가지 성격적응 유형은 나타날 수 있다. 이러한 성격적응 유형은 현시점의 어른에게서 같은 맥락 속에서 여전히 최선의 선택이 될 수도 있다. 이런 점에서 여섯 가지 성격적응 유형은 건강한 것으로 해석될 수 있으며, 인생에서 정상적으로 적응하는 한 부분으로 인식될 수도 있다.

대조적으로, 경계성 또는 자기애성 성격장애를 가진 사람은 유아기 동안 주변의 현실을 부정하는 것으로 적응해야만 했다. 경계성 성격장애는 벌 받는 것으로부터, 적어도 지지받지 못한다는 것에 대해서 '회피'를 한다. 자기애성 성격장애는 자연스럽게 있거나 불쾌한 감정 또는 의존하고자 하는 정상적인 아동의 모습을 인정받지 못한 데서 유래한다. 그리고 이들은 단지 과장되거나 거짓된 자기를 보였을 때에만 인정을 받을 수 있었다. 요약하면, 경계성 성격장애는 자신의 능력을 부인했어야만 했고, 자기애성 성격장애는 자신의 취약점을 부정했어야만 했다. 둘 다 진정한 자기 자신을 경험해 보지 못했다. 그러므로 이들은 현실에서 자신의 존재를 부인하는 행동을 발달시켜야만 했다. 이러한 행동은 병리로 정의된다. 아동기 때에 살아남기 위한 심리적 전략이 작용하고 있을 경우는, 자신의 진정한 실존을 느끼기가 실제로는 매우 어렵다.

그러므로 우리는 경계성 또는 자기애성 성격장애를 전반적으로 '건강'하다고 정의하는 것이 불가능하다고 말하는 것이다. 따라서 경계성 또는 자기애성 성격장애의 행동이 여섯 가지 성격적응 유형의 경우처럼 적응하는 유형을 보여 주는 것이 아니라, 늘 자신의 실존(또는 자신의 진실한 감정과 욕구)을 부인하는 '역기능'이라고 단언한다.

경계성 또는 자기애성 성격장애의 성격 구조 이 책의 제3장을 다시 생각해 보면, 번(Berne, 1961)의 자아상태 구조적 모델을 통해 여섯 가지 성격적응 유형의 성격 구조를 어떻게 모델화하였는지를 설명하였다. 모이소(Moiso, 1985)는 경계성 또는 자기애성 성격장애가 여섯 가지 성격적응 유형과 구별되는 자아상태 구조를 보인다고 주장하였다. 모이소의 주장을 발달 과정으로 보면, 어린이 자아상태는 어버이 자아상태와 통합되어 있는데 일종의 '분할'이 일어난다는 것이다. 분할은 '좋은 부모'와 '나쁜 부모'이고, 그 사이에서 아동이 이것들을 경험하게 된다는 것이다. '좋은 부모'란 무한한 힘을 지닌 이상적인 보호자에 대한 아동의 과장된 이미지다. 마찬가지로 '나쁜 부모'란 과장된 부정적인 이미지인데, 모이소는 "나쁜 부모는 가장 심각한 좌절감의 원천이기 때문에, 분노와 폭력의 목표가 된다."(Moiso, 1985: 199)라고 하였다.

블랙스톤(Blackstone, 1993)은 경계성 또는 자기애성 성격장애를 가진 사람의 자아상태 구조를 모델화할 수 있다고 주장하였다. 우리는 어버이 자아상태의 분할뿐만 아니라, 초기 어린이 자아상태 분할 또한 보여 줄 것이다. 이것은 '완전히 좋은 부모'와 '완전히 나쁜 부모' 사이에서 사람의 '자기표상(self-representation)'의 이분법적인 모습을 그려 볼 수 있도록 해 준다.

경계성 또는 자기애성 성격장애를 지닌 사람은 성인이 되어서도 어버이 자아상태와 어린이 자아상태의 초기 표상 모습 그대로의 분할을 여전히 유지하고 있다. 이것은 두 가지 성격장애가 여섯 가지 성격적응 유형과 다르다는 것을 보여 주는 또 다른 내용이다.

경계성 성격장애

'경계성(borderline)'이라는 말은 고전적인 분석으로 별 효력이 없거나 신경증 또는 정신이상으로 정확하게 설명하기 어려운 환자를 나타내기 위해서 1938년 아돌프 스턴(Adolf Stern)에 의해 처음으로 사용되었다(Linehan, 1993). 그러므로 이 용어는 신경증과 정신이상 사이의 경계에 있는 환자를 설명할 때 쓰인다(Stern, 1938; Schmideberg, 1947; Knight, 1954; Kernberg, 1975).

'경계성'의 진단은 ('자기애'와 마찬가지로) 이러한 저자들의 생각을 내놓은 이래로 최근에 와서 더욱 체계화되었다. 현재, DSM-IV-TR(2000)에서 '경계성' 용어는 다음과 같은 증상을 보이는 사람을 설명할 때 사용된다. 대인관계, 자아상 및 정동에서의 불안정성, 심한 충동성이 광범위하게 나타나며, 이러한 특징적 양상은 성인기 초기에 시작하여 여러 가지 상황에서 일어난다. 다음 중 다섯 가지(또는 그 이상) 항목을 충족시킨다.

① 실제적이거나 가상적인 유기를 피하기 위한 필사적인 노력
② 극적인 이상화와 평가절하가 반복되는, 불안정하고 강렬한 대인관계 양식
③ 정체감 혼란: 심각하고 지속적인, 불안정한 자아상 또는 자아 지각
④ 자신에게 손상을 줄 수 있는 충동성이 적어도 두 가지 영역에서 나타남(예, 낭비, 성관계, 물질남용, 무모한 운전, 폭식).
⑤ 반복적인 자살 행동, 자살 시늉, 자살 위협, 자해 행위
⑥ 현저한 기분의 변화에 따른 정동의 불안정성(예, 간헐적인 심한 불쾌감, 과민성, 불안 등이 수시간 정도 지속되지만 수일은 넘지 않음)
⑦ 만성적인 공허감
⑧ 부적절하고 심한 분노 또는 분노를 조절하기 어려움(예, 자주 울화통을 터뜨림, 항상 화를 내고 있음, 자주 몸싸움을 함)
⑨ 일과성으로, 스트레스에 의한 망상적 사고 또는 심한 해리 증상(DSM-IV-TR, 2000: 710)

아마도 경계성 성격장애는 '분리-개별화 장애(separation-individuation disorder)'로 불릴 것이다. 분리-개별화 장애란, 어린아이가 세계를 알아가는 시점에서 부모의 부재 또는 부모 경험을 괴로운 상황으로 보기 때문이다(Mahler, Pine, & Bergman, 1975). 회복 과정 동안 어린아이는 서로 반대되는 두 가지의 욕구를 경험한다. 하나는 완벽하게 보호받고 부모와 공생하기 위해서 뒤로 물러서고자 하는 욕구이고, 다른 하나는 부모에게서 멀리 떨어져 자유롭게 자신의 바람을 채워 나가고자 하는 욕구다. 이러한 서로 반대되는 두 가지의 욕구는 부모나 아동에게 커다란 좌절감을 맛보게 하는 결과를 낳는다. 부모가 이 모든 것을 잘 해 주기를 원하지만, 그러나 부모가 이 모든 것을 잘 할 수는 없다.

건강한 발달을 하는 경우, 부모는 적절하게 기능하고 인내한다. 이때 어린아이는 부모와 분리되는 것을 배우게 되고, 가끔 에너지를 공급받기 위해서 돌아오기도 하며, 자신이 발견한 것을 서로 공유한다. 어린아이는 외부세계의 모험 속에서 자신감을 갖기 시작할 것이다. 왜냐하면 아무리 힘들더라도 자신이 지치고 배고프고 외롭고 아프면 돌아갈 곳과 보호받을 수 있다는 것을 알고 있기 때문이다. 점차, 어린아이는 외부세계의 모험을 하는 동안에 부모의 이미지를 자신의 마음에 새긴다. 이 이미지가 희미해지기 시작할 때, 어린아이는 이미지를 새롭게 하기 위해 다시 돌아간다. 시간이 지남에 따라, 어린아이는 확고한 기반 위에 이미지를 각인한다. 그리고 어떤 경우에도 변하지 않는 부모의 상을 내면화한다. 또한 어린아이는 넓은 세계를 지배할 수 있다는 즐거움을 가지고 나아가게 된다.

경계성 성격장애를 발달측면에서 보면, 부모는 부모 자신이나 자녀의 부재 또는 질병 때문에 기능하지 못하거나 자녀가 떠나가는 것을 참는 데 어려움을 느끼기 때문에, 결과적으로 어린 자녀가 외부세계로 나가는 것에 두려움을 갖는다. 부모는 일반적으로 자신에게 의존하거나 또는 옆에 있고자 하는 자녀에게만 보답을 한다. 반대로 자신을 벗어나고자 하는 자녀에게는 벌을 주거나 회피하려 할 것이다. 결과적으로, 어린아이는 부모의 자아상에 의존하고 옆에 있고자 할 때 '긍정(good)'이 되고, 자유로운 방향으로 나아가고자 하면 '부정(bad)'이 된다는 것을 배우게 될 것이다. 어린아이는 자신이 외부로 나가고자 하면 부모를 잃게 될 것이라는 두려움을 가지게 된다. 인내하는 경험을 하지 못하게 된다면, 자신을 관리하지 못하게 될 것이다. 이것이 바로 경계성 성격장애가 분리 스트레스에 의해 왜 그렇게 심하게 반응하는지에 대한 이유다. 경계성 성격장애 내담자의 경우, 어떤 사람과 말하거나 보지 못하게 된다면, 이들은 그 사람을 위해 존재하는 것을 멈춘다. 어린아이는 외부로 나가는 것에 대해 지지받지 못했기 때문에, 외부세계를 지배한다는 느낌을 가질 수 없다. 또한 이들은 타인이 일반적으로 평범하게 완수하는 일들에 대한 무능함을 느끼게 된다. 앞서 언급한 것처럼 내면화된 부모상은 분할된다. 한 부분은 의존하고 옆에 있는 사람을 보상하기 위한 '완전히 좋은 부모(all good)'고, 다른 한 부분은 분리 또는 개별화하려는 어린아이의 시도에 대한 반응으로 회피하고 벌하고자 하는 '완전히 나쁜 부모(all bad)'다.

우리가 계속적으로 말해 왔듯이, 경계성 성격장애를 가지고 있는 사람은 가장 역기능적인 연속선상에서 기능한다. 이들은 높은 기능을 가지고 있더라도, 여섯 가지 성격적응 유형과 같이 '건강'하다고 보기는 어렵다. 경계성 성격장애를 가지고 높은 기능을 하는 사람은 유기에 대한 두려움과 상실에 대한 방어로, 인간관계를 고착시키려는 경향을 보인다. 낮은 기능을 하는 사람은 탐식에 대한 두려움과 타인에 대한 극심한 격노를 보인다. 둘 다 반대되는 방어기제를 동시에 사용하지만, 일반적으로 한 가지 또는 다른 한 가지를 더욱 많이 사용한다. 이들이 서로 멀어지면 고착될 것이고, 서로 가까워지면 격노할 것이다. 그렇기 때문에 제목이 『난 네가 싫어. 하지만 날 떠나지 마!』(Kreisman, 1991)라는 책이 나올 수 있는 것이다.

대조적으로, 여섯 가지 성격적응 유형에서 높은 기능을 가지고 있는 사람은 단지 극심한 스트레스상에서만 어려움을 보일 뿐이다. 나머지 일상생활에서 이들은 잘 기능하고, '정상' 또는 '건강'한 모습을 보인다. 낮은 기능을 가지고 있는 사람은 인간관계에서 더욱 큰 어려움을 겪을 뿐만 아니라, 경계성 성격장애를 가진 사람과는 그 정도에서 큰 차이를 보이지 않는다.

자기애성 성격장애

'자기애(narcissism)'라는 용어는 해브록 엘리스(Havelock Ellis, 1898/1933)에 의해

처음 사용되었으며, 심리적으로 의미 있는 용어다. 그는 '자기성애(auto-eroticism: 다른 사람의 자극이 없이도 성적으로 만족스러워하는 것)'라는 말로 이것을 개념화하였다. 폴 넥크(Paul Nacke, 1899)는 이 용어를 자기 몸에 대한 모습과 즐거움에 몰두한 상태를 설명하는 데 사용하였다. 프로이트(Freud, 1910/1957, 1911/1925)는 처음으로 '자기애'를 '자기성애'와 '대상애(object-love)' 사이의 정상적인 발달 측면으로 이해하였다. 훗날 프로이트(1931)는 이것을 자기애성 성적 본능 유형으로 설명하였고, 라이히(Reich, 1933) 또한 이와 유사하게 서술했으며, 현재의 DSM(DSM-IV-TR, 2000: 714-717 참조)도 자기애성 성격장애로 언급하고 있다. 오토 컨버그(Otto Kernberg, 1967, 1970a, 1970b), 하인즈 코허트(Heinz Kohut, 1966, 1968, 1971), 시어도어 밀론(Theodore Millon, 1969, 1981, 1990), 그리고 제임스 매스터슨(James Masterson, 1981, 1988, 1993) 모두 자기애성 성격장애를 동시대적으로 이해할 수 있도록 기여하였다.

현재, 자기애성 성격장애는 DSM-IV-TR에서 다음과 같이 설명되고 있다. 과장성(공상에서나 행동에서), 칭찬에 대한 욕구, 감정이입 결여 등의 광범위한 양상이 성인기 초기에 시작되어 다양한 상황에서 나타나며, 다음 중 다섯 가지(또는 그 이상) 항목을 충족시킨다(DSM-IV-TR, 2000: 717).

① 자신의 중요성에 대한 과장된 지각을 갖고 있다(예, 자신의 성취나 재능을 과장함, 뒷받침할 만한 성취도 없으면서 최고로 인정되기를 기대함).
② 끝이 없는 성공에 대한 공상과 권력, 탁월함, 아름다움 또는 이상적인 사랑에 대한 공상에 자주 사로잡힌다.
③ 자신이 특별하고 독특하다고 믿고, 특별한 사람이나 상류층의 사람만이 자신을 이해할 수 있고, 또한 그런 사람(혹은 기관)하고만 어울려야 한다고 믿는다.
④ 과도한 찬사를 요구한다.
⑤ 특권 의식을 가진다. 특별대우를 받을 만한 이유가 없는데도 특별대우나 복종을 바라는 불합리한 기대감을 가진다.
⑥ 대인관계가 착취적이다. 자기 자신의 목적을 달성하기 위해 타인을 이용한다.
⑦ 감정이입 능력이 결여되어 있다. 타인의 감정이나 요구를 인정하거나 확인하려 하지 않는다.

⑧ 타인을 자주 질투하거나 타인이 자신에 대해 질투하고 있다고 믿는다.

⑨ 거만하고 방자한 행동이나 태도를 보인다(DSM-IV-TR, 2000: 717).

발달 측면에서 보면, 자기애성 성격장애의 근원은 경계성 성격장애보다 더 일찍 시작된다. 그러나 자기애성 성격장애를 가진 사람은 경계성 성격장애보다 '더 좋게 보이려는' 경향을 보인다. 이들은 종종 자신의 일에서 커다란 성공을 거두기도 한다. 그러나 경계성 성격장애를 가진 사람은 일반적으로 자신이 가진 잠재력보다 낮은 수준의 기능을 보인다. 이들은 '자기 추진력'이 매우 강한 사람으로 보인다. 그러나 이것은 실제적으로 자신의 진정한 모습보다 과장된 거짓 모습에 의한 현상이다(Masterson, 1993). 즉, 이들은 어떤 취약한 감정을 다루려 하기보다는 완벽하고 문제가 없는 듯이 행동한다. 이들은 발달 측면에서 '분리-개별화 과정'의 '실습 분기'에 고착되어 있고, 단지 '화해접근 분기'만이 진행되었을 뿐이다(Mahler, Pine, & Bergman, 1975).

'실습 분기(practicing sub-phase)' 동안 어린아이들은 자기애 기간을 정상적이고 건강하게 보낸다. 자신을 우주의 중심 또는 조개 속의 진주로 경험한다. 어린아이들은 우주 전체가 자신의 욕구를 만족시키기 위해 구조화되어 있다고 느낀다. 이들의 일은 대부분 우는 것이고, 주변 환경은 이들을 보호한다. 이 시기는 '자존감'을 발달시키기 위한 경험을 하기 때문에, 인생에서 가장 중요한 시기다. 그러나 일반적인 발달상에서, 어린아이의 경험은 세상이 그리 순탄치 않고 또한 자신이 세상의 중심이 아니라는 사실을 깨닫게 되면서 점차 자기애에 상처를 입기 시작한다. 타인의 감정과 욕구가 자신의 그것과 함께 고려되어야만 한다는 것을 알아 가게 된다. 점차, 어린아이는 이러한 사실에 적응하게 되고, 자신의 욕구와 타인의 욕구를 함께 채워 나가야 한다는 것을 배우게 된다.

자기애성 성격장애의 경우, 어린아이는 자기애가 상처받는 시기를 결코 직면하지 않는다. 몇몇의 경우, 어린아이의 부모는 자신의 자녀가 좀 더 특별하기를 원하고, 자신의 자기애성 특성을 충족시키기 위해 노력하는 인생보다 더 큰 것을 자녀에게 요구한다. 이런 부모 자체가 자기애성 성격장애를 가지고 있으며, 자신의 욕구나 야망을 자녀에게 전이해서 자녀를 자신의 또 다른 특별한 특성에 속한 것으로 보는 것이다(Masterson, 1993). 이들은 자녀가 마음대로 하도록 두거나 혹은 떠받들어서 버릇을 잘못 들이는 경우가 많다. 이들은 자녀에게 무엇이든지 하고 싶은 것이 있으면 서슴없이 말하라고 가르친다. 자녀는 이런 것에 익숙해지고, 최소한의 노력이 없더라도 자신은 탁월한 가치가 있다고 여긴다. 다른 경우, 어린아이는 어떤 사람보다도 자신이 뛰어나다는 것을 세상에 보여 주면서 유기와 무의미한 존재로 느끼는 감정에 대한 방어 행동을 보인다.

어떤 경우든, 어린아이는 실제보다 상황을 더 크게 인식한다. 그리고 자신을 정상적이고, 자연스러운 어린이라고 생각하지 않는다. 사실, 어린아이는 어떤 방식으로든지 상처받거나 불쾌한 기분을 느꼈을 때, 자신은 불완전하고 매력 없는 존재라고 인식한다. 어린아이가 받게 되는 이러한 메시지는 '이것 아니면 저것'이다. 즉, 아주 훌륭하거나 아니면 아주 불완전한 것이다. 그 사이에는 아무것도 없다. 그러므로 어린아이는 늘 훌륭하게 보이려는 시도로 적응한다. 과장된 거짓 자아는 특별하거나 독특하지 않으면, 존재하는 것을 멈추어야만 하는 두려움을 지닌 '겁먹은 어린아이'다.

한 내담자는 이러한 공포를 문자 그대로 무엇이든지 용해시키는 것으로 묘사하였다. 다른 내담자는 문자 그대로 험프티-덤프티처럼 수많은 조각으로 찢어지는 듯한 고통으로 비유하기도 하였다. 자기애성 성격장애를 가진 사람은 자신을 분리된 감정과 욕구를 지닌 존재로 보기보다는 자기애성 특성을 사용한 확장된 자아를 가지고 다른 사람과 관계를 맺는다.

매스터슨(Masterson, 1993)은 자기애성 성격적응 유형이 '노출광(Exhibitionist)' '은밀(Closet)'로 분류되어야 한다고 주장해 왔다. '자기애성 노출광'은 지속적으로 자신의 과장된 거짓 자아를 사용하고, 타인이 이에 대해 열광적인 관중이 되어 주기를 원한다. '은밀한 자기애자'는 타인을 특별하고 독특하게 볼 것이고, 그들의 후광 속에 남아 있기를 원한다. 은밀한 자기애자는 자기애성 노출광으로 시작하지만, 부모 또는 타인의 질투 때문에 상처를 입게 되고, 더 이상의 상처를 받지 않기 위해 '은밀함 속으로 들어가게' 된다. 대부분의 경우, 이것은 한 부모가 자기애성 노출광이고, 다른 한 부모는 은밀한 자기애자일 때 발생한다. 은밀한 자기애자, 부모가 자녀에게 질투를 하기 시작하지만, '자신의 영역에 가두어 둘 때'까지는 특별하고 독특한 존재로 자녀를 대우한다. 어린아이는 자기애성 노출광인 부모와 좋은 관계를 맺고 있는 한, 여전히 특별한 존재로 대우받는다고 배우게 된다. 인생 후반에, 개인은 자신과 관계 맺고 있는 사람을 특별하고 소중하게 여긴다. 그러므로 이들과 관계를 맺고 있으면 자신 또한 특별하다고 여기게 된다.

자기애성 성격장애 또한 스펙트럼 연속선상의 낮은 기능부터 높은 기능까지 위치할 수 있으나, 그 의미가 성격적응 유형과는 같지 않다. 즉, '건강'하다고 말할 수 없다는 것이다. 낮은 기능을 하는 자기애성 성격장애는 반사회성 성격적응과 닮아 보이기는 하지만, 반사회성 성격적응은 실존적 적응의 전형적인 한 모습일 뿐이다. 이들은 종종 범죄 집단에서 찾아볼 수 있다. 높은 기능을 하는 자기애성 성격장애는 반사회성 성격적응과 더불어 편집성 성격적응을 더 많이 보여 준다. 이들은 성공적인 사업가, 법률가, 정치가 또는 카리스마 있는 리더의 모습을 보이지만, 자신 곁에 있는 사람과의 관계를 오용하거나 남용하는 경향이 있다. 가장 눈에 띄는 사람들은 사이비 종교 지도자들이다.

이와 대조적으로, 여섯 가지 성격적응 유형에서 높은 기능을 가진 사람은 타인이 보기에 '건강' 또는 '정상'으로 인식된다. 낮은 기능을 가진 사람은 삶에서 어려움을 겪기도 하지만, 자기애성 성격장애를 가지고 있는 사람보다 실제 자아가 자신의 연약한 감정과 요구를 다루는 데에서 더욱 왕성하게 활동하는 것을 볼 수 있다.

자기애성 노출광이 사회적으로 성공적인 위치에 있을 때, 이들은 자신의 실제 자아보다 과장된 거짓 자아를 활성화시킨 경우가 많다. 은밀한 자기애자는 과장된 거짓 자아를 유지하는 것이 어렵기 때문에 자신의 잠재력을 끌어올리지 못하는 경계성 성격장애와 다소 비슷하게 보이기도 한다. 이 모든 것은 자신의 실제 자아를 드러내는 것이 두렵기 때문에 역기능적인 방법으로 작용하는 것이다.

치료

성격장애를 치료하는 심리치료는 높은 기능의 성격적응 유형 심리치료와는 전혀 다르다. 성격장애를 가진 사람은 감정으로부터 자신을 지켜 나가기 위해서 다양한 방어기제를 사용한다. 그러므로 이들은 심리치료 과정에서 벗어나려는 경우가 많다. 이때의 첫 번째 작업은 이들의 방어기제를 따라가서 이들이 감정에 직면하는 것을 어떻게 피해 가는지를 인식하는 것이다. 초기 목표는 이들이 방어기제에서 벗어날 수 있도록 도와서 자신과 타인의 진실에 접촉하는 경험을 할 수 있도록 해 주는 것이다. 방어기제에서 벗어난다는 것은 실존이 진정한 욕구에 다가간다는 경험을 허락한다는 것이다. 이들이 경험하는 방어기제는 과거에는 자신을 안전하게 보호하기 위한 수단이었지만, 현재에는 자신의 욕구를 가로막는 방해물인 것이다. 이러한 인식은 상담자와 성격장애자 간의 치료 동맹을 형성하게 해 주고, 오래된 역기능적인 패턴을 변화할 수 있도록 도와주는 역할을 한다.

성격장애를 가지고 있는 사람의 치료 초점은 상담자와의 관계에 있다. 이들은 자신의 부모와 안전한 애착관계를 경험한 적이 없다. 따라서 어린 시절의 좋은 관계가 가능하다는 것을 믿지 않는다. 이들은 다른 사람을 잃어버릴지 모른다는 두려움 때문에 자유로운 행동을 못하거나 고착된 행동 등을 보인다. 또한 이들이 다른 사람의 욕구를 인정한다면 버려진다는 두려움 때문에, 의존하지 않으려고 하거나 거리를 두는 모습도 보인다. 치료적 관계는 앞으로의 경험을 개선하는 것이다. 이러한 관계를 통해서, 성격장애 내담자는 의존에 집착하거나 피하지 않고 안전한 분위기를 경험할 것이며, 자유와 친밀 사이를 자유롭게 번갈아 다닐 수 있게 될 것이다. 이러한 관계는 내담자에게 정서적으로 기능할 수 있는 경험을 제공한다. 이것은 내담자가 초기에 경험했던 상실의 아픔을 애도할 수 있도록 해 주고, 정서적으로 기능했던 부모의 메시지에서 벗어나 안전한 공간에서 자유로울 수 있도록 허락한다.

경계성 성격장애의 치료

경계성 성격장애의 주요 주제가 어린아이로서 분리-개별화에 대한 부모의 지지가 제대로 기능하지 않았던 것이기 때문에, 치료적 관계는 이들에게 '현재'에서 지지적인 경험을 제공하는 것이다. 일반적으로 경계성 성격장애는 몇 가지 주요한 금지령을 가지고 있다. '성장하지 마라.' '생각하지 마라.' '성취하지 마라.' 그리고 '친밀하지 마라.' 또는 '신뢰하지 마라.' 이들이 받은 드라이버 메시지는 '노력하라'다. 일반인은 일을 하거나 인간관계를 맺는 데 어려움을 겪는다. 경계성 성격장애 역시 둘 모두에서 어려움을 겪는다. 이들은 여전히 분리-개별화 과정의 화해단계(rapprochement phase)에 고착되어 있다. 이들은 자신이 의존하는 사람을 잃어버린다는 공포에 두려움을 느낀다. 이들은 또한 탐식하는 공포를 가진 사람에게 너무 가까이 가는 것에 대한 두려움을 가지고 있다. 이들이 스스로 자기 수행(self-activate) 또는 긍정적인 방향으로 움직이는 것을 시도할 때, 모든 분리된 분노와 우울이 동반된 감정을 가지고 자신이 경험한 초기 유기에 접촉할 수 있을 것이다. 이러한 분노와 우울을 조절할 수 없을 것이라 느끼며, 감정으로부터 자신을 떨쳐 내기 위한 여러 가지 방법을 시도할 것이다. 이들의 어린이 자아상태 신념은 근원적인 상실감이기 때문에 경쟁적으로 행동하는 것으로부터 자신을 막는 경향이 있다. 매스터슨(1981, 1988, 1993)은 이것을 '경계성의 삼자관계(borderline triad)'라고 부른다. 즉, '자기 수행'은 '유기우울(abandonment depression)'을 유도하고, 차례로 '행동'하도록 이끈다.

경계성 성격장애 내담자와 상담을 진행할 때, 당신은 내담자가 능력 있고 성숙한 행동을 하며 책임감을 가지고 상담에 임해야 함을 안내해 주는 것이 중요하다. 내담자가 이렇지 않을 경우, 당신은 왜 그렇지 않은지에 대한 질문을 통해 내담자가 이 사실에 직면할 수 있도록 해 주어야 한다. 많은 경우, 내담자 스스로가 아직은 인정하지 않은 자신의 능력을 믿어 주는 자세가 필요하다. 또한 치료적인 중립 태도를 유지하는 것이 중요하다. 직면은 어떻게 해서 그러한 행동을 했는지에 대한 질문에 의해 어른 자아상태에서 진행될 필요가 있다. 내담자 행동에 대한 어른 자아의 질문이 많아짐에 따라 내담자는 자신의 행동을 어른 자아를 통해 바라보게 되고, 자신이 아직 못하고 있는 행동에 대해 깨닫게 된다. 점차 시간이 지나갈수록 어른 자아를 통해 행동을 통제하는 법을 배우게 되고, 그 지점에서부터 통합하기 시작한다.

내담자가 긍정적인 방향으로 상담 과정을 경험함에 따라 이들은 결점을 드러내지 않고, 지각도 하지 않을 것이며, 조용이 하거나 달라붙지도 않고, 화를 내지도 않을 것이다. 다시 말하지만, 이때 어른 자아 질문을 하는 것은 매우 유용하다—"이 모든 것에 대해서 당신은 어떤 생각이 듭니까?" 또는 "당신은 이러한 모습을 어떻게 만들었습니까?" 이것은 내담자가 '경계성의 삼자관계'에 연결될 수 있도록 돕는다. 즉, '자기 수행'은 '유기우울'을 이끌고, 유기우울은 '방어기제'를 이끈다. 내담자가 직면하여 '경계성 삼자관계'에 대한 이해를 내면화하면, 자신의 행동을 조절할 수 있는 커다란 능력을 경험하게 된다. 이러한 과정은 천천히 진행되는 것이고, 1년이나 2년이 걸릴 수도 있다. 방학과 같은 분리 스트레스가 있을 때마다 내담자는 퇴행을 느낄 수도 있지만, 상담으로 이전의 과정을 회복할 수도 있다(Masterson, 1990).

경계성 성격장애를 가진 사람은 치료에 잘 참여하지 않는다. '유기우울'을 가지고 작업할수록, 이들은 이러한 감정을 다루기 힘들어하기 때문에 피하려고 한다(Masterson, 1990). 또한 이들은 일반적으로 보호를 받을 때 또는 자신의 격노를 내려 놓을 때 혹은 두 가지 모두 가능할 때만 치료에 임한다. 이들은 희생자의 위치에 단계적으로 가며, 상대방을 박해자 또는 구원자로 만드는 경향이 있다(제4장의 '드라마 삼각형'을 참조). 상담자는 일반적으로 강하게 밀고 당기는 경험을 하게 된다. 치료의 중립성을 유지하고 어른 자아의 질문으로 행동에 직면함으로써 당신은 박해자 또는 구원자의 역할을 피할 수 있다.

공격적인 직면은 이들에게 효과적이지 못하다. 대신, 내담자에게 자신의 행동이 어떻게 해서 형성되었는지 중립적인 입장에서 물어볼 필요가 있다. 같은 방법으로, 당신은 내담자의 어른 자아를 보조하는 역할을 할 필요가 있다. 이들은 자신의 초기 역사를 잘 기억하지 못하지만, 현재의 관계에서도 계속 그것을 행동하고 있다. 이러한 행동에 직면하게 되었을 때, 이들은 자신의 초기 역사를 기억해 내기 시작할 것이다(Masterson, 1990).

상담 중에 당신이 내담자를 이끌어가지 않아야 한다는 사실은 매우 중요하다. 내담자가 당신보다 앞장설 수 있도록 요구할 필요가 있다. 주요 주제가 '분리-개별'이기 때문에 당신이 덜 하면 덜 할수록 이들은 더 많은 것을 해야만 할 것이다. 내담자 스스로가 이끌어 감에 따라, '자기 수행'이 요구되고, 유기의 두려움에서 벗어나기 시작할 것이다. 이때 내담자는 이것을 피하고자 할 것이다. 회피는 어른 자아의 직면을 통해서, 이러한 패턴을 확인함으로써 통제될 것이다.

또한 치료적인 관계를 맺기 위해서는 기억이나 꿈 그리고 환상과 같은 것에서 멀어지는 것이 중요하다. 그래야만 내담자는 '유기우울'을 다루는 데 필요한 자원을 발달시킬 수 있기 때문이다. 유기우울은 강한 분리불안, 살인할 정도의 분노, 그리고 자살 욕망 등으로 만들어진다. 시간이 지나면서, 내담자는 유기불안을 다루기 위한 더 큰 자료를 만들어 갈 것이고, 그것을 가지고 작업할 것이다. 상담이 진행되면서 내담자는 자신의 행동에 대한 태도에 전환을 가져오고, 점차 자아와 공조를 이루어

유기우울을 중앙 무대로 가져와 초기 급박했던 상황을 기억해 내며, 가장 최근의 분리 스트레스를 가지고 작업하면서 초기 기억 속으로 들어간다(Masterson, 1990). 또한 여기에는 내담자 인식의 전환이 따르는데, 실제적인 주제가 자기를 실행시키는 원동력이 된다. 경계성 성격장애의 경우, 이것은 능력을 인정받지 못한 아동기 시절에 능력 이외의 취약한 감정을 다루는 것을 의미한다.

일단 내담자가 충분히 장기간 동안에 유기우울을 다루는 능력을 발달시킨다면, 그 다음 목표는 이러한 감정을 치료하는 것이다. 초반에, 내담자는 자신이 살인할 정도의 분노와 자살하고픈 욕망 때문에 각 회기마다 더 나빠지는 느낌을 받을 것이다. 진정한 두려움은 "만약 내가 분리되면, 나는 나를 죽이고 어머니를 죽일 것이다." (Masterson, 1990)이다. 이러한 감정이 진행되면서, 내담자는 이러한 감정을 다루기 위한 충분한 지지를 받기 위해서 상담자를 일주일에 한두 번씩 보기를 원할 것이다.

상담자로서 가장 어려운 문제 중 하나는 당신의 '역전이 반응'을 관리하는 것이다. 당신은 당신이 가지고 있는 미해결된 주제를 내담자에게 투사하기 쉽다. 경계성 성격장애를 가지고 있는 사람은 일종의 방어기제로 상담자의 치명적인 약점(Achilles' heel)을 바로 알아차리는 기술을 지니고 있다(Masterson, 1990). 상담자가 이들을 알기도 전에, 이들이 먼저 상담자를 알기도 한다. 우리가 알고 있는 한 심리치료사는 자신에 대해서 사전에 알고 있는 경계성 성격장애 내담자를 치료하고 있었다. 그 심리치료사는 전국을 여행하고 싶은 자신의 욕구가 내담자에게 드러나기 전에 조만간 치료를 중지해야겠다고 우리에게 말하였다.

신경증을 상담할 때 생기는 문제는 '거기서 또는 저기 넘어'다. 경계성 성격장애를 상담할 때 상담자 자신이 문제가 될 수 있다. 경계성 성격장애는 '투사(projection)'와 연결되어 있다. 따라서 상담자는 중립성과 객관성을 유지해야만 한다. 신뢰성과 일관성을 유지하기 위해서 안내지침을 명확히 하고 치료 계획을 변경하지 않는 것이 중요하다(Masterson, 1981). 경계성 성격장애는 자신의 감정을 보호하기 위해서 몇 가지 방법으로 치료 계획을 바꾸도록 끊임없이 시도할 것이다. 예를 들면, 이들은 시간을 더 늘려 달라고 요구할 것이고, 특정한 다른 시간을 갖자고 할 것이며, 평범하지 않은 다른 유사한 것을 원할 것이다. 당신의 첫 번째 내담자가 경계성 성격장애라면, 상황을 명확히 하고 '역전이'를 다루기 위해서 슈퍼바이저 또는 동료들과 함께 작업하는 것을 추천한다.

경계성 성격장애와 함께 일하는 것은 어렵지만, 보답은 크다. 마스터손(1981)의 지적에 따르면, 이들의 철학은 "인생은 쉬워야만 한다. 나는 혼자 힘으로 살아갈 수 없다."다. 그는 상담자의 철학은 "인생은 쉽지 않을 것이다. 당신이 그것을 혼자 힘으로 할 수 없다면, 큰 대가를 지불해야만 한다."라고 강조한다. 경계성 성격장애는 지금까지 큰 대가를 지불해 왔다. 이들이 자신의 인생을 관리하기 시작함에 따라, 자신의 인생을 직접 목격하는 최대 보답을 얻게 될 것이다. 인생의 가장자리에서 존재해 왔던 어떤 사람에게 유기불안이 없어지고, 모든 힘들었던 일에 가치가 부여되면서 그것이 꽃이 되어 숨을 쉬면서 향기를 발산하기 시작하는 것이다.

자기애성 성격장애의 치료

자기애성 성격장애의 주요 주제는 정상적인 존재를 긍정(OK)적인 존재로 결코 보지 않는다는 것이다. 대신, 자기애성 성격장애는 자신이 긍정(OK)이 되기 위해서 멋지고, 특별하며, 독특하게 보이려고 한다. 이들은 보통의 자연스러운 의존적 욕구를 용납하지 않아서 때때로 슬픔과 발음 곤란을 느끼고, 타인의 지지를 필요로 한다. 드라이버 메시지는 많은 경우에 '완벽하라'와 '강하라'다. 전형적인 금지령은 다음과 같다.

- 너 자신이 되지 마라(나의 머리 안에 있는 그 이미지를 유지하라.).
- 친밀하다 해도 믿지 마라.
- 자신의 감정을 느끼지 마라(내가 느끼는 것을 느껴라.).
- 자신이 무슨 생각을 하는지 생각하지 마라(내가 생각하는 것을 생각하라.).

이들은 존재를 훌륭하거나 또는 야비한 것으로 본다. 이런 주제를 다루기 위해 일단 치료관계를 맺어 두는 것은 올바른 경험으로 이끌 수 있다. 적절한 거울이 되어 줌으로써 자기애성 성격장애는 과장된 거짓 자아나 이상화된 방어기제를 유지하지 않고, 실제 자아를 활성화시키고, 실존을 탐색하기 시작할 것이다.

상담을 위한 초점은 내담자와 상담자 사이의 관계를 필요로 한다. 경계성 성격장애와 마찬가지로 자기애성 성격장애와의 상담은 내담자가 이끌어 가도록 한다든가 내담자 자신의 슬픔 또는 불쾌한 기분을 스스로 볼 수 있도록 허용하는 것이 중요하다. 그 실마리는 내담자가 얼굴을 아래로 떨어뜨릴 때다(Masterson, 1990). 그 시점에서 무슨 일이 일어났는지를 확인해 보는 것이 중요하다. 당신은 이때 내담자의 자기애성 취약성과 그것에 대항한 방어기제에 대해 일종의 '거울'이 되어 해석해 줄 필요가 있다. 경계성 성격장애와 마찬가지로 내담자의 자기애성 투사를 다루기 위해서는 치료적인 중립성을 유지하는 것이 매우 중요하다.

자기애성 성격장애는 좋은 환경 속에서 상담하는 것이 어렵다. 특히 자기애성이 강화되는 현실적인 장소에서의 상담은 더욱더 어렵다(Masterson, 1990). 일반적으로 나이가 많은 내담자의 경우는 상담이 조금은 수월하지만, 어린 내담자일수록 자기애성 욕구가 더욱 강하기 때문에 더 힘들다. 이들은 오직 자신의 자기애성에 상처가 심각하게 있을 때에 상담실에 찾아온다. 그리고 어떻게 하면 자기애성을 더 많이 느낄 수 있는지를 물어보기 위해서 상담자에게 온 경우가 대부분이다. 이들은 상담 중 자기애성을 더 많이 느끼면 상담을 바로 끝마치길 원한다. 상담을 유지한다는 것은 '유기우울'을 다룬다는 것을 의미하고, 이들은 이것에서 멀리 떨어지기를 시도할 것이다. 이들은 자신의 매력이 떨어지고, 어린 사람이 자신을 능가한다는 것을 경험하며, 다른 사람의 칭찬과 존경을 얻는 것이 어렵다고 느낄 때, 이러한 주제로 상담에 계속 임하고자 한다.

자기애성 성격장애는 자신의 진정한 자아를 활성화시키는 데에서, 경계성 성격장애와 같은 어려움을 지니고 있다. 이들은 경계성 성격장애보다 '더 좋게 보려는' 경향을 가지고 있지만, 이것은 자기애성 특징을 보완하기 위한 거짓된 자아다. 이들은 자신의 실제 자아를 활성화하고자 시도할 때마다, '유기우울'을 감지하게 되고 이때 이러한 감정을 피하고자 하는 행동을 취한다. 따라서 '자기애성 삼자관계'란, 당혹스러운 사건은 고통스러운 감정을 이끌어 내고, 이것은 또한 이러한 감정을 부정하도록 이끈다(Masterson, 1990). 일반적으로 자기애성 성격장애는 어떤 부분을 과장하고, 회피하는 성향이 있으며, 자신의 가치를 하락시키는 당혹스러운 감정에 대항하는 방어기제를 가지고 있다. 자아방어하에서, 이들은 극단적인 취약성과 자아가 산

산조각나는 것을 경험한다.

이들과 함께 치료 작업을 진행할 때, 이들이 가지고 있는 고통과 자신에게 초점을 두는 어려움, 그리고 회피 성향을 해석해 줄 만한 실낱같은 기회가 존재한다. 당신이 이러한 실낱같은 기회에 접근했을 때, 이들은 이해받는다고 느끼고 자신의 실제 감정을 더 말하려고 할 것이다. 이들은 상담자에게 완벽한 거울의 역할을 기대하지만, 실망을 하면 매우 예민한 반응을 보일 것이다. 경계성 성격장애는 감정이입의 실패를 허용할 것이다. 그러나 자기애성 성격장애는 그렇지 않다(Masterson, 1990).

자기애성 성격장애와 상호작용을 할 때 상담자가 겪는 가장 큰 문제 중 하나는, 경계성 성격장애와 마찬가지로 이들이 지닌 '역전이'에 대한 반응이다. 칭찬하거나 비판하는 것이 내담자에게 불편한 감정을 불러일으킬 수 있다. 약간 느슨한 상담 진행은 지루함을 불러일으킬 수 있다. 상담자가 감정이입에 실패했을 경우, 상담자는 그것을 인식해야만 하고, 어떻게 자기애성 성격장애가 상처를 느끼는지를 알아내야만 한다. 이들은 기분이 상하면 비판하고 공격적인 모습을 보일 것이다. 이들의 분노는 경계성 성격장애와 같이, 따뜻한 관계에 입각하기보다는 차가운 관계에서 분리되어 있다. 경계성 성격장애와 상담할 때, 당신은 내담자에게 아주 중요한 사람이 되어야 한다는 것을 경험할 것이며, 자기애성 성격장애와 상담하는 경우, 당신은 내담자에게 별 의미가 없는 사람이라는 것을 경험할 수도 있을 것이다.

당신은 각 회기마다 정확하게 '지금-여기'에서의 입장을 고수할 필요가 있으며, 직면보다는 내담자의 자기애성 취약점에 대해 '거울'과 같은 역할을 통해 해석해 줄 필요가 있다. 이들의 얼굴이 아래로 떨어지면, 당신은 다음과 같이 말할 필요가 있다. "당신은 내가 한 말에 실망한 것으로 보이네요. 당신의 얼굴 방향이 달라졌을 때, 당신은 나에게 완벽한 책임을 요구하는 것처럼 보였어요." (Masterson, 1990) 자기애성 성격장애는 또한 자기 내적인 대화를 하기보다는 외부에 초점을 두는 경향이 있다. 당신은 이것을 다음과 같이 해석할 수 있다. "지속적으로 얼굴 방향을 돌리고, 눈의 초점을 일정하게 두지 않는 것은 자신의 취약점으로부터 자신을 보호하기 위한 것이기 때문에, 자기 자신에게 초점을 맞추는 것을 매우 어려워하는 것이다." (Masterson, 1990)

직면함에 따라, 경계성 성격장애는 자신의 삶을 더욱 통제할 수 있겠다는 느낌을 갖게 된다. '거울'과 같은 해석을 진행하는 동안, 자기애성 성격장애는 이해받는다는 느낌을 갖게 된다(Masterson, 1990). 자기애성 성격장애의 경우, 이들의 실제 자아를 활성화시킨다는 것은 자신의 부모를 죽이는 것에 버금가는 느낌을 받는다. 그렇기 때문에 상담은 천천히 진행된다. 정서는 종종 초반에 신체적인 증상으로 나타나곤 한다. 또한 당신은 이것을 그들의 역사 속으로 가져오지 않는 것이 중요하다. 정서는 내담자로부터 올 필요가 있기 때문이다. 그리고 이것은 차단하는 방어기제로 올 것이다. 다시 언급하자면, 내담자가 자신의 몇 가지 종류의 자기애성 상처의 근거를 볼 때까지 당신은 이를 방해하지 않는 것이 최선이다. 이때 당신은 '거울'의 역할로 상처와 고통, 그리고 그 고통에 대항하여 자신을 보호하고자 사용하는 방어기제에 대한 해석을 해 줄 뿐이다. 예를 들면 다음과 같다. "당신은 다른 사람의 관심과 칭찬을 잃어버린 것에 많은 고통을 느끼셨을 것입니다. 그리고는 그것에 대해 절대 말하지 않는 것으로 자신을 보호하려 하셨을 것입니다. 심지어 당신은 여기에 올 필요가 있는지에 대한 의구심이 들기 시작했을지도 모릅니다." (Masterson, 1990)

경계성 성격장애와 마찬가지로, 자기애성 성격장애 또한 자신이 그동안 허락하지 않았던 고통스러운 감정을 가지고 상담 작업을 시작하게 되면 상담을 충분히 유지하기 위해서 일주일에 1~2회 정도 실시할 필요가 있다. 자기애성 성격장애가 자신의 고통스러운 감정에 머무를 때, 이때부터 자신과의 진정한 감정이입이 시작된다. 자신과의 감정이입은 다른 사람들과의 감정이입 발달로 이끈다. 점차 이들은 과장된 거짓 자아보다 실제 자아의 모습을 찾기 시작하고, 이 모습이 더욱 활성화되면서, 다른 사람들과 진실한 관계를 맺는 능력이 향상된다. 경계성 성격장애와 마찬가지로, 자기애성 성격장애를 가진 사람의 실제 자아가 활성화되었을 때, 그 결과는 모든 시간과 노력 속에서 심오한 변화를 불러일으키는 것이다.

요 약

경계성 성격장애와 자기애성 성격장애는 여섯 가지 성격적응 유형과 같은 차원의 선상에 올려놓기 어렵다. 성격적응 유형에서, 기능의 연속선은 심각한 정신병리부터 완전한 건강까지 모든 선상에서 유효하다. 경계성과 자기애성 성격장애의 경우, 비록 높은 기능에 있다 하더라도 심리학 용어인 '건강'하다고 이성적으로 말하기는 어렵다. 이러한 차이점은 사람이 어린 시절에 다루어야만 했던 상대적으로 심각한 발달 주제를 반영한다.

경계성과 자기애성 성격장애의 구조에는 한 개의 성격적응 유형 또는 성격적응 유형의 조합이 함께 존재한다. 따라서 성격적응 유형의 정보는 이러한 성격장애를 가지고 있는 사람과 함께 어떻게 하면 가장 최선으로 치료 작업을 진행할 수 있는지에 대한 유용한 정보를 제공한다. 그러나 여섯 가지 성격적응 유형을 단독으로 사용하는 것과는 달리, 경계성과 자기애성 성격장애의 상담은 추가적으로 다른 상담 전략이 요구된다. 경계성과 자기애성 성격장애를 지닌 사람은 자신의 실제 자아를 그동안 너무 많이 포기해 왔다. 이들은 자신의 근본적인 문제가 무엇인지를 알 수 있도록 도와주는 개입이 필요하다. 치료적으로 중립적인 직면을 하는 것은 경계성 성격장애와 치료 관계를 맺는 데 가장 최선의 작업이다. 이때 초기의 유기우울은 이 과정을 통해서 진행된다(Masterson, 1990). 두 가지 성격장애 모두, 상담의 목표는 어린 시절에 포기해야만 했던 '실제 자아'를 회복시키는 것이다.

당신은 지금까지 성격적응 유형 모델에 대해 기본부터 발전된 측면까지, 첫 장부터 마지막 장을 통해 자세하게 보아 왔다. 이 책의 마지막 부분에서, 당신은 상담 현장에서 사용되는 모델을 경험할 수 있을 것이다. 이 모델로 상담하는 것에 대한 진실한 '소리'와 '느낌'을 갖도록 하기 위해서, 다음 장에서는 각각의 성격적응 유형을 가지고 상담한 사례를 제공한다.

제7부

임상장면에서의 성격 변화: 치료의 실제 축어록

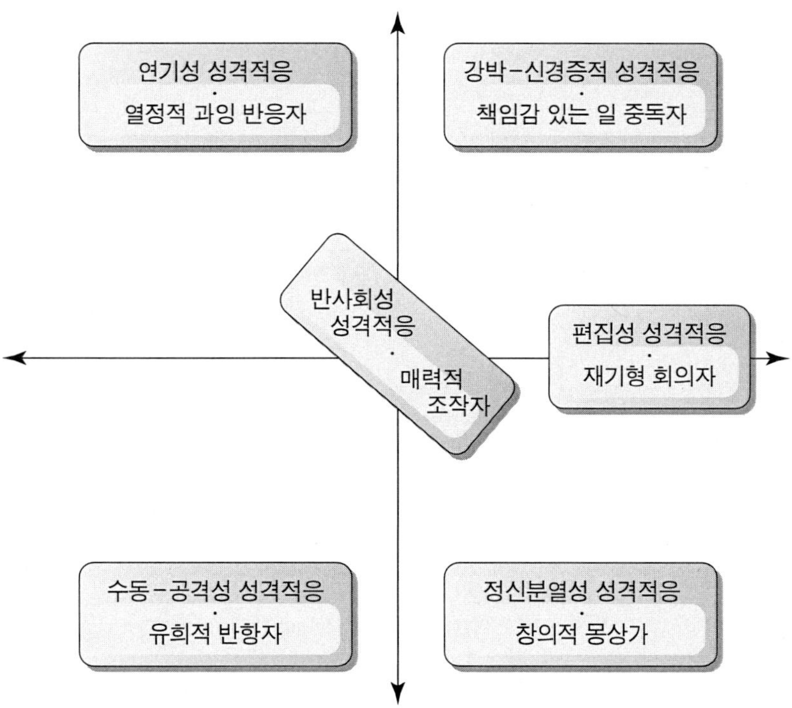

19

연기성 성격적응 유형 내담자: 자신의 힘 발견

제7부는 성격적응 유형 이론을 적용한 각각의 치료의 실제를 보여 주기 위하여 확장된 축어록을 보여 준다. 이번 장부터 제24장까지는 여섯 가지 성격적응 유형의 사례를 차례로 보게 될 것이다. 해당 성격적응 유형을 지닌 내담자에 따라서, 각각의 축어록에는 기본적인 치료의 쟁점을 포함하고 있다. 마지막 제25장에서는 조합된 성격적응 유형 내담자에 따른 치료의 쟁점에 대해 기술하고 있다.

각 장의 첫 부분은 성격적응 유형의 전형적인 특성을 간단히 설명한다. 상세한 내용은 이전 장에서 이미 설명하였지만, 여기에서의 요약은 독자가 축어록을 읽기 전에 성격적응 유형에 대한 특성을 재확인하는 데 도움을 주고자 하는 것이다.

계속해서 각 장에는 해당 성격적응 유형을 치료하는 데에서 '핵심이 되는 주제(key issue)'를 보여 준다. 그리고 현재 문제가 되고 있는 전형적인 '초기 디스카운트(initial discounts)'에 대해서 요약되어 있다. 디스카운트란 교류분석의 전문 용어로, 사람이 '지금-여기'라는 현실을 어떠한 형태로든 무시하고 왜곡한다는 것을 의미한다. 그것은 자기 자신뿐만 아니라, 다른 사람과의 현실 상황에 대해서도 해당된다. 각본 속에서 사람은 어떠한 형태로든 디스카운트를 취한다. 일반적으로 각각의 성격적응 유형은 몇 개의 전형적인 디스카운트를 지니고 있다. 당신이 이러한 디스카운트를 사전에 알고 있고 내담자가 디스카운트를 했을 때 이를 감지할 수 있다면, 당신과 내담자의 라켓티어링(racketeering)이나 게임(game playing)에서 쉽게 빠져나올 수 있다. 당신은 이와 같은 방법으로 내담자가 '참된 성격의 변화(authentic personal change)'를 이룰 수 있도록 도울 수 있다. 여기서 당신은 제14장에서 사용하고 있는 '전형적인 함정(typical cons)'이란 말을 떠올릴 수 있을 것이다. '함정(con)'이란 말은 디스카운트와 같은 의미다.

다음에는 축어록 자체로 넘어가 생각해 보자. 각각의 축어록은 실제 내담자와의 치료 작업을 기록한 것이다. 치료자는 밴 조인스(Vann Joines)이며, 치료 방법은 재결단 치료(redecision therapy)다. 이름은 모두 가명이고, 개인의 비밀을 지키기 위해 특정한 빌미가 될 만한 내용은 바꾸어 놓았다. 우리는 치료의 내용 및 과정에 관한 코멘트를 달았다. 그것은 '명백한 유형 방식(distinctive type style)'을 나타내고 있다.

◈ **치료 코멘트** 이러한 코멘트는 치료 작업이 진행되는 연속적인 단계 동안 나타나는 치료자의 생각이나 반응 그리고 의도를 확실히 보여 주는 것이다. 이것의 목표는 내담자의 성격 변화 과정을 촉진시키기 위해서, 치료자가 어떻게 성격적응 유형의 지식을 사용하는가를 보여 주는 데 있다.

연기성 성격적응 유형 내담자

연기성 성격적응 유형 내담자, 즉 열정적 과잉 반응자는 생기와 에너지로 넘쳐 있으며, 친절하고, 사교적이다. 타인이 보면 같이 있을수록 즐거운 사람으로, 따뜻하고 공감을 잘하며 상냥한 사람이다. 집단에서 사람들과 함께 있는 것을 좋아하고, 자신의 주변을 활기차게 만든다.

이들은 타인이 자신에게 다가와 주기를 바란다. 이는 자신이 타인에게 다가가는 것과 같은 방식으로 타인도 자신에게 다가와 주었으면 하고 생각하기 때문이다. 이들은 상냥하고 즐거운 방법으로 감정을 담아 자신의 기분에 공감해 주기를 기대한다.

이들이 치료나 상담에 오는 경우는 어떤 상황이나 인간관계에서 과잉반응으로 적응을 했기 때문이다. 또는 어떤 감정에 강하게 이끌려 충동적인 행동을 했기 때문이다. 이에 따라 이들은 혼란스러워졌고, 자신이 타인을 즐겁게 할 수 없다는 불안한 감정을 품고 있는 경우가 많다.

치료나 상담을 통한 이들의 변화는 자신의 감정이 무엇인지에 대해 깊이 생각하는 것이다. 내담자의 감정과 사고가 통합된다면, 과잉으로 반응하는 적응 방식 대신에 의연한 태도로 문제를 해결하고자 하는 행동을 보일 것이다. 내담자는 마음속 깊은 데서 자신의 힘과 중요성 그리고 자신의 권리를 확실히 의식한 자기다움을 되찾을 수 있을 것이다.

연기성 성격적응 유형 내담자를 치료하는 데 핵심이 되는 주제

나쁜 감정을 지닌 채로 치료실에서 나가지 않겠다는 계약을 한다 연기성 성격적응을 지닌 사람은 상처받고 화가 났을 때, 우선 자신을 화나게 한 사람을 피하고자 한다. 그리고 자신의 기분에 더욱 신경 써 주는 사람을 찾으려고 한다. 그리고 그들과 같은 공간에 있으면서 치유받기를 바란다. 이들은 자신이 이렇게 느끼고 있다는 것을 알리기 위해서 하던 일에서 다른 일로, 또는 한 인간에게서 다른 인간으로 관계를 옮기는 경향이 있다. 이러한 이유 때문에 이들은 화가 났을 때 치료실에서 사라지는 것이 아니라, 자신의 감정을 서로 이야기하고 치료자와 문제 해결의 길을 찾는다는 계약을 하는 것이 중요하다.

성적인 경계선을 분명히 한다 치료자가 내담자와 다른 성(性)을 가졌다면, 연기성 성격적응의 내담자가 치료자에게 접근해도 치료자는 내담자와 성적 관계를 가지지 않겠다는 사실을 분명히 해 두는 것이 중요하다. 이들은 많은 관심과 친밀을 기대하고 있지만, 성적 관계를 맺는 것에 대해서는 두려워하기 때문이다. 성적인 경계를 분명히 하는 것은 중요하다. 그래야 내담자는 긴장을 풀 수 있고, 스스로가 안전하다고 느낄 수 있기 때문이다.

감정과 현실을 구별한다 열정적 과잉 반응자는 때때로 감정과 현실을 혼동한다. 무언가를 느꼈다 하더라도, 그것이 꼭 현실이 된다는 보장이 없다는 것을 이해하는 것이 중요하다. 또한 어떤 감정을 느꼈다 하더라도, 그것을 현실화시킬 수 없다는 것을 아는 것도 중요하다.

자신의 분노와 접촉하도록 하고 힘을 되찾을 수 있도록 돕는다 연기성 성격적응 유형 내담자는 타인을 즐겁게 하기 위해서 자신의 분노를 억압하는 경향이 강하다. 그리고 나중에는 이러한 억압된 분노를 사용하여, 타인과 멀어지는 경우가 많다. 당신은 이때 이들이 아동기 시절 자신의 힘을 얼마나 포기해야만 했는지를 이해하도록 도울 필요가 있다. 또한 자신의 힘을 되찾고, 적절한 분노를 사용하여 타인과의 경계선을 긋도록 돕는 것이 중요하다.

이들의 생각하는 힘이나 능력에 스트로크를 한다 열정적 과잉 반응자는 자신의 귀여움이나 사랑스러움에 대해서는 인정받아 왔으나, 스스로 생각하는 힘이나 능력에 대해서는 아동기에 때때로 무시되어 왔다. 그 결과, 이들은 자신의 사고력이나 능력에 대한 자신감이 결핍되어 있다. 따라서 이들이 가지고 있는 힘을 발휘할 수 있도록 사고력이나 능력에 스트로크를 주는 것이 중요하다.

초기 디스카운트

연기성 성격적응은 종종 애매한 말을 하는 경향이 있다. 예를 들면, '나는 ~라고 추측하지만…….' 또는 '~하고 싶다고 생각합니다만…….'이라는 말투로 자신이 생각하지 않고 타인이 대신 생각하도록 만든다. 이것의 숨은 의미는 타인이 자신을 위해 결정해 주기를 바라는 것이다. 자신이 생각하고 자신의 입장을 분명히 하기 위해서, '분명히 해도 되겠습니까?'라는 식으로 질문하도록 유도하는 것이 중요하다. 이들은 자신이 괜찮은지 또는 어떤지를 확인하기 위해서 타인의 안색을 살핀다. 타인이 즐거워한다면 자신도 괜찮다고 느낀다. 또한 이들은 분노라는 감정을 숨기기 위해서, 슬픔, 두려움, 죄책감 그리고 혼란 등을 사용한다. 이들을 치료하는 데에서의 핵심 주제는 자신의 분노나 힘에 직접 접촉하는 것, 그리고 자기 자신이 주인공이 되어 타인을 기쁘게 하기보다 스스로를 기쁘게 하는 것이다.

치료 축어록: 매리

매리(Mary)는 30대이며, 매주 진행되는 재결단 치료 워크숍에 참가하고 있다. 그녀의 계약은 자기 자신을 위해 생각하는 것, 어머니의 방식이 아니라 자기 자신의 방식을 취하는 것, 그리고 자신을 중요하게 생각할 수 있도록 하는 것이다.

밴: 오늘, 당신의 무엇을 바꾸고 싶나요?

매리: 어제 한 일의 연장인 것 같은데요. 저에겐 혼란스러운 일이 잔뜩 있어요. 하지만 지금 그것에 대해 혼란스러운 것은 아니라고 생각하지만…… 생각하지 않는 것과 정말로 적응되는 것 사이에는, 그리고 중요한 존재가 아닌 것하고, 또 그것들 중의 하나는, 음…… 전에 선생님이 저한테 질문을 했다고 생각하는데, 결과적으로 뭘 할 생각인지. 말하지 않는 것에 대해, 그리고 전 말하지 않는다고 답했어요. 나중에 생각했지만, 정말로 저는 말하고 싶어 한다는 걸…… 하지만 말하는 방법이…… 말하지 않는 건지, 혹은 어머니가 저에게 기대하고 있는 것을 말하는 거라고, 어머니의 방법으로 저는 할 거라고……. 그 이상의 것이었다고 생각해요. 역시 저는 말하겠지만, 저는 중요한 존재가 아닐 거고, 어머니의 방법으로 하겠지요. 그래요. 이게 제가 아직 하고 있는 거예요. 저는 어머니의 방식으로 하고 있어요.

◈ 매리의 '혼란'이란 라켓은 연기성 성격적응을 결정하는 중요한 지표다. 사실, 이것은 자신을 위해 생각하고, 구해 달라고 치료자를 끌어들이고 있는 것이다. "그렇게 생각합니다만……."이라고 말함으로써 '생각하지 마라'는 금지령을 보여 주고 있다. 또한 그녀는 '중요한 존재가 되지 마라'는 금지령도 보여 주고 있다. 이것으로 그녀는 어머니에게 과잉반응으로 적응하고 있음을 알 수 있다. 나는 "무엇을 하고 싶어요?"라는 질문을 통해서 그녀의 구해 달라는 암시에 직면하고자 한다.

밴: 그 대신에 무얼 하고 싶어요?

매리: 내 방식으로 살고 싶어요.

밴: 어떤 의미지요?

매리: 그 의미는 제 나름대로 생각하고 있는 것…… 내 방식으로 하고 싶은…… 내 방법으로 이야기하고 싶다는…… 그게 중요한 존재가 되는 것을 의미한다고 해도…… 중요했으면 해요.

밴: 덧붙이자면?

매리: (웃음) 그걸 말하는 건 어려워요. 중요한 존재라고 말하는 건…….

◈ 여기서 다시, 그녀의 '중요한 존재가 되지 마라'는 금지령을 볼 수 있다.

밴: 음…… 원래는 중요한데 왜 그렇게 생각하지 않는 거죠?

매리: (슬픈 듯이) 왜냐하면, 중요한 존재가 아닌 걸로 되어 있으니까요.

밴: 왜요?

매리: (잠시 사이를 두고) 생각해 보니, 아마도 그녀보다 제가 중요해서는 안 되었으니까요.

밴: 왜요?

◈ "생각해 보니……"라는 표현에서 그녀의 '생각하지 마라'는 금지령을 볼 수 있다. 자신이 생각하는 것은 확실하지 않다고 믿고 있다. 이때, 나는 그녀의 개방문인 '감정'을 직접 자극한다.

밴: 그렇게 말하면 딱 와 닿나요? "생각해 보니……"라고 말하셨는데요.

매리: 음…… 그녀보다 위라는 건…… 순위라는 게 있어서……. 예를 들면, 오빠는 가장 위고, 두 명의 언니가 있고, 그리고 저예요. 형제 중에서 그들보다 중요하지 않다고 되어 있는 거죠. 저는 막내고, 보잘것없는 존재인 거죠. 어머니 경우에도 마찬가지고…… 그래서 제가 생각하기에…….

밴: 누군가 연령이 중요하다고 생각한 거죠.

매리: 예.

밴: 그건 어머니였나요? 즉, 이 도식을 처음에 생각해 낸 게 어머니인가요?

매리: 음……. 예. (끄덕인다).

밴: 그러면 어머니를 여기로 모시고 오는 건 어때요? (의자를 내담자 앞으로 끌어당긴다.) 당신은 몇 살이죠? 어제 작업 장면에서 당신은 몇 살이였죠?

◈ 상상을 통해 자신이 중요하지 않다고 결단을 내린 때로 되돌린다. 이것의 의도는 자신이 스스로 사고하도록 유도하는 데 있다. 이것은 이전에 포기해 버린 그녀 자신의 일부를 되찾기 위해서다.

매리: 아마 여덟 살이나 아홉 살.

밴: 좋아요. 그 장면을 떠올려 보세요. 당신은 어디에 있고, 거기서 무슨 일이 일어나고 있나요?

매리: 그러니까…… 청각적인 느낌인데요. 부엌 테이블이 있는 쪽에서 어머니가 보이고, 가족 모두가 있어요. 저는 거기서 무슨 일이 있어나고 있는지 모르지만, 재미있는 일들이 잔뜩, 웃음이라든지 소란스러움…… 저희 집에는 그런 일이 많이 일어나고 있었어요. 저는 그런 게 정말 좋았어요. 그런 때는 모두가 저에게 귀를 기울이기가 어려웠겠지요. 그래, 음…… 그래서…….

밴: 가장 작은 아이한테는 그렇지요.

매리: 예, 그래요. 그러니까 말을 할 때, 아마도 큰 소리로 했다고 생각해요. 그리고 모두, "그만둬, 그렇게 큰 소리로 말하지 마!" 라든지 "조용히 해!" 라는 말을 들었다고 생각해요. 그런 식으로…… 그만두라는 말투로……. "그렇게 큰 소리 내지마!" 라든지 "말이 많네." 라든지……. 혼란스럽네요. "말하지 마!" 라든지 "말 많이 하지 마!" 라든지……. 계속 그런 말을 들어 왔으니까요. 어느 정도는 말할 때도 있었지만…….

◈ 이것은 '중요한 존재가 되지 마라'는 금지령의 좋은 예다.

밴: 그럼, 여덟 살인 매리가 느끼고 있는 것은 무엇이죠?

매리: 음…… 처음에는 흥분하고 있어요. 그리고 재미있다고……. 그런데 한 번 야단을 맞아서…… 정말 슬퍼요.

밴: 그렇겠네요. 그럼 자기 자신에게 뭐라고 말하고 있죠?

매리: 음…… 그러니까 아마도…… 자신에게 두 가지를 말하고 있네요. 아무것도 말하지 말자. 그리고 완전히 틀어박혀 있자. 하지만 결코 그렇게 하고 있었던 건 아니에요. 조금만 틀어박혔다가, 또다시 나오고는……. 하지만 그 장소에 잘 적응하고 있었어요.

밴: 여덟 살 때, 즉 '적응'이란 단어를 알지 못했던 때는 뭐라고 말했었나요?

◈ 매리는 어린 시절의 장면에 대해서 지금은 '어른 자아'로 바라보고 있다. 그리고 자신의 행동을 분석하고 있다. 내 질문의 의도는 여덟 살 때의 자신으로 돌아가도록 하는 것이다. 하지만 그녀는 '어른 자아'로 있기를 선택하였다. 여덟 살 때의 시점을 재현하는 것이 아니라 아동기의 경험을 보고하고 있는 것이다.

매리: 그래요, 그들은 제가 좀 더 조용히 해 주기를 바랐어요. 더욱 소극적이고…… 그리고 실제로 제가 그렇게 생각될 때…… 뭐랄까…… 때때로…… 그런 느낌으로 제가 물러나 있으면, 아버지는 알아차리실 거라고……. 실제로 아버지는 알아주셨고, 저하고 놀아 주려고 했었고, 저를 밖에 데리고 나가려고도 했었죠. 예…… 저는 제가 올바른 일을 하고 있었다고 느꼈어요. 왜냐하면 그렇게 하면 아버지가 관심을 가져 주시리라고…… 그건 대단한 힘이 있는 일이라고…… 생각이 나는데요. 그러네요. 제가 웃는다든지…… 그런 일을 시작하기 전에 오랜 시간 동안 조용히 하고 있었지요. 네.

◈ 어머니는 '중요한 존재가 되지 마라'라는 메시지를 보내고 있음을 알 수 있다. 한편, 아버지는 특별한 관심을 기울이는 것으로 그녀의 행동을 강화하고 있다. 이러한 시나리오는 연기성 성격적응인 사람에게서 자주 볼 수 있다.

밴: 다시 자연스럽고 저절로 활달하게 되기 전에 말이지요.

매리: 그래요. 제가 자주 하고 있었던 일이라 생각하는데……. 저는 쓸데없는 말을 많이 하고 있었어요. 대부분 뭔가에 대해 말을 해서……. 그다지 중요하지 않은 것들 말이에요. 제가 정말로 말하고 싶은 건……. 제가 그걸 말하기 전에 그게 올바른지 어떤지 확신이 안 서서……. 음…… 저에 대해서 알게 된 건, 이번 주 라켓을 통해 혼란스러워하고 있다고 느끼고 있는 거하고(라켓이란, 문제를 해결하기 위해서 관련된 행동을 하지 않고 오히려 익숙하지만 좋지 않은 감정을 계속 가지고 있는 것을 말한다.), 그

리고 동시에, 음…… 질문을 하고 있어서 기분이 좋았어요. 저조차 문제를 일으킬 것 같은 위험을 즐기고 있어요. 이전에는 동시에 이런 일을 해 본 적이 없었어요.

밴: 축하해요.

◈ 그녀의 새로운 행동을 강화하기 위해서 스트로크를 한다.

매리: 예, 고마워요. 기분이 좋네요.

밴: 그러네요, 마음이 움직인 것 같네요.

매리: 예, 그래요.

밴: 다행이네요. 제대로 자신을 잘 돌봤네요.

매리: 예, 말씀하신 대로요. 뭐…… 지금까지는 잘 모르는 일에 대해서 위험을 부담하지 않았어요. 많은 질문을 했지만, 내 자신이 옳은지 어떤지는 확실히 알 수 없었어요. 저는 정말 생각하지 않았어요. 제가 그렇게 해 왔었어요. 그렇게 하고 있는 것이 좋았기 때문에…….

밴: 좋아요. (잠시 사이를 두고) 그럼, 이 일을 어머니에게서 듣고 싶은데…… 다른 사람하고 같은 정도로 말이지요. 당신이 하고 싶은 만큼 소란을 떤다든지, 하고 싶은 만큼 질문할 수 없었던 것들을 말이죠.

매리: 예…… 나는 알고 있었다고 생각하는데……. 하지만 어머니한테 들어 볼게요. "어머니, 이건 왜 그러셨어요? 다른 사람들과 마찬가지로 내가 소란을 떨든지, 하고 싶은 만큼 질문하지 못하게 하셨던 것 말이에요." (그녀는 자리를 바꾸고, 그녀의 어머니로서 대답한다.)

매리: (어머니로서) 우선, 네가 너무 시끄러웠단다. 난 네가 다른 아이보다도 조용히 해 주기를 바랐어. 왜냐하면 모두가 시끄러운 건 너무나 견딜 수 없었으니까…….

밴: 너무 시끄럽다는 것이 무슨 의미죠?

매리: (어머니로서) 음……. 그러네요. 너무 시끄러워서 아무 생각도 안 나는 거죠.

밴: 하하, 어떻게 시끄러운지 상상해 보세요! (웃음) (어머니를 향해) 자, 그럼 따님의 목소리가 당신의 마음을 움직인다는 건가요? (더욱 웃음)

◈ 그녀의 금지령인 '생각하지 마라.'의 근원에 유쾌하게 접근하고자 한다. 어머니는 매리가 시끄러워서 자신이 아무 생각도 못하게 된다는 듯이 행동하고 있다.

밴: 정말이지……. (웃음) 우와!

매리: (어머니로서) 음…… 저는 다른 아이들에게 짜증나기보다, 그 아이에게 빨리 짜증이 나요. 그 아이는 나하고 많이 닮아 있고, 어린 시절 저는 항상…….

◈ 이것은 부모가 자신의 해결되지 않은 금지령을 자식에게 어떻게 넘겨 주는지를 보여 주는 전형적인 예다. 다음의 개입은 이것을 더욱 확실하게 보여 준다.

밴: 좀 더 말해 보세요. 너는 내 어린 시절과 닮았다는 것에 대해서…….

매리: (어머니로서) 음…… 그렇지. 넌 항상 나와 닮아 있었어. 그리고 네가 어렸을 때, 나는 네가 마음에 들었단다. 넌 나하고 똑같이 닮아 주기를 바랐어. 그런데 때때로 네가 나 이상의 인간이 되었다고 생각했어. 네가 나보다 훌륭해지는 게 싫었어.

밴: 그러니까…… 시끄러울 때, 내가 생각하지 않는 것처럼 너도 생각하지 마라?

매리: (어머니로서) 음…… 그러니까 난 네가 생각하지 않기를 바란단다. 내가 생각하지 않는 것처럼…….

밴: (매리로서) 그렇게 하면, 당신은 저하고 꼭 닮게 되는 건가요?

매리: (어머니로서) 음…… 그래. 넌 나의 분신이야. 그러니까 내가 살아온 것처럼, 너도 나와 같은 인생을 살아야만 해.

밴: 음…… 마치 어머니의 탯줄이 당신의 두뇌와 연결되어 있는 것 같네요.

매리: (어머니로서) 예, 그래요, 말씀대로예요. (웃음) 예, 그래요, 그대로예요.

밴: 상상력이 좋군요! 당신도 자신이 중요한 존재라고 생각하기 힘들었나요?

매리: (어머니로서) 예. 너무나 생각하기 힘들었죠. 내가 중요한 존재라고는 도무지 생각되지 않았어요. 누구도 저를 인정해 주지 않았어요. 정말로 너무나 중요하다고 생각하는 걸 말이죠. 지금까지 생각해 본 적이 없어요.

밴: 도대체 무슨 일이 있었던 거죠? 왜 처음부터 자기가 중요하다고 느끼지 않았던 거죠?

매리: (어머니로서) 제 막내 여동생이 집에서는 가장 중요했어요.

밴: 음…… 누가 그렇게 말했지요?

매리: (어머니로서) 예…… 제 부모님이…… 부모님은 여동생을 제일 좋아했어요. 그리고 참 귀여워해 주셨지요. 부모님은 집에 돌아오시면, 제일 먼저 여동생에게 가셨죠.

밴: 그러면 당신은 매리하고 당신의 막내 여동생을 혼동하고 있지 않았나요?

매리: (어머니로서) 음…… 그럴지도 모르겠네요. 잘 모르겠지만…… 아마도 그럴 거예요.

밴: 음, 그녀는 당신의 막내딸이죠.

매리: (어머니로서) 게다가, 막내 여동생은 모두의 관심을 한 몸에 받고 있었죠. 특히 아버지한테서…….

밴: 어딘지 질투를 하고 있었던 것처럼 들리는데요.

◈ 때때로 부모는 자신이 손에 넣지 못한 것을 자식이 손에 넣을 때, 참을 수 없어 하는 경우가 있다.

매리: (어머니로서) 예…… 부모한테 맞추고 있으면, 그들의 마음에 드는 자식이었으니까……. (매리 자신이 되어) 어머니는 때때로 저한테 질투를 하고 있었다고 생각해요.

밴: 게다가, 관심을 받는 것과 중요한 존재라는 것을 마구 섞어 놓은 것처럼 들리는데요. 그 두 가지가 한 가지인 양 또는 같은 것처럼 말이죠.

◈ '중요한 존재가 되는 것'과 '관심을 끄는 것' 사이의 혼란은 연기성 성격적응에서 자주 보이는 현상 중 하나다.

매리: (어머니로서) 음…… 그러네요. 그대로예요. 만일 당신의 주목을 받고 있었다면, 그건 중요하다는 거고, 음…… 그래, 그대로네요. (매리 자신이 되어) 그쪽으로 돌아가려고 생각해요. (자신의 의자로 돌아간다.)

매리: (매리 자신이 되어) 어머니, 그건 저에게 슬픈 일이에요. 어머니한테……왜냐하면 어머니는 정말로 머리가 좋다는 게 현실이니까……. (조금 사이를 두고) 저는 정말로, 정말로…… 어머니를 위해서 뭔가를 하고 싶었어요.

밴: 만약 당신이 어머니를 충분히 만족시키고 있었더라면?

매리: 만일 제가 어머니를 충분히 만족시켰다면, 이 정도로 저를 혼내진 않았을 테죠. 그리고 저는 너무 무서워요. ……버림받는 건 아닌지 하고……. 실제로 버림받는 일 같은

건 없었지만……. 하지만 그럴 것 같은 일은 때때로 있었고……. 어머니는 차에 타고 어딘가로 데리고 갈지도 모르고, 금방 돌아오지만…… 제가 조금 컸을 때, 그런 일이 한 번인가, 두 번인가 있었어요. 하지만 저는 어머니가 저를 버린다는 걸 두려워하고 있었어요. 하지만 어머니가 그런 일을 한 적은 없었지요.

밴: 그러니까, 당신은 충분히 어머니를 만족시키지 못하면, 버림받을 수도 있을 거라 생각해서 잔뜩 겁을 먹고 있었던 거네요.

◈ 나는 매리에게 연기성 성격적응이 가지고 있는 전형적인 '공포'에 대해 말해 주었다. 즉, 그것은 부모를 기쁘게 하지 않으면, 자신이 사랑받을 수 없거나 버림받을 것이라는 것이다.

매리: 예……. 하지만 이상하네요. 어머니는 한 번도 저를 버릴 것 같은 흉내도 내지 않았는데……. 어머니는 가사로 집 안에 틀어박혀 있었거든요. 그게 애정이었다고 생각하지만……. 어머니는 항상 하시는 일이 엄청나게 많았거든요.

밴: (어머니의 의자를 가리키며) 어머니에게 말하세요.

매리: 어머니, 여러 가지 많은 일을 하고 계셨네요. 그런 일들로 저에게 애정을 쏟고 있으셨네요. 하지만 어머니의 그런 모습이 저에게 애정을 줄 수 없다고 생각했어요.

밴: 어머니에게 당신이 말하고 싶은 걸 말하세요.

매리: 예……. 어머니가 너무나 바쁘셔서…… 집안일을 돌본다든지, 여러 곳을 들른다든지, 여러 일을 하고 있든지 해서……. 제가 문제를 일으키지 않는 한, 관심을 기울여 주지 않을 거라고 느끼고 있었어요. 사실은 저도 그런 방식으로 관심받기를 바라진 않았어요. 저는 단지 어머니를 기쁘게 해 드리고 싶었어요. 정말로…… 지금도 저는…… 어머니를 기쁘게 해 드리려고 노력하고 있고요.

◈ 매리가 한 말들은 '타인을 기쁘게 하라'는 드라이버가 어떻게 주입되었는지를 보여 주는 좋은 예다. 그녀의 마지막 말에서 보이는 '어린이 자아상태'의 전략을 지금–여기에서는 '어른 자아'의 인식으로 옮겨 놓아야 한다. 나는 이 움직임을 강화하기 위해 노력한다.

밴: 잘 깨달으셨어요!

매리: 그리고 '그것'에 화가 나고 있어요. 너무나 불쾌해요.

◈ 매리는 각본에서 벗어난 증거를 속속 보여 주기 시작한다. '혼란'이라는 라켓감정 대신에 잠재해 있던 진짜 감정인 '분노'를 보이기 시작한 것이다. 나는 그것을 더욱 촉진시키기 위해 노력한다.

밴: 어머니에게 '그것'이 뭔지 자세하게 말해 보세요.

매리: 저는 화를 내고 있어요. 특히 어머니가 저의 존재를 필요로 하지 않았기 때문에, 저는 제가 중요하지 않은 인간처럼 행동한 게…… 게다가 이상한 행동을 하려고 어머니한테 말했을 때, 어머니는 "너는 다른 아이하고 너무나 달라."라고 말했어요. 뭔가 제가 잘못되어 있다고 생각했어요. 그것에 화가 나요.

◈ 이것이 부모로부터 '괜찮다(OK)'는 승인을 받기 위해서, 자녀가 얼마나 자신을 '디스카운트'하고 있는지를 보여 주는 예다.

밴: 으~음, 그럼, 다른 것에 화를 내고 있는 건?

매리: (한숨을 쉬고) 아직 있어요. 여러 방법으로 분노를 쫓아내려고 했지만…….

밴: 어머니를 쫓아냈다?

매리: 여러 방법으로요. 밴 선생님이 말릴 것 같은 방법까지 써서요. 일단 했어요. 하지만 그것으로 모든 것이 완전히 해소된 건 아니에요.

◈ 매리는 이와 같이 자신을 억눌러서 '디스카운트'를 하고 있었다. 다음의 개입에서 이 점에 대해 그녀의 주의를 환기시킨다.

밴: 이렇게 나는 내 자신을 억누르고 있어요. (내담자는 웃는다.) 왜냐하면 저는 어머니 전부를 쫓아내려고 하는 게 아닌가 하는 두려움이 있으니까…….

매리: 이렇게 저는 제 자신을 억눌러요. 왜냐하면……. (한숨) 제 자신을 억누르고 싶지 않아요. 하지만 만일 제가 저를 억누르지 않으면, 어머니는 저에게서 사라져 버려요.

◈ 그녀의 행동은 그녀 자신의 두려움을 방어하기 위한 것이다. 그 두려움이란 그녀가 어머니를 기쁘게 하지 않으면, 어머니에게 사랑받지 못할 것이고, 버림받을 것이라는 점이다. 그녀는 한숨과 함께 아동기 때 가졌던 신념을 다시 말하고 있다. 매리가 각본 속으로 돌아가고 있음을 나타내고 있다. 때때로 일어나는 일이지만, '어린이 자아상태'는 변화를 바라기도 하지만 동시에 변화를 두려워하기도 한다. 나는 그것에 직면한다.

밴: 그게 사실인지 아닌지 어머니한테 들어 볼래요?

매리: 사실이 아니라고 알고 있어요. 왜냐하면…… 때때로 우리는 심하게 싸운 적이 있어요. 그럴 때는 어머니를 제 인생에서 영원히 추방하고 싶다고…… 어디까지나 내 생각이지만…… 어머니가 언제나 돌아오면 우습게도…… 저는 기뻐서…… 저도 돌아와요. 저도 그걸 바라고 있어요.

밴: 당신이 함께하고 싶었다는 것을 알 수 있네요. (그녀는 웃는다.) 그러니까, 나는 ~할 때까지는 내 자신이 될 수 없다?

◈ 나의 마지막 시도는 맥닐(McNeel, 1976)의 '하이터너(heightener)'라고 부르는 것이다. 나는 매리가 그녀의 각본 내용을 강화하도록 격려한다. 그 의도는 어른으로서, 자신의 낡은 신념에 의해 얼마나 많은 어리석은 행동을 했는지를 알아차리도록 하기 위해서다. 또한 이러한 신념을 자발적으로 변화시키는 것이다. 이것은 다음의 진술 속에서 나타난다.

매리: 아니요. 그건 말하지 않겠어요. 저는 제 자신이 되어야만 해요. 제 자신을 되찾을 거예요. (웃는다. 집단에 있는 다른 구성원도 그녀와 함께 웃는다.)

밴: 언제 시작할 거죠?

매리: 지금 바로요! 저는 제 자신이 될 거예요. 바보처럼 다른 사람에게 맞추는 일 따위는 그만둘 거예요! 그러면 정말로 좌절감을 느낄 거예요.

◈ 다시, 무력한 '어린이 자아상태'의 위치로 돌아와 버렸다. 그녀의 '좌절감'은 이미 그녀의 통제 밖에 있었다. 나는 그녀 자신이 자신에게 있음을 다시 깨닫도록 하고, 자신의 감정은 스스로가 바꾸는 것임을 이해하도록 유도한다.

밴: 남들에게 맞추려고 해서……. 나는 나를 좌절시켜요.

매리: 나는 남들에게 맞추려고 하니까……. 나를 좌절시켜요. (어머니를 향해) 그것이 엄마가 하셨던 일이고, 그것은 제 인생에서 좋은 방법이 아니었어요.

밴: 당신의 방법으로 제가 할 필요는 없어요!

매리: (어머니를 향해) 어머니의 방법으로 제가 할 필요는 없어요! 그렇게 할 생각은 없어요!

밴: 당신이 자기 자신인 것에 대해…… 혹시 어머니가 질투를 한다면……?

매리: 그래서…… 뭐? (웃음)

◈ 여기서 매리의 '어린이 자아상태'는 나에게 답을 내도록 요구하고 있다. 나는 단순히 같은 질문을 반복함으로써 생각하는 능력을 향상시키도록 자극한다.

밴: 그래서…… 뭐? 그렇게 나를 바보 취급해서, 내가 괜찮지 않다고 느끼게 하려고?

매리: (어머니를 향해) 혹시 당신이 그런 짓을 한다면 전 말할 거예요. 저는 그것에 맞추려 하지 않을 거예요. 왜냐하면 그건 제가 해야만 하는 일이니까……. 지금껏 어머니가 하는 말에 맞추어 살아왔어요. 그래서 제가 생각하는 걸 멈출 수밖에 없었어요. 그걸로 당신이 말하는 걸 받아들여 왔던 거예요. 어디까지나 제가 나빴다는 것처럼 말이에요. 그래서 전 실수를 해야만 했어요.

밴: 나는 당신의 감정에 책임이 없어요.

◈ 나는 연기성 성격적응의 이면에 있는 신화의 일부를 명확히 느끼고 있다. 그것은 그녀가 타인의 감정을 통제할 수 있다는 것이다.

매리: (어머니를 향해) 저는 당신의 감정에 대해 책임을 지지 않을 거예요.

밴: 그리고 나는 당신의 뇌를 통제하지도 않아요.

◈ 나는 '어린이 자아상태'와 '어른 자아'의 '오염'을 해제하려고 노력하고 있다.

매리: (웃음) 게다가 저는 당신의 뇌를 통제하지도 않아요. 그리고 저는 당신과의 이런 관

계를 끊을 거예요. 굵은 관계를. 어머니는 할머니가 여왕이었다고 생각하고 있었죠. 어머니는 아직도 할머니를 여왕처럼 취급하고 있어요. 그리고 저한테도 마찬가지로 어머니를 여왕처럼 취급해 주길 바라고 있어요. 하지만 전 달라요. 당신은 제 어머니예요. 당신은 인간이라고요. (밴에게) 전, 어머니가 할머니를 대하는 방법에 대해 화를 내고 있는 거예요.

밴: 그렇다고 말해요.

매리: 저는 그게 싫어요! 어머니는 할머니에게 말하고 있는 게 아니잖아요. 어처구니없어요.

◈ 여기서 우리는 매리의 '어린이 자아상태'로부터 진정한 감정을 듣고 있다. 나는 그녀가 이 경험을 명확히 체험할 수 있도록 한다.

밴: 어머니가 당신을 버릴 거라고 생각했다면, 무서웠다고 해도 무리는 아니에요.

매리: (어머니를 향해) 으~ 음, 예, 그래서 무서웠던 거예요. (밴에게) 할머니가 돌아가셨을 때, 저는 아홉 살이었어요. 어머니는 버려졌다고 느꼈어요. (어머니를 향해) 당신의 어머니는 당신을 버린 게 아니라고 생각해요. 감정적으로…… 할머니는 지독한 강박관념에 사로잡힌 분이셨어요. 언제나 무언가를 하고 있었죠. 할머니는 어머니를 위해 그곳에 있어 주지 않았어요. (잠시 사이를 두고) 저는 당신 방식대로는 하지 않을 거예요. 그런 경험을 하지 않으면 좋았을 거라고 생각하지만……. 그런 일이 일어나 버린 거예요. 저는 당신처럼은 하지 않을 거예요.

밴: 당신의 오른쪽 다리 위에 걸친 왼쪽 다리에 주의하세요.

◈ 이 자세는 때때로 개인에게서 작아진 어린이 자아상태를 나타내고 있다. 그녀는 이미 과거의 행동으로 만족할 수 없다. 하지만 새로운 행동으로 옮기는 것도 두려워하고 있다. 그래서 갈등을 겪고 있는 중이다. 그녀의 새로운 행동이 확실히 정착되도록 계속 작업한다.

매리: 으~음, 저는 이런 게 두렵지만…… 완전히 괜찮다고는 생각하지 않기 때문에…….

밴: 그러니까 ~을 할 때까지(until) 나는 내 자신에게 겁을 주어서 내 능력을 발휘하지 않

을 거야. (매리가 웃는다.) ……당신은 무얼 해야만 하죠?

◈ 나는 '하이터너'를 다시 사용한다.

매리: 당신이 괜찮다(OK)고 말할 때까지요. (의자의 팔걸이 부분을 치기 시작한다.) 젠장! (자신의 다리를 동동 구르기 시작한다.)

밴: 자신의 다리에 주의를 기울이세요.

◈ 그녀는 바닥을 다리로 두드림으로써 자신의 분노를 표현하고 있다. 나 또한 그렇게 함으로써 그녀가 어떠한 감정을 느끼고 있는지를 확실히 한다.

매리: (밴에게 익살스럽게) 그만둬요! (웃음)

밴: 그럼, 자기 자신으로 있고 싶어요? 여전히 어머니를 향해 있고 싶은 건가요?

매리: 예…… 하~아……. 그럼 어떻게 하면 좋은지 저한테 알려 줘요. (웃음)

◈ 자신이 해결해야 할 물음을 내가 생각하도록 하려는 예전의 적응 모습을 익살스럽게 연기하고 있다. 하지만 나는 그녀가 그것을 충분히 자각하고 있음을 알 수 있다. 그녀가 하고 싶은 것을 확실하게 함으로써 책임을 그녀에게 돌리도록 교체한다.

밴: 어떻게 하고 싶은데요? 지금 느끼고 있는 건? 당신의 몸은 뭘 원하고 있죠?

매리: 우~ 그것에 대해서 화를 내고 싶다고 생각하는데요.

◈ '……라고 생각하는데요.'는 그녀가 과잉반응하는 적응방식으로 돌아가고 있다는 신호다. 다시 나는 명확한 결단으로 이끈다.

밴: 생각하는 거예요? 하는 거예요? (그녀는 웃으면서 다시 의자를 두드리기 시작한다.)

매리: 우~ 그렇게 해야 한다는 느낌은 들지만……. 그렇게 하는 데 위화감도 있어요.

밴: 왜요?

매리: 왜냐하면 그렇게 하면 안 될 것 같아요. 아니…… 좋아요. 그것에 대해 화를 내고 싶어요.

밴: (스펀지 방망이를 건네주며) 그럼, 일어서서 이 중에 한 가지를 골라 보세요.

매리: 이걸로 의자를 때리나요?

밴: 예, 혹시 양손을 사용하고 싶으면 테니스 라켓으로 소파를 때려도 좋아요.

매리: 소파 위에서? 어떻게요?

◈ 그녀는 나에게 과잉반응을 하는 경향이 있으므로 그녀에게 고르라고 말한다.

매리: 저는 테니스 라켓이 좋다고 생각해요.

밴: 좋아요. (테니스 라켓을 건네고 바닥에 소파 쿠션을 놓는다.)

매리: 좋아요. (쿠션 앞에 무릎을 꿇고 난폭하게 때리기 시작한다.) 당신의 망할 방식 따위를 따라 할까 봐! 흥, 그런 건 털끝만큼도 좋지 않아!

밴: 좋아요! 좋은 에너지가 가득해요! (그녀가 웃자 집단 멤버들도 웃는다.) 전혀 혼란스러운 것처럼 들리지 않아요! (그녀는 웃는다.)

◈ 자신의 입장에 서서 어머니에 대한 분노를 표출한다. 그리고 자신의 힘을 접하고 명석한 사고를 한다.

매리: 쿠션 반대도 할 거예요! (쿠션을 돌려놓자 집단 구성원이 웃는다. 그중 한 사람이 그녀에게 '한 번 더!'를 외쳤다.) 좋아요! (그녀는 힘차게 다시 때리기 시작한다.) 저를 가만 놔둬요! 제 방식대로 하고 싶어요! 제 방식으로 할 거예요!

밴: 좋아요. 아주 좋아요. (집단 구성원은 박수를 치기 시작한다.)

매리: (테니스 라켓을 놓고 매우 밝은 모습으로) 좋아요! 어머니가 내 말을 들었어요! (모두 웃으며 그녀를 축복한다.)

◈ 그녀는 성공적으로 회기를 마쳤다. 자기 자신을 되찾아 자신의 힘을 완전히 재생하고, 자기 자신의 중요성을 획득하고 나서야 자신이 생각하고 싶은 것을 분명히 생각할 수 있게 된 것이다.

요 약

연기성 성격적응은 주변 사람이 행복하고 좋은 기분으로 있을 수 있도록 책임을 지고자 한다. 그 결과 타인의 정서적 욕구를 떠안으려고 한다. 타인이 정서적으로 안정되어 있는 것을 확인하고자 하고, 타인을 기쁘게 하려고 이들은 영원한 노력을 기울인다. 만약 타인이 자신에게 관심을 기울이지 않으면, 이들은 타인을 즐겁게 하는 데 실패하였다고 여기고, 자신은 사랑받을 자격이 없는 존재라고 느끼기 시작한다.

열정적 과잉 반응자는 관심받는 것과 사랑받는 것이 같지 않다는 점을 배울 필요가 있다. 또한 느끼는 것이 반드시 현실은 아니라는 것도 배울 필요가 있다. 마지막으로, 자신의 사고나 능력을 평가하는 일이다. 타인의 감정에 자신의 관심을 집중시키는 것이 아니라, 자신의 능력을 스스로 평가함으로써 어른이 될 수 있는 것이다. 그것은 아동기 때 결코 허락받지 못한 일이었다.

매리의 치료 작업은 이 과정을 훌륭하게 보여 주고 있다. 그녀는 '혼란'스러운 마음으로 작업을 시작하였다. 그리고 자신의 중요성이나 사고력을 '디스카운트' 하였다. 그녀는 자신의 어머니를 '기쁘게' 하려고 하였다. 어머니를 기쁘게 하지 않으면, 어머니는 그녀를 사랑하지 않을 것이고 말을 걸어 주지 않을 것이라는 '두려움'을 가지고 있었다.

자신의 진정한 힘을 되찾고, 자신이 어떻게 하고 싶다는 시점으로 사물을 봄에 따라, 그녀는 자신을 중요한 존재라고 생각할 수 있었고, 명확한 사고를 할 수 있게 되었다. 어머니의 방식이 아닌, 자기 자신의 방식으로 행동할 수 있게 된 것이다. 이러한 과정을 통해서, 그녀는 '자율성'을 획득하였고, 어머니 앞에서 혼란스러운 작은 여자아이가 아닌, 성숙한 어른으로서의 자신을 받아들이게 되었다.

20

강박-신경증적 성격적응 유형 내담자: '존재' 그 자체

강박-신경증적 성격적응, 즉 책임감 있는 일 중독자는 든든한 사람이다. 이들은 열심히 일하는 양심적인 사람이다. 이들에게 사물이 확실히 정리되어 있는 것은 매우 중요한 일이다. 그리고 주변 사람은 이들의 이런 측면에 의지하고 있다. 이들은 대인관계 측면에서는 일대일의 관계를 좋아하고, 자신이 잘 알고 있는 소수집단을 선호한다.

이들은 '사고'를 통해서 외부세계와 접촉한다. 타인 또한 같은 방법으로 자신에게 접근해 주기를 원한다. 예를 들면, 자신이 생각하고 있는 것을 질문받는 경우다.

강박-신경증적 성격적응인 사람이 치료를 받으러 왔다면, 많은 경우 그가 너무나 많은 일을 해서 마음의 안정이나 몸의 조화가 깨진 상태일 것이다. 이들은 언제나 재촉받고 있는 기분이 들어서 긴장을 하고 있다. 고혈압이나 요통 같은 신체적인 고통을 곧 잘 호소한다.

치료에 의한 변화 과정을 통해서 이들은 모든 것을 사고로 처리할 수 있는 것이 아니라, 상황이나 인간관계에서 자신이 어떻게 느끼고 있는지를 깨닫는 것이 중요하다는 것을 인정하게 된다. 즉, 감정과 사고가 통합되어 감에 따라 행동이 변화한다. 이들은 긴장을 풀게 되고, 느긋하게 행동하게 된다. 일반적으로 책임감 있는 일중독자의 이러한 행동변화는 눈치채지 못하는 사이에 일어난다. 이들 입장에서 보면, 주변의 대응이 변한 것으로 보인다. 이들의 가장 큰 변화는 언제나 '무엇을 해야만 한다.'고 느끼는 대신에, 마음속 깊은 곳에서 '나는 존재, 그 자체만으로도 좋다.'고 인정하는 것이다.

강박-신경증적 성격적응 유형 내담자를 치료하는 데 핵심이 되는 주제

자신이 실수할 수 있다는 사실을 인정한다 자신이 실수를 해도 괜찮다고 생각한다면, 그 확률(%)이 어느 정도인지는 상관이 없다. 그렇게 하는 것만으로도 완벽해지려고 하는 행동을 그만둘 수 있기 때문이다. 예를 들면, 10%를 실수했다고 해도 90% 이상 제대로 처리하면 괜찮다. 이러한 관점이라면, 자신에 대한 좋은 느낌을 계속 가질 수 있다. 계속해서 완벽하려 하면, 자신에 대한 좋은 느낌은 계속 가질 수 없을 것이다. 왜냐하면 이들은 언제나 깔끔하지 않고 미진한 그 무언가를 계속 찾아내기 때문이다.

하루에 적어도 한 가지 실수를 고의적 또는 의도적으로 시도한다 현실에서 큰일로 번지지 않을 만한 무언가를 찾아내서, 일부러 깔끔하지 않게 처리해 본다. 이렇게 하면, 아동기 때 눈에 띄지 않았던 심리적 반항을 즐겨 보는 경험을 하게 될 것이다.

죽을 때까지 일한다는 도피구를 막는다 강박-신경증적 성격적응 유형의 사람은 병이 걸릴 때까지 또는 완전히 지칠 때까지 일하는 경향이 있다. 그렇게 하고 나서야 간신히 휴식을 취하는 것으로 자신을 용서한다. 결과적으로 궤양, 고혈압, 심장발작 등과 같은 긴장과 관련된 질병에 걸리기 쉽다. 죽을 때까지 계속 일한다는 도피구를 막아야만 휴식을 취하기 쉬워진다. 또한 안정을 찾고, 일과 놀이의 균형을 취하기 쉬워진다(도피구를 막는 치료적 기술은 제14장 참조). 이들에게 우선, 휴가 계획을 세우도록 권해 본다. 그렇게 하면 일에 과도하게 몰입하지 않고, 사적인 시간을 가질 수 있게 될 것이다.

이들의 '불안'을 해결하기 위해 돕는다 강박-신경증적 성격적응인 사람은 자신이 '불안'해하고 있다는 사실을 인식하는 것이 중요하다. 의식적인 강박행위는 불안을 해소하기 위한 마법과 같은 시도일 뿐이다. 휴식을 취하는 방법을 찾아내고 강력하고 압도적인 '어버이 자아상태'를 완화시켜야만, '어린이 자아상태'의 불안이나 강박행위에서 벗어날 수 있다.

'존재' 그 자체에 스트로크를 한다 강박-신경증적 성격적응 유형의 사람은 아동기 때 무언가를 깔끔하게 처리하는 것으로 많은 칭찬을 받았다. 하지만 단지 '존재'하고 있다는 점만으로는 충분한 관심을 끌지 못했다. 그 결과, 이들은 단순히 '존재한다'는 것만으로는 불편함을 느끼는 경향이 있다. 이들이 자신에 대한 '존재'에 그 가치가 있음을 느끼도록 도와주기 위해서는 즐기거나 느긋한 시간을 같이 보내는 것이 효과적이다.

초기 디스카운트

강박-신경증적 성격적응 유형의 사람은 '더 많이' 그리고 '더 좋게' 등의 조건을 내세울 것이다. 하지만 이들은 완벽하기 위해 어떤 노력을 하거나 어떤 몸부림을 쳐도, 그곳에는 도달할 수 없을 것이다. 하지만 발전은 할 것이다. 이런 자신의 신념을 깨닫는 것이 중요하다. 그리고 그 조건을 뒤로 한 채 가능한 있는 그대로 지내는 것이 중요하다. 이것은 자신이 완벽하지 않아도, '이대로 좋다(OK)'고 여기며 현실을 즐기는 것을 말한다. 또한 이들은 불안, 우울, 죄책감을 분노나 슬픔을 덮기 위해서 사용하는 경향이 있다. 적절한 한계를 부여하기 위해서 분노를 사용하거나 이들이 아동기 때 잃어버린 것들을 충분히 슬퍼할 수 있도록 슬픔의 감정을 사용하는 것이 중요하다. 그리고 현재를 즐길 만한 시간을 확보하는 것이 중요하다.

밴: 혹시라도 당신이 아픔을 해결하고 싶다면, 아픔을 느끼고…… 자신이 느끼고 있는 모든 것의 근원을 느끼는 거예요. 당신의 첫 부인이 뒤통수를 쳤다고 느끼시지요?

돈: 예.

밴: 그런 종류의 감정을 가졌던, 어린 시절의 사건은 무엇인가요?

돈: 예……. (머리 위로 팔을 가져간다. 이것은 자신의 감정에서 멀어지는 동작이다.)

밴: 자신의 팔을 밑으로 놓는 시도를 해 보시겠어요? 왜냐하면 그 동작은 자신의 감정에 접근하지 못하도록 하는 방법이기 때문이죠. 팔은 내려 놓도록 합시다. (돈은 팔을 내리고 심호흡을 한다.) 이러한 아픔을 느낀 가장 첫 순간의 기억은?

돈: (잠시 사이를 두고) 저는 그다지 많은 여자아이와 사귀지 않았어요. 생각나는 것은 두 명뿐이에요. 그녀들은 아주 소중한 존재였어요. 언제나 제대로 되지 않아 헤어졌지만…… 음…….

밴: 상처받았겠군요.

돈: 예, 하지만 알다시피…… 저는 어쩔 수 없어요. 저는 부모와의 관계나 저의 열등감에 대해서…… 계속 생각해 왔지만…… 어떻게 해야 좋을지 알 수 없어서…….

◈ 다시, 그는 자신의 '감정'에서 멀어져 자신이 가장 편안하게 느끼는 좋은 장소, 즉 '사고'의 장소로 가 버린다. 아픔으로부터 자기 자신을 지키기 위해서. 나는 다시 감정에 머물러 있도록 말한다. 감정은 책임감 있는 일 중독자에게 '표적문'이다. 나는 그의 조기결단을 명확히 하고자 한다.

밴: 예, 기억이란 사고가 아니라 감정에 남아 있어요. 당신이 느끼고 있는 곳에 머무르는 것이 중요해요. 당신이 남에게 접근하면 자신은 상처받는다고 믿었던 시점에서, 당신은 상처받고 많은 아픔을 느끼고 있는 것처럼 들리는군요.

돈: 예.

밴: 그리고 첫 부인과의 사이에서 경험한 것처럼 어딘가에서 남에게 다가가면 상처받는다는 학습을 한 거죠.

돈: 저는 언제나 부모를 기쁘게 하려고 했다고 생각해요. 아…… 어머니는 항상 제게 실망했다고 말했어요. 어느 날 밤, 너무 장난을 쳐서 댄스 교실에서 쫓겨난 일이 있었어

요. 아~ 그랬었군! (한숨) 지금…… 생각났어요.

밴: 몇 살이죠?

◈ 나는 그 경험을 지금 느끼게 하기 위해서, 현재형을 사용해 질문한다.

돈: 중학생이었어요. 대략 열세 살.

◈ 나는 그가 취한 행동은 부끄러워할 필요가 없었다고 전한다. 하지만 그의 어느 부분에서는 그렇게 하는 것을 재미있어 하는 부분도 있었다. 나는 '자연스러운 어린이 자아상태'의 에너지를 끌어내도록 도와주고 싶었다. 그것은 그의 변화에 도움이 되기 때문이다.

돈: (웃으면서) 저는 어머니를 상당히 곤란하게 했어요.

밴: 어머니는 체면을 구겼겠군요. (웃는다.) 그러면 어머니는 뭐라고 말하죠? 당신이 댄스 교실에서 쫓겨난 일에 대해서……?

돈: 어머니는 "왜?"라고 말해요. 그리고 음…… 울어요. 어머니는 너무나 창피하다고 말하고는…… 모두가 어떻게 생각할까라고 걱정하죠. 어머니는 제가 어머니를 엉망진창으로 만들었다는 식으로 말해요. 저를 경멸해요.

◈ 이것은 어머니로부터의 '어린아이가 되지 마라'는 금지령을 확실히 보여 준다. 이것은 강박-신경증적 성격적응 유형 내담자에게 핵심적인 요소다. 돈이 그것을 말함으로써 현재형으로 진행될 수 있고, 이것은 그 당시를 경험하고 있는 '어린이'로 이행되고 있음을 나타낸다.

밴: 잠깐 이쪽으로 와서 앉아 주시겠어요? (의자를 당긴다.) 어머니가 되어 주세요. 그리고 열세 살 때의 돈을 보고, 어떻게 어머니에게 망신을 당했는지 말해 보세요. 댄스 교실에서 쫓겨나서, 얼마나 실망했는지를…….

돈: (어머니로서, 무거운 목소리로) 정말, 어째서 이런 일이 생겼는지 모르겠다. 너한테 정말 실망했어. 아버지는 여기에 없어. 출장가셨어. 너는 뭘 하고 있는 거니? 왜 그런

짓을 했니?

◈ 이러한 반응을 한 어머니의 내면에는 무엇이 일어나고 있는지를 돈이 경험하게 하기 위해서, 나는 '어머니'에게 인터뷰를 시도한다. 이러한 '어버이 면접법'(McNeel, 1976)은 어린아이였던 돈이 알 수 없던 어머니의 기분을 알 수 있도록 도와준다.

돈: (어머니로서) 창피해라. (돈의 혼잣말) 지금 무서운 장면으로 들어가고 있어요.

밴: (어머니로서의 내담자에게) 돈이 댄스 교실에서 쫓겨난 일로 무얼 두려워하고 있죠?

돈: (어머니로서) 필시 모두에게 소문이 날 거예요.

밴: 누구에 대해서죠?

돈: (어머니로서) 저에 대한 소문…… 제가 자식 교육을 어떻게 시켰는지에 대해서요.

밴: 그에게 말하세요. "너 자신이 되면 안 돼. 어린아이가 되어서는 안 돼. 내 자식은 이래야만 한다는 내 머릿속에 있는 나의 상상대로 살아 줘. 그렇게만 해 준다면, 난 창피하지 않을 거야." (어머니로서의 내담자는 이것을 전부 말한다.) 이제 바꾸시고…… (원래의 의자로 돌아간다.) 무얼 경험하고 있지요?

돈: (자기 자신으로서) 말도 안 돼. 더 이상 죄책감이 느껴지질 않네요. (웃는다. 그러고는 한숨을 쉰다.) 그렇다고 해서 어머니를 용서할 수는 없어요.

◈ 돈은 어머니 입장에 대해 어처구니없음을 실감하고 생기를 찾았다. 하지만 그의 한숨과 두 번째 말은, 그가 여전히 과거의 어머니가 바뀌기를 바라는 '어린이 자아상태'의 환상에 매달려 있음을 나타낸다. 나는 그것에 직면한다.

밴: 당신의 어머니에게 "제가 태어났을 때, 저의 탯줄은 이미 잘렸어요."라고 말해 보세요. 왜냐하면 어머니는 아직도 그것을 알고 있지 못한 것 같으니까요. 어머니는 당신이 여전히 자신의 일부라고 생각하고 있어요.

◈ 나는 여기서, 부모와 자식 간의 분리의 어려움에 대해 언급한다. 즉, 어머니는 자식을 자기와 다른 독립적인 존재로 보기 어려워한다.

돈: 저는 저의 부모님이 완벽하다고 생각하기 때문에 그것을 받아들이기 어려워요.

밴: 맞아요! (다른 집단 구성원들이 웃는다.) 그게 신화예요. 완벽한 부모를 가지고 있다면, 당신은 솔직한 자신이 될 수 없어요. 당신은 어떤 실수도 할 수 없어요. 어린이로 있을 수도 없어요. 평범한 어린 시절을 보낼 수가 없어요. 부모는 그걸 나쁜 거라고 볼지도 모르니까요. 그래서 당신은 잘못된 이미지를 가지게 된 거죠. 현실에서 완벽한 부모는 존재하지 않고, 완벽한 어린이도 없어요. 대부분의 사람은 대충 지내면서 살지요. 그런데도 당신은 이런 현실이 진짜가 아니라고 굳게 믿고 있는 거예요. 그건 정말 괴로운 신화죠.

돈: 부모님의 탓은 아니었어요.

◈ 돈은 부모에 대한 '용서'를 보여 주기 시작했다. 조금 전에 말한 것들을 부정하고 있다. 이것은 그가 변화를 하기 위한 중요한 첫 단계다. 심리적인 차원에서 '어버이 자아상태'를 가까이 둠으로써, 그는 자신의 '어린이 자아상태'를 배제하기 시작한다. 그렇게 하면 부모를 계속해서 비난할 수 있기 때문이다. 이러한 변화를 명확히 하기 위해서 작업을 시도한다.

밴: 부모님의 탓은 아니에요. 부모님 또한 어린이로서 같은 걸 믿도록 조종당해 왔기 때문에…… 그리고 아마도 부모님의 부모 또한 같은 행동을 하도록 전달해서…… 그리고 아마도 그건 아담과 이브 시대까지 거슬러 올라가겠죠. 그들의 의도는 너무나 훌륭하지만, 그 결과는 너무도 아픈 거죠. 그들의 의도가 사랑에서 나온 것이라 해도 이것에 대해 분노를 느껴도 괜찮아요. 의도한 것과 실제 결과 사이에는 언제나 차이가 존재할 수 있는 거니까요.

◈ 이와 같은 각본 내용은 누군가가 바꾸려고 결단을 하기까지는 한 세대에서 다음 세대로 계속 이어진다. 돈은 지금 각본에서 벗어나려 하고 있다. 그는 진짜 감정인 '슬픔'과 직면하고 있다. '어버이 자아상태를 내 가까이 둔다.'는 행동을 멈추고, 그는 자신이 바라고 있었던 활기찬 어린 시절은 결코 되찾을 수 없다는 현실에 눈을 돌린다.

돈: (한숨을 쉰다. 그러고는 울기 시작한다.) 이게…… 아직 계속되고 있다니 슬픈 일이군요. 왜냐하면……. (운다.) 첫 결혼에서 얻은 제 자식이…… 실은 우리의 관계에 영향을 끼쳐서…… 왜냐하면…… 그 아이는 아주 재미있는 아이여서…… 학교를 아주 싫어했어요. 저는 언제나 자식에게 공부를 시키려고 학교까지 바래다 줬지만……. (운다.) 그 아이는 음…… 대학을 중퇴했어요. 그 아이는 수업에 출석하지도 않았거든요. 그리고 집으로 돌아와서는 일 년 정도 함께 생활했지요. 그때부터 여러 가지 일을 했어요. 지금은 친구와 함께 다른 동네로 이사를 가서…… 레스토랑의 주방장이 되었고, 그 아이는 행복해하면서 살고 있어요.

밴: 대단하네요!

돈: (침묵) 전 그게 받아들이기 어려워요. 아시는 것처럼…….

밴: 할 수 있다고 생각해 보세요.

돈: 예.

밴: 궁극적으로 소중한 것은 뭘까요? 실제 행복? 아니면 이미지? 당신은 이미지가 가장 중요하다고…… 당신 자신으로 있는 것보다 체제를 유지하는 게 더욱 중요하다고 배웠다고 생각하지만…… 그건 상당히 많은 대가를 필요로 하죠. 그건 아주 오래된 누군가의 두려움으로부터 오고 있어요.

돈: 두려움?

밴: 음…… 완벽하지 않으면 너는 괜찮지 않다(Not-OK)는 거죠. 그것은 '이것 아니면 저것'이라는 방식이죠. 너는 멋진 사람, 그렇지 않으면 쓸모없는 인간. 너는 이성적인 인간, 그렇지 않으면 하찮은 인간. 그 사이에는 아무것도 없어요.

◈ 이런 종류의 문제는 '어린이 자아상태'의 두려움 때문에 유지된다. 그 두려움이란, 사람이 완벽한 상태가 아니면 괜찮지 않다는 생각이다. 나는 돈이 부모로부터 받은 '완벽하라' 드라이버 메시지의 중압감을 벗어 버리고, 자기 자신을 돌아보는 즐거움을 느낄 수 있도록 도와준다.

돈: (코를 비비면서) 동생은 훨씬 장난꾸러기였어요. (집단 구성원들이 웃는다.)

밴: 당신 아들같이 말이지요? (웃음)

돈: (웃으면서) 실제로, 오늘 우리는 말했어요. 존(그의 아들)은 짐(그의 동생)의 아들이라고…… (집단 구성원들이 웃는다.)

밴: 그리고 그들은 자신들의 행복을 포기하지 않았겠죠?

◈ 돈의 동생과 아들은 어떤 일정한 이미지를 유지하는 것이 아니라, 자신들의 행복을 선택했다는 것이 분명하다.

돈: (웃음) 아…… 생각해 보니, 짐은 언제나 아버지를 화나게 했었고, 그래서 전 착한 자식이니까 부모는 저를 사랑한다고 생각했어요.

밴: 음…… 아이로서는 당연한 일이에요. 혹시 당신이 사랑받고 싶다고 생각하면 말할 것도 없겠지만, 그게 이것 아니면 저것이라는 식이에요. 현재의 문제는 어머니의 감정을 소중하게 볼 건지, 아니면 자기 자신의 감정이나 욕구를 소중하다고 볼 건지예요. 그리고 자신을 괜찮다(OK)고 인정하는지 여부예요. 완벽하려는 건 엄청난 유혹이죠. 그 생각을 버리는 건 더욱 어려워요. 하지만 완전하지 않아도 좋아, 세상에는 즐거움이 많아라고 받아들일 때는 다른 문제예요. 진짜 문제는 완전하려고 하면, 당신은 결코 자신을 인정할 수 없다는 점이에요. 세상에 완전하다는 건 있을 수 없으니까요.

돈: 예, 알고 있어요.

◈ 어린이로서 그가 내린 예전의 결단은 물론 그 상황에서는 가치가 있다. 완벽주의라는 폭군을 받아들인 것 또한 인정한다. 그러나 그는 무엇이 진짜로 괜찮은지(OK)를 알 필요가 있다. 그래서 나는 그것을 찾을 수 있도록 약간 장난 섞인 말투를 쓴다.

밴: 음…… 더 좋은 게 어떤 것인지를 보게 되면, 어느 정도 나쁘게 될지 또는 어느 정도 더 행복할지를 생각해 볼 수 있죠. 그런 측면으로 바라봅시다. 당신은 잠깐 물러서 보세요. 거기 경계선까지요. (웃음) 그쪽에서 보면 경계선을 찾아내는 건 간단해요.

돈: 그럼, 저는 어떻게 찾아야 할지…….

밴: 음…… 그쪽에 서 보세요. 바로 거기요. 그리고 열세 살 때의 돈을 잠깐 바라보세요. 그는 댄스 교실에서 쫓겨났지요. (웃음, 자신의 의자 옆에 서 있는 내담자에게) 그 아이, 어딘지 이상하지 않나요?

◈ 부모의 눈을 통해 보는 것이 아니라, 자기 자신의 눈을 통해 어린 자신을 바라보는 것이다. 이런 과정을 통해서 자신의 일부를 실감하고 그 일부에 대해서 현시점의 재평가를 하며 어린 자신에게 위로를 할 수 있다. 결국, 부모에게 의존하지 않아도 된다.

돈: 아니요.

밴: 물론, 이상하지 않지요.

돈: 나를 쫓아낸 댄스 교실 선생이 멍청이야! (집단 구성원들이 웃는다.) 하지만 그런 건 아무래도 좋았어요.

밴: 말씀대로네요.

돈: 댄스 교실의 주인은 그 주에 자리를 비웠지요. 저를 쫓아낸 사람은 주인의 조수였어요. 그때는 그가 댄스 교실을 지키고 있었어요.

◈ 그는 자신의 눈으로 그 상황의 객관적인 사실을 보기 시작하였다.

밴: 음…… 그러네요. 그럼 이젠 열세 살의 돈에게 너는 전혀 나쁜 아이가 아니었다고 말해 주세요.

◈ 그에게 열세 살의 어린 자신에 대해서 '양육하는 어버이 자아상태'가 될 것을 권유한다. 원래는 부모가 그래야 했겠지만, 현실은 그게 아니었다.

돈: (어린 돈에게) 네가 한 건 전혀 나쁘지 않단다. (무거운 한숨) 괜찮아……. (무거운 한숨)

◈ 그의 한숨은 내적 체험이 새로운 방향을 향할 때의 전형적인 모습이다.

밴: 그에게 전하고 싶은 말이 또 있나요?

돈: (어린 돈에게) 넌 아무것도 걱정할 필요가 없단다.

밴: 그에게 말해 주시겠어요? "저는 지금 여기에 있어요. 당신이 열세 살 때는 없었지만요. 저는 아직 성장하지 않았으니까요. 하지만 지금, 저는 여기에 있어요. 어른이 된

나는 지금 여기에 있어요."라고…….

돈: (어린 돈에게) 응…… 나는 지금 여기 있어. 열세 살 때는 너와 함께 있지 않았지만, 지금은 여기에 있어!

밴: 그리고 어머니가 너를 문제시했다고 해도, 나는 너를 괜찮다(OK)고 생각하고 있어.

돈: (어린 돈에게) 응…… 넌 괜찮아. (돈이 갑자기) 지금의 제가 어린 저와 겹쳐지고 있어요.

밴: 예, 그러네요. 그에게는 다음에 말하기로 하죠. (웃음) 여기서는 단지 한 번에 한 개씩 그에게 말해 주기로 합시다. "나는 너와 함께 있어. 그리고 너와 즐기고 싶어."

◈ 그의 '자연스러운 어린이 자아상태'가 활성화되기 시작하였다.

돈: (어린 돈에게) 너와 함께 있어. 그리고 너와 즐기고 싶어.

밴: 여기로 오세요. 열세 살의 돈이 되어서 어른이 된 당신의 말을 들어 보세요. 열세 살의 돈은 어떤 기분인지…….

돈: (어린 돈으로서) 난 그렇게 나쁘지 않아. 난 다만 열세 살일 뿐이야.

밴: 맞아요! 어머니한테 말하고 싶은 게 있나요?

돈: (어린 돈으로서) 어머니한테 상처를 줘서 미안해요.

밴: 당신은 어머니한테 상처를 주지 않았어요. 그녀는 당신을 자랑스럽게 생각할 수 있게 되었으니까……. (웃음)

◈ 개인적인 대화를 진행하면서 이러한 정보를 강화한다. 실제로 이것은 일종의 비유를 사용하는 것이다. 나의 목적은 돈의 '어른 자아'와 마찬가지로 '어린이 자아상태'의 '직관(작은 교수)'이 직접 작용하도록 하는 것이다.

밴: 제 둘째 아이는 아주 감수성이 예민한 아이예요. 저는 제 아이가 학교에서 말썽을 부리지나 않을까 걱정하고 있었어요. 그 아이의 반에서는 아이가 말썽을 부리면 레드카드를 받아요. 아들은 3학년이 되기까지 한 번도 레드카드를 받은 적이 없었어요. 어느 날 아들이 울면서 학교에서 돌아왔기에, 제 아내가 왜 그런지 물어보니까 눈물을 잔뜩 글썽거리면서, "레드카드를 받았어요."라고 말했지요. 제 아내는 "좋아! 잘했어!"라

고 말하면서, 아이하고 손뼉을 마주쳤어요. 제 아내는 아들이 레드카드를 받은 것에 위축되지 않고, 자랑스럽게 생각했지요. 그러자 아이는 우는 것을 멈추었고 웃기 시작했답니다. 당신의 어머니도 이렇게 반응할 수 있었어요. 열세 살의 당신과 즐기는 대신에, 어머니는 상처받기를 선택했을 뿐이에요. (조금 사이를 두고) 당신이 알아야만 하는 건, 당신 자신 그대로도 좋다(OK)는 사실이에요. 당신의 어머니는 자신의 요구에 너무 얽매였던 거예요. 당신 자신을 그대로 받아들이는 것이 아니라, 계속 이상적인 이미지를 가지고 있었어요. 그녀의 마음속에 있었던 건, 자신이 만족스러운 기분으로 있기 위해서 아들은 꼭 이래야만 한다는 것이었죠. 안정된 부모는 자식을 자신의 뜻대로 하지 않아요. 당신의 어머니가 당신의 요구를 확실히 느끼지 못했던 것은 슬픈 일이었다고 생각해요.

돈: 어떤 부분에서는 어머니를 걱정하는 데 지쳐 있어요. 저는 계속 아버지를 생각하고 있었어요. 저도 완벽한 비즈니스맨이었어요.

밴: 생각해 보면, 현재의 문제는 세상이 부모님을 어떻게 보는가 하는 책임을 내가 질 것인가 말 것인가의 문제예요. 열세 살짜리 어린이에게는 매우 힘든 일이었겠죠.

돈: 하지만 정말로 부모의 탓은 아니에요. 저에게도 책임이 있어요. 제 동생을 보세요. 왜 동생은 이렇게 되지 않았는지…….

밴: 여기에 동생 분을 데려와서 물어보세요. (빈 의자를 가리킨다.)

돈: (잠시 사이를 두고) 동생은 부모님 일에 전혀 신경 쓰지 않아요! (웃는다.)

◈ 그는 점차 '자연스러운 어린이 자아상태'의 에너지를 실감하고 있다.

밴: 어떤 아이는 다른 아이보다 섬세해요. 당신은 부모님을 정말 기쁘게 해 드리길 바랐죠. 그리고 당신은 부모님께 인정받기를 원했어요. 하지만 동생이 이 모든 것을 전부 가져가 버려서 공평하지 못하다고 느끼고 있죠.

돈: (웃음) 그는 지금도 그래요! (잠시 사이를 두고) 그럼, 지금의 나는 뭘까요?

밴: 당신은 아직도 어머니를 계속 돌보고 싶은가요? 아니면, 자기 자신을 있는 그대로 받아들이고 싶나요? 그리고 어머니 감정은 어머니 스스로가 책임지도록 하고 싶나요? 아니면, 여전히 어머니의 감정을 통제하고 싶은가요? 실제로 어머니를 불행하게 만들

수는 없어요. 그건 신화일 뿐이에요. 그녀는 당신의 탯줄이 자신과 아직도 이어져 있다고 생각하고 있고, 당신의 행동이 자신의 감정을 통제하는 것처럼 행동하고 있었을 뿐이에요.

돈: 예…… 그래요. 어머니는 저를 사랑하는 것과 마찬가지로 동생을 사랑하셨어요. (긴 사이를 두고) 저는 어머니를 비판하고 있는 듯한 느낌이 들어요. 여기서 계속 저는 제 자식과의 관계를 생각하고 있어요. 제 자식과 저와의 관계에서는 저를 비판할 수 있지만, 저와 어머니와의 관계에서는 어머니를 비판할 수가 없어요.

◈ 그는 '임패스'의 심리적 불편함을 느끼고 있다. 돈의 '어린이 자아상태'가 변화를 이루어 낸 것을 기뻐함과 동시에 두려워하고 있다. 치료의 흐름으로 보아 이 시점에서 흔히 있는 반응이기도 하다. 만약 내가 그의 '디스카운트(나는 어머니를 비판할 수 없다.)'를 그냥 넘긴다면, 그는 아마도 그것을 각본으로 되돌아가도 된다는 허락으로 생각할 것이다. 때문에 나는 직면한다.

밴: "하지 않아요!"

돈: 예.

밴: 당신이 어머니를 비판한다면?

돈: 어머니는 상처받을 거예요.

밴: 열세 살 때 당신이 결단한 것은 자신을 보호하기 위한 최선의 수단이었을 거예요. 왜냐하면 혹시 당신이 다른 행동을 했다면, 망신을 당하든지 혼이 났었기 때문이죠. 어머니에게 대드는 것에 대한 공포는 만일 어머니를 실망시킨다면 또다시 망신을 당하고 혼날 수 있다는 위협 때문이에요. 어머니는 당신이 나쁜 범죄를 한 것처럼 반응하고 있고요!

돈: 네…… 저는 그렇게 생각했어요!

밴: 열세 살 때의 당신은 그게 사실이 아니라는 걸 알 수 없었어요. 중요한 것은 어머니의 반응이 당신에 대한 평가가 아니라는 거예요. 평범하고 자연스러운 아이였다는 것을 부끄럽게 생각할 필요가 없어요. 이건 네 살짜리 어린아이가 벌거벗은 채 거리를 뛰어다니는데, 어머니가 당황해서 어쩔 줄 모르는 것과 마찬가지예요. 네 살짜리 어린아

이에게는 그게 가장 자연스러운 행동이라는 걸 어머니는 모르죠. 어린이는 부모의 눈에 비친 자신이 나쁜 짓을 하거나 시시한 녀석이라는 부모의 반응을 보게 되죠. 그 아이는 그게 진짜가 아니라는 걸 몰라요.

돈: 사실은…… 제 인생에는 놀랄 만한 희한한 만남이 있었어요. 두 번째 아내와 전처 그리고 저는 같은 동네에서 자랐어요. 그리고 제가 처음에 결혼했을 때, 저희 아이들은 교회 유치원에 다녔고, 대략 네 살 정도였는데…… 자화상을 그렸어요. 두 남자아이가 커다란 페니스를 그렸어요. (웃음) 그리고 거기에 색칠을 했어요. (더욱 웃음) 전처는 그걸 집에 가지고 돌아와서 제게 보여 주었어요. 전 그걸 찢어 버렸어요. 두 번째 아내는 자기 아이의 그림을 아직도 가지고 있어요. 실제로 그녀는 주일학교 여자 선생님에게 그림을 가지고 가서, "주일학교에서 이런 것을 어린이들에게 가르치고 있다는 것을 알고 있나요?" 하고 물었지요. (웃음) 이런 걸로 봤을 때, 아내는 위대하다고 생각해요!

밴: 좋은 분을 선택하셨군요.

돈: 처음으로 데이트를 했을 때, 그녀와 어린아이들은 테이블에서 놀이를 하고 있었고, 저는 눈에 거슬려서 놀이를 못하게 하려고 했어요. (웃음)

밴: 당신은 즐길 줄 아는 사람과 결혼했군요. 축하해요!

돈: 그런데…… 지금부터 저는 무얼 해야 좋을지? (웃음)

◈ 돈은 농담을 하고 있지만, 그에게 숨겨진 '어린이 자아상태'는 그가 부모에게 한 것처럼 나에게도 과잉반응을 하고 있다는 점이다. 그의 '어린이 자아상태'는 변화를 두려워하고 있다. 나는 장난스러운 행동을 하는 동시에 그의 자아와 직면하고자 한다.

밴: 당신은 아무것도 하지 않아도 돼요. 기본적인 문제는 어머니가 되고 싶어 하는 당신과 자기 자신이 되고 싶어 하는 당신이 있다는 것이죠. 그리고 당신은 자기 자신이 되고 싶다고 생각하면, 자신이 될 수 있다는 것이죠. 있는 그 자체로도 괜찮고(OK), 꼭 이래야만 한다는 이상으로 살아가야 할 필요도 없어요. 아시겠죠? 페니스를 그려도 된다는 걸.

돈: 그 이야기는 그만하죠. (웃음) 입이 많이 거칠어진 것 같아요.

◈ 그는 지금 '어린이 자아상태'에 있으며, 지금 상황을 재미있어 하고 있다.

밴: 그러면, 어머니에게 무엇을 말하고 싶으세요?

돈: 우선, 처음에는 멋지다고 말하고 싶어요. 하지만 당신이 언제나 옳지는 않았다고 말하고 싶어요. 그래, 그렇지…… 저는 제가 더 재미있어 하는 일을 허락해 주면 좋겠다고 생각해요. 그리고 그건, 그렇지…… 한편으로 그녀가 저를 사랑하고 있었다는 걸 알기는 하지만…… (잠깐 사이를 두고) 더욱 자유롭게 해 주었으면 좋았을 텐데…… 아시겠죠? 어머니는 저를 사랑해 주셨어요.

밴: 음…… 당신을 마음속 깊이 사랑해 준 어머니의 부분과 자신의 자녀가 완벽해야만 한다고 믿고 있는 어머니의 부분을 나눠서 생각하는 편이 좋을지도 모르겠네요.

돈: 어머니…… 제 안의 재미있는 부분을 사랑해 줄래요? 제가 재미있는 일을 해도 된다고 말해 주세요. 그리고 혹시 제가 약간 이상한 짓을 한다고 해도, 저를 미워하지 않았으면 해요.

밴: 당신 또한 자기 자신의 장난기를 사랑하나요? 예를 들면, 어머니가 그렇게 하지 않더라도 말이지요.

◈ 나는 열세 살 때의 결단을 바꾸기 위해서, 재결단을 유도한다.

돈: 예, 그렇게 하죠.

밴: 괜찮은가요? 당신 자신이 그렇게 나쁘지 않다는 느낌을 계속 가질 건가요? 만일, 잘못을 저질렀다고 해도…… 어머니가 실망한다고 해도 말이지요.

돈: 예.

밴: 좋습니다. (빈 의자를 가리키며) 이쪽으로 와서, 어머니가 되세요. (어머니로서의 돈에게) 당신의 아들이 장난을 쳐도 당신에게 사랑받기를 원한다고 말하고 있는데요. 잘못을 저질렀다고 해도, 그를 혼내지 않고 용서해 주었으면 하고 말하고 있는데요.

돈: 어머니는 그렇게 할 거라고 생각해요.

밴: 자식에게 말해 주시겠어요? (어머니가 되어 반응하도록 유도한다.)

돈: (어머니로서) 그래…… 너의 장난기를 사랑한단다. 너는 동생보다 훨씬 좋은 아이란다. (웃음) 하지만, 나는 두 사람 다 사랑한단다.

밴: 그럼, 그가 실수를 한다고 해도 사랑하시겠어요?

돈: (어머니로서) 네가 실수를 한다고 해도 사랑한단다. 네가 그런 식으로 느꼈다니…… 미안하구나. (운다. 의자를 바꾼다.)

밴: 지금 어떤 느낌이지요?

돈: 안심이 되는 느낌이네요.

◈ 그의 안심은 재결단의 증거다.

밴: 좋아요. 그럼, 이제는 어머니를 의자에서 내려 주세요. 그리고 당신의 자녀를 데리고 오세요. 그에게 무얼 말하고 싶은가요?

◈ 여기서 나는 그의 자녀에게도 같은 허용을 부여하기 위해서, 현재의 새로운 결단을 하도록 유도한다.

돈: 이런…… 이런……. (웃음)

밴: 당신이 어머니와 함께한 행동으로 보아, 당신의 자녀에게 뭐라고 말하고 싶은지 보기로 하죠.

돈: (자식에게) 으~음, 그러니까…… 너는 멋진 내 자식이란다. 너는 유쾌한 성격을 가진 사람이고…… 재미있고…… 따뜻함을 가지고 있어. 너를 틀에 맞추려고 해서 미안하단다. 그건 잘못된 거였어. (운다.) 하지만 너에겐 좋은 일이라고 믿어 왔단다. 아버지가 잘못했다. 너의 적극적인 점을 존경한단다. 네 성격은 정말 좋고, 너에게 학교가 따분했다는 걸 받아들이마. 네가 원하는 건 뭐든지 밀어 주마. 네가 행복해졌으면 하니까…….

밴: 이쪽으로 오세요. 자식이 되어 보세요.

돈: 그 녀석은 "오~성격이 좋은데요 아버지!!!" 라고 말하겠죠. (웃음)

밴: (아들이 된 돈을 향해) 그 밖에 아버지한테 할 말은 있니?

돈: (자식으로서) 으~음, 저번에 어머니한테 말했지만, 제가 조그마했을 때, 아버지는 아주 재미있는 사람이었어요. 지금도 같이 놀고 싶어요. (운다.)

◈ 완벽주의자의 가장 큰 문제 중 하나는, 완벽해지려고 하는 것이 사람과의 친밀한 관계를 방해한다는 점이다.

밴: 너와 함께 놀고 싶은지, 아버지한테 들어 보면 어떻겠니?

돈: (의자를 바꿔, 자기 자신으로서 반응한다.) 물론 그렇게 하고 싶어요.

밴: 멋지네요! 훌륭한 작업이었어요.

돈: 고마워요!

밴: 별 말씀을…… 당신은 어딘가의 댄스 교실에서 레슨을 받으면, 또 쫓겨나요! (웃음)

요 약

강박-신경증적 성격적응으로 세상에 적응을 해 온 사람은 말 잘 듣는 자식이어야만 했다. 완벽해야만 하고, 모든 것을 올바르게 해야만 한다고 배워 왔다. 그렇게 해야만 타인이 자신을 인정할 거라고 생각했다. 이들은 타인이 자기가 제대로 하고 있지 않는 것을 발견해서 그것을 지적하고, 수치와 굴욕을 주는 건 아닌지 두려워하면서 살아가고 있다. 이들은 충분히 문제 없는 삶을 살고 있으며, 완벽하지 않아도 된다는 것을 배울 필요가 있다. 몇 퍼센트 정도는 실패를 해도 괜찮고, 그렇게 해도 타인이 자신을 버리지 않는다는 것과 또한 잘못을 해도 괜찮다(OK)는 것을 배울 필요가 있다. 이런 종류의 자유와 개방을 체험해 봄으로써 이들은 일 중독자로 있는 것보다 오히려 안정감을 느끼며, 인생을 즐길 수 있게 된다.

돈의 작업은 이와 같은 과정을 잘 나타내고 있다. 그는 자신이 괜찮기(OK) 위해서는 완벽해야만 한다고 믿고 있었다. 바로 그곳에서 작업이 시작되었다. 하지만 그것을 바꿀 수가 없어서 우울한 상태에 빠진다. 열세 살 때와 같이 무언가 실수를 저질러서 망신을 당할 것 같은 결과가 생기는 것을 두려워하고 있었다.

진짜 문제는 어머니의 불안성함에 있었다. 돈은 이것이 자신의 문제가 아니고 자신은 단지 평범한 있는 그대로의 십 대 청소년이었다는 것을 깨달음으로써 있는 그대로의 자신으로도 괜찮다(OK)는 감각을 회복하였고, 자신과 자녀와의 시간을 즐길 수 있게 되었다.

Personality Adaptations

21

편집성 성격적응 유형 내담자: 안전한 세상

편집성 성격적응 유형 내담자, 즉 재기형 회의자는 예리한 사고의 소유자로 세세한 부분에 치밀한 주의를 기울인다. 모든 상황에서, 무엇이 일어나고 있는지를 주의 깊게 파헤치는 것을 좋아한다. 미묘한 부분을 탐지하기 위해 늘 안테나를 세우고 있다. 다른 사람들은 곧잘, 이들의 '임무를 끝까지 잘 처리하는' 재능을 존경한다.

이들의 사교방식은 혼자이거나, 소수 집단을 선호한다. 하지만 상황을 깊이 있게 파악하기 위해서 혼자 있는 시간이 많다. 그리고 타인이 먼저 말을 걸어오기를 기다린다. 이들은 탐구심을 가진 세심한 방법으로 초기 접촉을 취해 주기를 좋아한다.

편집성 성격적응 유형 내담자가 치료를 받으러 온다면, 그것은 너무나도 세밀한 일에 신경을 쓴 나머지 자신의 수용 능력을 넘어섰기 때문인 경우가 많다. 알고 지내는 누군가에게 질투를 한다거나, 부럽다는 생각을 품는다거나, 의심을 가지고 있을지도 모른다. 이들은 타인이 행동하는 의미에 대해서 끊임없이 생각하고 분석하려고 한다. 또한 타인은 이들을 포기하고 떠나기 때문에, 내담자는 이때 처음으로 인간관계를 '파괴로 몰고 갔다.'고 깨닫게 된다.

재기형 회의자가 치료를 통해 변화하면서 나타나는 모습은 무엇이 일어나고 있는지를 수상쩍은 눈빛으로 분석하여 모든 상황에 대처하기보다는 자신의 감정을 더욱 즐겁게 발산하는 것이다. 비록 천천히 점진적인 방식으로 이루어지겠지만, 어린이 자아상태 속에 계속 가지고 있었던 두려움과 상처에 대한 감정에 내담자가 재접촉을 시도하는 것이다. 내담자는 이러한 '감정'과 '사고'의 통합을 통해서, 단순히 자신이 옳다고 생각하기보다 자신의 수용 방법을 재고하기 시작할 것이다. 그리고 '행동'에 변화를 일으켜서 타인을 적절히 신뢰할 것이다. 재기형 회의자에게서 변화의 핵심은 '세상은 안전하다고 느끼는 것'이다.

편집성 성격적응 유형 내담자를 치료하는 데 핵심이 되는 주제

신뢰할 수 있는 일관된 안전한 환경을 만들고 천천히 신뢰관계를 쌓아 간다 재기형 회의자는 자신이 안전하다고 확신할 때까지 관계를 통제하려고 한다. 이들은 통제를 포기하여도, 자기 자신을 잃어버리는 일이 없다는 것을 배울 필요가 있다. 그렇게 함으로써 진정한 자율성을 획득할 수가 있기 때문이다.

타인과 상처를 주고받거나 광기에 휘둘리는 도피구를 닫도록 안내한다 이들은 타인이 자신에게 상처를 주는 존재가 아니라는 것을 경험할 필요가 있다. 그리고 자신 또한 상처받는 존재가 아니라는 것을 깨달을 필요가 있다. 또한 이들은 감정 자체가 광기로 돌변하는 것과 '감정'을 느껴도 괜찮다는 점이 다르다는 것을 배울 필요가 있다.

타인의 행동에 대한 자신의 추측을 검토하도록 안내한다 재기형 회의자는 때때로 자극을 잘못 받아들인다거나 또는 자신이 받아들인 것을 현실이라고 믿는 경향이 있다. 사실, 이것은 그들의 두려움으로 인해 생긴 것이다. 타인에 대해 무엇이 진실이며 무엇이 그렇지 않은지를 구분하기 위해서 자신의 인식을 검토할 필요가 있다.

자기 자신을 괴롭히지 않도록 돕는다 편집성 성격적응은 자신에 대해 비판적이며, 자신에게 많은 요구를 한다. 자신이나 타인에게 문제가 있다고 독단적으로 결정 내리고, 자신의 '어린이 자아상태'를 '배제'하려고 한다. 그래서 '어린이 자아상태'가 활성화되어 있지 못하다. 스스로 자신을 받아들이는 것을 배우고, 양육적이고 지지적이 되어 '어린이 자아상태'가 자유로워질 수 있도록 해야만 한다.

두려운 감정을 처리하는 방법을 배운다 편집성 성격적응이 우선 해결해야만 하는 감정은 '두려움'이다. 이들이 두려움을 느꼈을 때는 자신 속에 있는 두려움이 아니라, 타인 속의 두려움을 볼 때다. 자신 속에 있는 두려움을 느끼기 위해서는 타인과의 신뢰관계를 높일 필요가 있다. 자신 속에 있는 두려움을 인정하고 이에 지지를 받으며 아동기 때 얻을 수 없었던 필요한 보호를 경험할 수 있다면, 이들은 긴장을 풀고 느긋해질 수 있으며 과도한 통제에서 벗어날 수 있을 것이다.

최초의 디스카운트

재기형 회의자는 '어버이 자아상태'에서 계약을 하는 경향이 있다(어떤 사람은 자기 자신을 비판하는 내적인 목소리에 따라 계약을 한다.). 예를 들면, '왜' 이러저러한 것을 하는지에 대해 알고 싶어 한다. 그 이유를 알 수 있다면, 자동적으로 변화할 수 있을 것으로 생각하고 있기 때문이다. 원인을 안다는 것과 변화한다는 것은 서로 다른 두 가지 사항이라는 것을 이해할 필요가 있다.

또한 이들은 무엇 무엇이 '되게 하고 싶다.'고 하지만, 되지 않거나 무엇인가를 하는 것에 대해서만 이야기한다. 이들은 할 수 없지만, 무언가 '할 수 있기를 원하는' 것에 대하여 이야기한다. 하지만 이들은 이미 '할 수 있는 능력'이 있음에도 불구하고, 안전하다는 감각을 느끼지 못하기 때문에 '기꺼이 하겠다'고 나서지 않는다는 것을 깨달을 필요가 있다.

때때로, 이들은 어떤 종류의 감정이나 행동을 '제거하기'를 원한다고 이야기한다. 하지만 그러한 시도는 '어린이 자아상태'에게 더 큰 위협이 될 수 있다. 오히려 '어린이 자아상태'의 욕구를 만족시킴에 따라, 이러한 감정이나 행동을 해결하는 것이 가능하게 된다.

상처와 두려움에 대한 취약한 감정을 감추기 위하여 이들은 '분노'를 사용한다. 이들에게서 중요한 핵심은 타인과 더불어 친밀하고 즐겁게 지내기 위해서 내적으로든 외적으로든 자신이 안전하다는 사실을 받아들이는 것이다.

치료 축어록: 로즈

로즈(Rose)는 나흘 동안의 치료 워크숍에 참가하였다. 그녀는 남자와 세상은 믿을 수가 없다고 호소하였다. 그녀와 나와의 치료 계약은 '주변이 안전하고 적절하다면, 신뢰한다.'는 것이었다.

밴: 당신의 무엇을 변화시키고 싶어요?

로즈: 제가 하고 싶은 건…… 이 필터를 벗어 버리고 싶어요. 저는 남자를 좀 더 믿고 싶어요. 저는 더욱 믿을 수 있는 사람이 되고 싶어요. 남자뿐만 아니라, 세상 전체에 대해서도요. 하지만 이 부분은 노력이 더 필요해서…… 그러니까…… 믿을 수 있었으면 해요. 좀 더 말이죠. 하지만 저는 여러 가지 편견이 없어지질 않아서……. (웃음)

◈ 처음부터 로즈는 '믿는다 또는 믿지 않는다.'라는 언어를 사용하여 문제로 직접 향하고 있다. 이것은 편집성 성격적응에서 변화가 요구되는 중요한 주제다. 하지만 동시에 그녀는 자신의 변화하는 능력이나 신용하는 능력을 '디스카운트'하고 있다. 그녀는 편집성 성격적응의 전형적인 '개방된 함정'을 사용하여 '디스카운트'하고 있다. 즉, '무엇 무엇을 한다.'고 말하는 대신에, '무엇 무엇을 할 수 있게 되고 싶다.'고 말하는 것이다. 나는 이 점에 직면한다.

밴: 당신은 처음에 "이런 걸 할 수 있게 되고 싶다."라고 말했지만, 저는 이건 능력의 문제가 아니라, '할까? 하지 말까?'하는 본인의 선택문제라고 생각해요. 또한 믿을 수 없다고 결정한 데에는 나름대로의 이유가 있었다고 생각해요.

로즈: 예.

밴: 그럼, 지금의 상황은 안전하다고 믿고 싶은 건지…… 그리고 또 믿을 수 없는 사람들

이나 그런 상황을 구별하는 자신의 능력을 사용하고 싶은 건지……. 즉, 믿고 싶다는 것은 껐다 켰다 할 수 있는 것이 아니라고 저는 생각해요. 신뢰란 일관성을 가지고 어느 정도의 시간을 넘기며 노력해서 이룩된 어떤 것이니까요.

로즈: 음…… 네, 그러네요. 그러니까 선생님이 지금 말한 걸 하고 싶어요. (웃음)

◈ 로즈의 언어 선택과 그에 따른 웃음으로 보아, 나는 그녀가 아마도 '어린이 자아상태'에서 나에게 과잉반응을 하고 있는 것으로 판단하였다. 이것은 편집성 성격적응의 '두려움'에서 기인하는 것이다. 즉, 자신이 익숙하게 느끼는 어떤 것에서 너무 멀어져 버리면, 어떠한 형태로든 상처받을 두려움이 있다는 뜻이다. 나는 책임을 그녀에게 돌리도록 반응한다.

벤: 자신의 말로 이야기하면 어떨까요?

로즈: 좋아요. 제 말로요. 만일 믿어도 괜찮으면, 음…… 신용해야만 할 때는 믿고 싶어요. 그리고 믿지 않는 편이 좋을 때는 믿지 않아요. 제 말로 하자면 이렇게 되네요.

벤: 좋아요. 그럼 당신이 가진 분별하는 능력을 믿는다는 거죠?

◈ 로즈가 말하는 진정한 신뢰란, 자신의 안전을 지킬 수 있기 위하여 자기 자신을 믿는 것이라고 확인한다.

로즈: 으~음, 그렇죠.

벤: 당신의 주머니에 그걸 넣어 두고 싶은가요? (그녀는 마이크의 콘덴서를 만지작거리고 있다.) 내가 왜 그걸 말하냐 하면, 그렇게 가지고 노는 게 자기 파괴로 연결되기 때문이에요.

로즈: 으~음, 예.

벤: 그리고 당신이 앉아 있는 자세인데…… 다리를 꼬고 계시네요.

로즈: (자세를 고친다.) 예, 예.

◈ 때때로 다리를 꼬고 앉는다는 것은 내담자가 자신의 일부분을 숨기고, 방어하거나 억압하고 있음을 나타낸다. 그 점을 이야기하자마자 그녀는 바로 과잉반응을 한다.

그리고 앉아 있는 자세를 바꾼다. 비판받을지도 모르는 것을 바로 없애 버리는 것이다. 다시, 나는 그녀의 과잉반응과 직면한다.

벤: 나는, 당신이 하고 싶지 않은 변화를 해 주길 바라진 않아요. 다리를 꼬고 앉으면 어떤 기분인지 생각해 보는 것이 도움이 될 것 같아요.

로즈: 예, 그러네요. (원래대로 다리를 꼬고) 어떻게 느끼나 하면…… 마음 편함? 그리고 내부에서 조금 긴장이 풀리는 것 같이 느껴요. 제 밑에 있는 다리 하나로 제 몸은 안전하고 긴장이 풀린 느낌을 받아요. 그리고 양 다리를 모으면, (아래에 있던 한쪽 발도 모으며) 좀 더 편한 느낌이 들어요. 이게 제 방식이라고 생각해요. 이렇게 앉아 있는 편이 편해요. 하지만…… 사실은 마음이 조금 불편하네요. (오른쪽 다리를 밑으로 해서 꼰다.)

벤: 혹시, 당신이 자신의 왼쪽 다리라면…… 그리고 다리로 말을 할 수 있다면, 뭐라고 말하겠어요?

로즈: 여긴 느낌이 좋아요.

벤: "나는 좋은 느낌을 받고 있어요."

로즈: 저는 안전하다고 느끼고 있고, 좋은 느낌이에요. 저는 보호되고 있다는 느낌이 들어요. 그래요, 저는 느껴요. 음…… 뭔가 보호받고 있다는…… 당신 밑에 이렇게 앉아 있으면, 보호받고 있다고 느껴요. 이 밑에서…….

◈ 이 자세가 의미하는 것은 그녀가 자신의 감정을 숨기고 있다는 점에 대해 말할 때 좀 더 명확해질 것이다. 그녀는 아동기 때 침대 밑에 숨어 있었다. 나는 여기서 로즈에게 일반화하지 않도록 유도한다(일반화는 편집성 성격적응이 곧잘 사용하는 방어방법이다.). 그리고 무언가 구체적인 상황에 대해서 질문한다. 이것은 편집성 성격적응 유형 '표적문' 인 '감정' 으로 이행하는 것을 돕는다.

벤: 좋아요. 최근의 일 중에…… 당신이 믿고 싶었던 일이 있나요? 당신은 남자를 믿기 어려워하는 것 같은데요. 남성이나 아니면 다른 것…… 아무것이나 좋아요.

로즈: 음, 그러니까…… 직장에 있는 제 상사인데, 거기서 일한 지 약 5개월이 되었는데…… 음…… 저는 그 상사가 괜찮다고 생각해요. 저는 음…… 때때로, 저는…… 그

러니까…… 그에게 어떤 감정을 품고 있는지 말하지 않았어요. 그래, 음…… 그는 저에게 감사하고 있다는 말을 많이 해 줘요. 저 역시 그에게 감사하고 있다고 생각한다든지, 때때로 그럴 일은 없다고 생각하곤 해요. 혹시 그가 나를 유혹하려는 것은 아닌지도 생각해요. 하지만 그는 단순히 저에게 똑바로 일하라고 말할 뿐이라고 생각해요. 그러니까, 제가 해야만 하는 일들을 스스로 판단해서 하라고 말하고 있을 뿐인 거죠. 저는 그가 말하는 걸, 때때로 믿을 수가 없어요.

◈ 이것은 편집성 성격적응의 전형적인 '의심'의 예다. 상처받기 쉬운 마음을 방어하기 위해서 사람과의 거리를 두는 이유로 사용된다.

밴: 그러니까 당신은 그렇게 앉아 있거나, 숨는다거나, 틀어박히거나, 대체로 그런 행동을 하는데…… 그때, 어떤 감정을 잘 느끼나요?

로즈: 예, 이 워크숍에 왔을 때나, 하고 싶은 일에 대한 교육을 받으려고 할 때, 그는 비용이 든다고 말해요. 그러니까 독학해야만 한다고 말하죠. 제가 하고 싶은 일들이 항상 깎아 내려지는 것처럼 느껴져요. 능력이라든지…… 배우려고 할 때에 말이에요.

밴: 그럼, 혹시 당신이 정말로 말하고 싶은 걸 말한다면……, 자신을 위해 말한다면……, 어떤 말을 하고 싶은가요? 바닥에 양쪽 다리를 붙여 보세요. 그 자세에서 당신은 뭐라고 말할 건가요?

◈ 이것은 성숙한 인간으로서—문자 그대로 '똑바로 서서'—자신의 힘을 느끼도록 하기 위함이다.

로즈: 예, 꼭 이렇게 말할지도 모르겠네요. 프레드(직장 상사), 나는 내가 하고 싶은 게 뭔지 알고 있어요. 지금 받고 있는 교육은 정말 좋은 거라고 생각해요. 게다가, 전…… 음…… 당신에게서 "비용이 드는 건 알고 있겠지? 그런 녀석들은 착취할지도 모른다고……." 하는 소리를 듣는 게 싫어요. 저는 당신이 저를 깎아내리고 있다고 느껴요. 게다가, 음…… 그런 소리는 듣고 싶지 않아요. 다만, 가도 '괜찮은지' '안 되는지' 만을 듣고 싶어요. 하지만 다른 잔소리는 듣고 싶지 않아요.

밴: 그렇군요. 그렇게 말하면서 어떤 걸 느끼죠?

로즈: 으~음, 지금 여기서…… 지금, 그렇게 말해서 기분이 좋아요.

밴: 그래요. ……그렇죠. 내 감으로는, 당신 인생의 어느 시점에서 그런 입장을 취해서 위험했던 적이 있는 것 같은데……?

로즈: 예, 그러네요. 예, 있었어요.

밴: 장본인은 누구죠?

◈ '지금-여기'에서의 변화를 로즈에게 명확하게 하기 위해서, 아동기 때 위험을 느끼고 했던 상대가 누구인지를 찾는다.

로즈: 아아, 그러네요, 아버지…… 그래, 아마도…… 제 아버지…… 제가 예전에, 저는 아버지 입장이었어요.

밴: 무슨 일이 있었죠?

로즈: 아아, 그러니까…… 전, 아버지를 때려눕혔어요. 정확히 말하자면, 그가 먼저 저를 때려눕히려 했어요. 그리고 전 벨트를 쥐고 아버지를 뒤쫓았어요.

밴: 그럼, 아버지 편에 서 있는 건…… 아버지를 때려눕힌다는 뜻인가요?

로즈: 실제로는 그렇다고 할 수 있죠.

밴: 그럼, 그의 편에 서지 않든지 혹은 그를 때려눕히든지, 둘 중의 하나겠군요.

◈ 나는 편집성 성격적응의 '어린이 자아상태'의 신념인 '나는 완벽히 통제를 하든지 아니면 완벽히 통제를 못하든지, 둘 중의 하나다.'라고 하는 양자택일적인 사고를 명확히 인식하도록 시도하고 있다.

로즈: 예, 그러네요. 예…….

밴: 그럼…… 이것들이 선택이라면, 어떤 때는 그의 입장에 서 있는 것이 그다지 좋지 않네요. 왜냐하면…….

로즈: 혹은 도망가든지……. 음, 예…… 그래요.

밴: 몇 살이었죠? 당신과 아버지 사이에 그런 일이 일어난 때가…… 당신이 도망치든지 아니면 아버지를 해치우든지 하는…… 선택을 해야만 한다고 느낀 때 말이에요.

로즈: 음, 그러네요. 음…… 대체로 아홉 살 정도. 그리고 저는…… 음…… 곧잘 침대 밑에

숨어 있곤 했어요.

밴: 그럼, 잠깐 아홉 살인 로즈가 되어 보세요. (잠시 사이를 두고) 어디에 있지요? 무슨 일이 일어났나요? 당신은 곧잘 침대 밑에 숨어 있었다고 말했는데…… 그 밖에는?

◈ 나는 그녀의 '감정'이 '표적문'이기 때문에, 그녀의 감정에 접하기 쉽도록 그녀가 그 장면을 다시 경험하도록 유도한다. 그리고 그녀가 자신을 보호하기 위하여 내린 '조기결단'을 이해하고자 접근한다.

로즈: 아버지가 일에서 돌아오는 다섯 시 정도에 저는 침대 밑에 숨어 있어요. 근데, 어머니가 그날 제가 한 잘못을 전부 아버지한테 말하는 거예요. 게다가 어머니는 이미 직장에 계신 아버지에게 전화를 해서 저의 잘못을 다 말한 상태예요. 그래서 아버지는 집에 돌아왔을 때는 이미 화가 나 있었고, 그래서 아버지는…… 아버지와 어머니가 말다툼 하고 있는 게 들려요. 거실에서요. ……어머니가 말하고 있어요. "정말 저 아이는 점심때 돌아오지도 않고, 무슨 짓을 하는지 모르겠어요. 정말이지 지긋지긋해요. 집안일은 하나도 하지 않고 있어요."라고요. 그러면 아버지는 "그건 아까 전화로 말했던 거잖아. 근데…… 어디 있어? 그 애는?" 하고 말해요. 저는 제 방에서…… 침대 밑에 숨어 있었죠. 전 기다리고 있어요. 왜냐하면, 아버지가 어머니에게 시끄럽다고 말하든지…… 그렇게까지 말하지 않더라도 저를 내버려 두든지…… 그리곤 어머니가 조용해져서…… 그게 아니면 어머니는 계속 소리를 치고…… 아버지는 결국 제 방에 와서 침대에서 저를 끌어내리려고 하고 침대를 뒤집어서…… 저는 침대에 꼭 들러붙어서…….

밴: 똑똑한 아이였네요.

◈ 나는 그녀의 '조기결단' 뒤에 있는 긍정적인 의도를 평가한다. 그것은 어린이로서 자신을 지키는 하나의 방법이었다. 다음의 개입에서는 자신의 안전을 지키기 위해서 지금-여기에서 자신을 얼마나 믿고 있는지를 경험하게 하고, 현재의 어른으로서 어떻게 자신을 지킬지에 대한 새로운 결단을 하도록 돕는다.

로즈: 예, 음…… 뭐, 그리고, 그래서…….

밴: 당신은 이 장면을 어떤 식으로 이해하고 있어요?

로즈: 으~음, 아마도, 그러니까…… 그거예요. 저한테 좋은 건…… 이 침대에 있는 편이 좋아요. 나를 지키는 편이 좋아요. 왜냐하면 아버지는 저를 죽일지도 모르잖아요. 정말로 아버지가 감정을 통제하지 못해서…… 그는…… 그러니까…… 아버지는 저를 죽일지도 몰라요. 왜냐하면 아버지는 때때로 감정을 자제하지 못해요.

◈ 로즈의 이러한 경험은 부모가 취하는 행동을 예측하지 못할 때, 자녀가 자신을 지키기 위해 시도하는 하나의 방법으로 편집성 성격적응의 좋은 예다.

밴: 예, 그렇군요. 아버지는 당신에게 한 것처럼 다른 사람에게도 폭력을 휘둘렀나요?

로즈: 예, 으~음…… 그렇다고 생각해요. 그렇죠. 필시…… 때때로 아버지는 어머니를 때린다든지, 언젠가 어머니가 의자에 앉으려고 할 때 그 의자를 잡아당긴다든지, 그런 행동을 했어요.

밴: 아버지는 술을 마시나요?

로즈: 예, 아버지는 알코올 중독자예요.

밴: 그러니까, 아버지는 자신의 역할을 못했을 때가 많았었군요.

로즈: 말씀대로예요.

밴: 아버지는 알코올로 자신을 파괴시켰었군요.

로즈: 그래요. ……혹은 심하게 화를 내곤 했죠. 아버지는 화가 나서, 분통을 터뜨리는 경우가 많았어요. 그러니까…… 저는 알고 있어요. 그 느낌…… 저는 알아요. 그러니까…… 이런 게 아버지에게 일어나고 있었다는 걸…….

◈ 로즈의 말에서 "이런 게 ……일어나고 있었다는 걸……."은 '강하라' 드라이버로부터 나온 말이다. 거기에 나는 직면한다. 세상의 모든 일이란 단순히 발생하는 것이 아니라, 사람은 선택할 수 있다는 사실이다.

밴: 그건 그가 한 일에요. 단순히 일어난 일이 아니에요. 그는 그 행동을 선택했어요.

로즈: 음…… 예, 그래서…….

밴: 그리고, 그가…… 그는 당신을 죽일 수 없어요. 왜냐하면 그가 당신을 죽이려고 해

도…… 혹시, 사태가 심하게 나빠졌다면?

로즈: 예, 아마도…… 방에서 나올 수 있어요. 아마도 집에서도 나올 수 있었을 거예요. 아마도…… 저는 도망갈 수 있었을 거예요. 전…… 정말로 어딘지 딴 곳으로 가고 싶었어요. 다른 가족이 있는 곳으로 말이지요. 저는 다른 집으로 가고 싶었다고요.

밴: 그렇게 생각하는 것도 무리는 아니네요. (집단 구성원이 "정말 그러네."라고 말한다.)

로즈: 그리고 예…… 거기에서 나가려고 했어요.

밴: 예…… 예.

로즈: 하지만 나가지는 않았어요. 저는…… 밖으로 나가지 않았어요. 그러니까 아버지는 저를 잡아서 때렸어요. 벨트로 때려요. 음…… 심하게…… 아주 심하게 말이에요. 아주 심하게…… 드라마나 영화 속의 장면처럼요.

밴: 당신은 학대받고 있었군요.

로즈: 예, 하지만…… 저는 어머니와 함께 있기보다는 아버지와 함께 있고 싶었어요. 아버지는 세상을 즐기기는 했거든요. 어머니는 언제나 어두웠어요. 전…… 아버지와 함께 있는 게 좋았어요. 아버지는 저를 이곳저곳으로 데려가 줬어요.

◈ 이것은 어린이가 무시당하는 것보다도 학대받는 위험성을 선택하는 좋은 예다.

밴: 아버지는 평소에 재미있는 사람이었군요.

◈ 다시 한 번, 편집성 성격적응자의 부모의 양육태도가 '일관되지 않다.'는 좋은 예를 보여 주고 있다.

로즈: 예. (아주 슬픈 듯이)

밴: 정말 뒤죽박죽이군요.

로즈: 그는, 음…… 아버지는 지금은 돌아가셔서 안 계시지만…… 그런데, 음……. (그녀는 숨을 들이쉰다.)

밴: 감정이 복받치는 건 알겠어요. 그리고 계속하고 싶은 거죠. 게다가 감정을 참으려고 하는 것처럼 보이는데요.

◈ 여기서 다시 한 번, 나는 로즈의 '강하라' 드라이버 행동에 직면한다. 편집성 성격적응의 '강하라' 드라이버는 '어린이 자아상태'의 '배제'를 이끈다. 그래서 그녀는 거기 있는 것에 불안을 느끼게 된다.

로즈: 예. 음…….

밴: 당신이 느끼고 있는 걸 말로 해 보세요.

로즈: 으~음, 아버지를 떠올리면……, 즉…… 그는…… 그러니까…… 그는…… 생각해 보면, 필시 아버지는 저를 때리고 싶지 않았던 때가 있었다고 생각해요. 즉, 때때로 아버지가 그러고 싶어서 그렇게 한다고는 생각되지 않았어요. 아버지는 어머니가 말하지 못하게 하고 싶어서, 그렇게 했다고 생각해요. 음…… 그러니까…… 아버지는 때렸지만…… 가끔 여기저기에 저를 데려가곤 했고, 그는…… 음……그러니까…… 때때로 뭔가 사 주기도 했고, 그리고…….

◈ 아버지에게 직접적으로 말을 해 봄으로써 그녀의 감정을 직면하게 한다. 이것이 또 하나의 방법이다.

밴: (아버지 역할용 빈 의자를 당겨온다.) 잠깐, 아버지에게 당신이 느끼고 있는 걸 말해 보세요.

로즈: (한숨) 예, 그다지 아버지 생각은 하지 않아요. 아빠, 근데 전 뭘 생각해야 할지 잘 모르겠어요.

밴: 자기 자신을…… 음…… 아홉 살이라고 했나요?

로즈: 아홉 살…… .

밴: 아홉 살이 되어 보세요. 그리고 아홉 살 때의 아버지를 보세요.

◈ 편집성 성격적응인 사람이 대처해야만 하는 가장 중요한 감정은 '두려움'이다. 로즈는 이와 같은 것을 체험할 필요가 있다. 즉, 현재의 자신이라면 그러한 두려움을 배제하는(어린이 자아상태의 일부분을 배제) 대신, 지지와 보호를 요구할 수 있을 것이다. 지금이라면 필요한 지원이나 보호를 받을 수 있는 힘이 있기 때문이다. 그녀가 현재의 자기 힘을 배제해 버리면, '어린이 자아상태'는 두려운 반응을 하게 된다. 그

렇게 되면 안전하다는 감정이나 신뢰감을 느끼지 못하게 된다.

로즈: 예, 아빠, 무서워요. 왜냐하면…… 아버지가 화가 났을 때는 너무 무서워요. 저를 침대에서 끌어내려고 하고 있을 때…… 아버지는 크고, 큰 남자고…… 벨트를 손에 들고 있고…… 아버지의 눈은 커서…… 그 눈은 어떻든 제겐 크게 보여요. 게다가, 아버지는 화를 내고 있고, 저를 죽이려는 것처럼 보여요. 죽이려고 언제나 생각하고 있었던 건 아닐지 모르겠지만, 그러니까…… 하지만, 저한테는 상당히 무서운 일이에요. 그러니까…… 저는 작고…… 게다가 아버지는 크고…… 그러니까…… 아버지가 저를 때릴 때, (울기 시작한다.) 아버지한테는 그게 얼마나 아픈 건지 알고 있을 거라고는 생각하지 않지만, 게다가 아버지가 때릴 때 얼마나 심하게 때리는지 알지 못할 거라고 생각하지만요. 저를 때릴 때, 아버지는 배려라고는 눈곱만치도 없다고 생각돼요. 음…… 제 몸에 폭력을 휘두르고 있잖아요. 전 무서워요. 아버지에게서 도망치고 싶어요. 그만둬요. 미친 남자처럼…… 저를 집 안에서 쫓아다니지 않았으면 좋겠어요. 당신과 관련된 기억은 이것뿐이에요. 미친 남자라는 게 아버지의 이미지예요. 그리고 …… 이것도 아버지에게 말하고 싶어요. 얼굴은 때리지 말았으면 해요. (때리는 몸짓을 한다.) 뭐가 일어나고 있는지 저는 알 수 없어요. 좋아하지 않아요. 이런 거 말이에요. 아프고…… 쇼크받고…… 게다가, 알잖아요. 아버지…… 조금은 기분을 통제해 봐요. 기분을 자제해요.

밴: 그러니까, 나는 두려움을 느끼고 있고 도망다닌다. 아버지가 자신의 기분을 통제할 때까지는…….

◈ 나는 그녀의 '조기결단'을 명확히 한다. 아버지가 그 자신을 통제하는 것밖에는 해결책이 없다고 생각할 때, 도망친다는 방법은 그녀 자신을 지키기 위한 최초 결단이었다. 그 결단을 경험하도록 지지한다. 하지만 현재 그녀가 가지고 있는 해결책은, 그것은 어린 시절에는 가지지 못했던 것이지만, 그녀 자신을 도망치게 하는 것이 아니라 그녀 자신을 어른답게 지키는 것이다.

로즈: 저는…… 음, 저는 계속해요. 저는 계속 도망갈 거예요. 아버지가 이성을 되찾는 방법을 찾을 때까지 집에서 도망치는 길을 계속 찾을 거예요. 그래요, 저는…… 저

는…… 음…… 으~음, 그러니까…… 혹시 아버지가 계속 이러면, 되받아칠 거예요. 전, 경찰을 부를 거예요. 한 번 부른 적이 있어요. 전, 경찰을 불렀고, 음, 그래요…… 전…… 더 이상 이런 일을 저한테 경험하게 하지 않을 거예요.

벤: 그리고 사태가 심각해지면…….

로즈: 음…… 혹시 사태가 심각해지면…… 아마도 경찰은 아버지를 교도소에 넣겠죠. 또는 전…… 아버지한테 상처를 주겠죠. 전, 아버지한테 상처 주고 싶지 않았어요. 하지만 사태가 심각해지면, 전…… 아버지를 죽일 것 같다는 생각이 들어요. 아버지를 뒤쫓아서…….

벤: 그러면 아홉 살 때, 죽이든가 살해당할 거라는 궁극적인 공포를 느꼈나 보군요.

로즈: 그래요…… 게다가, 음…… 제 감정을 꾹 누르는 게 있어요. 그래요…… 제 감정에서 멀어지고 있는 것처럼 느껴요. 저는 내보이고 싶은데, 감정을 내보일 수 없어요.

◈ 다시, 그녀는 그녀 자신을 지키기 위해서 '어린이 자아상태'를 '배제'하려고 한다. 그녀는 편집성 성격적응이 잘 사용하는 '하고 싶다' 또는 '할 수 있다'는 함정문을 쓴다. 나는 그녀에게 자율적인 언어의 사용법을 제안한다.

벤: 난 하지 않아.

로즈: 난 하지 않아.

벤: 저는 제가 어떤 감정을 가지고 있는지, 아버지한테는 알려 주지 않을 거예요. 왜냐하면…….

로즈: 으~음, 저는 아버지한테 제가 어떤 감정을 가지고 있는지 알려 주지 않을 거예요. 뭐랄까…… 공포라든지, 그러니까…… 아마도, 아버지는 필시…… 그것을 알고 있다면, 제가 두려워하고 있다는 걸…… 그리고 아버지는…… 모르겠어요, 그리고 아버지가 알아 버렸다면, 아버지는…… 저를 이용하려고 할 거예요. 그래서 전…… 아버지에게 알려 주지 않을 거예요.

◈ 아버지에게 직접 말하는 것을 통해 조기결단이 확실해지며, 자신의 힘을 되찾는다. 그리고 현재의 새로운 결단을 촉진한다.

밴: 혹시, 아버지가 유리한 입장에 서 있으면, 그는 어떻게 할 거라고 생각해요?

로즈: 모르겠어요. 제가 다음에 할 일을 알고 있을지도 몰라요. 그는 도피구를 닫았을지 몰라요. 그럴지도……. 아시겠지요, 그럴지도 모르겠네요. 혹시, 아버지가 저를 더 잘 알고 있다면, 제가 다음에 무엇을 할지 알고 있었다면, 그리고…… 도망칠 수 없게 돼요. 알 수 없어요. 아버지가 정말로…… 어떻든…… 제가 두려워하고 있었다는 것을 아버지가 모른다는 게 믿어지지 않아요. 즉, 아버지가 어떻게 이런 일을 할 수 있었는지 이해할 수 없어요. 제가 무서워하고 있었다는 걸 모른다니…… 믿을 수 없어요.

밴: 그럼, 당신이 무서워하고 있었던 것을 알고 있었는지 몰랐는지 아버지에게 물어보세요.

로즈: 예, 전 작고…… 아버지는…… 그러니까…… 아버지는 저를 때리고 있어요. 제가 무서워할 거라는 걸 알아차리지 못해요. 그러니까…… 작은 아이가 무서워하고 있다는 생각이 없었나요?

밴: 이쪽으로 와서, 아버지가 되어 보세요.

로즈: (아버지로서) 음…….

밴: 아홉 살인 로즈가 거기에 있는 것을 보세요. 당신은 그녀가 무서워하고 있다는 걸 알고 있었나요? 로즈는 그것을 알고 싶어 해요.

로즈: (아버지로서) 음…… 아마도 그녀는 무서워하고 있었겠죠. 하지만 뭐냐. ……저는 그다지 신경을 쓰지 않았어요. 또 제 딸이 무서워하고 있다고 생각할 수 없었죠.

◈ 아버지도 같은 함정문인 '할 수 없다'는 말을 사용하고 있다. 여기에서 로즈는 배운다.

밴: 생각하지 않아.

로즈: (아버지로서) 전 그녀가 무서워하고 있다고는 생각하지 않아요.

밴: 왜 그렇죠?

로즈: (아버지로서) 왜냐하면, 전…… 아마, 어린이가 무서워하고 있는 걸 보면, 그러면…… 아마도 저는 제가 하고 있는 일이 나쁘다는 느낌을 받을 테니까…… 혹은, 제가 하고 있는 일 때문에 두려움에 떨고 있을 테니까…… 제가 하고 있는 일에 죄책감

을 느끼기 때문이겠죠.

밴: 그럼, 딸에게 말하세요. 내가 싫어할까 봐 너는 내게 너의 감정을 보이고 싶지 않았던 거구나…….

로즈: (아버지로서) 내가 싫어할까 봐 너는…… 나는 네가 어떤 걸 느끼고 있는지 따윈, 어떻든 간에…… 보고 싶지 않아. 난 정말로 싫다…… 네가 무엇을 느끼고 있는지 따윈, 전혀 신경 쓰지 않아.

밴: 난 신경 쓰지 않아.

로즈: (아버지로서) 난 신경 쓰지 않아.

밴: 당신은 딸을 죽일 셈인가요?

로즈: (아버지로서) 음…… 음…… 혹시, 내가 한계까지 간다면…… 그렇게 할지도…….

밴: 당신은 한계까지 가려고 하나요?

로즈: (아버지로서) (잠시 사이를 두고) 으~음…… 그렇게는 생각하지 않아.

밴: 그렇게는 생각하지 않는다? 거기까지 가지는 않겠다는 건가요? 죽일 때까진……?

로즈: (아버지로서) 음…… 혹시, 내가 취해 있었다고 해도…… 그녀를 죽일 거라고는 생각하지 않아.

밴: 역시…….

로즈: (아버지로서) 혹시 취해 있었다면…… 난 딸을 죽일지도 몰라. 왜냐하면 자기가 하고 있는 짓을 스스로 알고 있지 못하면…… 그렇게 할지도 몰라.

밴: 당신에게 평소의 판단력이 없었다면?

로즈: (아버지로서) 때때로, 딸을 보면 화가 나려 해.

밴: 그건 따님? 아니면 부인인가요?

로즈: (아버지로서) 그래, 아내도 그렇지. (웃음)

밴: 아무래도, 당신이 자신의 부인한테 화가 나려고 할 때, 딸에게 화풀이를 하고 있는 것 같네요.

로즈: (아버지로서) 음…… 그래.

밴: 아무래도, 부인이 당신을 그렇게 만드는 것 같네요.

로즈: 그래.

밴: 뭔가 그 밖에, 이 일과 관련해서 로즈한테 하고 싶은 말은 없나요?

로즈: (아버지로서) 으~음…… 난 딸에게 이렇게 말해 주고 싶어. 네가 작고 착한 아이라면, 그…… 내가 딸에게 곧잘 말해 주던 것, 네가 작고 착한 아이라면…… 어머니를 화나지 않게 해야지라고……. 그렇게 하면, 난 아내의 시시한 말들을 듣지 않아도 돼.

◈ 로즈는 부모의 관계에 휘말려 기능이 상실된 '삼각관계'에 빠져 있던 것이다. 딸은 부모의 보살핌을 받기보다 부모를 보살펴야만 했다.

로즈: (아버지로서) 그렇지. 맞아. 난 마누라의 불만을 들을 필요가 없어. (웃음) 그리고, 으으~음…… 그렇지, 그러니까…… 난 딸에게 작고 착한 아이가 되라고 말했어. 하지만 딸이 어머니 편에 있어야만 한다고 하면, 착한 아이로 있기는 정말 힘들 거야. 아주 어려운 일이라고 생각해. (웃음)

밴: 그리고, 난 네 어머니와 정면으로 부딪히는 걸 두려워하고 있어. 그러니까, 너한테 화풀이하는 거야. 그녀에게 이렇게 말하세요. 누군가에게 화를 낸다는 건, 사실은 내가 정말로 화가 난 상대에게 화를 내는 것이 아니라, 다른 누군가에게 화를 내고 있다고…….

◈ 현재, 그녀가 안고 있는 문제는 부모로 인한 것이라는 것을 알 수 있다. 여기서 나는 아버지의 모델을 명확히 하려고 한다. 아버지의 발언을 토대로 맥닐(McNeel, 1976)의 '하이터너(hightener)' 개입을 사용한다. 그 목적은 내담자의 각본에 기초한 상황이 얼마나 마음을 불편하게 하는지를 깨닫게 하는 것이다. 그 개입은 (일시적으로) 그녀가 그 상황을 거부하도록 도와주기 위하여, 그 불편한 마음을 고양시키도록 계획되어 있다.

로즈: (아버지로서) 정말이야. 잘못되어 있어, 올바른 일은 아니지만…….

밴: 이 모습은 아버지가 직접 보인 모습이에요.

로즈: (자기 자신으로서) 음…… 예.

밴: 자, 현재의 자신으로 돌아오세요. 지금, 무엇을 느끼나요? 누군가에게 화를 내고 싶으면, 당신의 진정한 감정을 직접 나타내는 것이 아니라, 또 다른 누군가에게 전가시킨다는 것을 말이지요.

로즈: 저는 그들과 이야기해요. 제가 싫어하는 것, 제가 하고 싶지 않은 것에 대해…… 음, 내 느낌은 말이죠. 저는 할 수 있게 되었으면 하는 느낌이에요. "난 그게 싫어."라고 말할 수 있게 되길 원해요.

밴: 예.

로즈: 전…… 전 화를 내고 있어요. 뭐냐면…… 제 자신에게 화가 나 있어요. 죽어 버리고 싶은 느낌이랄까? 그리고…….

밴: 당신은 자신이 그렇게 할 능력이 있다고 생각하나요?

로즈: 저에게는 능력이…… 저에게는 능력이 있다고 알고 있었어요.

밴: 취해 있는 사람, 자신의 일에 책임질 수 없는 사람 그리고 당신을 죽일지도 모르는 사람 앞에서 그렇게 하지 않은 건 매우 현명한 거예요.

◈ 여기서는 아동기의 경험과 현재를 구분할 수 있도록 돕고 있다. 다시, 아동기 때의 결단 뒤에는 긍정적인 의도가 있었다는 것을 강조하고 있다.

로즈: 말씀대로네요……. 말씀대로예요……. 그건 좋은 생각이었어요.

밴: 그래서 술꾼이나 무책임한 사람을 믿지 않은 것에는 다 이유가 있었네요. 자기 자신을 지킨다는 의미에서 중요한 일이지요.

로즈: 예, 그렇죠.

밴: 현시점에서, 아버지나 또는 다른 누구라도 당신을 죽이고, 학대할 것 같은 일에 대해 용서를 할 수 있나요?

로즈: 전…… 정직해져야 하는데…… 전 '아니요.'라고 말할 거예요. 하지만 누군가가 그렇게 하려고 할 때, 전 그만두게 할 수 있을지 모르겠어요.

밴: 왜, 자기 자신을 그런 상황에 두지요?

로즈: (조금 사이를 두고) 으~음…….

밴: 당신은 술꾼과 싸움을 할 생각인가요?

로즈: 아니요.

밴: 좋습니다.

로즈: 아니요, 전 그럴 생각은 없어요.

밴: 자신의 일에 책임지지 않는 미친 사람과 싸울 생각인가요?

로즈: 아니요.

밴: 좋아요.

로즈: 아마도…… 가끔 상황을 생각해 볼 때…… 혹시, 누군가가 집에 무단으로 들어왔다든지, 이런저런 제가 어떻게 해 볼 수도 없는 일로 제가 그것을 어떻게 멈춰 볼 수도 없는 상황일 때 말이에요.

밴: 말씀대로네요. 당연하지만 세상은 완벽히 안전하지 않고, 누군가에게 부당하게 침해받는 상황도 있어요.

로즈: 예.

밴: 하지만 보통 상황에서, 당신은 누군가에게 당신을 학대하도록 할 건가요? 또는 어떤 형식이든 간에, 당신을 상처 주게 할 건가요? 또는 아버지가 어머니에게 한 방법이 아닌, 자신이 싫어하는 일을 싫다고 직접 상대에게 기꺼이 말할 건가요?

◈ 나는 그녀가 현재 어떻게 행동할 건지에 대해 새로운 결단을 하도록 촉구한다.

로즈: 예, 그렇게 할 거예요. 어느 정도 끝났네요. (내담자는 발을 차는 동작으로 다리를 흔들기 시작한다.)

밴: 자신의 다리를 느끼세요.

◈ 나는 그녀가 점차 '분노'의 감정에 접근하고 있음을 감지한다. 자신이 죽임이나 살해당한다는 두려움 없이, 그 감정을 자유롭게 느끼고 직접 표현하도록 유도한다.

로즈: (웃음) 예, 어느 정도 끝냈어요.

밴: 좋아요……. 당신은 누군가 다른 사람을 죽일 셈인가요?

로즈: 아니요, 그들이 저를 죽이려고 하지 않는 한…… 전, 자신을 지킬 수 있다고 생각해요.

◈ 나는 그녀의 과대화, 즉 '죽인다. 혹은 살해당한다.'에 직면한다.

로즈: 음, 아마도…… 혹시 누군가가 습격해 온다면, 상대를 죽이기보다는 상대방의 다리를 부러뜨릴 거예요.

밴: 예, 당신 자신을 지키기 위해서는 여러 가지 선택의 여지가 있겠지요.

로즈: 예, 실제로 제가 누군가를 죽일 수는 없을 거라고 생각하지만…… 어떨까요?

밴: 자신을 지키기 위해서 경찰을 부를 건가요?

◈ 다시, 그녀가 어른으로서의 힘을 느낄 수 있도록 도와준다.

로즈: 예, 경찰을 부르겠죠. 만약 제가 총을 가지고 있다면, 아마도…… 상대를 위협하기 위해서 사용하든지 하겠죠.

밴: 내가 느끼고 있는 건 말이죠. 당신은 언제나 극단적으로 생각하고 있다는 점이에요.

로즈: 예? 예. 아마도 그런 거 같아요. 제가 저에게 겁을 주고 있어요. 어젯밤에 본 영화처럼 혼자서 시내를 걷는 건 무서워요.

밴: 당신의 조기결단은 겁먹은 채로 있어요. 그건 아버지가 스스로 감정을 통제할 때까지 당신은 틀어박힌 채로 있다는 말이에요.

로즈: 아…… 예.

밴: 하지만, 통제가 되지 않는 동안에는…….

로즈: 그러네요. 그 경우는 계속 집 안에 있다는 말이군요. (웃음) 음…… 예, 알았어요.

밴: 그러니까…… 다른 사람이 할지 안 할지는 알 수 없으니까, 자기 자신을 겁준다든지 틀어박혀 있지 말고, 지금 당신 힘을 사용해서 자신을 위해서 누구에게도 당신을 학대하지 못하도록 하는 거죠. 또한 당신이 다른 사람을 학대하지 않는 것이죠.

로즈: 말씀대로네요. 예…….

밴: 그래서 어느 정도는 자기 자신을 겁주는 거죠? 또 틀어박혀 있나요?

로즈: 예, 이젠 겁주고 싶지 않아요. 이젠 싫어요.

밴: 겁주지 않아요!

◈ 로즈의 목소리로 그녀가 새로운 결단을 했음을 알 수 있다. 나는 그것을 강화한다.

밴: (아버지의 의자를 가리키면서) 아버지에게 말하세요.

◈ 아버지에 대해, 당당한 자신으로, 아동기 때는 완전한 방법이지 못했지만 자기주장을 한다.

로즈: 음…… 나는 나를 겁먹게 하지 않아요. 아버지가 저를 겁먹게 하지도 않아요. 그러니까…… 저한테 화를 내고 있는 사람이 있다든지 혹시, 비판적인 말을 들으면…… 전, 어떻게 할 수 없으니까…… 저에겐 그런 말을 할 정도의 힘은 있어요. 저에겐 힘이 있다고요. 그 힘을 마구 발산하지는 않지만, 힘이 있어요. 그리고 아버지가 자신의 감정을 통제할 때까지 전 기다리지 않아요. 아버지가 감정을 통제하기 전에, 저는 제가 말하고 싶은 것과 필요한 것을 말할 거고, 사람과의 사이에 경계선을 그을 거예요.

◈ 로즈가 한 말 "난 기다리지 않아요."는 또 하나의 새로운 결단을 했다는 증거다. 그녀는 이미 다른 사람이 '과거 속에서 변한다.'는 것을 기다리고 있지 않다.

밴: 예, 좋아요.

로즈: 좋아요.

밴: 좋습니다. (잠시 사이를 두고) 지금 어떤 느낌이 드나요?

로즈: 네, 제가 느끼고 있는 건…… 실제 해 볼 생각이에요.

◈ 그녀는 일시적으로 '강하라' 드라이버를 따랐다. (그녀의 말을 보면, '느낀다' 다음에는 감정의 언어가 아닌 행동을 묘사하는 말이 계속되었다.) 흔히 있는 일이지만, 이것은 '어린이 자아상태'의 변화에 대한 두려움의 전형이다. 그 대신에 그녀의 각본에 따른 패턴은 남아 있다. 나는 이것과는 직면하지 않기로 한다. 하지만 '지금-여기'에서의 그녀 상사와의 관계에 대해서 긍정적인 새로운 결단을 강화하기로 한다.

밴: 그럼, 아버지가 있던 그 자리로 상사를 불러올까요?

로즈: 예.

밴: 그에게 무엇을 말하고 싶나요?

로즈: 음…… 제가 말하고 싶은 건, 상사가…… 제가 워크숍에 참가하고 싶다고 했을 때, 혹은 면허를 따려고 한다고 말할 때, 화제를 딴 데로 돌려 버려요. 제가 이미 충분한 자격이 있다든지 아니면 왜 그런 것까지 해야만 하나라고 하면서 말이에요. 전…… 당신의 장황한 잔소리 따위는 듣고 싶지 않아요. 그건 당신의 의견일 뿐이고, 저는 나를 위해서 필요하다고 생각하니까…… 가고 싶은 거니까…… 게다가…….

밴: 그러니까, 제가 하고자 하는 건…….

로즈: 그러니까, 제가 하고자 하는 건 상사가 잔소리를 시작할 때, 상사한테 물어볼 거예요. 제가 말하려고 하는 건…… 그러니까…… 전, 그 이야기에 흥미가 없고, 듣고 싶지도 않다는 거죠. 전, 다만…… 그것만은 말하고 싶어요. 솔직히 말하면 만약 그가 늘어놓는 말을 듣지 않으면, 회사에서 잘릴지도 모르니까요. 또 그가 저를 괴롭힐지도 모르고요.

밴: 그게 사실인지 그에게 물어보세요.

로즈: 그게 진짜? 만일, 당신의 긴 잔소리를 듣지 않는다면, 회사에서 저를 자를 건가요? 아니면 방어적으로 대하면서 저를 괴롭힐 건가요?

밴: 그쪽 의자로 가서 상사가 되어 보세요.

로즈: (상사로서) 아니, 자네는 내게 말할 필요가 있다고 생각하네. 만일 자네가 듣고 싶지 않다면, 내가 말한 게 있잖아. 알겠지? 내가 혼잣말을 그만두겠네. 알겠지? 그러니 말해 주게. "난, 듣고 싶지 않아."라고 말해 주면 되네. 그렇게 해 주면 좋겠네. (그녀 자신이 되어) 그렇다고 생각해요. 전 자신을 두려워했으니까요.

밴: 예, 그럼 당신 자신이 되세요.

로즈: (그녀의 의자로 바꾸며) 좋아요. 그러니까…… 음…… 그래서…… 전…… 저 자신에게 겁주고 있었어요.

밴: 그럼 자기 자신에게 겁을 준다든지, 틀어박힌다든지 하는 대신에, 내가 하고자 하는 것은 뭐지요?

로즈: 정직해지는 것.

밴: 좋아요.

로즈: 연습할게요. 내 감정에 솔직해져서…… 전, 듣고 싶지 않아요. 그건 머리가 하얘져서 억압받는 기분이 드니까요……. 저는 그런 걸 듣지 않아도 돼요. 그렇게 말할 수

있어요.

밴: 그러니까, 전 감정을 억누른다든지 나에게 겁을 주는 것보다, 오히려 내 자신에게 솔직해질 거예요.

로즈: 말씀대로예요. 겁을 먹는다든지, 내 자신에게 겁을 준다든지, 기분을 억누른다든지 하기보다는 내 자신에게 솔직해질 거예요. 그리고 아마도…… 당신에게 질려 있어요. 저는 당신과 경계선을 그을 필요가 있어요.

밴: 예, 그렇고 말고요.

로즈: 예, 그래요.

밴: 난, 나를 믿는다.

◈ '나는 나를 믿는다.' 또는 '믿지 않는다.'라는 근본적인 문제에 초점을 맞춘다. 이 치료의 첫 부분에 이것을 언급하였다.

로즈: 예.

밴: 나는 당신을 믿을 수 있을지 어떤지를 확인할 때까지 기다릴 필요가 없어.

로즈: 그래요. (웃음) 좋아요.

밴: 끝난 건가요?

로즈: 예, 끝났어요.

밴: 좋은 작업이었어요.

로즈: 예, 고맙습니다! (웃는다. 집단 구성원들은 박수를 치고, 그녀도 박수를 친다.)

◈ 그녀는 성공적으로 워크숍을 마쳤다. 죽인다, 살해당한다는 등으로 자신에게 겁을 주는 게 아니라, 현시점의 사람들과 적절한 경계선을 가지는 힘을 느끼기 시작한다.

요 약

편집성 성격적응은 아동기 때, 놀랄 만한 많은 일을 겪는다. 이들은 갑작스러운 일을 싫어한다. 그리고 자기 자신이나 주변의 일을 확실히 통제해 놓으면, 모두가 제대로 될 것이라고 믿고 있다. 이들은 아동기 때 경험할 수 없었던 안전함을 체험할 필요가 있다. 그렇게 하면, 지금 현재의 세상에 대해 안심할 수 있다. 또한 이들은 타인과의 사이에서 무엇이 사실인지(추측하는 것이 아니라), 자신의 인지를 검토할 필요가 있다. 마지막으로 과도한 통제를 버리면, 인생을 더욱 즐길 수 있다는 경험을 할 필요가 있다.

로즈의 작업은 이 과정을 확실히 보여 주고 있다. 그녀는 '남자를 믿고 싶다.'는 것부터 시작하였다. 그녀는 자신에게 그 능력이 없는 것처럼 생각하고 있었다. 또한 그것은 자신의 문제가 아니라, 남성 쪽이 문제라고 생각하고 있었다. 그리고 그녀는 자신의 이미지를 진실이라 생각하며, 사실을 검토하고 있지 않았다. 더불어 그녀는 '통제하고 있다.' 또는 '통제하고 있지 않다.' 등의 양자택일의 세계에 있었다. 아버지와의 아동기 경험에 대한 그녀의 이야기를 통해, 우리는 그녀가 아동기의 안전성 확보라는 편집성 성격적응을 얼마나 체득하고 있었는지를 알 수 있었다.

아동기 때 포기했던 자신의 힘을 되찾도록 도와줌으로써 그녀는 아동기 때는 걸 수 없었던 자신의 안전에 대한 책임을 자신이 직접 져야 한다는 사실을 인정하게 되었다. 자기 자신을 당당하게 지키고, 남자를 믿을 수 있을 때까지 기다리지 않으며, 현재의 자신을 지킬 수 있다는 신뢰감을 갖게 되었다. 이와 같은 과정을 통해, 편집성 성격적응은 세상에 대해 안심할 수 있다. 그리고 궁색한 통제를 벗어나 안전감을 느끼며, 이들이 지금까지 가지지 못했던 인생의 기쁨을 향유할 수 있게 된다.

Personality Adaptations

22

정신분열성 성격적응 유형 내담자: 자신의 감정과 욕구를 수용

정신분열성 성격적응, 즉 창의적 몽상가는 쉽게 나서지 않고 자신이 눈에 띄지 않도록 조용히 존재하고 있다. 이들은 배려심이 있으며, 상냥하다. 때로는 예술적 재능을 타고났을지도 모른다. 주변에서 보면, 이들은 조용하고 섬세하며 친절하다. 또한 혼자 있는 시간을 많이 갖는다.

이들은 고독을 사랑하고, 실제로 혼자 있을 때 만족감을 나타낸다. 사교적인 면에서는 상대방이 먼저 접근해 주었으면 하고, 소규모의 관계를 선호한다. 만일 이들과 좋은 관계를 유지하고 싶으면, 직접 다가가서 적극적으로 말을 걸 필요가 있다.

정신분열성 성격적응 유형 내담자가 치료를 받으러 왔다면, 누구에게도 기대지 않고 본인 스스로가 너무 많은 일을 처리해서 피곤하기 때문일 것이다. 이들은 자신이 하고 싶은 것을 남들이 잘 알지 못할 정도로 타인과 거리를 두고 있다. 때문에 이들은 자신의 욕구를 충족시키지 못하고 있다. 결국, 자신의 감정에 대해 스스로 알 수 없게 되어 무감각적이고 절망적인 상태가 된다.

이들은 치료가 진행됨에 따라, 아무것도 하지 않고 이러지도 저러지도 못하고 있는 상태에서 빠져나와 자신의 사고를 사용해서 문제를 해결하기 시작한다. '행동'과

'사고'가 통합되면, 여유가 생기고 좋은 결과를 내며 생기 있고 활력이 생기게 된다. 창의적 몽상가가 변화하기 위한 주요 초점은 자신의 요구, 감정 그리고 욕구를 확실히 인정하고, 그것을 충족시키기 위해서 적절한 행동을 하는 것이다.

정신분열성 성격적응 유형 내담자를 치료하는 데 핵심이 되는 주제

회피나 광기와 같은 도피구를 막는다 이들은 문제에 직면하기보다는 회피하는 경향을 보인다. 이들은 때때로 아동기 때 주변이 나빠지면 미쳐 버리겠다는 결단을 한다. 그렇게 하면 부모가 자신을 돌봐 줄 것이라고 생각했기 때문이다. 따라서 이들에게서 변화란, 틀어박히지 않고 타인의 보살핌을 받기 위해 광기로 치닫지 않는 것이며, 문제를 회피하는 것이 아니라 문제 해결을 향해 에너지를 사용하겠다고 결단하는 것이다.

도피구를 막는 방법으로는 가슴을 활짝 펴고 서서, 바닥에 다리를 확실히 붙이고 "나는 아무리 나쁜 기분이 들어도, 무의식적으로나 의식적으로 움츠러들거나 광기로 치닫는 일은 하지 않을 것이다. 나는 계속 생각하며 문제를 해결해 나갈 것이다."라고 말하는 것이다. 다음 단계는 이렇게 말할 때, 어떤 느낌이 드는지를 검토하는 것이다. 그리고 사고영역의 '오염'을 찾아내고 해제하는 것이다. 내담자가 이러한 말을 진심으로 감정과 일치한 형태로 말할 수 있을 때 도피구가 닫히게 된다. 제14장에서 언급하였듯이, '어른 자아'에서 도피구를 막을 결심을 하는 것이다. 치료자와의 '약속'이 아니라, 자신의 의지로 결단하는 것이 필수적이다.

수동행동과 대결한다 자크퀴와 애론 시프(Jacqui & Aaron Schiff, 1971)는 네 가지 차원의 수동행동을 명확히 개념화하였다. '수동'에 대한 이들의 정의는, 문제에 대처하고 있는 행동이 문제 해결에 효과적이지 못하다는 것이다. '수동'은 '어린이 자아상태'에 있는 사람이 타인이나 환경을 조작하여, 자신을 위해서 문제를 해결해 줄 것을 바라는 데에서 생겨나는 것이다.

네 가지 수동행동은 다음과 같다.

- 아무것도 하지 않는 것
- 과잉반응
- 불안
- 무능 또는 폭력

이러한 수동행동을 이해하고 대결하는 것은 정신분열성 성격적응을 치료하는 데에서의 핵심 요소다(이것은 다른 성격적응 유형이 수동행동을 나타낼 때에도 사용된다.). 수동행동을 하는 목적은 주변 사람의 마음을 불편하게 하여, 주변 사람이 이들을 위해서 문제를 해결해 주도록 하는 것이다. 이러한 행동이 아동기 때는 적절했는지 모르지만, 현재는 그렇지 않다.

- **'아무것도 하지 않는 것'** : 이것은 주변에서 누군가 기꺼이 도와주려는 한, 세상에서 가장 강력한 행동일 수 있다. 예를 들면, 한 사람이 집단치료를 받으러 와서 자신은 자살 경향이 있다고 말하고는 아무것도 하지 않고 있다고 가정해 보자. 집단 전원이 즉시 그를 어떻게든 구해 보려고 달려들 것이다. 그를 구하려 하면 할수록 서로가 더욱 힘들어진다. 이것은 마치 미국 동화 '토끼 형제와 타르 아기(Brer Rabbit and Tar Baby)' 이야기와 같다. 최종적으로 그 문제를 해결할 수 있는 사람은 당사자뿐이다.

[역주: 토끼 형제와 타르 아기]

토끼 형제는 미국 남부에서 전래되어 오는 '레무스 아저씨(Uncle Lemus)' 이야기의 중심인물이다. 그는 힘을 쓰기보다는 넘치는 재기(위트)로 성공한 요술쟁이다. '토끼 형제와 타르 아기' 이야기는 아프리카와 체로키족(오클라호마 원주민) 문화와 연계되어 왔으며, 후에 디즈니가 '남부의 노래'를 위하여 주인공 캐릭터를 번안하였다. 동화의 내용은 다음과 같다.

숲에는 곰과 토끼가 살고 있었다. 곰은 토끼가 너무나 똑똑하고 약삭빨라서 잔뜩 약이 올라 있었다. 언제나 그에게서 도망을 쳤고 잡히지도 않았다. 그래서 어느 날 곰은 꾀를 내어, '옳지! 이렇게 해야지. 여기 끈적거리는 타르를 가지고 작은 아기를 만들어 세워 놓아야겠다. 그렇게 하면 토끼가 타르 아기에게 찰싹 달라붙어 버리게 될 것이고, 그러면 내가 영리한 토끼를 붙잡을 수 있을 거야.' 라고 생각하였다. 결국 토끼는 인사를 하지 않고 전혀 반응을 보이지 않는 '타르 아기' 를 때리려고 하다가, 그만 네 다리와 머리 등 온몸이 타르에 달라붙게 되면서 곰에게 붙잡히고 만다. "아하! 드디어 잡히고 말았군." 곰이 말했다. 곰이 어떻게 할지 생각하고 있는 동안에 토끼는 곰보다 한발 앞서 곰곰이 생각하면서 어떻게 하면 도망칠 수 있을까 하고 궁리를 하였다. 그리고 토끼는 곰에게 "마음대로 하세요! 곰님, 당신은 무엇이든지 할 수 있어요. 당신은 나를 물속에 빠뜨릴 수도 있고, 절벽으로 밀어뜨릴 수도 있어요. 그러나 제발 나를 찔레나무 가시덤불로는 던지지 마세요." 라고 애원했다. 곰은 생각하였다. '옳지, 녀석은 가시덤불에 던져지는 것을 가장 싫어하는군. 그렇다면 그렇게 해 줘야지.' 그리하여 곰은 토끼를 찔레나무 가시덤불로 냅다 던져 버렸고, 얼마 후 토끼는 다시 자유롭게 되었다. 약이 오른 곰에게 토끼가 말했다. "미련한 곰아! 찔레나무 가시덤불 속이 내가 태어난 곳이라는 걸 몰랐더냐!"

- **'과잉반응'** : 이것은 가장 다루기 힘든 수동행동이다. 어떻게 하면 문제를 해결할 수 있을지를 생각하기보다는 남을 기쁘게 하기 위해 무엇을 해야 하는지를 생각하기 때문에 문제 해결이 어렵다. 이들은 상대를 기쁘게 한다면, 그 대가로 자신을 보호해 줄 것이라고 믿고 있다. 이러한 경우, 이들에게 서로 모순되는 과제를 부여하는 것이 효과적일 수 있다. 이들은 양쪽 모두를 할 수는 없기 때문에 자신을 위해서 결단할 수밖에 없다. 혹은 이들에게 거부할 수밖에 없는 어처구니없는 과제를 부여하기도 하는데, 이 같은 과정도 효과적인 치료의 한 방법이다.
- **'불안'** : 이것은 불필요한 에너지의 소모다. 불안은 무언가 괴로운 일을 피하기 위해서 사용한다. 기벽이나 강박행동은 대부분 불안의 변형된 예다. 강박적 행동은 여러 부분에서 나타난다. 예를 들면, 먹기, 마시기, 담배 피우기, 성관계,

떠들기, 돈 벌기, 돈 쓰기, 운동하기, 일하기 등이다. 자신이 정말로 무엇을 느끼고 있는지에 대해 직면하지 않기 위한 행동이다. 또한 대리행동으로 조금이나마 기분이 좋은 채로 지내려는 행동일 뿐이다. 대부분의 사람은 학생 시절에 기말고사 과제를 완성해야만 할 때, 그것을 뒤로 미루고 연필을 깎거나, 서류나 책 정리를 시작하거나, 무엇을 먹거나, 잠들어 버린 경험을 가지고 있을 것이다. 거기에는 좋은 성적을 얻을 수 없다는 불안이 숨어 있다. 시프(Schiff) 부부는 불안이란, 폭발충동을 내포하고 있는 에너지의 해방 및 축적에도 사용된다고 언급하고 있다. 문제 해결에 대한 직접적인 행동을 취하지 않고 자신의 욕구를 채우는 일을 하지 않기 때문에 욕구불만은 날로 늘어만 간다. 그리고 이러한 모든 에너지는 결국 내부에서 외부를 향해 폭발한다. 어떤 사람이 불안해하고 있을 경우에는 당신에게 과잉반응을 그만두게 하려는 의미가 숨겨져 있을 수도 있다. 이들은 어떤 느낌이 드는지를 서로 대화하고 문제 해결을 위해 무엇이 필요한지를 나누기 시작할 때, 그들 자신이 생각하는 방향으로 나아갈 수 있을 것이다. 또한 자신에 대해서 불안해하지 않으면서 문제를 해결할 수 있도록 유도할 수 있을 것이다.

- **'무능 또는 폭력'**: 이것은 주변에 도움을 받고자 하는 에너지를 축적시켜서 자기 자신이나 주변 사람들을 향하여 폭발하는 것이다. 무능은 실신, 편두통, 심한 감기, 궤양, 관상동맥 등의 질환에 걸려 아무것도 할 수 없는 경우를 말한다. 폭력은 타인을 때리려고 달려드는 것이다. 통상적으로, 한 개인이 중증의 병에 걸리면 주변 사람이 도우려고 할 것이다. 그럼에도 불구하고, 근본적인 문제는 해결되지 않는다. 만일 폭력을 휘두른다면, 다른 사람들이 폭력을 봉쇄하려 할 것이다. 그래도 아직 근본적인 문제는 해결되지 않는다. 프리츠 펄스(Fritz Perls, 1969)는 전쟁은 건강한 공격성이 부정된 때에 일어난다고 주장하고 있다. 전쟁은 어떤 의미에서 수동행동이다. 왜냐하면 이것은 진정한 문제 해결 방법이 아니기 때문이다. 지구상에서 공존해야만 하는 인간들이 자신의 욕구를 충족시키기 위해 어떻게 협력할 것인가라는 문제 해결을 목표로 하고 있지 않는 모습이다. 사람이 공격성을 건강한 방법으로 표출할 수 없다면, 결국은 무능이나 폭력이라는 간접적인 방법으로 표출할 수밖에 없다. 무능한 상태에 빠져 있는 사람

에게는 필요 이상으로 신경을 쓰지 않는 것이 좋다. 폭력적인 사람에게는 폭력 행동이 가라앉은 다음에, '부정적인 스트로크' 를 하는 것이 중요하다. 이때에는 확고한 말투로 다음에는 다른 행동을 해 주기 바란다는 메시지를 정확히 전달하는 것이다.

타인에게 하는 것과 같이, 자신의 감정이나 욕구를 소중히 하는 것을 배우도록 돕는다 이것의 의미는 세상에서 자신의 공간을 가져도 된다는 것, 요구하는 것, 타인과 마찬가지로 자신의 욕구를 충족시키는 것, 타인에 대해 확실한 태도를 취할 것을 결단하는 것이다. 또한 타인에게 상냥하게 대하거나 자신을 비판하는 대신, 자신에게 부드럽게 대하는 것이다. 회기마다 무엇을 하고 싶은지 계약을 통해 확실히 하는 것이 자기 자신을 소중히 하는 연습이 될 것이다.

임패스를 명확히 이해하도록 돕는다 정신분열성 성격적응에는 무엇이 문제인지를 확실히 인식하도록 돕는 것이 필요하다. 변화를 위한 계약을 맺기 전에, 이들에게 자신이 문제를 해결하지 않고 문제를 회피하려고 하는 한, 치료자는 문제가 무엇인지를 계속해서 제시하고, 확고한 말투로 문제를 해결할 수 있는 힘은 자신에게 있다고 계속 말할 것이라 강조한다. 창의적 몽상가의 치료는 '감정' 보다는 오히려 '사고' 를 통해서 이루어진다. 이들에게 커다란 목소리로 발언하도록 자극하는 것이 중요하다. 자기주장을 해도 좋다는 허가가 있으면 있을수록, 그리고 자기주장을 하면 할수록 이들의 기분은 더욱 편해질 것이다.

정신분열성 성격적응인 사람은 명백히 의미 있는 타협을 하고 있다. 이들의 대인관계 딜레마는 타인에게 가까이 다가가면 다가갈수록 타인이 원하는 일을 해야만 한다는 부담이다. 그래서 타인에게 들러붙어 있지 않기 위해서 자신으로 돌아가려 하면, 타인에게서 멀어져 있다는 것을 느끼게 된다. 이런 사실이 두려운 나머지 이들은 남들을 멀리하게 되는데, 이때 모두에게서 까맣게 잊히고 완전히 고립되어 버린다. 이러한 딜레마를 다루기 위한 이들의 방법은 타협을 통해 중간 위치를 유지하는 것이다. 중간 위치라 함은 타인에게 너무 다가가지도 않고, 너무 멀리하지도 않는 지점을 뜻한다. 이들은 자신이 선택한 이러한 타협책을 알아차릴 필요가 있다. 동시에 이와 같은 관계로 있는 한, 진정한 자신의 욕구는 영원히 채워지지 않는다는 것도 알아차릴 필요가 있다.

초기 디스카운트

창의적 몽상가는 자신의 감정을 타인의 일처럼 표현하는 경향이 있다. 예를 들면, 감정에 대해서 말할 때 '나' 라고 말하는 대신 '그것'이라고 말한다. 이들은 '강하라' 드라이버를 가지고 있다. "나는 무엇이라고 느낀다."라고 말하는 대신 "그것은 이런 느낌이야."라고 표현하는 것이 여기에 해당된다. 또한 능동태가 아닌 수동태의 말투를 사용하기도 한다. 이것은 자신의 힘이나 책임을 포기하는 결과를 초래한다. 따라서 이들에게는 '나'라는 인칭대명사를 사용하도록 이끌고, 수동이 아닌 능동 동사를 사용하도록 유도한다. 이는 아동기 때 포기해 버렸던 자신의 힘이나 신뢰성을 회복하기 위해서다. 또한 이들은 무감각, 혼란, 욕구불만 등을 대신하여, 더욱 강렬한 감정(예, 분노)에 상처받은 일이나 흥분을 감추기 위해 이를 사용한다. 중요한 점은 창의적 몽상가는 자신을 위한 공간을 확보하는 데 그 목적이 있고, 자신의 당연한 권리를 주변 사람과 세상을 향해 주장하고 있다.

치료 축어록: 지니

지니(Jeannie)는 주말에 있는 자기주장 워크숍에 참가하고 있다. 그녀는 갈등 장면에서 숨거나, 도망쳐 버리는 것을 멈추기를 바란다고 말하였다. 변화에 대한 계약은, 자신의 힘을 느끼는 것, 강하다고 느끼는 것, 자신을 돌보는 것, 자신의 욕구를 충족시키는 것, 다른 사람과 마찬가지로 자신의 권리를 가지는 것, 다른 사람과 친해지는 것, 자신에게 정직해지고 놀 수 있게 되는 것이다.

지니: (상당히 부드러운 목소리로) 저의 회기는 그렇게 많은 시간이 걸리진 않을 거라 생각해요. 저는 제 안에 있는 힘이 느껴지지 않아서 문제예요. 제 자신이 가치가 없다고 느

껴지거든요.

◈ 그녀는 바로 이 장면에서 자신의 중요성이나 자신을 위해서 시간을 들일 권리를 '디스카운트' 한다. 또한 정신분열성 성격적응의 전형적인 드라이버인 '강하라' 를 보여주고 있다. 즉, 상대와 거리를 두는 수동형의 표현을 하고 있는 것이다. 예를 들면, '힘이 느껴지지 않는' '가치가 없다고 느껴지는' 등이다. 다음의 개입에서는 수동적인 표현을 능동적인 표현인 '취한다(take)' 로 바꾸기 위한 방법으로, 자신을 '디스카운트' 하는 내용과 직면한다.

밴: 필요한 만큼의 시간이 걸려도 좋겠지요?

지니: 다른 사람의 시간을 뺏을 생각은 없어요.

◈ 그녀는 디스카운트를 하다가 '과장' 하기 시작한다. 자신이 다른 사람의 시간을 '취한다' 는 힘을 가지고 있다고 그녀는 믿고 있다. 나는 그녀의 '과장' 에 직면한다.

밴: 당신이 누군가로부터 뭐든지 취할 수 있다고 나는 생각하지 않아요.

집단 구성원들: 그렇게는 안 되죠. (웃음)

지니: 고마워요. ……다른 것도 있고, 심장통을 많이 느끼고요. 저는 곧잘 토하기도 하고, 혹시, 괜찮다면…… 혹시, 음…… 뭔가 오랜 시간 동안, 다른 사람이 저에게 쓰디쓴 경험을 맛보게 한 것 같은…… 그리고, 음…… 힘이 없는 것 같은 느낌이 드는지 알 수 없어서…… 나를 보살피는 건, 만일 제가…….

밴: 당신이 본래 가족에게서 살아남으려는 수단이었다고 생각해요.

◈ 그녀의 행동은 아동기에는 어쩔 수 없었던 긍정적인 의미라는 것을 전달한다. 정신분열성 성격적응의 '개방문' 은 '행동' 이다. 이 행동은 수동적으로 움츠려 드는 형태를 취한다. 어린아이가 살아남기 위해서 몸에 익힌 것이다.

지니: 예…… 예…… 하지만 전 제 자녀들을 잘 돌보기는 해요.

◈ 이 대화에서 나타나는 것처럼 정신분열성 성격적응은 타인에게 상냥하지만 자신에

게는 그렇지 않다. 나는 바로 능동적으로 모두의 앞에서 문제 해결을 말한 것에 대해 스트로크한다.

밴: 좋은 일이네요!

지니: 저는 그들에게 그다지 관여하지 않아요. (자녀들에게) 상처 주는 사람과 싸우지 않고, 어떤 방법으로든 거리를 두죠. 저는 그렇게 해요. 하지만 그다지 강하게 나가려고 하지는 않아요. 제 일을 뒷전으로 하고 자녀들을 보살피고 있어요. 괜찮으시다면 어떻게 내가 나의 힘을 막고 있는지, 또 방해하고 있는 것을 벗어날 방법이 있는 건지…… 알고 싶어요. 아…… 전 무서워하고 있는 것 같아요. 그건 어리석은 데도 말이죠.

밴: 아니요. 지금은 무서워하고 있지 않지만, 자라 온 환경을 보면 무서워하는 건 당연해요.

◈ 여기서 다시, 자기 자신에 대한 '디스카운트'와 직면한다. 그리고 수동행동을 취하는 것이 과거에는 생존을 위한 방법이었다고 재정의한다. 정신분열성 성격적응의 '표적문'은 '사고'다. 거기서 사고의 '오염'을 해제하기 위해 자극한다.

지니: 예.

◈ 그녀는 문제를 해결할 생각으로 정신분열성 성격적응이 제법 잘 하는 '회피'를 보여주고 있다. 나는 다음에 과거와 현재의 '어린이 자아상태'와 성장한 지금의 자신을 구별하도록 한다.

밴: 무서워하고 있는 당신 속의 어린이가 얼마나 어린지를 느끼고 있나요?

지니: 언제나 무서워하고 있다고 생각해요.

밴: 그 어린이는 몇 살 정도지요?

지니: 으음…… 아주 어려요.

밴: 대략 몇 살 정도?

지니: 다섯 살…… 기억은 없지만…… 하지만 언제나 무서워하고 있었던 건 기억하고 있어요. 어머니가 저를 좋아하지 않았다고 언제나 생각하고 있었어요. 어머니가 저를 죽이지 않을까 하는 생각이 들기도 했었지요. 저를 죽이고 싶어 한다고…….

◈ 이것은 적응행동이 어린이에서 생존을 위한 기본적인 행동이었다는 좋은 예다. 하지만 어른이 된 지금에는 그 행동이 자신을 옭아매고 있다는 점을 다시 한 번 전달한다. 어른인 지니는 문제 해결을 위해 적극적으로 접근할 수 있다. 다음의 개입에서는 새로운 방법을 시도한다. 정신분열성 성격적응의 '표적문' 인 '사고' 를 향해서 작업한다. 이는 문제 해결을 위한 적절한 행동을 찾아내는 것이다. 타인을 위해서가 아닌, 자기 자신에게 필요한 일을 위해서 자신의 힘을 사용하는 것이다. 그렇게 하면 긍정적인 기분이 들 것이다.

밴: 만일 당신이 다섯 살이고 자신을 죽일지도 모르는 상대와 직면하고 있다면, 상대에게 달려든다든지, 화를 내는 게 더 무서운 거네요.

지니: 예…… 예…….

밴: 그래서?

지니: 지금 저는 다섯 살이 아니니까요.

밴: 말씀대로네요. 그러니까 어머니한테 대항해서…… 자신을 위해서…… 맞설 준비가 되어 있나요?

지니: 예…… 정말로 어머니는 무서워요.

밴: 자신이 이렇게 하고 있다는 걸 알고 있어요? 당신은 손가락으로 코를 비비는 동작을 하고 계세요. 그건 간접적인 분노의 신호인 경우가 많아요. (그녀가 웃자, 집단 구성원들도 웃는다. 모두 그 몸짓의 의미를 알고 있었다.)

◈ 내담자는 자신의 문제가 무엇인지 의식차원에서 알기 훨씬 전에, 무의식적인 차원에서 신호를 보낸다. 나는 행동을 지적해 줌으로써 중요한 문제로 이끄는 '지름길' 을 제시한다.

지니: (잠시 사이를 두고) 정말로 미워요.

밴: 뭔가 생각나는 특별한 장면이 있나요?

지니: 예.

밴: 그때가 몇 살이죠? 어디에 있는 중이죠? 무슨 일이 일어나고 있는 중이죠?

◈ 나는 현재형을 사용한다. 그 목적은 그 문제가 파생된 원초적인 장면으로 돌아가도록 하기 위함이다. 그것은 '어린이 자아상태'와 관련되어 있다. 비록 그녀가 아동기 때 이런저런 경험을 했지만, 그 상황에서 포기해야만 했었던 자신의 힘을 되찾음으로써 문제 해결로 이끈다.

지니: 예에, 몇 살인지 잘 모르겠어요. 다섯 살이었던가? 게다가…… (한숨) 전 다만…… 으~음…… 제가 오줌을 싸려고 하니까 어머니가 엄청 화를 냈어요. 왠지…… 오줌을 참아야 한다는 걸 잊어버리고 있었어요. 하지만 어머니가 엄청 화를 내고 있던 건 기억하고 있어요. 지금에 와서 생각해 보면, 일부러 오줌을 싸고 있었다는 생각이 드네요.

◈ 그녀가 자신의 분노를 얼마나 간접적으로 나타내고 있는지를 보여 주는 좋은 예다.

밴: 왜냐하면, 당신은 화를 내고(piss off) 있었으니까요! (웃음)
(역주: piss는 오줌, piss off는 화를 내다. 즉, 이중적 의미로 농담하고 있다.)

◈ 이중의 의미를 반사시켜 나는 그녀의 '작은 교수'에게 말을 건넨다. 그리고 그녀의 직관적인 '어린이 자아상태'의 활성화를 유도한다.

지니: 하지만 지금 저는, …… 다만 어머니는 엄청 화를 내고 있고…… 정말로 화가 나서, 옛날에는 어린이들은 그렇게 했어야 했다고…… 어머니는 그걸 해서…… 어머니는…….

밴: 그녀는 뭐라고 말하고 있는 중인가요? 무얼 하고 있는 중이었나요?

◈ 나는 다시 능동 현재형을 사용하여, 과거의 경험을 '지금-여기'의 장면으로 가져오려고 하고 있다.

지니: 어머니는 으음…… 어머니는 병원에서 간호사로 일하고 있어요. 어머니 같은 사람이 간호사 일을 계속 할 수 있다니, 놀랍지만……. (한숨) 하지만 어머니는 저를 병원으

로 데리고 갔어요. 곧잘 데리고 갔어요. 그런데 어머니는 으음⋯⋯ 어머니는 멸균한 소변 표본을 채취하고 있었어요. 필시 어머니는 믿고 있었던 거예요. 제가 감염되어 있으니까 오줌을 싸는 거라고⋯⋯ 전 그게 의학적인 처치라고 생각하고 있었어요. 어머니는 저한테 카테터를 삽입했어요. 그건 아파요. 하지만 어머니가 즐거워하면서 하고 있었다고 생각해요. ⋯⋯생각났어요. 저는 생각하고 있었어요. '엄마가 내게 무슨 짓을 한다고 해도, 난 결코⋯⋯ 울지 않을 거야.' 라고⋯⋯. 생각났어요. 내 다리를 써서⋯⋯ 어머니의 얼굴을 때리는 공상을 했었어요. 이 처치가 의학적인 것이라고 해도⋯⋯ 그런 짓을 할 필요까지는 없었다고 알고 있었거든요. 하지 않아도 됐을 텐데⋯⋯ 어떤 때는 제 몸에 카테터를 넣고 있을 때 다른 직원한테 들켰어요. 보통은 병원에 아무도 없을 때 저를 데리고 갔었지만⋯⋯ 병원이 쉬는 때라든지⋯⋯ 하지만, 어떤 때 저를 병원으로 데려가면, 다른 간호사가 있어서 그 간호사가 했어요. 제 형제도 거기에 있었지만, 그 사람은 제 다리를 고정하지 않았어요. 게다가 관을 넣을 때는 전혀 아프지 않았어요. 그러니까 저는 그녀와 함께 집으로 돌아가고 싶었어요. 그 사람은 친절했었거든요.

◈ 결코 어머니에게 눈물을 보이지 않겠다는 결단은 '강하라' 드라이버의 근원이다. 정신분열성 성격적응은 자신의 힘을 금욕주의(stoicism)라는 형태로 나타낸다. 그녀는 현실에 사는 대신에 공상의 세계에 있지만, 그것도 이 적응 형태의 전형적인 모습이다. 나의 다음 개입은 공상에 젖어 있는 것이 아니라, 실제 행동을 하도록 돕는 것이다. 실제로 행동을 하는 것이 문제의 해결 방법이며, 기분이 훨씬 좋아질 수 있는 방법이라는 것을 알 수 있도록 이끈다. 나는 그녀나 집단 구성원에게 안전한 방법으로 몸을 움직이도록 유도한다.

밴: 자! 자신의 다리를 들어서, 어머니의 얼굴을 막 때리세요. (그녀는 웃고, 집단 구성원들도 웃는다.) 시도해 보고 싶지 않아요?

지니: 어머니를 무서워하지 않았으면 해요.

밴: 음⋯⋯ 예⋯⋯.

지니: 나는 죽어 버릴 것 같은 생각을 떨쳐 버리고 싶어요.

밴: 그럼, (지니의 앞을 가리키며) 거기에 어머니가 있다고 생각하고 말해 보세요. "당신

이 나를 죽이게 가만두지 않을 테야!" 라고…….

◈ 자신을 위해서, 아동기 때는 안전하게 할 수 없었던 행동을 하도록 유도한다. 나는 이 개입을 '직접' 회화 형식으로 진행한다. 이것은 '통제하는 어버이 자아상태'의 긍정적인 행동이다. 정신분열성 성격적응의 가장 효과적인 의사소통 방법이기도 하다.

지니: 당신이 나를 죽이게 두지는 않을 테야!

밴: 무의식적으로나 고의적으로나.

지니: 무의식적으로나 고의적으로나.

밴: 그렇게 말했더니 어떤 느낌이 드나요?

지니: (강한 어조로) 그건 가능해요. (더욱 조용히) 말을 안 하고 있어야 했을지도 몰라요.

◈ 두 번째로 말한 것에서 그녀가 '어른 자아'에서 '어린이 자아상태'로 이행하고 있음을 알 수 있다. 이것을 로버트 굴딩(Robert Goulding)은 '숨겨진 함정(closing con)'이라고 불렀다. 이것은 그녀의 오래된 각본전략을 확인하기 위해서, '어린이 자아상태'가 의도적으로 사용하는 숨겨진 방법이다. 나는 현실을 언급함으로써 이것에 직면한다.

밴: 왜 2001년에는 조용히 있었어요? (웃음) 그렇지요?

지니: 예.

밴: 중요한 건, 당신 자신의 힘은 자신을 지키기 위해 사용하는 거라고 생각해요. 다섯 살 때는 그렇게 할 수 없었지만요.

지니: 말씀대로예요. 지금…… 어머니를 죽일지도…… 지금이라면 전, 어머니를 죽일지도 몰라요. 제 자녀들에게 이런 짓을 하는 사람이 있다면, 그 사람도 죽일지도……. (감정에 복받친 목소리로)

◈ 그녀는 지금, 적극적으로 자신의 힘을 나타내고 있다. 하지만 자신을 무력하다고 '디스카운트' 하는 상태에서 이번에는 반대로 살인하겠다는 '과장' 된 상태를 보인다. 그래서 나의 다음 개입은 적절한 한계를 확실히 하는 것이다. 또한 나는 지니가 아

동기 때 포기해야만 했었던 힘을 되찾도록 하기 위해서, 공상에서 현실로 에너지를 이동시키고 안전한 방법으로 자신을 지킬 수 있는 힘을 사용할 수 있도록 안내한다.

밴: 예…… 그런데 현실에서는 그 정도로 극단적이지 않아도 돼요. 단호하게 말하는 것으로 상대를 멈추게 할 수 있고, 경찰을 부른다거나 그 밖의 다른 적절한 대응을 할 수 있어요. 자신을 지키기 위해서 상대를 죽일 필요까지는 없어요.

지니: 그렇군요.

밴: 다섯 살 때, 당신이 하고 싶었던…… 하지만 할 수 없었던 일을 하는 건 정말로 중요하다고 생각해요. ……즉, 당신의 다리를 사용해서…… 어머니의 얼굴을 차 버리는 것 말이에요. (그녀는 고개를 끄덕인다.) 매트리스를 사용해서 하고 싶은 게 있는데…… (나는 매트리스를 가지고 온다.) 두 분에게 매트리스를 붙잡아 주시도록 부탁드릴게요. 거기에 앉으세요. 천정을 보고 눕고…… 딱, 병원 침대에 누워 있는 자세로…… 그리고 자신의 다리를 써서…… 원하는 만큼…… (그녀는 자신의 다리로 매트리스를 차기 시작했다.) 예, 소리도 내세요. 발로 차면서 원하는 만큼 큰 소리를 내도 좋아요.

◈ 이 과정은 '어린이 자아상태'의 꽉 막혀 있던 에너지를 해방시키는 것이다. 그래서 어머니에게 당한 일 때문에 그녀가 지금처럼 행동하지 않게 되는 것이다. 그리고 그 에너지를 현재의 문제를 해결하기 위한 에너지로 사용하는 것이다.

지니: 아아~ (강한 감정을 담아서) 당신이 정말 싫어!

밴: 그래요! 좋아요! (지니는 계속 매트리스를 차고 있다.) 지금은 어떤 느낌이에요?

지니: 깨진 유리창처럼 어머니의 얼굴이 엉망진창이 되고 있는 게 좋아요.

밴: 그럼, 당신 어머니의 부정적인 역할을 할 사람을 찾는 건 어때요?

지니: 좋아요. (집단 구성원들 중 한 사람을 향해) 해 주실래요? (그 사람이 허락했다.)

◈ 여기서의 나의 목표는 내담자가 자신의 분노를 더욱 생생하게 해방시켜 치료의 경험을 느껴 보도록 하는 것이며, 동시에 상대역을 맡아 줄 구성원의 안전을 확보하는 것이다.

밴: (집단 구성원에게) 여기 와서…… 그녀가 발로 찼을 때, 자신의 얼굴이 진짜 두들겨 맞고 있는 것처럼 소리를 낸다든지, 얼굴을 감싸 쥐는 행동을 해 주세요. 실제로 누군가가 당신의 얼굴을 차고 있는 것처럼 연기해 주시기를 바랄게요. (지니는 한층 격렬하게 발로 차기 시작하고, 나쁜 어머니 역을 맡은 사람을 향해 소리를 지르기 시작했다. 어머니 역을 맡고 있는 사람은 실제로 발로 차이고 있는 듯한 소리를 내고 있다.) 엄청난 힘이네요. 좋아요! (그녀가 웃고, 집단 구성원들도 웃는다.) 자기 자신을 지키기 위해서 그 힘을 사용해도 좋아요. 오랫동안 사용하지 않았던 많은 힘이 있군요. 그걸 담아 둘 필요는 없어요. (다른 집단 구성원들은 "대단한 폐활량이네요."라고 말한다. 그녀와 다른 구성원들은 웃는다.)

◈ 깊은 호흡을 내쉬는 내담자의 모습은 전체적으로 '임패스'를 해결했다는 전형적인 신호다. 어떤 부분에서는 자신의 분노를 직접 나타내고 싶다고 생각하지만, 다른 부분에서는 분노를 직접 나타내는 것을 두려워하고 있는 것이다. 직접적으로 자신의 감정을 나타내면, 더욱 상처받을지도 모른다는 두려움 때문이다. 이것이 두 가지 기분을 가지고 만드는 '임패스'다. 아동기 때에는 간접적(결코 울지 않고 어머니에게 저항하는)으로 분노를 나타내는 방법을 취하고 있었다. 이 결단은 부분적으로는 만족감을 가져오지만, 자신의 힘을 직접적으로 사용하지 않기 때문에 많은 비용을 치르게 된다.

밴: 좀 더 하고 싶어요?

지니: 이젠 충분하다고 생각해요.

밴: 자신에게 뭐가 올바른 감정인지를 믿어요. 심호흡을 하는 건 아주 좋아요.

지니: 예, 전, 내 자신의 힘을 느끼고 싶었어요. 남을 무서워하는 감정을 버리고 싶어요.

밴: 하나 더 하고 싶은 게 있는데…… 구성원들 중에 한 사람을 골라서, 당신 앞에 서게 하고, 잠깐 동안 끌어안아 보세요.

◈ 이 시점에서 나는 지니가 부분적으로 임패스를 해결했지만, 아직 공포에 대항하기 위해서 자신의 에너지를 사용하지 않고 있다고 생각하였다. 다음 단계는 그녀 자신의 힘을 완전히 개방하기 위해 두려움을 해결하도록 도와준다. 그녀의 절규로부터

> 느낀 에너지와 힘을 모조리 느껴도 괜찮다는 경험을 하게 해 주는 한편, 그녀를 도우려는 다른 사람과의 관계를 통해서 그녀가 안전하며 보호받고 있다고 느끼도록 하는 것이다.

지니: 좋아요. 조! 해 주시겠어요? (그가 허락한다.)

밴: 거기에 서 보세요. (조에게) 그녀의 허리를 안아요. (조에게) 당신은 조의 어깨 너머로 어머니를 향해서 온몸으로 소리치며 화를 내 보세요. (나쁜 어머니 역을 하는 사람에게) 그녀가 소리치며 화를 내면, 다치지 않게 매트리스 위로 넘어지세요. 마치 그녀의 목소리에 눌린 것 같은 모습으로…… 가능하겠죠?

지니: 당신이 너무 싫어요! (엄청난 목소리로 소리친다.) 정말이지! 당신 따윈 너무 싫다고! (잠시 사이를 두고) 죽어 버려!

밴: 말하고 싶은 게 더 남아 있나요?

지니: (다시 소리친다.) 미쳤어! 당신 따윈 아이를 가지지 말았어야 했어! 신은 당신 따위한테 아이를 낳게 해서는 안 됐다고!

밴: 그래요, 그래!

지니: (아직도 계속 소리치고 있다.) 오장육부를 꺼내 버리고 싶어! (나쁜 어머니 역은 갈가리 찢어진 듯한 소리를 낸다.) 당신이 누군가에게 (강간)당했으면 좋겠어!

밴: 맞아요!

지니: (울면서…… 그리고 깊은 심호흡을 하면서) 다만, 그녀가 기뻐한다면 문제는 다르겠지만…….

밴: 지금, 하고 있는 게 뭔가 고통스러운가요? 나는 그렇게는 생각하지 않는데요.

지니: (깊은 호흡을 계속하면서) 끝난 것 같은 기분이에요! (그녀의 목소리는 힘차고, 활력이 넘쳐 있다.) 고마워요! (집단 구성원들은 박수를 친다.)

밴: 당신의 목소리는 힘이 넘치는군요! 당신의 그 목소리는 누구한테도 지지 않을 거예요. (큰 웃음, 집단 구성원들은 "그래요!"라고 외친다.) 하지만 곰한테 대들면 안 돼요. (폭소)

지니: 정말 고마워요!

밴: 별 말씀을…… 훌륭한 작업이었습니다! (집단 구성원들 또한 "그래요!"라고 말한다.)

◈ 그녀는 성공적으로 작업을 마쳤다. 자신을 지키기 위해서 스스로의 힘을 사용한다는 좋은 경험을 하였다. 자신이 상처받는다거나 다른 사람에게 상처를 준다거나 하는 두려운 마음으로 지내는 것이 아니라, 자신의 분노에 직면하고 그것에 적절한 한계를 스스로 설정하기 시작한 것이다.

요 약

정신분열성 성격적응은 자신을 희생해서 타인을 지지하는 방법을 배워 왔다. 타인과의 거리는 멀지도 가깝지도 않은, 그 어느 쪽도 아닌 입장을 취한다. 타인을 지지하는 것처럼 자신을 지지하는 법을 배울 필요가 있다. 자신에게 무엇이 필요한지를 생각하고, 자신을 위해서 필요한 것을 요구할 수 있어야만 한다. 그리고 공상의 세계가 아니라, 현실의 세계에서 자신의 욕구를 만족시키는 것이다.

지니의 사례는 이러한 점을 확실히 보여 주고 있다. 그녀는 집단 속에서 조용하고, 눈에 띄지 않는 존재였다. 집단 속에서조차도 자신을 위해 시간을 할애하는 것에 저항감을 느꼈다. 위험할지도 모르는 사람들과 대결하기보다는, 오히려 자신의 욕구에서 멀어지기를 선택한 것이었다.

그녀는 자신의 힘을 느끼지 못했고, 문제를 회피하며 틀어박혀 있었다. 문제 해결에 대한 직접적인 행동을 취하기보다는 오히려 머물러 있었다.

이번 작업을 통하여 그녀는 자신의 힘을 되찾게 되었고, 자신을 돌보기 위해 직접적인 행동을 해도 괜찮다고 스스로에게 허용하였다. 억압되어 있던 분노를 발산함으로써 효율이 높아져서 활기차게 현실에 머물 수 있게 되었다. 자신의 욕구에 직면하고 그것을 충족시키려는 권리를 되찾음으로써 정신분열성 성격적응은 자신을 내던지지 않고 타인에게 접근할 수 있게 된다. 자신이 잊힐 거라는 두려움이나 완전히 고립될 거라는 공포를 가지지 않고, 자신의 공간을 원하는 만큼 확보할 수 있게 된다. 이런 방법으로 친밀한 인간관계와 자율성을 세상에서 공유할 수 있게 된다.

Personality Adaptations

23 수동-공격성 성격적응 유형 내담자: 싸움으로부터의 자유

수동-공격성 성격적응 유형 내담자, 즉 유희적 반항자는 자신의 길을 간다. '싸울 듯 말 듯 구석에서 싸우겠다.'고 결심하고 자신의 방식대로 대처한다. 이들은 자신의 방법으로 사물을 바라본다. 어떤 상황에서 문제가 생기면, 처음 알아차리는 것이 이들이다. 선천적으로 문제 해결에 재능이 있는 사람이기 때문에 타인의 존경을 받는다. 반면, 때때로 선천적인 문제아로 보이기도 한다.

사교적인 측면에서 이들은 사람이 많은 곳을 좋아한다. 하지만 사람 속으로 적극적으로 들어가기보다는, 타인을 끌어들이는 형태를 취한다. 이들은 타인이 무엇을 하고 있는지 알 때까지 기다린다. 그리고 타인의 주의를 끌 수 있는 어떤 행동을 한다. 이들에게 처음에 다가가려면, 장난스러운 말투로 접근하는 것이 좋다.

수동-공격성 성격적응 유형의 사람이 치료를 받으러 왔다면, 현실에서는 아무것도 갈등할 것이 없지만 자기 자신의 내면갈등 때문에 오는 경우가 많다. 그 이유는 조기결단을 아직까지 가지고 있기 때문이다. 조기결단은 '이렇게 당하고서 그냥 두고 보지만은 않겠어!'다. 누구도 그렇게 하고 있지 않음에도 불구하고, 이들은 이런 태도를 취하고 있다. 타인은 이들을 까다롭고 불필요한 마찰을 일으키는 사람으로 볼 수도 있다. 이들은 언제나 무언가 충족되지 않은 느낌이 들어서, 원하는 대로 일이 진행되지 않으면 화를 잘 내기도 한다.

치료가 진행됨에 따라, 이들은 자신의 '어린이 자아상태'의 감정을 깨닫게 된다. 이러한 감정은 이들의 반항적인 행동 뒤에 숨겨져 있다. 특히, 이것은 아동기 때 경험한 상처다. '행동'과 '감정'이 통합됨에 따라, 이들의 '사고'에 변화가 일어난다. 경직된 '양자택일'의 사고방식에서 벗어나 양쪽 모두의 입장을 고려하는 것이다. 수동-공격성 성격적응의 치료 핵심은 목적이 없는 갈등으로부터 자유롭게 되는 것이다.

수동-공격성 성격적응 유형 내담자를 치료하는 데 핵심이 되는 주제

갈등하기보다는 즐긴다 이들은 자신의 내면갈등에 치료자를 끌어들이려고 한다. 당신이 이들의 '어버이 자아상태'에 영향을 끼치면, '어린이 자아상태'가 반발할 것이다. 또한 '어린이 자아상태'에 자극을 주면, '어버이 자아상태'가 트집을 부려 올 것이다. 장난과 같은 접근은 갈등을 유희로 만들 수 있고, 이들의 에너지를 자유롭게 발산할 수 있도록 도울 것이다.

양자택일 사고방식에서 탈출한다 이들은 단 두 가지의 선택밖에 없다고 가정하기 때문에 치료의 딜레마에 빠지기 쉽다. 당신은 이 사실에 직면하고, 항상 두 가지 이상의 선택이 있음을 내담자에게 전달할 필요가 있다. 아동기 때 가졌던 이들의 딜레마는 사랑과 자율성이다. 즉, '만일 내가 하고 싶은 대로 한다면, 나는 사랑을 잃게 될 거야. 상대로부터 사랑받기 위해서는 나를 포기해야만 해.'라는 것이다. 이것은 인생의 기본적 입장을 '승산이 없는' 상황으로 보는 것이다. 거기서 이러지도 저러지도 못하는 것이다. 주된 문제는 '분리-개별화'다.

살기 위해서 갈등할 필요가 없다는 것을 깨닫도록 도와준다 이들은 자신의 욕구를 충족시키기 위해서 누군가의 도움을 받은 경험이 거의 없다. 또한 이들은 '갈등으로부터 자유롭고 싶다.' '욕구를 충분히 충족시키고 싶다.'고 절실히 바라고 있다. 더욱이 자기 자신을 몰아쳐서는 타인을 이길 수 없다는 사실을 깨달을 필요가 있다. 이들이 현실 생활에서 승리할 수 있는 유일한 방법은 갈등으로부터 자유로워지는 것이다.

'아니야' 라고 직접적으로 말하는 법을 배운다 자율성을 획득하려는 시도, 즉 직접적으로 '아니야' 라고 말하는 것은 아동기 때 무시되었다. 그래서 '수동적인 반항' 이라는 간접적인 방법으로 '아니야' 라고 하는 것이다. 직접적으로 '아니야' 라고 말할 수 있는 자유가 있음을, 그리고 그렇게 해도 상대방은 받아 준다는 것을 체험할 필요가 있다.

자신의 감정을 직접적으로 표현하는 두려움을 없앨 수 있도록 돕는다 수동-공격성 성격적응 유형의 내담자는 자신의 감정을 억누르고 있다. 억누르고 있지 않으면, 폭발해 버리지는 않을까 하고 '어린이 자아상태' 가 두려워하는 것이다. 이들은 감정을 직접적으로 표현할 수 있는 안전한 방법을 배울 필요가 있다. 그 방법으로 자신의 감정을 직접적으로 나타내도, 상대방과 자신 모두 상처받지 않는다는 것을 체험할 필요가 있다.

초기 디스카운트

유희적 반항자는 자신이 무엇을 하고 싶은지를 확실히 하기 위해, '문제에 대해서' 이야기하고 싶어 할 것이다. 이들의 이야기를 우선 들어 보자. 그리고 익살맞은 태도로 대면하며, 양자택일의 딜레마적 사고 방법에서 탈피하도록 도와준다.

이들은 "잘 모르겠습니다." 라고 말하는 경향이 있다. 그리고 '그러나……' 라는 접속사를 아주 빈번히 사용한다. 그때는 "당신이 관여했다면, 어떻게 말했을까요?" 라고 말하는 편이 좋다. '그러나' 대신에 '그리고' 라는 말로 바꾸는 것이 도움이 된다. '그러나' 는 앞의 설명을 '디스카운트' 한다. 반면, '그리고' 는 양쪽에 무게가 실린다. 이들은 욕구불만이나 혼란을 상처받지 않기 위해서 사용한다. 이들의 치료에서 중요한 것은 아동기 때 항상 괴로운 갈등을 경험하고 있었기 때문에 그것으로부터 해방

되어도 완전하다고 느낄 수 있도록 도와주는 것이다. 그리고 그것을 지금 이 순간에 이룰 수 있으며, 현재의 애정이나 도움을 경험할 수 있도록 지지하는 것이다.

치료 축어록: 샐리

샐리(Sally)는 주말 개인성장 워크숍에 참가하였다. 그녀는 자신의 감정으로부터 도망쳐 버리거나 감정을 마비시켜 버리고, 감정을 '약한 것으로' 판단해 버리는 등의 문제를 들었다. 자신이 어떻게 변화하고 싶은가에 대한 계약은 자신의 감정과 접하고 싶다, 두려움으로부터 자유로워지고 싶다, 더욱 편하게 마음을 열어서 다른 사람과 자유롭게 이야기하고 싶다는 것이었다.

밴: 다음은 누가 하고 싶으세요?

샐리: (앞사람의 작업 동안 울고 있었다.) 이번 주말은 감정에 푹 빠지고 싶었어요. (웃음) 그리고 어느 정도 남아 있는지 알 수 없어요. 모두, 저와 같다니…… 부탁 드리고 싶은데, 정말로 혼란스러워요. 혼란스러우면…….

◈ 이것은 수동-공격성 성격적응의 전형적인 수동-공격의 예다. 그녀는 나에게 도와주기를 부탁하지만, 그것은 어려울 것이라고 말하고 있다. 그녀의 '행동'에 나는 유희적으로 응답한다. 그것이 수동-공격성 성격적응의 '개방문'이기 때문이다.

밴: 왜 하고 싶은데요?

샐리: 예?

밴: 왜 하고 싶은데요?

샐리: 그게 저 같으면, 그렇게…… 어렵지 않아요.

밴: 제 경험상, 사람이 혼란스러워하고 있을 때는 실제로 화를 내고 있는 경우가 많아요.

◈ 나는 숨겨져 있는 문제를 확실히 하고자 한다. 수동-공격성 성격적응에서는 그것이

중심적인 문제다. 이들이 화를 내고 있을 때는 각본으로 들어가서 분노를 직접 나타내는 것이 아니라, 즉시 분노를 '라켓감정'인 '혼란'으로 덮어 버린다. 나는 샐리의 '혼란스럽다'는 말에서 나에 대한 분노를 간접적으로 느끼고 있다.

샐리: 아마도…… 전 화를 내고 있어요.

밴: 아주 조금요. (중지를 세워서 혀를 내미는 동작을 하고) '어버이 자아상태'에 대해서 이렇게 하는 것 같은……. (집단 구성원들이 웃는다.)

◈ 그녀와 대결하기보다는 유희적인 방법으로 '어린이 자아상태'에 접촉한다. 그녀는 그것에 반응하고, 슬픔에 대해서 이야기한다.

샐리: 제가 보기에는 부모는 모두 복제인간 같아요. 제 이야기도…… 사실 모두와 같은 이야기이고…… 전 계속해서 울고 있었어요. 한 시간 동안 생각했는데…… 좋은 부모를 가지고 있는 사람은 여기에 올 필요가 없는 거 같아요.

밴: 그럼, 자신을 위해서 무엇을 하고 싶나요?

샐리: 나를 위해서?

◈ 자신에게 이익이 되는 어떤 직접적인 행동을 하고 싶은지를 질문함으로써 계약을 맺는다. 그녀는 놀란 반응을 보인다.

밴: 예.

샐리: 내 일을 먼저 생각한다는 게 어려워요. 아버지가…… 음…….

◈ 나의 질문에 직면하여 대답하는 대신에 수동적으로 반응한다. 그것을 익살맞은 태도로 직면한다.

밴: 빈둥거리는 사람이 여기 한 사람 있네요. (집단 구성원들이 웃는다.) 반항하는 어린이를 잡았어요! (집단 구성원들이 웃는다.)

샐리: (웃으면서) 저의 반항하는 어린이는 안 보여요.

◈ 나는 그녀의 잠재적인 수동-공격행동을 계속해서 명확히 한다. 익살맞거나 장난기 어린 행동을 취한다. '어른 자아'로 분석을 한다면, 그녀는 더욱 강하게 저항할 뿐이다.

샐리: 제가 정말로 가장 하고 싶은 것 중의 하나는 '자연스러운 어린이 자아상태'를 되찾는 거예요. 왜냐하면 언제나 심각해지거나, 책임을 져야만 한다거나, 언제나 남을 돌봐야 한다는 게 지긋지긋해요. 전, 이 워크숍이 끝났을 때를 계속 생각하고 있어서…… 어떤 의미로는 걱정하고 있고…… 저 없이도 모두가 제대로 돌아간다면, 저는 필요 없다는 게…… 그게 두려워요.

◈ 이것은 부부관계나 가족관계에서 일어나는 수동-공격성 성격적응에서 중요한 문제다. 이들은 자신이 필요하지 않다는 것을 두려워하며, 다른 사람이 떠나가는 것을 두려워하고 있다. 이것이 이들을 사로잡고 있는 양자택일적인 딜레마의 한 예다. 나는 샐리에게 "이것 아니면 저것이라는 사고방식이네요." 하고 반응한다.

밴: 그런데 모두가 당신을 필요로 하고 있지 않더라도 당신이 있어 주었으면 한다고 보이는데, 그건 어떻게 생각해요?

샐리: 그렇다면 괜찮겠지만요.

밴: 누군가 신경 쓰이는 사람이 있나요?

샐리: 남편이요.

밴: 좋아요. 그를 여기로 데려오세요. (그녀 앞에 빈 의자를 놓고) 그의 이름은? 성만이라도…….

샐리: 이거 꼭 해야 되나요?

◈ 단순한 지시가 유희적 반항자에게는 가끔 명령으로 들린다. 다시, 나는 익살맞은 태도로 내 지시에 꼭 따를 필요가 없음을 확실하게 말한다.

밴: (익살맞은 태도로) 잠깐, 그를 이쪽으로 오게 하죠. 그리고 검토해 보죠.

샐리: 좋아요.

밴: 하고 싶지 않다면 어쩔 수 없지만…….

샐리: 해야만 한다고 생각하고 싶지 않아요. 프레드.

밴: (반복적으로) '프레드, 프레드.' 남편에게 "내가 필요하지 않아도 같이 살고 싶어요?"라고 물어보시겠어요?

◈ 이 회기의 목적은 '어른 자아'에 대한 '오염'을 해제하는 것이다. 하지만 다음의 샐리의 한마디는 '어린이 자아상태'에서 나온 것이다. '한 발자국 앞'으로 앞서 나가서, 수동-공격성 성격적응의 준거 틀에 따르고 있다.

샐리: 그는 그럴 거라고 말할 거예요.

밴: 믿어요?

샐리: 믿고 싶지만…….

◈ 전형적인 수동-공격성 성격적응의 한 방식이다. 나의 질문을 '믿는다'에서 '믿고 싶다'로 재정의하는 것이다.

밴: 믿어요?

샐리: (한숨) 왜 그가 저를 필요로 하고 있는지 알 수 없어요.

◈ 한숨은 전형적인 수동-공격성 성격적응의 행동이다. '희생자'의 입장에 서 있음을 간접적으로 나타내고 있는 것이다. 여기서 그녀는 나의 질문에 답하고 있지 않다. 나는 이 부분을 장난스러운 태도로 명확히 한다.

밴: "당신의 질문에 대답할까 봐? 나를 대답하게 할 수는 없어!"라고 말해 보세요. (혀를 내밀어 보인다. 집단 구성원들이 웃는다.) 어린이 자아상태를 가지고 있지 않은 사람에게 아주 효과적이네요! (집단 구성원들이 웃는다.)

◈ 수동-공격성 성격적응이 '순응하는 어린이 자아상태'로 있을 때, '반항하는 어린이 자아상태'를 통해서 '자연스러운 어린이 자아상태'로 이행하도록 돕는 방법이 있다. 이들은 아동기 때 반항하는 것을 허락받지 못했다. 지금-여기에서 반항을 안전하게

체험해 봄으로써 '자연스러운 어린이 자아상태'로 이행하여 즐길 수 있게 된다. 이것이 익살맞은 태도로 '반항적인 어린이 자아상태'에 '스크로크'를 한다는 의미다.

샐리: 저는 완고해요. (집단 구성원들이 웃는다.) 그건 확실해요. 고집쟁이인 어린이 자아상태보다는 즐거운 어린이 자아상태를 원해요.

◈ 샐리가 "나는 완고하다."라고 한 것은 그녀의 '오염'으로부터 해방된 것을 의미한다. 나는 이 움직임을 강화하기 위해서 돕는다.

밴: 당신의 그 부분을 즐기는 건 어때요? 멋져요. '반항적인 어린이 자아상태'를 즐기는 건 어때요?

◈ 예전에 부모에게 허락받지 못했던 '반항적인 어린이 자아상태'의 부분을 소중하게 함으로써 그녀가 부모와의 싸움과 마찬가지로, 자신의 내면과 싸울 필요가 없음을 깨닫도록 지지한다.

샐리: 예. (끄덕이며 웃는다.) 그 부분을 잘 모르겠네요. 남편에게…… 제가 필요하냐고, 소중하냐고 물으면…… 그는, "응." 이렇게 대답해요.

밴: '혼란스럽다.'라고 말하는 대신에 (중지를 세우며, 혀를 내미는 몸동작을 하고……) 이렇게 할 수도 있지요. (집단 구성원들이 웃는다.)

◈ 그녀는 나에게 수동적으로 반항적인 태도를 계속 취하고 있다. 그래서 나는 유희적으로 그녀의 행동의 의미를 계속해서 명확히 하고 있다.

샐리: 그런 건 잘 못해요. 전 못해요. 전 그런 걸 하지 않아요. (그러고는 중지를 세우고, 혀를 내민다. 그녀도 웃고, 모두 웃는다. 집단 구성원들은 그녀를 따듯하게 지켜본다.)

밴: (웃으면서) 기를 쓰고 있지는 않는 것 같네요! 자연스러워지는 것 같아요! (집단 구성원들이 웃는다.) 당신은 부모에게 이렇게 하는 걸 허락받지 못했기 때문이 아닌가요? 그런 게 아닌가요?

샐리: 예. 해 본 적이 없어요.

밴: 당신의 일부가 지하에 숨어 있어야만 했네요.

◈ 나는 그녀의 수동-공격 행동의 근원을 명확히 한다. 그녀는 아동기 때 직접적으로 화를 내면 어떻게 되는지를 설명하기 시작한다. 아동기 때 취한 행동은 의미가 있었다고 긍정하면서 치료자를 자기편 사람이라고 생각한다. 긍정적인 느낌을 가지면, 상대에 대해서 겉도는 행동을 취하지 않게 된다. 간접적으로 화를 내는 것이 아니라, 직접적으로 화를 내도록 하는 것이 수동-공격성 성격적응의 치료에서 중요한 요소다.

샐리: 정말이네요. 전, 집에서 떨고 있었어요. 다른 가정에서도 그렇지만, 아버지가 언제나 화를 내고, 소리를 지르고 있었으니까요. 아버지는 어머니를 때렸어요. 그리고 음…… 그가 한 짓은…… 저희 모두에게 언어폭력을 휘둘렀어요. 어머니는 아버지를 향해 '살인자'라고 곧잘 말하곤 했어요. 태어났을 때부터 5년 동안…… 잘 기억은 나지 않지만…… 아버지는…… 저는 전쟁이 발발한 바로 그 해에 태어났어요. 그러니까 아버지는 없고, 저희는 할머니한테 이사를 갔지요. 하지만 다섯 살 이후는 기억하고 있어요. '살인자'라는 말을 자주 들었어요. 이건 뭐가 있는 거라고 알고 있었지만, 어린 마음에 어머니가 누군가를 죽이고 싶어한다는 걸 느끼고 있었어요. 어머니가 이 상황을 참고 견딜 수밖에 없었던 이유는 그것밖에 없었어요. 두려움이었어요. 아버지는 어머니를 위협했어요. 어린아이인 제가 어떻게 이런 생각을 가지게 되었는지는 모르지만, 아버지는 "어머니가 한 일을 네게 말해 주마."라고 계속 겁을 주면서, 제가 열두 살 때 말했어요. 어머니는 임신중절을 했다고…… 그리고 열두 살짜리 소녀는…… (뒤에 기대어, 정말로 안심한 것 같은 몸동작을 한다.) 중절의 의미를 제대로 이해했는지 어떤지 알지 못했지만…… 정말로 전 안심했어요.

밴: 그렇겠군요.

샐리: 왜냐하면 어머니가 총이나 다른 뭔가로 사람을 죽인 것은 아니었다고…… 그러니까, 아버지가 기대하고 있던 반응을 전 하지 않았어요. 하지만, 음…… 아버지가 한 일은 어머니에게 상처를 주는 거였죠.

◈ 여기서 그녀는 아버지가 어떻게, 몇 년 동안이나 겁을 주었는지를 설명하여 간접적

인 수동-공격성 성격적응의 모습을 보여 주고 있다. 나는 아동기 때 내린 결단의 결정적인 의도를 평가한다.

밴: 그러니까 당신의 분노를 지하에 묻어 버려야만 했었군요.

샐리: 그래요. 저는 언제나…… 저는 이해할 수 없었지만…… 으~음…… 왜 같이 있었을까요? 저, 자신만으로 어린아이를 키우는 게…… 필시 경제적인 문제로…… 저는 항상 어머니한테 말했어요. "크면, 어머니를 보살필 거예요."라고. 하지만 성장했을 때 그렇게 하지 않았죠. 전…… 전…… 잘 모르겠어요. 십 대가 되었을 때, 어머니한테…… 전 초조함을 느끼기 시작했어요. 집에서 나가고 싶었어요. 집에도 그다지 있질 않았어요. 저에게는 친구가 있었고, 그래서 집을 나왔어요. 나쁜 일로부터 도망치기 위해서…….

밴: 똑똑했군요. 워크숍 이틀 동안 자신의 분노를 직접 나타낼 뭔가 재미있는 방법을 찾아보면 어떨까요?

◈ 아동기 때 안전하지 못했기 때문에 할 수 없었던 것을 지금 하도록 권유한다. 어린 시절 때때로 지하에 숨겨 놓은 채로 있는 그 부분을 두려워하는 게 아니라, 오히려 재미있는 방법으로 나타날 수 있도록 말이다. 현재는 자신의 분노나 힘을 직접적으로 표현해도 괜찮다(OK)는 경험을 해 봄으로써 현재의 문제 해결로 직접 다가선다.

샐리: 우는 것보다 나을 것 같네요. (웃음)

밴: 그럴지도 모르겠네요. 여기 있는 누군가에게 "무엇 무엇을 해 주세요."라고 말해 달라고 부탁하고, 당신은 "싫어, 안 할 거야. 나한테 시키지 마!"(혀를 내민다.)라고 말하는 건 어때요? (집단 구성원들이 웃는다.)

샐리: (웃음) 나 참, 이게 다 뭔지…….

밴: 기꺼이 하고 싶다는 뜻은 아닌가요?

샐리: 예, 꼭 그러네요. (아직 웃고 있다.)

밴: 좋아요!

샐리: 잃을 것은 아무것도 없어요. 아마도요. (집단의 여러 사람에게 '무엇 무엇을 해 주세요.'라고 말해 달라고 부탁하고, 그것에 대해 "싫어요, 나에게 시키지 마세요!"라

고 말한다. 그리고 혀를 내민다. 그녀의 희한한 태도를 집단 구성원들도 함께 즐기고 있다.)

밴: 그렇게 하면서 어떤 느낌을 받았죠?

샐리: "싫어!"라고 말하는 건 기분이 좋네요. 그런데 "싫어!"라고 말하는 데 익숙하진 않아요. 전 "예스맨"이에요.

◈ 샐리의 마지막 진행형의 말은 밥 굴딩(Bob Goulding)이 말하는 '숨겨진 함정(closing con)'이다. 그녀의 '어린이 자아상태'가 변화를 두려워하고 있다. 그래서 변하기 전의 자신('예스맨')을 말하고 있는 것이다. 그녀의 '어린이 자아상태'는 내가 무언가의 방법으로 자신을 납득시켜 주기를 기대한다. '숨겨진 함정'을 논평(meta-commenting)하는 대신에, 나는 단순하게 그녀의 새로운 행동에 초점을 맞추어 그것을 계속하도록 권한다.

밴: 그럼, 여기서 앞으로 이틀 동안 해 보시겠어요?

샐리: 예…… 그런데 저는 "싫어!"라고 말해야만 해요. (집단 구성원들이 웃는다.)

밴: 똑똑하군요! 즐겨 보세요.

샐리: 좋아요.

밴: 좋았어요.

◈ 샐리의 작업이 성공적이었기 때문에, 일단 중단하고 새로운 행동을 즐길 시간을 주고자 한다. 왜냐하면 그녀는 경험이 많지 않기 때문이다. 일단 그녀가 분노와 '아니야'라고 말하는 데 익숙해지면, 그녀의 욕구를 충족시키는 직접적인 에너지를 사용하도록 도와줄 것이다.

샐리: 아마, 내일 조금 더 할 수 있겠는데요.

밴: 예, 당신이 그렇게 하고 싶으시다면 하지요. 전에 했던 것을 해 보고, 무얼 느꼈는지를 듣고 싶네요. (집단 구성원들이 웃는다.)

샐리: 오늘 밤에 무슨 문제가 있을라고! (집단 구성원들이 웃는다.)

◈ 다음 날 집단치료에서 샐리는 여러 사람에게 "싫어!"라고 말하는 것이 재미있다고 보고하였다. 집단 구성원들은 여러 가지 일을 샐리에게 계속 주문하였다. 그녀는 그 때부터 부모를 앞에 놓고 딱딱한 배트로 의자를 두들겨 분노를 직접적으로 나타내는 작업을 하였다. 이 과정에서 자신의 힘을 되찾았고, 괜찮다(OK)는 느낌을 받았으며, "아버지가 무얼 말하든지 난 그대로인 내가 좋다."고 다른 집단 구성원에게 말하며 확신을 강화하였다. 성공적인 작업을 통해 자신의 힘을 간접적이 아닌 직접적으로 사용함으로써 자신이 무엇을 하고 싶은지를 명확히 하였다.

요 약

수동-공격성 성격적응 유형은 아동기 때, 이러지도 저러지도 못하는 상태였다. 힘 싸움에서 밀려 자신이 하고 싶어하는 모든 것을 하지 못할 것이라고 믿고 있었기 때문이다. 직접적인 욕구 표현을 하지 못함으로써, 결과적으로 일들을 더욱 복잡하게 만들어 버렸다.

이들은 현재 자신의 욕구를 충족시키기 위해서, 타인이 협력해 준다는 것과 살아남기 위해서 이젠 싸움을 하지 않아도 된다는 것을 배울 필요가 있다. 존재 그 자체로 괜찮으며(OK), '무엇 무엇을 해야만 한다.'가 아니라, '무엇 무엇을 하고 싶다.'는 생각으로 일을 진행해도 괜찮다는 것을 경험할 필요가 있다.

나는 이 과정을 샐리가 훌륭하게 보여 주었다고 생각한다. 처음에는 수동적 형태를 보여 주었다. 분노를 직접 나타내는 것이 아니라 간접적으로 나타내고 있었다. 나는 즉시 그녀와 대결하기보다 유희적으로 그녀와 접촉하였다. 이렇게 함으로써 그녀 속의 '비판적 어버이 자아상태'에서 벗어나 유희적인 에너지를 발생시킬 수 있었다. 익살스럽게 굴면서 직접적으로 '반항적인 어린이 자아상태'를 표현하도록 유도하였다.

일단 직접적으로 반항해 보고 그래도 괜찮다는 경험을 해 본 뒤, 용기를 얻어 부모에게 직접적으로 분노를 터뜨렸다. 그러자 항상 마음속에 자리 잡고 있었던 갈등으로부터 자유로워졌고, 자신의 욕구에 정직해질 수 있게 되었다. 이런 과정을 통하여, 샐리와 같은 수동-공격성 성격적응에게는 인생이 고통이 아닌 즐거운 곳으로 인식될 수 있을 것이다.

24

반사회성 성격적응 유형 내담자:
진정한 자신이 되기

반사회성 성격적응, 즉 매력적 조작자는 카리스마를 지닌 활력이 넘치는 수완가다. 말주변이 화려하고, 설득력이 있으며, 사물을 다루는 데도 능숙하다. 대부분의 사람이 '시련을 겪고 있는' 상황일지라도 매력적 조작자는 수월한 방법을 찾아낸다. 주변 사람은 이들의 존재감이나 능숙함에 감탄하곤 한다.

사교적인 측면에서 이들이 가장 중요시하는 것은 두근거림이다. 재미있는 것이 있으면, 이들은 바로 그것을 향해 나아간다. 이런 점은 열정적 과잉 반응자와 비슷하다. 하지만 아무것도 재미가 없으면 방 안에 틀어박히기가 쉽다. 이런 점에서는 창의적 몽상가와 비슷하다고 말할 수 있다. 만일 당신이 매력적 조작자와 친해져야 한다면, 가장 좋은 방법은 이들의 조작적인 행동을 알아채고 이를 함께 즐기는 것이다.

반사회성 성격적응 유형의 사람이 치료를 위해 당신을 방문한다면, 이들은 주변 사람에 의해 어쩔 수 없이 왔다고 말할 것이다. 예를 들면, 이들의 배우자가 '변하지 않으면' 헤어질 거라고 겁을 주어서 온 경우다. 이들은 이것저것 꾸며서 상황을 조작하기 때문에 주변 사람은 이에 휘둘려 상당한 피로에 젖어 있는 경우가 많다.

반사회성 성격적응 유형 내담자는 치료 초기에 자신의 상대를 걸려들게 하기 위해 행동할 것이다. 때로는 치료자를 필사적으로 걸고 넘어지려고 한다. 치료자가 걸려들지 않는다는 것을 깨닫게 되면, 이들은 내면에 존재해 있던 두려움이나 슬픔을 느끼기 시작할 것이다. 이러한 감정은 조작적인 행동의 밑에 숨어 있는 것들이다. 이와 같이 이들의 '감정'과 '행동'이 통합되어 감에 따라 이들의 '사고'는 변한다. 타인을 앞지르거나 바보 취급하는 데에 사고를 사용하는 것이 아니라, 자신의 현실적인 목표를 관철하기 위해서 '어른 자아'의 사고를 하기 시작한다. 반사회성 성격적응의 가장 기본적인 변화는 남을 조정하려는 '조작적인 행태'를 포기하고 진정한 자신이 되는 것이다.

반사회성 성격적응 유형 내담자를 치료하는 데 핵심이 되는 주제

솔직하기보다 이들이 함정에 걸려들게 하려는 태도를 명확히 한다 반사회성 성격적응은 치료자에게 "당신은 어떤 자격을 가지고 있나요?"라고 물어보면서 치료자의 기를 꺾으려 할지도 모른다. 이때 "당신은 치료받으러 오면서, 치료자의 배경을 조사하지 않았다는 건가요?"라고 장난스러운 태도로 받아치는 것이 중요하다. 그러면 이들은 웃을 것이고, 쉽게 치료자를 앞지를 수 없다는 점을 인정하며 치료자에게 조심스럽게 접근할 것이다. 이들은 '잡을 수 있으면 잡아 봐!'라는 심리게임을 한다. 치료자는 '작은 교수(어린이 자아상태 속의 어른 자아)'에 더하여, '어른 자아'를 사용해야만 한다. 왜냐하면 게임을 예측할 수 있으므로, 그들보다 앞서 가야 하기 때문이다. 이들이 어떻게 하려는지를 예측하고, 그러기 전에 한발 앞서서 대처해야 한다. 그러면 이들은 놀랄 것이다. 반사회성 성격적응은 책략에 걸려들지 않는 당신의 현명함에 감탄할 것이다. 어떻게 걸려들지 않았는지를 알기 위해서, 이들은 당신의 곁에 계속 있으려 할 것이다.

이들은 자신이 무엇을 하고 있는지를 보게 됨으로써 솔직해질 수밖에 없다. 그리고 자신의 진정한 욕구를 충족시키려면 성실하고 진실해져야만 한다는 것을 깨닫게 된다.

매력적 조작자는 자기 자신이 아니라 당신에게 자신의 문제를 해결하도록 유도할 것이다. 이들은 그렇게 만들기 위해서 여러 가지 수단을 강구할 것이다. 당신은 끌려

다니지 않고, 큰 안목에서 이들을 움직여야만 한다. 이들은 당신이 쉽게 걸려들지 않는다는 것을 알게 되면서, 그리고 당신이 자신의 욕구 충족을 위해 진심으로 도와주는 모습을 보면서, 당신을 신뢰하고 시종일관 협력적인 태도로 당신 곁에 머물 것이다.

신뢰관계를 구축한다 반사회성 성격적응은 당신이 걸려들지 않는다는 것을 알게 되었을 때, 당신이 자신에게 무언가를 제공해 줄 수 있는 사람이라고 믿기 시작한다. 하지만 당신의 신용을 떨어뜨리기 위해, 어딘가의 약점을 찾아내려고 당신을 계속 시험할 것이다. 이들은 한 번 신용하였고, 그리고 배신당하였다. 이들은 다시는 그런 일이 일어나지 않게 하기 위해 필사적이다. 이들의 신용을 얻기 위해서는 많은 시간이 필요하다. 그러기 위해서는 언제나 안정되어 있고 신뢰할 수 있는 존재가 될 필요가 있다. 안심할 수 있는 소속감이나 사람과의 두터운 연대감은 이들에게 있어서 첫 체험일지 모른다.

반사회적 행동을 멈추도록 직면한다 대부분의 반사회성 성격적응은 자기 자신이나 타인의 인생을 파괴할 것 같은 일을 한다. 이들의 그런 행동을 '그만두게 하는 것'은 반사회적 행동을 그만두게 한다는 의미가 있다. 직접적인 방법으로 자신의 욕구를 충족시키는 기술을 배울 필요가 있다. 이들로 인해 받은 상처를 다른 사람이 받지 않도록 수정하는 것이다. 인생이란 자신의 욕구를 충족시키기 위해서 타인과 협조하는 것이 필요한 것임을 배워야만 한다. 또한 장기적인 관점에서는 자신의 욕구를 만족시키기 위해서 타인이 협력해 준다는 경험을 해 보는 것이 중요하다. 그리고 비록 부모는 그렇지 못했지만, 타인은 도움이 된다는 사실을 경험하는 것도 중요하다.

자신을 현재 있는 그대로 나타낼 수 있도록 돕는다 반사회성 성격적응은 미처 자기도 모르는 사이에, 자신의 감정이나 욕구를 현재에 다루지 않고 아동기 때 버려진 것처럼 방치하는 경향이 있다. 현실 속에서 '어른 자아'는 아무도 버려지지 않는다는 사실을 알 필요가 있다. 왜냐하면 '어린이 자아상태'는 그렇게 하지 않았지만, '어른 자아'로서의 지금은 타인을 이해할 수 있는 힘과 자원을 가지고 있기 때문이다.

감정은 자신이 무엇을 필요로 하고 있는지를 알려 준다. 자신의 감정에 충실함으로써 자신의 욕구가 무엇인지를 알고, 그 욕구를 충족시키기 위해서 어떤 행동을 취해야 좋을지를 배워야 한다. 성장을 하면서, 자신의 '어린이 자아상태'에 따르는 것과 지금의 자기 자신을 소중히 하는 법을 배운다. 이것은 원래 부모가 그렇게 해 주어야 했던 것이지만, 어떤 이유로든 그렇게 되지 못한 것이다. 어떤 사람이라도 상처받기가 쉽다는 사실을 깨달을 필요가 있다. 즉, 개중에 어떤 사람은 강한 척하고 있을 뿐이다.

잃어버린 것을 충분히 슬퍼할 수 있도록 돕는다 반사회성 성격적응은 '필요하지 않은 것은 아무리 추구해도 채워지지 않는다.'는 것을 깨달을 필요가 있다. 어떤 복수를 하더라도 '사랑받고 싶었다.' 또는 '사랑하고 싶었다.'라는 부분을 채울 수 없다. 긴 안목으로 보면 타인의 관계를 통해 자신의 욕구를 채워 가는 것이 복수를 하는 것보다 큰 만족을 얻을 수 있다. 과거에 잃어버린 것에 대한 추도 작업이 필요하고, 복수를 해야 한다는 공상에서 빠져나올 필요도 있다.

초기 디스카운트

매력적 조작자는 타인을 '함정(con)'에 빠뜨리려 한다. 하지만 자신은 상대에게 성실하고 거짓 없는 사람으로 남으려고 조작한다. 이들은 솔직하기보다는 '척'을 한다거나 '연기'를 하려 할 것이다. 또한 극적인 상황이나 흥분을 만들어 내기 위해 '잡을 수 있으면 잡아 봐!'라는 심리적 게임을 한다. 질문에 대해서는 변죽만 울리게 대답한다. 그래서 이들은 실제로 피해가 될 때에만 질문에 대답하는 것처럼 보인다. 이렇게 옆길로 새는 반응 때문에, 타인은 이들을 파악하고 확실한 대답을 듣는 데 애를 먹는다. 한편, 반사회성 성격적응 유형은 상대의 의표를 찔러서 타인보다 한발 앞서 가려고 한다. 정치가의 인터뷰에서(많은 정치가는 반사회성 성격적응 유형이다.) 이러한 상호작용이 잘 발견된다. 반사회성 성격적응 내담자가 하고 있는 것을 확실히 하려고 생각한다면, 익살스러운 태도로 다음과 같이 말하는 것이 좋을 것이다. "당신은 어린 시절에 '숨바꼭질'을 잘했겠군요." 그러면 내담자는 당신이 쉽게 걸려들지 않을 것이라고 생각하기 시작한다.

반사회성 성격적응은 슬픔이나 두려움 등의 상처받기 쉬운 감정을 숨기기 위해서 '분노'나 '혼란'을 사용한다. 중요한 것은 이들과의 사이에서 신뢰를 쌓는 것이다. 그렇게 하면, 이들은 당신 앞에서 약한 자신의 모습을 보일 것이다. 그러고 나서야 이들은 자신의 진정한 욕구를 채워 나가기 시작할 것이다. 이들은 아동기 때 어른으로부터 버림받은 그 경험을 재현하지 않아도 된다. 신뢰를 쌓아 감에 따라 이들은 괴로워하지 않으며, '연약한 인간'의 대열에 합류할 수 있을 것이다.

치료 축어록: 앤디

앤디(Andy)는 주말에 있는 자기성장 워크숍에 참가하였다. 그는 자신에 대해서 상당히 비판적이고 화를 내고 있었으며, 욕구불만에 얽매여 있었다. 게다가 지금까지 몇 번이고 같은 일을 반복해 왔다. 자신과 타인에게 마음을 열어서 자기 자신을 받아들이고, 좋은 느낌으로 타인을 대하고 싶다고 하였다.

밴: 좋아요, 다음은 누구죠?

앤디: 음…… 조(다른 참가자), 혹시 괜찮다면…… 당신이 가장 마지막에…… 저는 각오가 되어 있으니까요. (그는 칠판 쪽으로 가서, 비탄에 관한 다이어그램에 대해서 이야기를 꺼냈다.) 처음에 저는…… 가능한지 어떤지 알 수 없지만…… 앞으로 나아가고 싶다고 생각했어요. 여기서 '자연스러운 어린이 자아상태'의 욕구란 보통의 욕구인가요?

◈ 이것은 반사회성 성격적응이 누군가와 경쟁을 하고자 할 때 보여 주는 적극적인 공격행동의 전형이다. 그는 단순히 다음은 자기가 하고 싶다고 말하지 않고, 다른 구성원이 마지막에 해야 한다고 말한다. 나는 이 작은 사건과 직면할 수 있었지만, 지금은 직면을 피하고, 앤디가 지금부터 무엇을 말할 것인지를 듣기로 한다.

밴: (끄덕이면서) '자연스러운 어린이 자아상태'의 욕구입니다.

앤디: 하지만, 어릴 때부터 있는…….

밴: 그래요.

앤디: 한 가지 하고 싶은 게 있는데요. 이 부분은 안 하면 안 될까요? (즉, 비탄이나 감정을 통해 작업을 하는 것) 이 부분은 안 하고 싶은데…… (그와 다른 참가자가 웃는다.) 제 생각에는…… 그렇게 하는 편이 편할 것 같다고 생각되요.

◈ 이것은 '함정'의 예다. 그는 감정을 사용하지 않고 작업을 하고 싶다고 말한다. 나는 바로 그 함정에 직면한다. 그는 자신이 상처받기 쉬운 상태가 되고 싶지 않기 때문에 자신의 감정을 무시하고 싶어 한다.

밴: 이런 모습이 당신이 인생에서 계속해 온 일이라고 생각해요. (집단 구성원들이 웃자 그도 웃고, 끄덕인다.) 그러니까 감정을 어쩌지도 못한 채, 좌절된 채로 있는 거라 생각해요.

◈ 하지만 앤디는 나를 무시하고, 다른 곳으로 움직인다.

앤디: 처음에 집단 멤버 한 사람 한 사람이 제게 해 주신 일들에 대해 감사하고 싶어요. (그는 한 사람 한 사람, 상담에 참가한 사람들에게 가서, 상담을 통해 여러 가지를 얼마나 배웠는지 말하며 돌아다녔다.)
(밴에게) 아주 소중한 일이라고 느끼고 있는 것들을 적어 보았어요. 이 소중한 것은 아직 제게는 마음에 걸려서…… 그래서 저희는…… 선생님이 좋다고 생각하는 방법으로 작업을 해 주세요. 그것을 위해서 여러 가지 이야기를 합시다.

◈ 이것도 '함정'이다. 그는 집단을 조작하려고 하고 있다. 자신이 하고자 하는 작업의 책임을 나에게 돌림으로써, 내가 그의 작업에 더욱 에너지를 투자할 것이라고 생각한다. 이런 방법으로 자신의 영향력을 행사하려고 한다. 나는 그에게 책임을 돌릴 수 있도록 직면한다.

밴: 내가 생각하기에는 중요한 것은 당신이 자신을 위해서 무엇을 바꾸고 싶은지가 중요하다고 생각해요.

앤디: 저는 원래로 돌아가고 싶다는 생각을 해서…… 으~음…… 모두가 작업을 했는데, 그런 문제 중에 몇 가지를 작업한다고…… 제 일부에서는 과잉반응이라고…….

◈ 이것은 함정문('~ 하고 싶다고 생각……')이다. 이것은 내게 자신을 대신해서 결정하도록 하는 것이다. 나는 다시 이 '함정문'과 대결한다. 그의 '어린이 자아상태'에 장난조로 접촉한다.

밴: 확신을 가지는 건 어때요?

앤디: 확신?

밴: 예, 당신이 하고 싶은 것에 대해…… 저한테는 '당신이 그렇게 하고 싶다고 생각하지만…….'이라고 들리는데요.

앤디: 아아, 그렇군요. 원래로 돌아가서 제가 작업을 하고 싶은 건…… 제가 준비가 되어 있는지 어떤지 잘 알지는 못하겠지만…… 어떻게 될지 해 보죠. 하지만 어떨지…….

◈ 다시, 그는 자신이 결정하기보다는 내가 결정하도록 꾸미고 있다. 그는 자신이 여기에서 무엇을 하고 싶은지를 확실히 말하기 전에 '작업을 시작해 봐라!'라고 넌지시 유혹하고 있는 것이다. 이것은 '나한테 뭔가를 해 봐!' 또는 '잡을 수 있으면, 잡아 봐!'라는 심리적 게임이다. 그리고 내가 이 게임에 응하게 되면, 나는 그를 계속 쫓아다니다가 좌절로 끝을 맺을 게 뻔하다. 나는 다시 직면한다.

밴: 음…… 저는 당신 자신이 최종적으로 어떻게 되고 싶은지가 확실해질 때까지, 난 어느 쪽으로도 가지 않아요. 당신은 자신을 위해서 어떻게 변하고 싶나요? 여기서 작업을 한 결과 지금까지와는 어떻게 다른 식으로 살고 싶은가요?

앤디: 지금 있는 그대로의 나 자신을 받아들이고 싶어요. 새삼스럽게 뭔가 새로운 걸 내 인생에 더하고 싶지는 않아요. 자신에게 뭔가를 더하는 게 아닌…… 혹은 뭔가를 버리는 것이 아니라 있는 그대로의 나를 받아들이고 싶어요.

◈ 이때의 '함정'은 자신이 원하는 것을 할 수 있는 능력이 없다는 것이다. 나는 이것에 직면한다. 우리는 이미 신뢰가 생겼으므로 나는 의사소통의 방법을 바꾼다. 나는 그의 장난스러운 '어린이 자아상태'에 접근하지 않고, 대신에 현실에 있는 '어른 자아'에 접촉한다.

밴: 당신에겐 그 능력이 있어요.

◈ 앤디는 나의 직면에 반응하여 자아상태를 바꾼다.

앤디: 그러네요. 그렇다고 생각해요.

밴: 그렇게 하고 싶으세요?

앤디: 예.

밴: 현재, 무엇이 당신의 그것을 못하게 방해하고 있나요?

앤디: 어…… 합리화 때문에…… 지성 때문에…… 어…… 두려움 때문에…… 억제된 분노 때문이랄까?

◈ 그는 다시 한 번 진정한 자신의 모습을 나타내지 않기 위해 치료에 관련된 전문용어를 구사하기 시작한다. 나는 이것을 '어린이 자아상태'의 의미로 해석한다. 이것은 지금까지의 교류 속에서 보인 것처럼, 아주 조금이라도 각본에서 벗어나는 것에 대한 두려움 때문이다. 그래서 나는 본래의 자세로 돌아가 직면한다. 진정한 자신과 접하는 것이 아니라 연기하는 모습으로 장난스럽게 접촉한다.

밴: 나는 그런 건 전혀 몰라요. 당신은 의미를 전부 알고 있을지 모르겠지만 난 알 수가 없어요. 당신이 연기하고 있다는 느낌이 들지만…… 여러 일을 나열하고 있지만…… 나에겐 실제로, 당신이 무엇을 말하고 싶어 하는지 잘 모르겠어요. 당신은 숨바꼭질의 명인이라고 생각해요.

앤디: (상당히 진지하게) 예, 그래요. (잠시 사이를 두고)

◈ 이때, 앤디는 나의 직면을 '어른 자아'로 받아들인다. 지금 그의 마음은 나와 맥을같이하고 있다.

밴: 언제, 남을 신용할 수 없다고 결정했죠?

◈ 여기서 나는 직접적으로 문제를 다루기 위해 그의 행동에 확실히 직면한다.

앤디: (한숨) 알 수 없어요. 언제 내가 남을 믿을 수 없다고 결정했는지를 잘 모르겠어요. 하지만, 필시 제 인생의…… 아주 이른 시기였다고 생각해요.

밴: 음…… 당신은 자신이 하고 싶은 것을 손에 넣을 수 없다고 생각해서, 그 대신에 이런 연기를 해 왔었던 거군요. 그 가지고 싶은 게 뭐죠?

앤디: 예, 수용입니다.

◈ 그는 자신의 함정행동과 직면하여 점차 있는 그대로의 자신으로 변하기 시작한다.

밴: 누구로부터?

앤디: 부모로부터…… 모두로부터…… 주로 부모로부터…… 제 조부모로부터…….

◈ 나는 아동기 때·부모가 받아 주지 않을 거라는 두려움 때문에 자녀가 '도피'하는 것은 일리가 있다고 생각한다. 이것은 각본행동의 긍정적인 방향의 예다.

밴: 그들이 당신을 받아들이지 않는다고 어떻게 경험하게 되었지요?

앤디: (잠시 사이를 두고) 과거의 내 존재에 대해서 비난을 받아서…… 제가 한 행동이 아니라…… 과거 내 존재에 대해서 비난받았을 때요.

밴: 그래서 결과적으로 자신 자신에게 뭐라고 말했나요?

◈ 내담자가 자기 자신을 지키기 위해서 결심한 '조기결단'에 접근한다. 그의 '조기결단'은 자신이 버려졌다는 아픔을 대처하려고 하는, 반사회성 성격적응의 전형적인 예다. 즉, 자기 자신의 감정을 버리는 것이다.

앤디: 저는 내 안으로 들어가 버려요. 그런 걸 느끼지 않아도 되도록…… 그런데 너무 괴로웠어요. 거부된 느낌이라든지…… 버려졌다는 기분이…… 거부된 느낌이나 버려진

느낌이 들지 않았으면 좋겠어요.

밴: 그 대신에? 당신은 무엇을 하나요?

앤디: 뭔가…… 나에게는 잘못된 부분이 있는 게 틀림없다고 생각했지요. "젠장, 필시 내가 받아들여지지 않을…… 나는 뭔가 잘못된 게 틀림없어. 부모님이 잘못하는 일 따윈 없어…… 내 모든 것과 같은 사람이 잘못을 할 리가 없어. 이건 내 문제야."

◈ 이것은 '나는 괜찮지 않다. 당신 때문에…….'라는 입장의 예다. 즉, 조작을 하기 위해 '척'하는 것이다. 다른 말로 바꾸면, 어린이는 '나는 괜찮지 않다'라는 연기를 통해서 부모를 조작하기 시작하는 것이다.

밴: 아직 있지요?

앤디: 무슨 말이죠?

밴: 음…….

앤디: 난 겁을 먹고 있어요. 나를 닫아 버렸어요. 난 여러 가지를 두려워하고 있어요. 어쩐지…… 나는 가치가 없는 것처럼 느껴질지도…… 받아들일 가치가 없다고 말이에요. 왠지는 모르지만…… 그저 단순히 난 받아들이지 않을 거라는 생각이 들어요.

밴: 그래서 당신은, 만일 부모가 나를 받아 주지 않는다는 생각이 든다면, '난 받아들이기 힘든 어린아이로 행동하겠다?' 그런 걸 말하고 싶은 건가요?

◈ 나는 '조기결단'과 관련되어 있는 '함정'을 분명히 한다. 그것은 그를 받아들이지 않는 부모의 행동 때문에 그의 행동이 복수를 하기 위한 행동으로 점점 강화되었다는 것이다.

앤디: (고개를 끄덕인다. 잠시 사이를 두고) 그러니까. 난 혼자서 보내는 시간이 너무 길어요. 일을 생각하려고 하지만…… 어렸을 때를 떠올리는 게 너무 힘들어요.

밴: 당신은 정말로 숨는 재주가 뛰어나군요.

◈ 다시, 나는 '함정'을 명확히 한다. 이 시점에서의 함정 시도는 반사회성 성격적응이 틈만 있으면 치료자를 앞서려고 하는지를 잘 보여 주는 좋은 예다. 이것은 과거의

부모처럼 치료자 또한 자신을 버릴지 모른다는 위험으로부터 자신을 지키려고 하는 것이다.

앤디: 예, 아마도…….

밴: 필시 당신은 '숨바꼭질' 대왕이었다고 생각해요. (웃음)

◈ '잡을 수 있으면, 잡아 봐!' 심리적 게임에 장난스럽게 직면한다. 내담자는 즐겁게 받아들인다.

앤디: 뭐, 좋은 편이었어요. (웃음) 그게 관계가 있을 것이라고는 생각지도 못했어요. 전 술래잡기를 좋아했어요! (한숨) 전…… 지금 생각하건대…… 그때가 생각나요. 전, 혼자 방에 있었지요. 문을 닫고, 혼자서 뭔가를 하고 있었어요. 제 방 안에서…… 저 혼자 있는 편이 안전한 거 같아서요. 아무도 없는 편이…….

◈ 내담자는 나와 집단을 조작할 수 없음을 알고, 곧장 솔직한 자기 자신이 된다.

밴: 충분히 오랜 시간 동안 그걸 했었다면, 어떻게 될 거라고 생각하나요?

앤디: 전 괜찮아질 거라고 생각해요. (머리를 좌우로 '아니요'라는 식으로 흔들면서)

밴: (그와 똑같은 방식으로) 그래서 당신은 괜찮은가요? (머리는 '아니요'라고 좌우로 흔들면서)

앤디: 제 상상은…… 혹시 제가…… (잠시 사이를 둔다.) 전…… 확실하진 않은데…… 어떻든 거부를 안 해도 되는…… 제 두려움과 대면하지 않아도 되는…….

◈ 내담자는 버림받는 것과 같은 무관심으로부터 오는 아픔을 회피하기 위한 방어를 확실히 보여 준다. 나는 그 방어의 긍정적인 의도를 명확히 한다.

밴: 거기에 아무도 없었다면 상대를 거부할 수도 없었겠죠.

앤디: 말씀대로에요. 당연히요. 아마도 그게 제가 생각해 왔던 걸 거예요. (싱긋 웃는다.)

밴: 아마도 그럴까요? (집단 구성원들이 쿡쿡 웃는다.) 당신 속에는 잘 빠져 나가는 어린

이가 있어요! (웃음)

◈ 장난스럽게, 다시 그에게 꼬리를 잡히지 않는 방법으로 직면한다.

앤디: (웃으면서) 예, 그래요. (더욱 웃는다.) 하지만 그들도 이쪽을 보지 않으니까……. (진지한 태도로)

밴: 그러니까 당신이 나를 받아 줄 때까지 난 나를 받아들이지 않아!

앤디: 아직 그런 방법으로…… 누군가가 저를 받아 줄 때까지, 나는 나를 받아들이지 않아요.

밴: 거기 있는 '상대'는 누구죠?

앤디: '거기'라니 어디에?

밴: 당신의 어린 시절.

앤디: 저의…… 음…… 주로 부모.

밴: 지금의 문제점은 말입니다. '거기'에 당신이 없는데, 어떻게 그들이 당신을 받아들일 수 있냐는 말이지요.

◈ 나는 '조기결단'의 '함정'을 지적한다. 비록 그의 '조기결단'은 그를 지켜 왔지만, 동시에 그가 정말로 가지고 싶어 했던 것을 손에 넣지 못하도록 방해하였다.

앤디: (잠시 사이를 두고) 예…… 그들은 할 수 없었겠죠. 만일 제가 거기에 없었다면…… 하지만 저는 그들과 함께라고 생각했었어요.

밴: 어떤 의미에서 말이죠? 당신의 일부만이 그들과 함께였겠죠.

앤디: 음…… 예.

밴: 당신은 '거기'에 있었던 것처럼 행동하지만, 진짜 당신은 '여기'에 물러서 있었어요. (몸동작을 하면서, 한쪽 손은 앞을 향하고 또 다른 한 손은 뒤쪽으로)

앤디: 말씀대로에요. (웃음) 생각해 본 적도 없었어요. 친구하고 있을 때의 저와 가족 안에 있을 때의 저는 달라요. 왜냐하면 가족에게 저의 진짜 모습을 보여 주는 게 두려웠기 때문이에요. 분명히 저의 가족은 진짜 제 모습을 받아들여 주지 않을 거라고 생각하니

까…….

벤: 당신이 말하는 두려움은 내가 말하자면 '분노' 예요.

◈ 그가 오랫동안 억누르고 있었던 '분노'를 나는 지적한다. 그는 자신이 상처를 받거나 가족에게 수용되지 않는다는 것을 두려워하기 때문에 본인의 진정한 감정을 감추고 있는 것이다.

앤디: (한숨) 음…… 저는 '두려움'이라고 말하는데, 선생님은 '분노'라고 하시네요. 저는 어떤 상황에서의 '두려움'에 대해 말하고 싶은데요.

벤: 당신이 자신에게 정직해지는 걸 두려워한다는 건……, 즉 필시 양쪽 모두의 의미라고 생각하는데…… 하지만 나는 상당한 분노를 느꼈어요.

앤디: 예……. (그는 고개를 끄덕이고는 웃는다.)

벤: 그동안 충분히 괴로웠고 또 충분히 오랫 동안 가면을 쓰고 있었다면, 어떤 일이 생길 거라고 어린이 자아는 말하나요?

앤디: 그게 어떤 건지는 잘 모르겠어요.

◈ 이것도 '함정'이다. 하지만 이번에는 장난기가 어려 있다. 나도 그에 맞게 장난스럽게 말한다.

벤: 필시 그렇겠네요.

앤디: 제 속에 있는 어린이 자아는 만일 제가 충분히 가면을 쓰고 있다면, 어른에게 받아들여질 거라고…….

벤: 자기가 받고 싶지 않은 것을 충분히 받았다고 해서 만족되지 않겠지요?

앤디: 그래요. 죽어라 열심히 하고…… 그건 제가 해 왔던 일이지만…… 저는 제 가족을 위해서 노력해 왔어요. 특히 부모님에 대해서요. 그들이 받아들여 줄 거라는 이미지로 저를 연출해 왔어요. 하지만 역시, 전…… 저예요. 그래서 초조해하고…… 혹은 제 자신을 받아 주지 않으면, 그들과의 사이에 거리를 두려고 했어요. (웃음) 많은 사람이 저를 받아 주지 않는데, 어떻게 저를 받아들이지요? 그래서 저를 다른 사람에게 맞추거나 혹은 다른 사람이 존경할 것 같은 이미지나 받아들여 줄 것 같은 모습을 만들어

왔어요.

◈ 그가 진정한 자신의 모습을 보여 주려고 할 때마다 자신이 버려졌다는 아픔이 나타나고 있다. 그리고 그 아픔을 피하려고 하면, 진정한 모습은 사라진다. 나는 그가 진정한 자신을 버리고 있음에 직면한다.

밴: 당신은 정말 주의를 딴 데로 돌려 빠져나가는 데 재주가 있군요. 그건 당신이 진짜 자신을 잃었을 때라고 생각해요. 즉, 당신이 정말로 느끼고 있는 것을 잃어버리고 있다는 거지만…… 내가 생각하는 문제는 당신이 앞으로도 계속해서 '척'하는 행동을 하고 싶은지 아닌지를 결정하는 거라고 생각해요. 또는 진정한 자신이 되어서, 부모가 무엇을 말하든지 간에 자신을 받아들일 수 있는가 하는 점이죠.

앤디: 그…… 후자예요. 저는…… 전…… 저는 그렇게 하고 싶어요. 척하고 싶지 않아요. 척하고 싶지 않기 때문에…… 필요한 것은 무엇이든…… 전…… 하고 싶다고 생각해요.

◈ 그는 나에게 책임을 전가해서, 자신이 무엇을 하면 좋은지를 나에게 말하도록 유도하고 있다. 하지만 나는 그렇게 하지 않는다.

밴: 제가 대답해 줄 수는 없다고 생각해요.

앤디: (고개를 끄덕이면서) 우선 필요한 첫 번째는 (잠시 사이를 두고) 내가 하고 싶은 게 있는데…… 난 어머니와 아버지에게 말하고 싶다는 거죠.

◈ 그는 내가 걸려들지 않는다는 것을 알고는 다시 본심을 말한다.

밴: (두 개의 의자를 내담자 앞으로 가져와서) 진정한 자신이 아니라 착한 아들이 되려고 결단한 건 몇 살 때죠?

앤디: (웃는다.) 음…… 혹시, 제가 지금까지 그런 척을 했다고 한다면, 그러면 열다섯 살 때니까…… 지금은 말이에요…… 하지만…….

밴: 그 결단을 한 때가 몇 살 때였죠?

앤디: 선생님이 물어보고 있는 게, 그거라고 생각했었어요. (한숨) 모르겠어요.

밴: 만일 알았다면, 몇 살 때죠?

앤디: 만일, 제가 알았다면? (반복해서 말한다. 머리를 흔들면서, 그리고 웃으면서) 만일, 제가 알고 있었다면…… 만일 알고 있었다면…… 저는…… 세 살 때인가 네 살 때.

밴: 그렇게 말하니, 확실히 와 닿나요?

◈ 나는 그에게 자신의 감정을 확실히 느껴볼 수 있도록 한 후, 그 감정에 대하여 말할 수 있도록 한다. 이러한 개입을 통해, 그에게 반사회성 성격적응의 '표적문', 즉 '감정'으로 이행하도록 질문한다. 그는 점점 자신의 '감정'에 초점을 맞추기 시작한다. 하지만 아직까지도 거리를 두고 싶어 한다.

앤디: 서너 살 때…… 대체로 그 정도인 거 같아요. 아주 이른 시기에…… 의식적으로 기억하고 있지 않은 그런 유아기에…… 나에게 말했어요. 그게 실제로 몇 살 때인지 모르겠지만 '그것' 은 유아기 때의 일이라고 생각해요.

밴: "'나'는 유아기의 어느 시점에서 결단했다."

◈ 자신의 감정을 객관화시키는 '그것' 이란 용어와 직면한다.

앤디: 유아기의 빠른 시기에 '나는' 결단했어요.

밴: 그런데 네 살인가, 다섯 살 때 무슨 일이 있었지요? (부모의 의자를 이동시키면서) 여기에 누군가 있나요?

앤디: 어머니라고 생각해요. 여기에요. (그의 오른쪽을 가리키면서) 그리고 아버지가 저쪽에…… (왼쪽을 가리키면서)

밴: 그들 앞에서 진짜 자신으로 있기보다는 척하는 편이 좋다고 생각했을 때, 어떤 일이 일어나고 있나요?

◈ 능동태 현재형을 사용함으로써 앤디의 장면에 집중한다. 그것은 그때의 감정으로 쉽게 접근하도록 유도한다.

앤디: 제가 살고 있던 처음 집을 생각해 낼 수가 없어요. 거기에서 이사한 형편없는 집은

기억하고 있어요. 유치원은 기억이 나요. 유치원에 데려간 걸 기억하고 있어요. 할머니나 증조할머니도 기억하고 있어요. 확실하진 않지만…… 아버지는 그다지 기억나지 않아요. (감정이 복받친 모습)

◈ 지금 앤디는 자신의 '표적문'인 진정한 '감정'에 접근하고 있다. 나는 즉시 그를 지원한다.

밴: 그건 뭐죠? 뭔가에 접하고 있는 것 같은데?

앤디: 으~음…… 어느 날…… 유치원에 간 걸 기억하고 있어요. (검지로 코밑을 문지른다.)

◈ 코밑을 검지로 문지르는 행동은 어린아이로서 화를 내고 있다는 의미를 내포하는 경우가 많다. 그 감정을 직접적으로 표현하기는 매우 어렵다. 나는 그것을 언급한다.

밴: 그건 누구한테 하는 건가요?

앤디: 어머니한테요. 어머니가 저를 유치원에 데려다 준 걸 기억하고 있어요. 그리고 거기 있어 줬어요. 음…… 저는 집으로 돌려보내졌어요. 제가 생각하고 있던 것보다 훨씬 빨리…… 저는 받아들이지 않고 있어요.

밴: 그럼 어머니한테 말하세요.

앤디: 음…… 저를 받아들이지 않는 사람은…… 음…… 아버지인데…… 그리고 음…… 아빠, 아빠는 어떤 이유가 있었는지는 모르지만…… 저를 받아 주지 않았어요. 왜 저를 받아들이지 않았는지 저는 알 수가 없어요. 받아 주지 않아서…… 달리 무슨 말을 해야 할지 모르겠어요. 아빠는 나를 받아들이지 않아서…….

밴: 서너 살 때, 당신은 그걸 어떻게 해서 알았나요?

앤디: 그래요, 그건 좋은 질문이에요. 어떻게 그걸 알았는지는 모르겠지만, 어찌됐든…… 알고 있어요. 그저…… 알고 있어요. 알아야만 해요. 아빠와 함께 뭔가를 한 건 기억하고 있지 않아요. (아버지를 향해서) 아빠, 아빠가 나와 함께 뭔가를 했다는 기억이 없어요.

밴: 그러니까, 아버지가 나를 받아들이지 않는다고 느낀다?

◈ 그가 말하려는 것을 확실히 한다. 그리고 그것을 아버지와 확인해 보도록 한다.

밴: 그게 정말인지 어떤지, 아버지에게 물어보면 어때요?

앤디: 정말이요?

밴: 저기로 가세요. 그리고 아버지가 되어 보세요.

앤디: (아버지의 의자에 앉아) 음…… 난 널 받아들이지 않는단다. (웃음)

◈ 명확하게 아버지 또한 본인의 감정에 문제를 안고 있다. 그는 신경질적인 웃음으로 '디스카운트'를 하면서 반응한다.

밴: (아버지가 된 내담자에게) 내면에서는 어떤 느낌이 드나요?

앤디: (아버지로서) 위화감을 느껴. 모두 나를 바보 취급하고 있다고 생각해. 나를 비웃지. 필시 모두 나를…… 신분이 낮은 청소부 따위라고 생각하고 있어. 나를 밑바닥 인생이라고 생각하고 있어. 신분에는 높고 낮음이 있다고 하면서 말이야. 난 주변 사람들한테 무시당하고 있다고 생각해.

밴: 당신이 앤디를 있는 그대로 받아들이지 않는다는 게 사실인가요?

앤디: (아버지로서) 몰라. 내가 느끼고 있었는지 어쨌는지…… (잠시 사이를 두고) 알고 있는 건…… 다른 사람들이 나를 있는 그대로 받아들이지 않는다는 거야. 그리고 음…….

밴: 그래서 앤디를 받아들이는 게(OK) 어려웠던 거군요. 당신 자신을 받아들이고 있지 않으니까…….

앤디: (아버지로서) 그래, 그래, 나로선 어떻게 해야 할지 모르겠어. 음…… 앤디, 난 어떻게 해야 할지 몰랐단다. 난 그런 기술을 배우지 못했지. 몰라…….

밴: 그런데 혹시 앤디가 당신이 얻지 못한 것을 얻는다면 화를 낼 건가요?

앤디: (밴에게) 난 아버지지요? (아버지로서, 앤디에게) 바보 자식! 물론이지. 혹시, 내가 얻지 못하고 있는 걸 네가 손에 넣는다면, 뭔가…… 그…… 속았다는 느낌이 들잖아.

당연히 나누어야 할 걸 나누어 받지 못했다는 기분이 들 거야.

◈ 이것은 부모 자신이 받고 있지 못한 것을 자녀에게 줄 수 없다는 좋은 예다.

밴: 이제 바꾸세요. 그러니까 당신은 아버지가 필요했었군요. (내담자는 크게 웃는다. 그리고는 신경질적으로 웃는다.) 그리고 당신에게는 작은 아이가 있는데, 그 아이는 당신과 경쟁을 하고 있었군요.

앤디: 응. (잠시 사이를 두고) 느끼고 있지만…… 앤디로서 아버지를 보고 있어서, 압박감을 느껴…… 으~ 아주 무섭고, 그는 실제로 나를 때리진 않았지만…… 나를 좋아하려고 하지도 않아서…….

밴: 당신의 웃음은? 정말 이상하다고는 생각되지 않는데요.

◈ 이것은 에릭 번(Eric Berne)이 말한 '교수대의 웃음'이다. (이것은 비생산적인, 고통스러운 상황 등에서 웃는 웃음이다.) 내가 분석하기에 그는 아버지에게 너무 많은 상처를 받아서, 그것에 대해 신경질적인 웃음을 보인 것이다. 나는 그 웃음과 직면함으로써 그 밑에 있는 아픔을 표출할 수 있도록 돕는다.

앤디: 그러네요. 슬퍼요. (슬픈 듯이)

밴: 그에게 말하겠어요? 당신이 슬퍼하고 있는 건…….

앤디: (아버지에게) 저는 정말로, 정말로, 슬퍼요. 아빠가 저를 받아들이지 않아서요.

밴: 저는 아버지가 필요했어요.

앤디: (울음을 터뜨린다.) 흑흑…… 저는 아버지가 필요했어요. 저는 당신과 함께 놀고 싶었다고요. 나와 함께 있어서 즐겁다고 생각해 줬으면 했어요. 그리고 멀어지고 싶어요.

밴: 왜냐하면?

앤디: 왜냐하면, 너무 괴로우니까…… 그래서 내 속에 있는 나를 꺼내서, 어딘가로 가고 싶어요. 어디라도 좋아요. 그렇게 하면, 상관하지 않아도 되니까……. 그렇지만 그건 이상하네요. 좀 이상해요. (깊은 한숨)

◈ 그는 받아들여지지 않는다는 아픔과 받아들여 주었으면 하는 마음 사이에 얽매여 있다. 나는 내담자가 아버지와의 관계에서 오이디푸스 시기의 삼각관계에 사로잡혀 있지는 않는가 하는 느낌을 받는다. 그것을 점검한다. 그것이 부모가 그를 받아들이지 않았던 이유일 수 있다.

밴: 당신과 아버지는 어머니를 두고, 경쟁하고 있었나요?

앤디: 예. 게다가 결코 공평하지 않았어요. 전혀…… 정말로 달랐어요.

밴: 그래서 아버지는 몰랐었군요. 어머니를 두고 서로 경쟁하지 않아도 되었을 텐데…….

앤디: 그를 만족시킬 수는 없었어요.

◈ 앤디는 아버지의 각본으로부터 생각을 재연하고 있음을 알 수 있다. 나는 '어른 자아'의 정보전달 방법으로 직면한다.

밴: 거기에서 그는 충분하다는 것을 믿지 않았어요.

앤디: 예…… 말씀대로예요.

밴: 그는 아버지이고, 당신은 아들이에요. 전혀 다른 입장이고, 전혀 다른 방법으로 사랑할 수 있지요. 어머니도 이것에 대해서 혼란스러워했을 거라고 들리는데요.

앤디: (웃음) 예. 어머니는 여러 가지로 엉망진창이에요.

밴: 어머니하고 헤어져서 아버지에게 되갚을 준비는 되었나요?

앤디: 예…… 그렇게 하고 싶어요.

밴: 어머니에게 말하시겠어요? "난 당신의 남편이 아니라, 아들이에요."라고…….

앤디: 어머니…… 저는 당신의 남편이 아니에요. 남편 역할은 할 수 없어요.

밴: 음…… 당신은 할 수 있을지 모르지만…….

앤디: 저는 남편 역할 따윈 하고 싶지 않아요. 할 수는 있겠지만…… 하지만 그런 역할은 싫어요. 그런 역할은 맡지 않겠어요. 어머니가 저한테 그런 역할을 떠맡긴 게 너무나 화가 나요.

◈ 그의 '분노'가 확실해진다. 나는 그의 어머니의 배신을 명확하게 한다.

밴: 누가 어머니와 자고 있었나요?

앤디: 아버지요.

밴: 어머니는 당신에게, 어머니와의 관계는 특별하고 뭐든지 용서받을 수 있다고 믿게 했는데…… 그건 당신에 대한 배신이었군요.

앤디: 예, 저는 할 수 없는 일이에요. 저는 스스로 할 수 없다고 결정했어요.

밴: 좋았어요!

앤디: 음…… 저는 하고 싶지 않아요.

밴: 그런데 혹시, 당신이 누군가를 마음에 두고 있다면, 그 사람과 대면하는 건 중요하다고 생각해요. 왜냐하면 당신이 어머니의 결혼생활을 지지하고 있는 이상, 당신은 자신의 연인을 찾으려고 하지 않을 거니까…….

앤디: 잘 알겠어요. 그러니까 어머니…… 이젠 당신과의 결혼은 그만둘 거예요.

밴: 어떤 느낌이지요?

앤디: 분노…… 슬픔…… 왜냐하면 어머니가 해 주길 바라는 것을 저도 하고 싶어요. 하지만 난 어머니가 기대하는 역할을 충분히 해 줄 순 없어요.

밴: 당신이 그렇게 하고 싶은 이유는? 왜 그렇죠?

앤디: 저는 착한 아들이고 싶어요. 저는 받아들여지고 싶어요. 거부되는 건 정말 싫어요. 저는…….

◈ 이것은 '상실에 대한 아픔'의 한 예다. 이것은 '어린이 자아상태'의 두려움을 동반한다. 여기서의 두려움이란, 그가 변해 버리면 어머니로부터의 조건부 수용조차 잃게 되는 것은 아닌가 하는 것이다. '어린이 자아상태'가 어머니의 수용을 절실히 바라는 것이다. 다시, 나는 어머니의 배신을 명확히 하기 위해서 작업한다. 그는 단순히 환상을 가지고 있을 뿐임을 깨닫도록 돕는다.

밴: 그런데 당신이 결코 받아들여지지 않았다는 것처럼 들리지 않네요. 어머니는 순수하게 당신을 위해서 존재하는 게 아니라 어머니가 하고 싶어 하는 걸 당신에게 바라고 있었다는 것처럼 들려요.

앤디: 예, 그러네요. 저도 그렇게 생각해요. 어머니는 저를 받아들였지만, 그건 역할을 하

는 저를 받아들였을 뿐이에요. 어머니가 원하는 저 말이죠.

밴: 예, 어머니는 자식보다는 연인을 받아들이려 한 거예요.

앤디: (잠시 사이를 두고) 저는 어머니에게 상처를 주고 싶지 않아요. 이 이상으로 하고 싶지 않아요. 특히…… 어머니에게 상처 주고 싶지 않아요.

◈ 앤디의 현재형 말투로부터 그는 자신의 각본신념으로 돌아와 버린 것을 알 수 있다. 나는 직면한다.

앤디: 저는 어머니가 저에게 원했던 것을 하지 않음으로 해서 상처를 주게 될 거예요. 어머니가 저한테 준 역할을 충분히 하지 못해도 상처 줄 테고…… 어머니가 어떻게 그런 걸 생각했는지 모르겠지만…… 어머니는 할아버지한테 성적 학대를 받고 있었어요. 그게 저하고 어떻게 관련되어 있는지 잘 모르겠지만…….

◈ 이것은 가족의 문제가 무의식적인 차원에서 얼마나 시대를 넘어 이어지고 있는지를 확실히 보여 주는 한 예다.

밴: 어머니의 아버지는 그녀를 아내로 삼으려고 했어요. 그리고 그녀는 당신을 남편으로 삼으려고 했고요. 내가 알고 있는 건, 당신은 어머니에게 상처를 줄 수 없다는 거예요. 자신이 상처를 받든지, 아니면 다른 감정을 가질지는 그녀가 결정할 일이에요.

앤디: 하지만 작은 아이인 나는 어머니에게 상처를 줄 거라고 진짜로 생각했어요. (깊은 한숨)

◈ 이 말을 통해, 나는 앤디가 각본에서 벗어나고 있다는 중요한 움직임을 포착한다. 그것은 과거형을 사용하고 있는 점, 즉 '작은아이'로서 '~할 것이라 생각했어요.'라는 표현에서 알 수 있다. 그 후에 계속되는 한숨은 그가 오랫동안 가지고 있었던 각본에서 빠져나옴으로써 비롯된 슬픔이다. 각본은 현재의 어른에게는 역효과이지만, 그동안 익숙해 있었던 '편한 마음'이기도 하다. 나는 즉시 앤디의 변화를 명확히 한다.

밴: 혹시 괜찮다면, 여기서 당신의 부모와는 정반대인 이상적인 부모라고 여겨지는 사람을 골라 보시겠어요?

◈ 이러한 연습의 목적은 그가 아동기 때는 결코 얻을 수 없었던, 그를 위해 옆에 있고, 그를 진실로 사랑하며, 있는 그대로 받아 줄 수 있는 이상적인 부모를 현실에서 체험해 보는 것이다.

앤디: 예, 하고 싶어요. (상징적인 이상적 부모의 역할을 해 줄, 두 명의 집단 구성원을 고른다.)

◈ 이상적인 부모에게 말하라고 지시한다.

이상적인 아버지: 그때로 돌아가서…… 만일 내가 네 부모라면, 너와 경쟁 따윈 하지 않을 거야. 나는 계속 부모일 거고, 넌 내 아들이야. 너를 받아들이고 같이 있으면 즐겁다고 생각할 거야. 그리고 아내를 두고, 너와 경쟁 따윈 하지 않을 거야. (내담자는 울음을 터뜨린다.)

이상적인 어머니: 그때 내가 너의 어머니였다면, 난 너를 연인으로서가 아니라 자식으로서 사랑할 거야. 난 남편하고만 그런 사랑을 할 거야. (이상적인 부모는 서로를 껴안는다.)

이상적인 부모 모두: 우리는 서로 사랑하고 있어. 우리는 너를 자식으로서 사랑하고 있단다. 너는 우리 사이에 들어올 수 없어. (내담자는 이상한 웃음을 터뜨린다.) 경쟁 따위는 하지 않아도 돼. 모두에게 돌아갈 만큼 충분한 사랑이 있으니까…….

밴: 그들로부터 듣고 싶은 것이 또 있나요?

앤디: 아니요. 충분해요. 매트리스 위에서 분노를 발산하고 싶어요. (집단 구성원들은 그를 누르고, 그는 분노를 발산시키기 위해서 매트리스를 두드리기 시작한다. 부모와의 관계에서 부당한 취급을 당했던 것에 대한 분노다. 이러한 연습은 내담자가 신체에 존재하는 분노와 힘을 느끼고, 그렇게 해도 자신이나 타인에게 상처를 주지 않는다는 경험을 하는 데 있다. 집단 구성원들이 그를 누르고 있는 것이 신체적인 차원에서 이러

한 틀을 만드는 데 도움이 된다.)

이상적인 부모 모두: 너의 감정은 그 상태 그대로도 좋아. 너의 힘도 좋은 거야. 우리는 그런 너의 감정을 받아들일 수 있단다. 너는 너의 감정을 사용해서 자신을 소중하게 할 만큼의 가치가 있어.

앤디: 정말?

이상적인 부모 모두: 정말이고 말고!

◈ 이러한 과정을 통해, 내담자는 '이상적인 부모'의 지지를 경험하고 있다. 이런 작업이 실제 부모와 자신을 분리하며, 그가 지금까지 받아 온 아주 작은 수용조차 잃는다는 두려움 없이, 자신의 진정한 감정을 경험할 수 있도록 돕는다.

앤디: (생기 넘치는, 그리고 분노로부터 개방된 웃음을 웃는다. 그리고 이상적인 부모를 향해 몇 번이고 "네 감정은 당연하고, 그 감정을 사용해서 자신을 소중히 할 만큼의 가치가 있어!"라고 말해 주기를 부탁한다. 그는 환하게 웃는다.) 고마워요. 모두!

집단: 별 말씀을!

◈ 그는 성공적으로 작업을 마쳤다. 그리고 과장을 한다거나 가면을 쓰는 것이 아니라, 자신의 존재를 신뢰하고 진실한 배려를 주고받는 것을 배우게 되었다.

요 약

반사회성 성격적응 유형은 어떤 희생을 치르더라도 살아남겠다고 결단하였다. 누구도 믿지 않고, 아동기 때 자신이 바보 취급을 당했다고 느끼는 방식으로 상대를 바보 취급하려고 한다. 자신의 욕구를 만족시키기 위해서는 타인을 이용하는 것이 아니라, 타인과의 협력을 바탕으로 해야 한다는 것을 배울 필요가 있다. 또한 부모와는 달리, 타인은 자신의 욕구를 충족시키기 위해서 협력해 준다는 경험을 가질 필요가 있다. 그렇게 함으로써 타인에 대한 신뢰를 얻을 수 있고, 타인을 희생의 제물로 삼는 것이 아니라 조화와 화합의 대상으로 여기는 것이다.

앤디의 사례는 이런 내용에 대한 과정을 잘 보여 주고 있다. 처음의 그는 진정한 자신을 내보이기보다는, 가면을 쓴 채로 집단에 성실하게 임하지 않았다. 그는 진정한 감정을 느끼지 못했고, 불안한 자신을 보이지 않으려 애쓰며 작업에 임하려고 하였다.

하지만 그는 그것에서 도망칠 수 없다는 것을 알았고, 자신에게 정직해졌으며, 진정한 감정을 느낄 수 있도록 변화하기 시작하였다. 그는 아동기 때 부모와의 사이에서 경험한 거부에 대한 두려움이 아니라, 집단으로부터의 애정과 지지를 경험하였다. 그는 사람과의 관계에서 과장을 한다거나 가면을 쓰지 않고 친밀해지는 경험을 하기 시작하였다.

Personality Adaptations

25 조합된 성격적응 유형 내담자

이미 언급하였듯이 모든 사람은 최소한 한 가지씩의 '생존적 적응'과 '실행적 적응'을 가지고 있다. 치료장면에서 사람들이 호소하는 문제는 주로 한 가지의 성격적응 유형과 관련되어 있다. 제19장부터 제24장까지 기술한 모든 사례가 그러하다. 하지만 내담자에 따라서는 한 가지 성격적응 유형뿐만 아니라 동시에 두 개 또는 더 많은 종류의 성격적응 유형으로 구성되어 있을 수도 있다. 호소하는 문제가 한 가지 성격적응 유형의 원인에 의해 발생하였다고 하더라도, 또 다른 정보가 그 사람의 전반적인 패턴을 아는 데 도움이 된다면, 다른 성격적응 유형을 생각해 보는 것도 유용하다. 그렇기 때문에 관련된 또 다른 성격적응 유형에 주의를 두는 것이 중요하다. 이런 것들을 유념함으로써 당신은 내담자가 희망하는 변화에 더 많은 도움을 줄 수 있을 것이다.

그러므로 처음부터 '생존적 적응'과 '실행적 적응'을 모두 파악해 두는 것이 중요하다. 각각의 성격적응 유형에 대한 지식을 사용하여 작업을 진행한다. 예를 들면, 책임감 있는 일 중독자(강박-신경증적 성격적응 유형)는 일을 너무 많이 하는 데서 오는 문제점을 가지고 찾아올 것이다. 이들은 자신의 욕구보다도 타인의 욕구를 우선

시하는 경향이 있고, 자신이 원하는 것은 부탁하지 않는 경향이 있다. 이러한 특성을 점검해 보는 것은 중요한 일이다. 만일 내담자가 이러한 내용에 부합한다면, 창의적 몽상가(정신분열성 성격적응)도 생각해 볼 수 있을 것이다. 내담자의 일부 문제가 세상이 안전하지 않다고 느끼고 있는 데서 오고 있는지(재기형 회의자), 또는 자신이 원하는 것을 손에 넣고 싶어서 타인을 조작하고 있는지(매혹적인 조작자)를 살펴볼 수 있을 것이다. 각각의 경우, 내담자가 억울해하지 않고, 어떤 식으로든 자신의 욕구를 만족시킬 수 있는 방법을 배울 수 있도록 도움을 주어야만 한다. 그래야만 솔직하고 진실한 존재가 되어 타인과 친밀한 관계를 맺으며 살아갈 수 있기 때문이다.

조합된 성격적응 유형의 진단

제6장에서는 각각의 성격적응 유형에 대한 가장 전형적인 몇 가지 외모나 태도를 통해서 어떻게 성격적응 유형을 구별할 수 있는지를 설명하였다. 앞에서 설명한 '과정모델'의 내용을 사용하여 진단할 수 있다. '과정모델'이란, '드라이버 행동' '웨어 이론' 그리고 '의사소통 방식'을 활용하는 것이다. 그리고 한 사람이 어떤 식으로 타인과 관계를 맺는지를 분석하는 것이다. 성격적응 유형의 행동 특성을 관찰함으로써 당신의 진단은 더욱 정확할 수 있다. 이것에 대해서는 제9장에서 설명하였다. 또 다른 진단 방법은 '성격적응 유형 검사지'(부록 C)를 활용하는 것이다.

조합된 성격적응 유형을 가진 내담자의 치료 예

조앤(Joanne)은 개인성장 워크숍 집단 구성원 중 한 명이다. 내 판단으로는 그녀의 '생존적인 성격적응'은 정신분열성 성격적응과 일부 편집성 성격적응이다. 그리고 '실행적인 성격적응'은 연기성 성격적응과 일부 강박-신경증적 성격적응이다.

밴: 오늘, 당신은 무얼 바꾸고 싶은가요?

조앤: (상당히 음울하게) 음…… 어머니가 목요일에 와요.

밴: (장난스럽게) 이런! 어떻게 해요!

◈ 나는 그녀의 연기성 성격적응에 장난스러운 태도로 반응한다. 그래서 '순응하는 어린이 자아상태'에서 벗어나 '자연스러운 어린이 자아상태'로 이끈다.

조앤: (웃으면서) 아버지, 전…… 정말로 만날 날을 기다리고 있어요. 그리고 어머니도 기다리지만…… 전…… 굳어 있어요. 왜냐하면 두 분이 모두 6일 동안이나 여기에 있을 예정이니까…….

◈ 그녀는 연기성 성격적응을 취하고 있으며, 예상된 사건에 대해 감정적으로 과잉반응하고 있다.

밴: (상냥하게, 위로하는 듯한 어조로) 당신이 그렇게 말할 때, 여러 가지 감정이 있는 것 같군요. (그녀는 고개를 끄덕인다.) 당신의 마음을 알려 주세요. 나에게는 당신이 슬픈 것처럼 보여요. 아랫입술을 깨물고 있군요.

◈ 나는 '양육하는 어버이 자아상태' 의사소통 방식으로 그녀의 감정을 향해 말을 건다. '감정'은 연기성 성격적응의 '개방문'이다.

조앤: 전…… 무서워요.

밴: 뭐가요?

조앤: 그다지 의미가 없을지도 몰라요. 어머니가 하루 종일 저를 짜증나게 하는 건 아닌지 해서…… 초조해서…… 언제나 어머니가 제 뒤에 붙어 있어서…… 저만의 사생활이 전혀 없어서…… 어머니가 제 장롱을 막 뒤집어서, 여기저기 냄새를 맡고 다니는 건 아닌지 해서요.

◈ 이와 같은 그녀의 언급은 연기성 성격적응뿐만 아니라 정신분열성 성격적응에서도 비롯된다. 이것은 어머니와 적절한 거리를 둘 수가 없고, 자신은 힘이 없어서 자신의 방식대로 있을 수 없음을 말하고 있는 것이다. 나는 조앤이 말한 "어머니는 나를 초조하게 한다."라는 말에서 '강하라' 드라이버를 파악한다. 그리고 거기에서 정신

요 약

이 사례는 내담자의 '생존적인 성격적응'과 '실행적인 성격적응' 모두에 주의를 기울이는 것이 얼마나 유효한지를 보여 주는 좋은 예다. 각각의 성격적응 유형은 보통 내담자가 가지고 있는 문제와 관련되어 있다. 양쪽 모두를 고려해 봄으로써 치료자는 가장 효과적인 방법으로 치료를 진행할 수 있다.

이번 사례에서 나는, 내담자가 문제를 해결할 수 있도록 하기 위해서 '개방문'인 (연기성 성격적응의) '감정'이나 (정신분열성 성격적응의) '행동'을 사용하여, (양쪽 성격적응의) 표적문인 '사고'로 유도하였다. 그녀는 두 가지 성격적응 유형 때문에 회피한다거나 과장된 행동을 한다거나 그 어느 쪽을 선택하든지 간에 자신을 통제할 수 있게 되었다.

맺음말

심리적인 문제를 가진 사람들에 대해서 지금까지 너무나 오랫동안, 이른바 '우리와 그들(us and them)'이라는 자세가 존재하고 있었다. 이것은 분명히 존재하는 문제가 있음에도 불구하고, 자신과는 관계가 없다고 하는 사회적인 자세를 말한다. 이와 같은 자세는 서양 사회에서 상당 부분을 차지하는 것으로, 감정을 문제로 취급한 것에 대한 공포에 가까운 반응을 암시하는 것이라 생각된다. 이 책이 정신건강 관련 상담자, 치료자 그리고 일반인에게 정서적인 곤란을 지니고 있는 사람을 더욱 '자연스러운' 시각으로 보는 데 도움이 되기를 희망한다. 정서적인 문제를 체험하는 사람은 단지 누구나 체험하고 있는 것을 좀 더 강하게 체험하고 있을 뿐이다.

인간은 누구나 이 책에서 말하고 있는 여섯 가지 성격적응 유형 중에서 몇 개씩을 조합해서 가지고 있다. 사람에 따라 차이가 생기는 것은 이러한 적응의 긍정적인 면과 부정적인 면을 다른 비율로 사용하기 때문이다. '좋은' 적응과 '나쁜' 적응이 있는 것이 아니다. 어떤 성격적응이라도 주어진 개인의 역사 속에서 자신을 지키기 위한 최선의 선택이었다. 지금도 같은 상황이라면, 최선의 성격적응이었음에 틀림없다. 다른 점은 지금은 현재를 살아가는 어른이기 때문에 아동기 때 체험한 것처럼 힘이 없는 것이 아니라, 자신을 지키기 위한 다양한 수단을 가지고 있다는 점이다.

우리는 누구나 어떠한 적응이라도 취할 수 있다. 하지만 자신만의 적응 '유형'이 존재한다. 목표는 이미 가지고 있는 자신의 적응을 바꾸는 것이 아니라, 각각의 적응에서 긍정적인 면을 잘 사용하고 부정적인 면을 배제하는 것이다. 그렇게 함으로써 각각의 적응에 의해 자신이 제어되는 것이 아니라 자신이 적응을 제어하게 되는 것이다. 우리가 건강할수록 장소와 상황에 적합한 모든 적응의 긍정적인 측면을 사용할 수 있을 것이다.

이러한 개념은 개인을 이해하는 데 도움이 될 뿐만 아니라, 다양한 문화를 이해하는 데도 도움이 된다. '우리와 그들'이라는 자세는 지금까지 때때로 문화 내의 조화를 깨뜨리는 역할을 해 왔다. 성격적응 유형 이론이 이 영역에서 도움이 될 것으로 믿고 있다. 많은 나라에서 이 이론에 따라 치료를 한 내 경험으로 보면, 각국의 문화에는 특정 적응에 대해 '옳다' 또는 적어도 '바람직하다'고 하는 자세를 가지고 있었다. 예를 들면, 미국에서는 오랫동안 남성은 책임감 있는 일 중독자, 여성은 열정적 과잉 반응자라는 것이 바람직하다고 여겨져 왔다. 현재는 '대중문화(pop culture)'의 유행 속에서 남녀 공히 매력적 조작자가 선호되는 경향이 있다. 반면 라틴아메리카의 여러 나라에서는 미국에 비해 여성이 책임감 있는 일 중독자, 남성이 열정적 과잉 반응자라는 것이 요구된다. 또한 프랑스에서도 남성은 때때로 열정적 과잉 반응자의 역할이 요구된다. 그런데 독일에서는 남녀 모두 재기형 회의자가 사회에서 호의적인 반응을 얻는다. 또한 영국에서는 책임감 있는 일 중독자가 호감을 얻으며, 일본과 스웨덴에서는 창의적 몽상가가 높은 평가를 받고 있다. 한편 인도에서는 유희적 반항자를 좋게 보며, 이탈리아에는 매력적 조작자가 많다.

각각의 문화에 맞는 성격적응 유형이 있다는 것은 긍정적인 면과 부정적인 면을 함께 지닌다. 긍정적인 면은 그 문화 내에서 쉽게 받아들인다는 점이다. 반면 부정적인 면은 어떤 문화에서 어떤 성격적응 유형이 '좋은' 것으로 간주된다면, 다른 적응은 '나쁜' 것으로 간주될 수 있다는 점이다. 그 결과, '나쁜' 성격적응 유형을 가지고 있는 사람은 그 문화 내에서 자신이 괜찮다(OK)고 느끼는 데에서 곤란할 것이다. 더욱이 '좋다' 또는 '나쁘다'라는 평가는 '우리와 그들'이라는 자세를 형성하는 기초가 되며, 나아가 문화 내에서 오해와 충돌을 양산하기도 한다. 우리 모두에서 소중한 것은 어떤 성격적응 유형이 특히 '좋다'라는 식으로 생각하지 않고, 모든 성격적응 유형이 가치가 있음을 인정하고 그것을 적절히 사용하는 것이라 말하고 싶다.

사람 간의 이러한 차이에 의해, 우리의 세계는 더욱 흥미 있는 장소가 된다. 누구나 모두 똑같다면, 확실히 세계는 따분한 곳이 될 것이다. 우리는 믿는다. 어떠한 성격적응 유형이라도 똑같이 이해되며 동등하게 가치를 인정받는다면, 사람은 더욱 손쉽게 자신의 문화 속에 있는 궁극적인 차이의 존재 가치를 인정하고 축복하며 한층 그것을 즐길 수 있게 될 것이다. 최근에 유럽을 방문한 밴(Joines, V.)의 장모가 티셔츠를 샀다. 그 티셔츠에는 '유럽연합(United Europe)'이라는 제목으로 다음과 같은 메시지가 인쇄되어 있었다.

> 천국에서
> 경찰관은 이탈리아인
> 요리사는 프랑스인
> 은행원은 벨기에인
> 무용가는 스페인인
> 애인은 이탈리아인
> 그리고 모든 것을 관리하는 것은 독일인
>
> 지옥에서
> 경찰관은 프랑스인
> 요리사는 영국인
> 은행원은 스페인인
> 무용가는 벨기에인
> 애인은 독일인
> 그리고 모든 것을 관리하는 것은 이탈리아인

유럽의 여러 나라 사람이 이 티셔츠의 말을 보고는 "맞아!" 하며 맞장구를 칠지도 모르겠다. 하지만 여섯 가지 성격적응 유형을 모두 이해하고 있는 우리는 생각해 본다. 물론 영국인 중에는 우수한 요리사가 틀림없이 있으며, 벨기에인 중에서도 혀를 내두를 만한 무용가가 분명히 있을 것이다. 하지만 우리가 만난 독일인 모두 우수한 관리자는 아니었고, 심지어 원래부터 사람을 조직하는 데 흥미가 없는 사람도 있었다. 다른 나라 사람들도 마찬가지다.

이번 책의 첫 부분에서 우리는 "누구나 각각의 독특한 성격적응 유형 조합을 가지고 있다. 우리가 다른 사람과 다르고 또한 같다는 것은 이러한 성격적응 유형의 종합적인 결과다."라고 말했다. 성격적응 유형을 이해하고 어떠한 성격적응 유형이라도 그 나름대로의 가치가 있다는 것을 인정한다면, 사람 간의 또는 문화 간의 유사성과 차이점을 인정하고 더욱 축복할 수 있을 것이다.

말할 것도 없이, 우리는 성격적응 유형에 대해서, 그리고 왜 사람은 지금과 같은 존재가 될 수밖에 없었는지에 대해서 계속 연구하고 관찰하며 배워 나갈 것이다(성격적응 유형의 분류체계 역사에 관심 있는 독자는 부록 A 참조). 이 책에서 말하는 성격적응 유형 모델은 우리의 직업과 생활뿐만 아니라 개인을 성장시키고 이해하는 데 중요한 열쇠가 될 것이다. 이 책이 모든 독자에게 도움이 되기를 바란다.

부 록

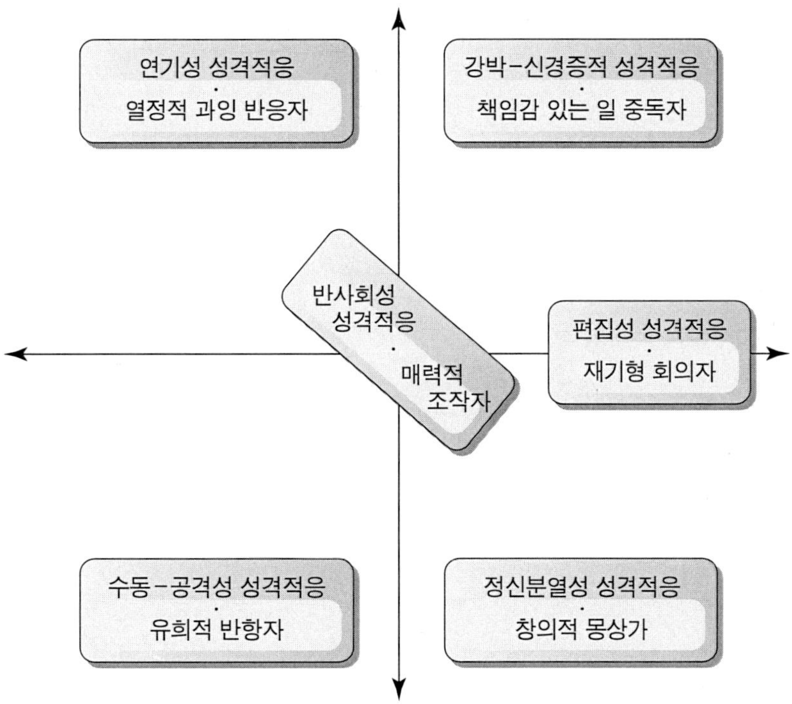
연기성 성격적응
·
열정적 과잉 반응자
강박-신경증적 성격적응
·
책임감 있는 일 중독자
반사회성
성격적응
·
매력적
조작자
편집성 성격적응
·
재기형 회의자
수동-공격성 성격적응
·
유희적 반항자
정신분열성 성격적응
·
창의적 몽상가

부록 A

성격적응 유형과 이전의 분류체계와의 연관성

테오도르 밀론(Theodore Millon)은 『성격장애(Disorders of Personality)』(1981)와 『성격장애: DSM-IV와 증편(Disorders of Personality: DSM-IV and Beyond)』(1996)에서, 성격 분류체계의 역사에 대한 훌륭한 개관을 보여 주고 있다. 그는 '성격(personality)'이란, 개별적인 특성과 더불어 타인과 차이 나는 특정한 모습을 나타내기 위해서 공통적으로 사용하는 용어라고 언급하였다. 이 단어의 근원적인 사용은 그리스 연극에서 사용된 연극가면을 언급하는 '페르소나(persona)'라는 그리스 용어에서 출발하였다. 이 단어의 의미는 역사적으로 계속 변해 왔다. 연극가면은 말 그대로, 가면 뒤에 있는 실제적인 배우보다는 겉모습을 나타낸다. 후에 이 단어는 겉모습뿐만 아니라 실제 사람도 나타내지 못하였다. 하지만 이 용어는 개인에게 내적으로 숨어 있는 특질(traits)을 의미하는 것으로 사용되어 왔다. 밀론에 따르면, 오늘날의 성격정의는 다음과 같다.

> 넓게 퍼진 무의식의 심리적인 특성에 깊이 새겨진 복합적인 패턴으로, 쉽게 근절할 수 없을 뿐만 아니라 기능의 모든 측면을 스스로 자동적으로 표현하는 것이다. 본질적이고 광범위하게, 이러한 특질은 생물학적 성질과 경험적인 학습의 복잡한 행렬을 통해 나타난

다. 그리고 현재에는 인식, 감정, 사고 그리고 대처 패턴의 개별적인 차이점으로 전체를 형성한다(Millon, 1981: 8).

역사적인 기원

공식적인 성격 분류체계의 역사는 초기 그리스에서 시작하였다. BC 4세기 무렵, 히포크라테스(Hippocrates)는 담즙질(choleric), 우울질(melancholic), 다혈질(sanguine) 그리고 점액질(phlegmatic)이라는 네 가지 기본적인 기질(temperaments)을 정의하였다. 그는 이러한 것들을 황담즙(yellow bile), 흑담즙(black bile), 혈액(blood) 그리고 점액(phlegm)이 상대적으로 과도하게 분비된 결과로 보았다. 반세기 후에, 갈렌(Galen)은 이것을 다음과 같이 수정하였다. 담즙질은 성미가 급한 성향이고, 다혈질은 개별적인 낙천주의를 지향하며, 우울질은 슬픔에 잘 젖고, 점액질은 관조적인 태도를 보인다(Millon, 1981). 아리스토텔레스(Aristotle)는 사람의 외적인 모습, 특히 얼굴의 윤곽과 표현을 가지고 성격의 특성을 정의하려고 시도하였다.

18세기에, 프란츠 조셉 갤(Franz Josef Gall)은 사람의 두개골 형상으로 인간의 성격과 심리적 특성을 파악할 수 있다고 하였다. '골상학(phrenology)'이라 불리는 이것은 갤에 의해 시작되었고, 몸과 마음은 서로 직접적으로 연결되어 있다는 사실을 최초로 언급한 이론들 중 하나다. 그는 사고 및 감정의 특성과 강도는 뇌와 그것을 싸고 있는 두개골의 크기와 모양 등에 의해 영향을 받는다고 주장하였다. 뇌의 발달은 인간의 두개골을 돌출되게 만들고, 인간의 자연적인 성격은 이것에 의해 드러나며, 골상학 전문가는 그것을 촉진할 수 있다고 하였다(Millon, 1981). 이것은 매우 흥미로운 접근이지만 방법론적으로 그 타당성을 입증할 수는 없었다. 몸과 마음 사이에 관계가 있다는 견해의 타당성은 차후 빌헬름 라이히(Wilhelm Reich, 1933)에 의해 입증되었다.

20세기 초의 이론가들

20세기 초 이론가들의 관심은 성격이 정상이냐 비정상이냐에 대한 것으로 나뉘었다. 정상적인 성격에 관심을 가진 이론가들은 더 안으로 들어가 '성격(character)'에 관심을 가진 이론가들과 '기질(temperament)'에 관심을 가진 이론가들로 나뉜다. 성격에 관심을 둔 연구는 웨어(Ware, 1983), 칼러(Kahler, 1972, 1982, 2000) 그리고 조인스(Joines, 1986, 1988)의 성격적응 유형에 대한 연구다. 반면에 기질에 초점을 둔 연구는 성격적응 유형과는 대립되는 모습을 보인다. 성격중심의 접근은 행동의 정확한 묘사와 차이점을 추구하는 데 비해, 기질은 서로 다른 성격유형에 관심을 갖는다.

성격 이론가들 성격 이론가들 중의 하나이며 프랑스 심리학자인 리보(Ribot, *Psychologie des sentments*, 1890; Millon, 1981년에 인용)는 '민감성'과 '행동성'에 따라 성격유형을 분류하였다. 그가 정의한 몇 가지 성격유형을 보면, ① 매우 민감하고 제한된 에너지로 구별되는 '조심스러운 성격(humble character)', ② 수동-공격성과 과도한 민감성으로 구별되는 '관조적인 성격(contemplative character)' 그리고 ③ 극단적으로 인상을 주려는 것과 행동으로 구별되는 '정서적인 성격(emotional character)' 등이다. 다른 유형들은 '냉담한 성격(apathetic character)'과 '계산적인 성격(calculative character)'이다. 이러한 분류체계에서, 리보는 우리가 이 책에서 묘사하고자 하는 정신분열성, 편집성, 연기성, 수동-공격성 그리고 반사회성 성격적응과 똑같은 현상을 서술하고 있다.

두 명의 네덜란드 심리학자인 하이만스(Heymans)와 비르스마(Wiersma)는 『Beiträge zur speziellen Psychologie auf Grund einer Massenuntersuchung』(*Zeitschrift für Psychologie*, 42, 46, 49, 51, 1906-1909; Millon, 1981년에 인용)에서 내·외적인 자극에 따른 행동, 감정 그리고 민감성을 '기본적인 기준(fundamental criteria)'으로 삼아 여덟 가지 성격유형을 설명하였다. 이러한 분류는 다양한 성격유형을 구별하는 데 유용하며, 몇 가지는 우리가 설명하는 여섯 가지 성격적응 유형을 식별하는 데 사용하는 것과 같다.

러시아의 심리학자 라저스키(Lazursky)는 『성격과학의 개요(An Outline of a Science

힘을 중요시하는 특성을 보인다. ③ 외배엽에 부합하는 '대뇌형(cerebrotonia)'은 억누르는 경향을 보이며, 자의식, 내향, 사회적인 어색함, 그리고 문제가 생겼을 때 개인적인 시간을 고수하는 특성을 보인다. 이러한 세 가지 기질과 체질은 각각 웨어의 연기성, 반사회성 그리고 정신분열성 성격적응 유형과 닮아 있다.

또한 셸던은 정신병리에 관한 그가 믿고 있는 세 가지 주요 요인을 다음과 같이 공식화하였다. ① 내배엽 신체와 내장형 기질에 관련된 (극심한 조울증 환자에게서 보이는) '감정(affective)'은 행동과 정서적 표현에서 자극에 대해 반응이 시작되는 분기점(threshold)이 낮은 것이 특징이다. ② 중배엽 신체와 신체형 기질에 관련된 (극심한 편집증 환자에게서 보이는) '편집성(paranoid)'은 환경에 대한 투사된 반항과 분노가 특징이다. ③ 외배엽 신체와 대뇌형 기질에 관련된 (극심한 파과형 정신분열증 환자에서 보이는) '파과(hebroid)'는 두드러진 회피와 퇴행을 특징으로 한다. 신체에 관한 셸던과 라이히(Reich, 1933) 연구의 유사점을 살펴보는 것은 무척이나 흥미로운 일이다.

기질에 관련된 가장 최근의 몇몇 연구는 두 개의 집단에서 수행되어 왔다. 첫째는 뉴욕대학교 의과대학(Thomas, Chess, & Birch, 1963, 1968, 1977)이고, 둘째는 메닝거 재단(Escalona & Leitch, 1953; Escalona & Heider, 1959; Murphy et al., 1962; Escalona, 1968; Murphy & Moriarty, 1976)이다. 사람들의 유아기부터 초기 청소년기까지의 발달을 잘 관찰해 보면, 이들은 두 가지 의미심장한 차원을 보여 준다. 하나는 이들의 '활동 패턴(activity pattern)'이고, 다른 하나는 '적응성(adaptability)'이다. 활동적인 아동은 단호한 편이고, 왕성한 에너지로 행동한다. 이들은 지속적으로 주변의 환경과 관련을 맺고, 자신의 욕구로부터 발생한 일을 강하게 성취하고자 하는 편이다. 수동적인 아동은 상황을 잘 받아들이면서 기다리는 경향이 있고, 자신의 욕구가 무엇인지 찾는 모습을 보이며, 자신의 궁극적인 바람이 풍족해질 때까지 문제를 받아들이는 편이다. 적응성을 보면, 한 집단의 아동들은 규칙적이고, 새로운 자극에 긍정적으로 접근하며, 상황의 변화에 높은 융통성을 지니고 있다. 또 다른 집단의 아동들은 생물학적 기능에 있어서 불규칙적이고, 새로운 자극에 회피하는 경향을 보이며, 상황의 변화에 최소한도의 융통성만을 보여 준다. 때로는 긴장되어 있고 부정적인 분위기를 자아내기도 한다.

아동의 활동 패턴과 적응성을 살펴보면, 연기성(능동)과 정신분열성(수동) 등과 같은 성격적응 유형이 왜, 그리고 어떻게 발전되는지를 이해할 수 있다. 이러한 정보는 이 책에서 설명하고 있는 여섯 가지 성격적응 유형에 대한 이론을 통합할 수 있도록 도와준다. 성격적응 유형은 참여와 회피, 능동과 수동이라는 용어로 개괄할 수 있다. 연기성 성격적응은 능동적 참여(左上), 강박-신경증적 성격적응은 능동적 회피(右上), 편집성 성격적응은 회피-중립, 정신분열성 성격적응은 수동적 회피(右下), 수동-공격성 성격적응은 수동적 참여(左下), 그리고 반사회성 성격적응은 능동적 참여(左上)와 수동적 회피(右下) 사이에 걸쳐 있다. 이것은 제1장과 제2장 그리고 제5장에서 자세히 언급하였다.

살바도르 매디(Salvadore Maddi)와 그의 동료들(Fiske & Maddi, 1961; Maddi, 1968; Maddi & Propst, 1971)은 능동-수동 차원에 초점을 둔 기질 이론을 만들었다. 이들은 높은 능동 수준을 보이는 사람은 너무 낮은 능동 수준으로부터 일정한 수준을 유지하기 위해서 자신의 많은 시간을 자극을 추구하는 데 쓴다고 보고 있다. 또한 이들은 환경의 영향에 대해 언급한 창시자이기도 하다. 낮은 능동 수준을 보이는 사람은 이것을 유지하기 위해서 자신의 많은 시간을 자극에서 벗어나기 위해 사용한다. 이들은 주변의 통제에 거의 영향을 받지 않으려 한다. '내향(internal)'과 '외향(external)' 차원의 기질 추가로 네 가지 주요 유형이 탄생하였다. 외향 기질을 지닌 높은 능동 수준을 보이는 사람은 도전을 찾는 '열정적인 사람(go-getters)'이고, 자극을 제공하는 위치에 있는 활동적인 사람이며, 호기심과 모험을 추구한다. 내향 기질을 지닌 높은 능동 수준을 보이는 사람은 사고를 통해 자극을 추구하고, 세밀하고 지적인 종류의 도전을 찾으며, 독창성과 창의성을 보인다. 외향 기질을 지닌 낮은 능동 수준을 보이는 사람은 보수적인 경향을 보이고, 확고함과 통제력이 있고, 장애가 있더라도 뚫고 지나간다. 이들은 문제를 너무 간단하게 보려는 경향이 있으며, 애매모호함은 피하려 하고, 일상적인 규율을 만들고자 한다. 내향 기질을 지닌 낮은 능동 수준을 보이는 사람은 보수적인 경향이 있고, 과도한 자유분방함에 불편해하며, 안정된 방식으로 기능하기를 원한다. 그리고 현란하거나 비일치적인 모습을 보이지 않는다.

매디의 관점은 성격적응 유형에서 웨어, 칼러, 조인스에 의해 관찰된 임상적인 관점과 관련되어 있다. 그리고 다음에서 다루게 될 융(Jung)의 내향과 외향에 관심을 둔 아이젱크(Eysenck, 1969)의 연구와도 일치한다. 외향 기질을 지닌 높은 능동 수준을 보이는 사람은 연기성과 반사회적 성격적응과 상응한다. 내향 기질을 지닌 높은 능동 수준을 보이는 사람은 강박-신경증적 성격적응과 편집성 성격적응과 유사하다. 외향 기질을 지닌 낮은 능동 수준을 보이는 사람은 수동-공격성 성격적응에 상응한다. 그리고 내향 기질을 지닌 낮은 능동 수준을 보이는 사람은 정신분열성 성격적응과 유사하다.

아널드 버스(Arnold Buss)와 로버트 플로민(Robert Plomin, 1975)은 경험적인 조사에 근거한 기본적인 네 가지 기질을 제안하였다. 네 가지 기질은 활동형(activity), 정서형(emotionality), 사교형(sociability) 그리고 충동형(impulsivity)이다. 활동형은 에너지를 외부에 투여하는 정도를 말하며, 정서형은 반응의 강도를, 사교형은 타인과 함께하려는 욕구를, 그리고 충동형은 자극에 대한 반응을 보유하기보다는 빠르게 반응하는 정도를 말한다. 높은 활동과 높은 충동은 조증장애(manic disorder)에서 정확하게 보인다. 낮은 활동과 높은 정서는 격정성 우울증(agitated depression)에서 보인다. 높은 정서와 높은 충동은 연기성 유형에서 보인다. 높은 정서와 높은 사회성을 지닌 사람은 타인과의 관계를 찾는 경향을 보이지만, 자신이 거절당하고 비웃음당할 것이라는 염려를 감추고 있다. 높은 사회성과 높은 충동성을 지닌 사람에게서는 전형적인 외향의 특성을 잘 보이는 반면에, 두 가지 모두 낮은 사람에게서는 내향의 특성이 잘 보인다. 또한 이러한 정보는 성격적응 유형 정보와도 일맥상통한다. 연기성, 반사회성, 수동-공격성 성격적응 유형은 모두 높은 사회성과 높은 충동성을 보여 주기 때문에 외향이다. 반면에 강박-신경증적, 편집성, 정신분열성 모두 낮은 사회성과 낮은 충동성을 보여 주기 때문에 내향이다.

융, 크레치머 그리고 파블로프(Pavlov)의 개념을 연구한 한스 아이젱크(Hans Eysenck, 1952, 1960; Eysenck & Eysenck, 1969)는 자율신경계(autonomic nervous system)의 반응과 조건화 능력(conditionability)에 근거한 이론을 발전시켰다. 높은 자율신경계의 반응을 지닌 사람은 신경증적 장애(neurotic disorder)를 보인다. 그의 연구는 바람을 훅 불어서 눈 깜빡이는 조건을 조사한 것인데, 단기간의 시도와 적은 자극에 의해서도 쉽게 조건화되는 사람을 자극을 피하는 내향이라고 보았다. 반면, 장기간의 시도와 많은 자극에 의해 조건화되는 사람을 자극을 찾는 외향으로 보았다. 극도로 높은 조건화 능력과 자율신경계 반응을 지닌 사람은 공포와 강박을 발달시키는 반면, 낮은 사람은 외향이 되는 경향이 많고 잠재적으로 반사회성인 모습을 보인다. 아이젱크에 따르면, 내향인 사람은 매우 민감하기 때문에 과도한 자극을 피하고자 하는 반면에, 외향인 사람은 많은 자극을 추구하기 때문에 부가적인 자극 또한 찾는다. 연기성, 반사회성, 수동-공격성 성격적응은 외향 성향이 있고, 강박-신경증적, 편집성 그리고 정신분열성 성격적응은 내향 성향을 보인다.

요인분석 접근

몇몇 이론가들은 성격의 차원을 정의하기 위해서 요인분석을 사용하였다. 이들 중 가장 성과가 높은 사람은 레이먼드 커텔(Raymond Cattell, 1957, 1965)로서, 그는 대극 차원(bipolar dimensions)에서의 열여섯 가지 주요 요인과 요소를 분석하였다. 이러한 접근의 장점은 성격의 개념이 현실에서 존재하는 요소들로 표현되었다는 점이다. 가장 큰 어려움은 서로 다른 성격유형을 지닌 사람들 안에서 실제적으로 어떻게 요인화하여 이것을 발견하느냐 하는 점이다.

레슬리 필립스(Leslie Phillips, 1968)는 증상은 세 가지 상호관계 유형으로 구별될 수 있다고 제안하였다. 첫째는 행동이나 생각을 바로 표현하는 '자신에게서 돌아서는(turning against the self)' 유형이고, 둘째는 짜증을 발산하거나 때때로 인정하지 않는 태도를 보이는 '타인에게서 돌아서는(turning against others)' 유형이며, 셋째는 회피, 편견, 사회적인 분리를 보이는 '타인을 피하는(avoidance of others)' 유형이다. 밀론(1981)은 필립스가 언급한 세 가지 유형과 전통적으로 삼분되어 알려진 정동장애(affective), 편집증(paranoid), 정신분열증(schizoid)과 같은 정신병리와의 유사점을 언급하였다. 또한 이러한 세 가지 유형은 앞서 언급한 에릭 번(1972)의 세 가지 역기능적인 존재론 위치와도 관련되어 있다. 즉, 자신을 부정(Not-OK)으로 보는 것, 타인을 부정(Not-OK)으로 보는 것, 그리고 자신과 타인 모두를 부정(Not-OK)으로 보는 것이다. 성격적응 유형의 부정적인 측면은 이러한 세 가지 존재론적 위치와 다음과 같이 일치된다. 연기성과 강박-신경증적 성격적응은 자신을 부정(Not-OK)으로 보며 자신에게 돌아서는 유형이고, 반사회성과 편집성 성격적응은 타인을 부정(Not-OK)으로 보며 타인에게 돌아서는 유형이며, 수동-공격성과 정신분열성 성격적응은 양쪽 모두를 부정(Not-OK)으로 보고 타인을 회피하는 동안에 자기 자신과 싸우는 경향이 있다.

다른 경험적인 접근

다른 경험적인 접근은 해서웨이와 매킨리(Hathaway & Mckinley, 1967)가 발전시킨 미네소타 다면적 인성검사(MMPI)다. 그들의 접근은 정신과 목록으로 구성된 진단도구로, 이 목록과 관련된 문항을 선택하도록 되어 있다. 임상가들에게 요구된 것은 정신과 진단에 상응되는 문항을 만드는 것이었다. 비교집단 연구는 문항이 진단 집단을 잘 구별해 내는지를 확인하는 데 사용되었다. 이러한 문항은 단순히 이론적인 기반보다는 경험적으로 검증된 분류관계를 기반으로 선별되었다. 이것이 바로 이 접근의 강점이라고 할 수 있다. 단점은 분류체계가 단지 정신병의 진단에 한정되어 있다는 것이다. 이 접근의 장점은 웨어, 칼러 그리고 조인스에 의해 발전되었다. 이들은 정신병 분류를 기본으로 한 후, 관찰한 성격특성을 첨부하여 분류체계를 완성하였다. 그리고 성격적응 유형은 이러한 정신병 분류를 넘어선 것이다. 즉, 성격적응 유형은 세 명의 연구자뿐만 아니라 성격장애가 있거나 없는 그들의 훈련생들에 의해, 진단체계를 뛰어넘어 광범위하게 관찰되었다. 성격적응 유형은 또한 부정적인 측면뿐만 아니라 긍정적인 측면을 지니고 있는 것으로, 웨어, 칼러 그리고 조인스에 의해 정의되어 왔다(Ware, 1983; Kahler, 1972, 1982, 2000; Joines, 1986, 1988).

후기 정신병 분류체계

정신병 분류를 사용하는 다른 분류체계는 스코틀랜드의 정신과 의사인 월턴과 그의 동료들(Walton, Foulds, Littman, & Presley, 1970; Walton & Presley, 1973a, b)에 의해 발전되었다. 이들은 분류하는 도식보다는 다양한 차원으로 표시하는 방식을 사용하였다. 이들은 성격장애를 '경도(mild)' '중도(moderate)' 그리고 '중증도(gross)'로 구별하였다. '경도' 성격장애를 가지고 있는 사람은 자신의 삶을 불만족스러워하고 타인의 도움을 구한다. 이들은 세 가지 유형으로 나뉜다. 사회적으로 고립되어 있고 정서적인 측면을 숨기는 '회피형(withdrawn)', 순응하고 무기력하며 타인의 지지를 구하는 '의존형(dependent)', 그리고 죄책감을 지닌 거만과 참견을 보이는 '과도한 자기주장형(over-assertive)'이다. '중도'의 성격장애는 심신증 증상이나 신경증 증상 등의 다른 정신적인 장애와 관련된 문제가 있는 경우다. 이들의 행동은 다른 사람들에게 확실히 이상하게 보인다. 이들은 다섯 가지 유형으로 나타나는데, '정신분열(schizoid)'은 정체되어 있고, 쌀쌀맞으며, 고독하고, 뒤죽박죽이며, 친밀할 수 있는 능력이 없다. '히스테리(hysterical)'는 화려한 복장과 행동을 하며, 사교적이고, 활발하며, 극적이고, 천박하고, 불성실하다. '편집(paranoid)'은 의심이 많고, 과민하며, 질투를 많이 한다. '순환기질(cyclothymic)'은 즉흥적이고, 보이는 행동이 실의와 의욕으로 수시로 변화한다. '강박(obsessional)'은 규칙적이고, 깔끔하며, 시간을 지키고, 무언가 안다는 듯한 얼굴을 하며, 공포 등의 격한 감정에 의해 강하게 통제되어 보인다. '중증도'의 성격장애는 사회집단에 수용되지 못할 정도로 심한 일탈을 보이는 사람이며, 때때로 위법을 자행한다. 이들은 두 가지 유형으로 나타난다. 먼저 '공격적으로 반사회적인 사람(aggressive sociopath)'은 자신의 충동을 통제하는 데 문제가 있고, 애정이 부족하며, 사회에 해를 끼치고, 친밀하지 않으며, 타인을 무시한다. 그리고 '수동적으로 반사회적인 사람(passive sociopath)'은 재능이 없고, 판단력이 약하며, 행동의 동기나 열정이 결여되어 있고, 목적이 없으며, 일의 달성이 적고, 다른 사람들과의 연결고리도 적다. 월턴과 그의 동료들의 연구는 웨어, 칼러 그리고 조인스의 성격적응 유형 이론과 유사하다(순환기질은 웨어의 용어로는 수동-공격성적 성격적응이라고 볼 수 있으며, 두 가지 사회병리적인 유형은 반사회성 성격적응으로 볼 수 있다.). 차이점은 월턴이 그 정도를 세 단계(경도, 중도, 중증도)로 본 것에 비해, 웨어, 칼러 그리고 조인스는 각각의 성격적응은 긍정 및 부정 양쪽 모두를 가지고 있고, 건강에서 병리까지의 연속선상 중 어디에도 있을 수 있다고 본다는 것이다.

정신분석의 공헌

밀론(1981)이 지적한 것처럼 프로이트(1908, 1932), 아브라함(1921, 1925) 그리고 라이히(1933)는 정신분석 성격이론의 기초를 쌓은 사람들이다. 정신분석의 초기 성격분류는, 발달에서 성적 단계와 관련된 본능과 리비도의 충동이 충족되었는지 불충족되었는지의 결과를 토대로 이루어졌다. 「본능과 이들의 변천(Instincts and Their Vicissitudes)」

믿었으며, 적응기제는 개개의 에너지로 분화한 것이라고 주장하였다. 그는 이것을 '평균적으로 예상할 수 있는 주변의 상황을 파헤치기 위해서 사전에 조정된' 일종의 '자율기관(autonomous apparatuses)'이라고 불렀다. 에릭슨은 성격의 발달은 본능적 에너지, 자아가 성장하려는 능력, 그리고 사회가 각 발달단계에서 부여하는 외적인 기준, 이렇게 세 가지가 어우러져 만들어진다고 생각하였다. 밀론이 언급하였듯이, 이들은 안타깝게도 다음 단계로 진행하여 갈등이 없는 에너지로 발달하는 성격유형을 정립하지는 않았다. 그러나 프로이트, 아브라함 그리고 라이히에 의해 이론화된 정신분석 성격유형은 지금까지도 널리 남아 있다(Millon, 1981).

정신분석 성격유형의 첫 번째는 구강기 성격이다. 이것은 구강 의존적(oral-dependent) 성격과 구강 가학성(oral-sadistic) 성격으로 나뉜다. 구강 의존적 성격유형은 과도하게 응석을 받아들인 초기 단계에서 생기고, 쉽게 동요하지 않는 낙관주의, 순진한 자기 확신, 정서의 미성숙, 과도한 의존관계, 남에게 속기 쉬운 특성을 보인다. 가장 가까운 성격적응 유형은 연기성 성격적응이다. 구강 가학성 성격은 젖을 빨던 시기에 경험한 욕구불만으로부터 일어나며, 빈정거림, 언어적인 적대 행위, 염세적 회의에서 오는 두려움과 의심, 비난, 호전적인 경향, 울분이라는 공격적인 성향을 보인다. 가장 가까운 성격적응 유형은 편집성 성격적응이다.

정신분석 성격유형의 두 번째는 항문기 성격으로, 이것은 배설(anal-expulsive)과 보존(anal-retentive)을 특성으로 한다. 항문기 배설 유형은 혐오와 의심, 과대망상, 극단적인 어리석음, 야심, 자기과시, 혼란 및 반항의 경향이 있다. 가장 가까운 성격적응 유형은 편집성 성격적응과 수동-공격성 성격적응의 조합이다. 항문기 보존 유형은 절약, 완고함, 정연함, 구두쇠, 학자인 척하기, 신중함, 사회의 규칙에 대한 강한 집착을 가져온다. 가장 가까운 성격적응 유형은 강박-신경증적 성격적응이다.

정신분석 성격유형의 세 번째는 남근기 성격으로, 이것은 남근기적 자기애(phallic narcissitic), 히스테리(hysterical), 피학대(masochistic)로 나뉜다. 라이히는 남근기적 자기애 유형을 허영심이 강하고, 건방지고, 오만하고, 자신이 있고, 활발하고, 무정하고, 말이 없고, 방어적으로 공격적이고, 주도권을 위해 노력하고, 집단에서 눈에 띄고, 작은 실패에도 부적절한 반응을 한다고 보았다. 가장 가까운 성격적응 유형은 반사회성 성격적응과 편집성 성격적응의 조합이다. 히스테리 유형은 독특한 공포감, 거짓된 매혹, 표면적인 대인관계, 제멋대로인, 꾸준히 노력하는 것에 어려움을 보이는 것을 특징으로 한다. 가장 가까운 성격적응 유형은 연기성 성격적응이다. 피학대 유형은 자기 비판적이고, 불평이 많고, 자기와 타인 모두를 괴롭힌다. 이들은 애정과 자애를 구하고는 있지만, 현실에서는 사랑받지 못할 행동을 한다. 고통은 피할 수 있을지 몰라도, 원하는 애정을 손에 넣을 수는 없다. 가장 가까운 성격적응 유형은 수동-공격성 성격적응이다.

정신분석 성격유형은 주로 이론에 기초하고 있는 반면, 웨어, 칼러 그리고 조인스의 성격적응 유형 이론은 부모와 자식 간의 교류와 정서적인 욕구를 충족시키기 위하여 아동이 어떻게 적응하는지에 대한 관찰에 더 많은 기반을 두고 있다. 이것이 다양한 정신의학 진단에 나타난 기본적인 유형을 성격유형의 분류로 더욱 자세히 기술할 수 있는 이유다.

현대 정신분석학의 이론가인 오토 캔버그(Otto Kernberg)는 자아기능의 구조와 기능 수준의 관점에서 성격유형을 정리하였다(1967, 1975, 1980). 그는 병리를 '높은 수준, 중간 수준, 낮은 수준'으로 구별하였고, 중간과 낮은 수준을 '경계선급 성격 구조(Borderline Personality Organization)'라고 하였다. 높은 수준은 연기를 하거나 강박 또는 우울한 성격을 말한다. 중간 수준은 유아적이거나, 자기애적인 성격이다. 낮은 수준은 명확한 반사회성 성격이다. 캔버그는 이러한 유형이 갈등 없이 존재할 수 있다는 가능성은 언급하지 않고, 생육 과정에서의 '반응'만을 강조하였다. 캔버그는 병리에만 초점을 맞추고 있다. 이러한 분류가 놓치고 있는 관점은 역기능을 보이는 성격적인 병리가, 사실은 건강한 성격 '유형'의 연속선상에 있다는 점이다.

생활방식의 이론가

칼 융(Carl Jung)과 알프레드 아들러(Alfred Adler)는 보통의 생활습관에 기초한 이론을 배경으로 '정상적(normal)'인 성격유형을 제시하고 있다. 융(1921)은 외향성(에너지가 외부를 향해 흐르는 것)과 내향성(에너지가 내면의 세계를 향해 흐르는 것)을 구별하고, 사고(원칙 중심과 논리적인 생각), 감정(주관적이고 개별적인 가치), 감각(오감과 신체상의 흥분으로 체험되는 것) 그리고 직관(상황에 따른 가능성을 파악)이라는 네 가지 심리기능

(또는 적응)이 서로 영향을 미친다고 주장하였다. 사고와 감정은 이성의 과정이 존재하는 합리적인 기능으로 보았고, 감각과 직관은 이성의 과정이 존재하지 않는 비합리적인 과정으로 보았다. 융은 네 가지 심리기능에 외향성과 내향성을 조합시켜 다음과 같은 여덟 가지의 성격유형을 제시하였다. 즉, ① 외향적 사고(기본적인 행위가 지적인 부분에만 기초하고 있다.), ② 외향적 감정(개인적인 판단보다는 타인의 규범에 충실, 충성으로 일관한다.), ③ 외향적 감각(현실을 있는 그대로의 즐거움으로 받아들인다.), ④ 외향적 직관(일과 사람들의 가능성을 추구한다.), ⑤ 내향적 사고(주관적이고 이론적인 내적 반성으로부터 답을 낸다.), ⑥ 내향적 감정(예술이나 시와 같은 개인적인 방법으로 감정을 표현한다.), ⑦ 내향적 감각(주어진 현실적인 정보를 자세하게 탐색한다.) 그리고 ⑧ 내향적 직관(무의식의 가장 깊은 층에서 불러일으킨, 신비한 몽상과 예술적인 표현 경향이 있다.)이다(Millon, 1981).

융의 성격유형과 웨어, 칼러 그리고 조인스의 여섯 가지 성격적응 유형 사이에는 직접적인 관련이 있어 보이지는 않는다. 융의 분류는 기본적인 성격적응 유형보다는 좀 더 일반적인 요인을 다루고 있다고 생각되기 때문이다.

아들러(1964)는 '과잉보상'이란 결핍이나 역기능을 노력으로 타파하려고 하는 본능적인 경향이며, 개인의 '생활방식' (지각된 열등감을 보상하는 서로 다른 노력들)의 근처에 자리 잡고 있는 기본적인 문제라고 이해하였다. 아들러는 능동적-수동적, 건설적-파괴적이라는 두 가지 축을 사용하여 다음과 같은 네 가지의 기본적인 생활방식을 이끌어 냈다. 즉, ① 능동적-건설적(안정되고 가치가 있다고 느끼고 있는 건강 또는 이상적인 사람, 유리한 것도 불리한 것과 같은 정도로 직면하고, 인간성에 마음을 쓰고 있으며, 창조적으로 어려움을 극복하려고 한다.), ② 수동적-파괴적(무엇이든지 반대하고, 비난하는 경향이 있으며, 다른 사람에게 기대고, 수동-공격적이며, 절망적인 방법으로 행동한다.), ③ 수동적-건설적(주목받기를 추구하며, 사람을 끌어들이고, 자신이 이룬 것으로 타인에게 인정받기보다는 단순히 자신에 대한 타인의 인정을 구한다.), 그리고 ④ 능동적-파괴적(유쾌하지 않고, 반항적이고, 부도덕하고, 횡포를 부리며, 다른 사람에 대해서 태만하게 행동한다.)이다(Millon, 1981). 아들러의 '능동적-건설적' 유형은 모든 여섯 가지 성격적응 유형의 긍정적인 면에 대해서 설명하고 있다고 볼 수 있다. 그리고 그의 '수동적-파괴적' 유형은 수동-공격성 성격적응, '수동적-건설적' 유형은 연기성 성격적응, 그리고 '능동적-파괴적' 스타일은 반사회성 성격적응과 각각 닮아 있다.

인간관계 이론가들

카렌 호나이(Karen Horney, 1937, 1939, 1942, 1945, 1950)는 인생의 기본적인 갈등을 해결하려 할 때 사용하는 세 가지 주된 전략, 즉 '사람을 향한 우호행동(moving toward people)' '사람을 향한 적대행동(moving against people)' '사람으로부터 도망가는 행동(moving away from people)'에 대해서 기술하고 있으며, 이것들이 기본적인 성격유형을 이룬다고 보았다. ① 사람을 향한 우호행동 유형은 '자기소멸적' 해결법으로, 순종적이고, 애정과 인정의 욕구를 충족시키기 위해서 개인적인 희망과 자기과시를 부정하며, 애정이 모든 문제를 해결할 것이라고 가정하여 자존심을 버리고, 개인적인 희망을 낮추며, 자책감, 무력감, 수동성, 자기비하의 경향을 나타낸다. ② 사람을 향한 적대행동 유형은 '공격적'인 해결법으로, 자신을 우월하게 생각하고, 자신의 약함과 부적응을 부인하며, 인생을 생존경쟁이라고 보고, 타인을 지배하고 이용하려는 욕구가 있으며, 힘을 추구하고, 뒤를 캐고, 타인을 비하하려는 욕구를 가지고 있다. 이것의 해결법은 '자기애'(자신을 이상화된 자신으로 믿는다.)와 '완벽주의'(자신은 사회적인 규범을 가장 잘 지킨다고 믿는다.) 그리고 '보복적인 가학'(자신은 타인을 비난할 수 있는 힘과 권력을 부여받고 있다고 믿고 있다.)으로 나뉜다. 그리고 ③ 사람으로부터 도망가는 행동 유형은 '신경증적 단념'을 해결법으로 사용하는 '고립된' 유형으로 보이며, 타인을 피하고, 갈등과 욕구불만을 일으키는 대인관계를 두려워하며, 인생에 제약을 걸고, 한발 물러선 방관자로 있으며, 욕구와 희망을 축소함으로써 평온함을 얻는다(Millon, 1981).

다시 말하면, 이러한 세 가지의 전략은 교류분석에서 역기능적인 세 가지 인생 태도를 나타내는 것이다(Berne, 1972). '자기 부정(I' m not-OK)-타인 긍정(You' re OK)' '자기 긍정(I' m OK)-타인 부정(You' re not-OK)' 그리고 '자기 부정(I' m not-OK)-타인 부정(You' re not-OK)'과 유사하다. 제17장에서 논의한 것처럼, 인생 태도는 각각 두 가지씩의 성격적응을 포함하고 있다. '자기 부정-타인 긍정(사람을 향한 우호행동)'은 연기성과 강박-신경증적 성격적응이고, '자기 긍정-타인 부정(사람을 향한 적대행동)' 은 편집성과 반사회성 성격적응이며, '자기 부정-타인 부정(사람으로부터 도망가는 행동)' 은 수동-공격성과 정신분열성 성격적응이다. 존재론적인 인생 태도와 성격적응 유형과의 관계를 통해서, 개인이 각각의 입장에서 독특한 선택을 한다는 상세한 정보와 더불어 더욱 효과적인 선택이 될 수 있도록 하는 정보를 제공하고 있다. 이러한 인생 태도와 성격적응 유형과의 관계는 제17장에서 자세히 기술하였다.

에리히 프롬(Erich Fromm, 1947)은 사회적인 맥락에서 프로이트 정신분석 이론을 재해석하였다(Millon, 1981). 그는 성격의 발달을 성적인 본능을 중심으로 보기보다는 각각의 발달단계에서 부모와 자식 간의 교류를 강조하였다. 그는 대인관계에서 체험한 학습에 의해 발달된 다섯 가지 성격유형을 다음과 같이 정립하였다. ① '수용적 자세(receptive orientation)' 는 부모나 친구, 권위자로부터 도움받는 것에 대한 강한 욕구가 특징이다. ② '착취적 성격(exploitative character)' 은 완력으로든 약삭빠르든 간에, 어느 쪽으로든 타인으로부터 무언가를 얻어 낸다. ③ '저축성 성격(hoarding character)' 은 정신분석에서 말하는 항문기 유형에 가까운데, 절약해서 쌓아 놓음으로써 안정감을 얻고, 자신의 주변에 방화벽을 구축하며, 가능한 회피하고, 현실에 아무것도 나타내려 하지 않는다. ④ '마케팅 자세(marketing orientation)' 는 타인의 어떤 요구에도 자신을 맞추기 때문에 성격 속에 자기라는 부분이 거의 없다. ⑤ '생산적 성격(productive character)' 은 건강하고 창조적이며, 타인의 의견을 존중하면서 자신의 생각을 피력하고, 능력이 충분히 발달되어 있으며, 자기중심적이지 않은 사랑을 할 수 있다(Millon, 1981). 성격적응 유형으로 말하면, '수용적 자세' 는 연기성 성격적응이고, '착취적 성격' 은 반사회성 성격적응이며, '저축성 성격' 은 수동-공격성 성격적응이고, '마케팅 자세' 는 정신분열성 성격적응과 반사회성 성격적응 유형 양쪽의 요소를 지니고 있다. '생산적 성격' 은 모든 성격적응의 건강한 측면을 나타내고 있다. 프롬의 이론은 웨어, 칼러 그리고 조인스의 성격적응 유형 이론과 전반적으로 일치한다.

호나이, 프롬 그리고 설리번의 연구를 기반으로 한, 티모시 리어리(Timothy Leary, 1957)의 대인관계 유형은 '지배-복종' 과 '사랑-미움' 두 가지 척도를 사용하고 있다. 그리고 각각 경도(輕度)와 중도(重度)를 조합하여, 여덟 가지 유형으로 분류하였다. 또한 그는 각각을 설명하는 두 가지 차원을 사용하였는데, 첫 번째는 경도이거나 적응적인 것을 나타내며, 두 번째는 중도이거나 정신병적인 것을 나타낸다. ① '반항적이고 의심 많은 성격'은 분개한 태도와 감정의 결여를 특징으로 한다. 타인과 자신을 분리한다. 고통스럽고 냉소적이며 수동 저항적인 행동을 과시하는 방법을 통해 불안이나 욕구불만을 취급한다. ② '소극적인 피학대 성격'은 수줍어하고, 소극적으로 사양하며, 자신감이 없어 보이는 것을 특징으로 한다. 극단적인 모습은 타인으로부터 비난과 굴욕을 유발하려 하고, 결과적으로 우울하고 불안한 기분에 빠진다. ③ '순종적으로 의존하는 성격'은 주로 복종하고, 연약하고 무능한 것처럼 행동하며, 이상할 정도로 타인으로부터 도움을 얻으려고 애원하는 것이 특징이다. 극단적인 모습은 아양 떨기와 의존관계, 끝없는 도움이나 충고 그리고 지시를 간구한다. ④ '협력-과잉의례 성격'은 타인이 자신을 좋아하도록 만들고 받아들이게 하기 위한 노력, 외향적인 태도와 사교성이 특징이다. 극단적인 모습은 지나친 감정표현, 막연한 낙관, 생각 없는 순진함, 연기가 깃들인 극적인 표현, 극단적인 주의산만 등이다. ⑤ '책임감 있는 과다표준 성격'은 통상적인 행동을 이상적으로 달성하기 위한 과도한 노력, 정서적인 부분이나 약함이 발각되는 것을 피하는 것, 질서를 지키고, 완벽주의이며, 자신이나 타인 속에 있는 분노와 같은 충동적인 감정을 참을 수 없어 한다. 극단적인 모습은 예절과 예의를 강하게 요구한다. 인생에서 외적 표현과 내면의 감정, 어느 쪽으로든 공허한 사람으로 인생을 체험한다. ⑥ '통제적이고 독재적인 성격'은 강인하고 자신감이 있으며, 리더십 있는 모습으로 타인에게 복종과 경의를 환기시킨다. 극단적인 모습은 타인을 통제하기 위해서 횡포와 독재를 보이고, 힘으로 지배하려 하며, 안정되지 못한 채 타인에게는 효율적이고 유능하게 행동할 것을 강요한다. ⑦ '경쟁적인 자기애 성격'은 높은 자존감 때문에 소속되지 않고, 타인을 이용하고 꼼짝 못하게 하며, 친절한 척하면서 잇속을 챙기고, 복종하도록 유도하는 방법으로 자기를 높이는 유형이다. 극단적인 모습은 맹목적인 이기주의, 타인을 동원하기 위한 엄청난 노력, 악질적이고 부조리한 자만을 보이는 것이다. ⑧ '공격적인 가학 성격' 은 냉혹하고 엄격함을 가졌으며, 징벌하려고 하고, 타인을 바보 취급하며, 위협을 통해 공포감을 불러일으킨다 (Millon, 1981).

리어리는 각각의 유형에서 긍정과 부정 양쪽 모두를 고려한다는 점에서, 조인스(1986)의 성격적응 유형과 같은 입장을 보이고 있다고 생각된다. 그의 '반항적이고 의심 많은 성격'은 편집성과 수동-공격성 성격적응의 조합이고, '소극적인 피학대 성격'

은 정신분열성과 수동-공격성 성격적응의 조합과 비슷하다. '순종적으로 의존하는 성격'은 정신분열성 성격적응과 '협력-과잉의례 성격'은 연기성 성격적응, '책임감 있는 과다표준 성격'은 강박-신경증적 성격적응, '통제적이고 독재적인 성격'은 편집성 성격적응, '경쟁적인 자기애 성격'은 반사회성 성격적응과 각각 유사하다. 그리고 '공격적인 가학 성격'은 반사회성과 편집성 성격적응의 조합을 나타내고 있다. 리어리 유형론의 장점은 성격유형을 보다 전체적인 관점에서 조망하고 있다는 점이다.

학습된 대처 유형

밀론(1981)은 '능동-수동' '쾌락-고통' 그리고 '자기-타인'의 세 가지 척도를 사용해서, 여덟 가지 기본적인 성격 '대처유형(coping patterns)'과 DSM-III(1980)의 성격장애와 일치하는 세 가지 특정 유형을 도출하였다. 밀론이 주장하였듯이, 이러한 유형은 어떤 유형의 강화자극을 추구한다든지 피하는 것을 배웠지만(쾌락-고통), 그것을 얻기 위해서 어디를 보고 있는지(자기-타인)를 나타내고 있다. 의존적인 성격의 사람은 타인의 얼굴 표정을 살피고, 독립적인 성격의 사람은 자기 자신에게 의존하며, 양면가치 성격의 소유자는 어느 쪽의 방법을 취할지 불확실하다. 고립된 사람은 자신과 타인의 상호작용을 체험하는 것이 어렵기 때문에 한층 고립되어 스스로 괴리감을 느낀다. 밀론이 설명하는 열한 가지의 유형은 다음과 같다.

① '수동-의존' 유형(DSM-III의 의존성적 성격장애)은 애정과 관심을 준다거나, 이끌어 준다거나 하는 의존할 수 있는 관계를 찾는다. 많은 경우, 이들은 부모의 과보호에 의해 솔선하여 사물에 대처하는 능력과 자발성이 부족하고, 수동적인 역할을 받아들이며, 타인으로부터 애정과 관심을 이끌어 내기 위한 노력을 끊임없이 진행한다.

② '능동-의존' 유형(DSM-III의 연기성 성격장애)은 자극과 애정을 무조건적으로 요구하는 경향이 뚜렷하다. 사회적으로 혼자 행동하고 있을 때 자발성에 대한 기본적인 공포를 지니고 있으며, 사람의 관심과 주목에 대한 강렬한 욕구를 지니

고 있다.

③ '수동-독립' 유형(DSM-III의 자기애성 성격장애)은 자신에 대한 관심이 지대한 이기적인 유형이다. 이들은 자신의 가치를 과대평가하고, 오만한 자신감을 가지고 있으며, 타인이 자신의 특수성을 인정한다고 가정하여 자신의 이익을 위해 타인을 착취한다.

④ '능동-독립' 유형(DSM-III의 반사회성 성격장애)은 타인에게 학습된 불신을 노골적으로 나타내고, 독립성을 유지하고자 하며, 과거의 상처로 인한 자신의 손해를 보상받으려 한다. 이들은 신뢰할 수 없다거나 일구이언하는 사람을 맹렬하게 비난한다. 독립성과 공격적인 행위는 속임수와 배신을 피하는 유일한 수단이라고 생각한다.

⑤ '수동-양면가치' 유형(DSM-III의 강박성적 성격장애)은 타인의 적의와 사회적으로 관심을 받지 못하는 것에 대한 공포감으로 갈등을 느낀다. 이들은 분노를 억누르고, 과잉 적응하는 경향이 있으며, 순응함으로써 갈등을 해결하려 하지만 기저에 존재하는 분노나 화가 때때로 폭발한다.

⑥ '능동-양면가치' 유형(DSM-III의 수동-공격성 성격장애)은 존중과 순응 사이에 머뭇거리면서, 어느 순간에는 공격적인 반항을 한다든지 하며 갈등을 해결하지 못한다. 그리고 변덕스러운 태도로 폭발적인 분노를 보이며, 완고함을 가지는 동시에 죄책감과 수치감을 가지고 있다.

⑦ '수동-고립' 유형(DSM-III의 분열병질 성격장애)은 애정에 대한 요구를 하지 않고, 정서적인 감각을 최소화하려는 경향이 있으며, 인간관계로부터 분리된 수동적인 방관자로서 기능한다.

⑧ '능동-고립' 유형(DSM-III의 회피성적 성격장애)은 타인에 대한 공포감과 불신이 특징이다. 이들은 타인으로부터 떨어져 있는 것으로 자신을 지키려고 하고, 인간관계를 유지하기 위한 관계를 맺고 싶다는 욕구나 애정을 억압한다.

⑨ '순환기질' 유형(DSM-III의 경계성적 성격장애)은 불건전하고 의존적이며, 또는 양가적(兩價的)인 경향을 나타낸다. 이들은 분노나 불안감, 행복감 등이 반복되어 나타나고 무기력이나 낙담을 겪는 형태로 극심한 내인성 기분을 반복해서 체험한다. 이들은 자멸적인 생각이나 행위를 반복하고, 끊임없이 보살핌을 받으려고 하

며, 타인에 대해서 분노, 사랑, 죄책감을 동시에 느끼는 양가감정을 가지고 있다.

⑩ '편집증' 유형(DSM-Ⅲ의 편집증적 성격장애)은 타인에 대한 깊은 불신감과 예상된 비판이나 기만에 대한 날카로운 방어 자세를 현저하게 나타낸다. 이들은 독립성을 잃게 될 것을 두려워하고, 외적인 영향이나 조작에 저항하기 위해 때때로 불쾌한 초조함을 나타내며, 타인을 기분 나쁘게 하거나 분노가 일어나도록 한다.

⑪ '정신분열성' 유형(DSM-Ⅲ의 정신분열성 성격장애)은 통합이 불충분하거나 역기능에 빠진 격리된 유형이다. 이들은 애착과 책임이 최소화된 격리된 상태를 선호한다. 또한 이들은 행동이 괴팍하고, 기묘하거나 이질적인 사람으로 보인다. 이들이 활동적이 된다면 불안에 의한 경계와 감수성 항진(亢進)이 있고, 수동적이 된다면 정서의 무뎌짐과 감정의 결핍이 있을 것이다(Millon, 1981: 60-62).

밀론의 유형은 서로 다른 성격장애를 구별하는 데 분명히 도움이 된다. 하지만 DSM-Ⅲ의 '성격장애'를 대표하는 유형을 검토하면서 각각의 '대처 유형'의 부정적인 면에만 초점을 맞추고 있다. 그는 이러한 행동양식(pattern)을 만들고 있는 근본적인 유형(basic underlying styles)이 무엇인지, 이것들이 상황에 따라 어떻게 건강한 반응을 보일 수 있는지에 대해서는 언급하지 않았다. 그리고 유형이 건강한 상태에서 병리적 상태에 이르는 연속선상의 어디에나 있을 수 있다는 가정을 보여 주지 않았다.

밀론은 점차 과학적 지식과 견해를 더욱 넓은 영역으로 확장하였고, 각각의 적응이나 생존 방식이 어떻게 유사한지를 연구하기 위해 진화론적 접근을 도입하여 1990년에 모델을 개정하였다. 1996년에 발간된 그의 책에는 다음과 같이 적혀 있다.

> ……성격이란 것은 특정한 생물종이 많든 적든 생태환경의 전형적인 변화의 폭과 관련하고 있는 적응기능의 독특한 형식이라고 생각된다. 성격장애라는 것은 그 사람이 직면하고 있는 환경에 대응하는 종으로서의 능력 상실이나 불균형 그리고 갈등과 같이 부적당한 기능 상태 속에 존재하는 특정한 스타일이라 말할 수 있을 것이다(Millon, 1996: 70-71).

또한 밀론은 다음과 같이 주장하였다. "진화론과 생태학의 법칙을 적용할 수 있는 네 가지 영역, 즉 '존재(Existence)' '적응(Adaptation)' '복제(Replication)' 그리고 '추상화(Abstraction)'가 있다." (Millon, 1996: 70) 그리고 이 새로운 모델을 열 다섯 가지의 성격장애에 적용하였다. 처음의 세 가지는 그가 '쾌락-결핍성격(pleasure-deficient personality)'이라고 부르는 것으로, 즉 ① 정신분열성 성격장애는 '비사교적인 유형(asocial pattern)', ② 회피성적 성격장애는 '움츠러 드는 유형(withdrawn patten)' 그리고 ③ 우울성적 성격장애는 '포기 유형(giving-up pattern)'이라고 칭하고 있다. 다음의 네 가지는 밀론이 '대인관계 불균형 성격(interpersonally-imbalanced personality)'이라고 기술한 것으로서, 다음과 같은 것을 포함한다. ① 의존적인 성격장애는 '복종적 유형(submissive pattern)', ② 연기성 성격장애는 '사교적인 유형(gregarious pattern)', ③ 자기애성 성격은 '이기적인 유형(egoistic pattern)', 그리고 ④ 반사회성 성격장애는 '악순환의 확대강화 유형(aggrandizing pattern)'이다. 밀론에 의해 묘사된, '정신내적 갈등 성격(intrapsychically-conflicted personalities)' 네 가지는 다음과 같다. ① 가학적 성격장애는 '학대적인 유형(abusive pattern)', ② 강박성적 성격장애는 '순응하는 유형(conforming pattern)', ③ 소극적 성격장애는 '머뭇거리는 불안정 유형(vacillating pattern)', 그리고 ④ 피학대 성격장애는 '학대받는 유형(aggrieved pattern)'이다. 마지막 네 가지 유형은 밀론이 '구조적으로 결함이 있는 성격(structurally defective personality)'이라고 하는 것이다. ① 정신분열성 성격장애는 '기행이 눈에 띄는 유형(eccentric pattern)', ② 경계성적 성격장애는 '불안정한 유형(unstable pattern)', ③ 편집성 성격장애는 '의심 많은 유형(suspicious pattern)', 그리고 ④ 비보상성(decompensated) 성격장애는 '최종적인 유형(terminal pattern)'으로 기술되어 있다(Millon, 1996: 217-729). 성격에 관한 밀론의 업적은 지금까지의 성격유형에 관한 연구 중에서 가장 포괄적이다.

밀론이 바라보는 성격이란, 개인의 환경에 대한 전반적인 적응이라는 웨어, 칼러 그리고 조인스의 관점과 같은 것으로 보이지만, 그는 특정 유형을 개인사에서 제대로 기능한 적응으로 보기보다는 결함의 결과로 보고 있다.

병리와 비병리 도식의 차이

지금까지 기술한 것처럼 성격유형을 연구하기 위해 고안된 많은 도식은 병리 또는 비병리 중 어느 한 곳에 초점을 맞추는 것이었다. 반면에 각각의 성격유형에서 기능과 역기능 양쪽 모두를 다루는 리어리(Leary, 1957)와 밀론(1996)의 분류 시스템은 더욱 포괄적인 도식을 제공하고 있다고 말할 수 있다. 웨어(1983), 칼러(1972, 1982, 2000) 그리고 조인스(1986, 1988)가 발전시킨 성격적응 유형의 개념 또한 그와 같은 도식을 제공하고 있지만, 성격의 기본적인 구성 요소를 리어리나 밀러보다 좀 더 명확하게 제시하고 있다.

웨어, 칼러 그리고 조인스는 DSM-IV-TR에서 나타나는 건강한 성격과 장애 그리고 양쪽 모두의 기초가 되는 성격적응 유형에 대해서 말하고 있다. 밀론이 언급한 몇 가지 성격장애는, 웨어, 칼러 그리고 조인스가 논한 성격적응 유형의 부정적인 면의 다른 조합이라고 볼 수 있다. 예를 들면, 밀론의 회피적 성격장애(움츠러드는 유형)는 웨어, 칼러 그리고 조인스가 이 책에서 설명한 정신분열성 성격적응과 편집성 성격적응의 조합이다. 그가 말하는 의존성 성격장애(복종적 유형)는 정신분열성 성격적응과 수동-공격성 성격적응의 조합이며, 자기애성 성격장애(이기적인 유형)는 편집성 성격적응과 반사회성 성격적응의 조합, 그리고 경계성 성격장애(불안정한 유형)는 반사회성 성격적응과 수동-공격성 성격적응의 조합이다. 밀론의 분열병질(schizoid) 성격장애(비사교적인 유형)와 정신분열성(schizotypal) 성격장애(기행이 눈에 띄는 유형)는 정신분열성 성격적응의 다른 정도를 나타낸다. 성격유형의 기본적인 구성 요소를 규명함에 따라 심리치료를 하는 치료자는 건강과 병리 양쪽 모두를 이해할 수 있게 되며, 더욱 효과적인 결과를 이끌어 내기 위해 서로 다른 유형마다 어떻게 대응하면 좋은지에 대한 더욱 많은 정보를 가질 수 있다.

최신 모델

정상과 역기능을 함께 연구한 최근의 모델은 맥두걸(McDougall, 1932)이 주장한 다섯 가지 요인 모델(Five-Factor Model: FFM)이다. 얼마 지나지 않아 서스턴(Thurston, 1934)은 성격 특성을 나타내는 60개의 형용사를 다섯 가지 요인으로 설명하는 요인분석 결과를 보고하였고, 다섯 가지 독립된 공통 요인을 통해서 60개의 형용사를 설명할 수 있다고 주장하였다. 하지만 다섯 가지 요인 모델을 보완하고 보충하며 심화시키는 연구는 1990년대까지 없었다(Digman, 1990; McCrae, 1992; Wiggings & Pincus, 1989). 그 이유는 컴퓨터가 보급되기 이전이기 때문에 요인분석을 하는 것에 어려움이 있었고, 당시에는 다른 이론들이 유행하고 있었기 때문이다. 다섯 가지 요인 모델이란, '다섯 가지 광범위한 척도('Big Five')로 본 성격 특성의 분류법'이다. 그것은 신경성(Neuroticism: N), 외향성(Extraversion: E), 경험에 대한 개방성(Openness to experience: O), 친화성(Agreeableness: A) 그리고 성실성(Conscientiousness: C)이다(Costa & Widiger, 1994: 1).

'신경성'은 정서적인 순응과 불안정성에 대한 만성적인 수준을 측정하는 것이다. N이 높은 것은 심리적인 스트레스를 받기 쉬운 경향이 있다는 것이며, N이 낮은 것은 더욱 순응하는 사람이라는 것이다.

'외향성'은 바람직한 대인 상호작용의 양과 강도, 활동 수준, 자극의 필요성 그리고 즐거움을 허용하는 양을 측정하는 것이다. E가 높은 사람은 사교적이고, 활동적이며, 말하기를 좋아하는 사람으로, 인간 지향적이고, 낙관적이며, 사랑하는 것을 좋아하고, 자애심 깊은 사람이다. E가 낮은 사람은 소극적이고, 소박하며, 쌀쌀맞고, 잘 소속되지 않으며, 조용한 사람이다.

'경험에 대한 개방성'이란 자신을 위해 능동적으로 정보를 찾고 평가하는 것이다. O가 높은 사람은 호기심이 강하고, 창조적이며, 새로운 생각이나 가치관으로 남을 즐겁게 하려고 하며, 감정적으로 민감하다. O가 낮은 사람은 신념이나 태도가 전통적이고, 보수적이며, 독단적이고, 신념이 강하고, 일하는 방식이 정해져 있으며, 감정적으로 무반응인 사람이다.

'친화성'은 동정 또는 적대의 선호하는 정도를 나타낸다. A가 높은 사람은 상냥한 경향이 있고, 마음씨가 좋으며, 마음을 허락하고, 유능하며, 관대하고, 애타적이며, 민감하고, 공감성이 높다. A가 낮은 사람은 냉소적인 경향이 있고, 실례되거나 유쾌하지 못한 행동을 하며, 의심이 많고, 비협력적이며, 화를 잘 내고, 조작적이며, 집념이 강하고, 무정할지도 모른다.

'성실성'은 목표지향 행동에서 조직화, 지구력, 통제, 의욕의 정도를 나타내는 것이다. C가 높은 사람은 조직화되어 있고, 믿음직하며, 야심이 많고, 인내심이 강하다. C가 낮은 사람은 목적이 없고, 믿음이 가지 않으며, 태만하고, 부주의하며, 일을 대충하고, 두서없고, 쾌락주의 경향이 있다.

이러한 다섯 가지 광범위한 특질은 성격 특성의 공통점을 대부분 포함하고 있는 것으로 생각된다.

다섯 가지 요인 모델(FFM)은 요인분석을 응용한 것으로, 성격연구의 복잡함에 대한 체계적인 연구를 가능하게 했다는 점에서 커다란 가능성을 보여 주었다. 다섯 가지 요인 모델은 널리 받아들여 현재도 많은 연구가 이루어지고 있다. 또한 이 책에서 논의한 성격적응과 다섯 가지 요인이 어떻게 관련되어 있는지를 쉽게 예상해 볼 수 있다. 예를 들면, 외향성(E)이 높으면 연기성 성격적응과 관련되고, 낮으면 정신분열성 성격적응과 관련된다. 친화성(A)이 낮으면 편집성 성격적응, 반사회성 성격적응과 관련된다. 성실성(C)은 강박-신경증적 성격적응과 양적(+)으로 관련되어 있으며, 반사회성 성격적응과는 부적(−)으로 관계가 있다(Lyons, Merla, Ozer, & Hyler, 1990). 이러한 발견은 건강한 사람을 대상으로 하는 다섯 가지 요인 모델과 성격적응 유형 측정의 결과로 얻은 것이다(Costa & McCrae, 1990). 이와 같이 다섯 가지 요인 모델 또한 웨어, 칼러 그리고 조인스의 모델과 마찬가지로, 병리적인 성격 특성과 동시에 건강한 성격 특성 양쪽 모두를 다루고 있는 모델이다. 이러한 두 가지 모델의 관계에 대해, 추후의 연구에서 더 많은 것이 발견된다면 매우 흥미로울 것이다.

더욱 최근의 모델은 스티븐 존슨(Stephen Johnson)의 '성격유형(Character Styles, 1994)' 연구다. 그는 발달론 접근 방법을 취하여, 일곱 가지의 서로 다른 성격유형을 주장하고 있다. 즉, 정신분열(schizoid), 구강기(oral), 공생(symbiotic), 자기애(narcissistic), 피학대(masochistic), 연기성(hysteric), 강박-신경(obsessive-compulsive) 성격유형이 그것이다. 그는 정신분열을 '혐오받은 어린이', 구강기를 '버려진 어린이', 공생을 '인지된 어린이', 자기애를 '중고(中古) 어린이', 피학대는 '패배한 어린이', 연기성을 '착취된 어린이' 그리고 강박을 '훈련된 어린이'로 보고 있다. 웨어(1983), 칼러(1972, 1982, 2000), 그리고 조인스(1986, 1988)와 마찬가지로, 존슨은 이러한 성격유형을 '성격장애'에서 '성격신경증'을 거쳐 '성격유형'에 이르는 '발달상의 구조적인 연속선' 상에 있는 것으로 보았다. 그의 업적은 최신의 인간발달 연구를 했다는 점과 성격병리 치료의 통합이었다. 그는 인간관계에 대한 이론 연구뿐만 아니라, 변화에 따른 기법 모두를 연구하였다. 그의 분류는 라이히(1949)의 이론(구강기와 피학대)과 DSM-III(1980)의 분류(정신분열, 자기애, 연기성, 강박)를 인용하였다. 또한 그는 '공생'이란 언어로 '경계선(borderline)'을 재분류하였고, '수동-공격' 대신에 '피학대'라는 용어를 사용하였다. 편집성, 반사회성 유형은 정립하지 않았다. 존슨의 모델은 웨어, 칼러 그리고 조인스의 모델과 같은 방향이지만, 몇 가지 다른 분류의 성격유형을 언급하고 있다. 그는 다음과 같이 말하고 있다.

> 인간의 발달이나 인간의 본질에 대한 연구 결과는 인간의 광기유형의 설명과 완전히 일치한다. 그러나 이러한 설명은 가장 심한 정신병을 가진 사람에게서 보이기보다는 건강한 사람 또는 그다지 심하지 않은 사람에게서 좀 더 명확하게 보인다. 나는 매우 심한 역기능부터 역기능이 전혀 없는 지점 사이에 존재하는 인간 본성의 본질적인 구성 요소를 반영하는 것이 무엇인지를 고민하고 있다. 나는 그것에 해당하는 성격과 정신병리를 조직화하고 있는 일곱 가지의 기본적인 구성 요소를 찾아냈다고 믿지만…… 더 많이 있을 것이다(Introduction to *Character Styles*, xvii).

웨어(1983), 칼러(1972, 1982, 2000), 그리고 조인스(1986, 1988)가 설명하는 여섯 가지의 성격적응 유형은 존슨이 주장하는 성격의 기본적인 구성을 더욱 명확하게 나타내고 있다. 또한 존슨이 설명하고 있는 일곱 가지 성격유형은 실제로는 성격적응 유형의 조합으로도 볼 수 있다. 성격적응 유형이 단지 여섯 가지뿐인지, 아니면 그 이상이 또 있는지는 시간이 지나 후속 연구를 통해 나타날 것이다.

요 약

과거에서부터 현재까지, 성격유형을 설명하기 위한 많은 이론과 관점이 있어 왔다. 몇 가지는 '성격(character)'에 초점을 맞춘 것이고, 다른 몇 가지는 '기질(temperament)'에 초점을 맞춘 것이다. 많은 것이 주로 병리에 초점을 맞춰 왔지만, 몇 가지는 건강한 유형을 대상으로 하고 있다. 이것들의 대부분은 유사한 현상을 약간 다른 방법으로 설명하고 있다. 웨어, 칼러 그리고 조인스가 발전시킨 모델 또한 유사한 현상을 특유의 방법으로 기술하고 있다. 성격의 기본적인 구성 요소를 형성하고 있는 '적응(adaptation)'이 어떠한 것이고, 그것이 어떻게 건강에서부터 병리에 걸쳐 연속적으로 나타나는가에 관심을 두고 있다. 또한 각각의 성격적응 유형은 어떻게 세계에 다가가는지, 성장하기 위해서 필요한 것이 무엇인지, 그리고 벽에 부딪히기 쉬운 영역은 어디인지에 대해 논하고 있다. 이러한 정보를 통해서, 심리치료를 하는 치료자는 각각의 성격적응 유형에 어떻게 대응을 하면 가장 극적인 효과를 얻을 수 있을지에 대해 많은 도움을 받을 수 있을 것이다.

부록 B

성격적응 유형 측정

성격에 대한 연구는 일반적으로 다음과 같은 두 가지의 중요한 주제를 가진다. 첫 번째는 사람이 어떠한 특정 특질을 선호하고 있으며 그것을 어떻게 갖게 된 것인가이고, 두 번째는 그 특질이 성격으로 어떻게 기능하느냐 하는 것이다. 그러므로 성격 측정은 보편적으로 '심리적 특질' 또는 '심리적 상태' 등의 용어로 개인을 묘사한다. '특질(traits)'은 지속적인 성격 특성인 반면, '상태(states)'는 상황적인 변수를 말한다. 특질이 좀 더 구체적이고 특정한 것이라면, 상태는 좀 더 일반적이고 보편적인 것을 의미한다.

'특질'을 측정하는 과정에서는 다음과 같은 네 가지 내용을 가정한다. 첫째, 성격 특질은 개인적인 차이점을 자원으로 하여 구성된 것으로 존재한다. 둘째, 이러한 특질은 표준화된 측정이 가능하다. 셋째, 개인적인 특질의 측정은 연구될 수 있고 요인 모델이라는 용어로 설명할 수 있다. 넷째, 검사의 타당성은 예언, 내용 또는 구성 타당도로 설명할 수 있다.

'상태'를 측정하는 데 있어서는 다음을 가정한다. 심리적인 상태에서는 정상적인 것과 병리적인 것이 있고, 이것은 서로 구별된다. 신경검사나 임상면담뿐만 아니라 로르

샤흐(Rorschach) 또는 TAT와 같은 투사검사는 심리적 상태를 측정하는 데 자주 사용된다. 게다가 MMPI와 같은 객관적인 성격 검사 또한 마찬가지다. 성격적응 유형의 주요 관심은 개인이 기본적으로 외부세계에 어떻게 적응하는지에 대한 유형을 말하는 것이므로, 성격의 상태보다는 성격의 특질에 더 많은 관심을 두고 있다.

성격 특질 측정

성격 특질을 측정하는 대부분의 방법은 하나의 문항에 대해 예(yes), 아니요(no)로 반응하여 자신을 나타내도록 하는 것이다. 넌낼리(Nunnally, 1978)는 이러한 방법이 성격 특질을 연구하는 데 풍부한 자료를 제공해 준다고 주장하고 있다. 그의 주장은 다음과 같다.

> 첫째, 많은 목록이 구조화되어 있으므로 '사회적 바람직성'은 중요한 부분으로 작용되지 않는다. 그러므로 솔직한 반응이 중요한 문제가 아니다. 둘째, 반면에 이것은 많은 자기 진술 문항에 대한 의미를 명확하게 표현하는 데 어려움이 있음을 반증한다. 많은 경우, 이것은 성격 개념을 측정하는 데 사용되는 목록의 문제점보다 적다. 셋째, 자기 진술 목록에 반하여 자기 이해는 단순한 문제다. 사람이 매일 직면하는 환경적인 내용은 성격 개념의 측정 목록이 측정하고자 하는 개념으로 자신을 거의 분석해 보지 않기 때문이다. 넷째, 자기 진술 목록에 있어서 여러 가지로 제안된 측정 방법에 대한 어떤 경향을 보이기도 하지만 명백하게 통제 위치 척도와 같이 개별적인 개념을 상대적이고 독립적으로 측정하는 것을 찾는 것은 쉬운 편이다. 성격에 대한 다양하고 중요한 측정은 성격 개념에 대한 잠재적으로 중요한 차원을 조심스럽게 조사하고, 적당한 검사구성 방식을 적용하며, 요인분석에 따른 기본적인 차원에 대한 증거 자료를 요구한다(Nunnally, 1978: 587).

척도의 구성

척도의 구성과 관련하여, 위긴스(Wiggins, 1973)는 다음의 세 가지 접근을 제시하였다. 첫째, 분석적인 접근이다. 이것은 개인의 평가를 위한 문항 선정, 절차, 기준 등의 결정을 주로 이론에 근거해서 접근하는 것이다. 둘째, 경험적인 접근이다. 이것은 측정된 구성의 운영지표에 의한 접근이다. 문항은 기준에 근거한 집단의 차이를 변별하는 문항으로 보이는 비교집단의 지수를 통해서 선정된다. 셋째, 잭슨(Jackson, 1970)이 명명한 순차적인 체계 접근이다. 이것은 분석적인 접근과 경험적인 접근을 논리적인 순서에 따라 조합해서 접근하는 것이다. 그리고 그 결과로 형성된 척도의 심리통계학적인 특성을 평가하는 것이다. 그러므로 문항은 논리적인 기초 위에서 형성되나, 심리통계학적 특성과 경험적인 관계 속에서 굳건히 유지된다.

성격적응 유형을 측정하기 위한 심리도구 디자인

순차적인 체계 접근을 사용하여, 밴 조인스(Vann Joines)는 성격적응 유형을 측정하기 위한 예-아니요(true-false) 질문을 구성하였다. 이것은 저자가 모든 여섯 가지 성격적응 유형에 적용되고, 사람들에 의해 긍정적으로 반응할 수 있으리라고 믿는 각각 30개씩의 문항으로 구성되어 있다. 각 문항은 저자가 지닌 성격적응 유형에 대한 직관에서 나왔으며, 이를 확인하기 위해서 심리치료 훈련 프로그램에 참석한 사람들이 검토를 하였다. 몇 개의 문항 용어는 피드백을 통해 수정되었다. 많은 문항에서 출발하여 결국 몇 개의 문항만이 남게 되었다. 문항의 수가 줄어든 데에는 다음의 두 가지 이유가 있다. 첫째, 심리검사를 할 때 피로를 줄이기 위해서다. 둘째, 성격적응 유형은 각각 10~12개의 문항들로 충분히 나타낼 수 있다는 믿음에서다. 최초의 문항 수는 195개였다. 이러한 문항들은 무작위 방식으로 배열되었다.

대상자

성격적응 유형 평가 검사지를 만드는 데 참여한 대상자는 서로 다른 심리치료 모임(개인 또는 집단상담, 정신건강센터, 알코올 및 약물 치료센터, 가족치료기관 등)에 있는 내담자들이다. 이들의 대부분은 저자의 내담자 중에서 지원한 사람들이고, 약 50명은 저자와 함께 훈련 프로그램을 진행하는 정신건강전문가들이다. 대상자 중 70명은 전문가 또는 자신의 성격적응 유형을 알고 싶어 하는 사람들이다. 성격적응 유형 평가 검사지에 참여한 대상자의 총수는 268명이다. 평균 나이는 37세, 가장 적은 나이는 13세이고, 가장 많은 나이는 63세다. 남자와 여자의 비율은 각각 29%와 71%다. 남자와 여자의 비율이 다르다는 것은 앞서 언급한 정신건강전문가의 치료에 참여하고 있는 내담자의 남녀 비율이 다르다는 것을 반영하기 때문이다.

적용과 평가

검사지와 응답지는 저자의 훈련생에게 자신의 내담자에 적용해 볼 수 있도록 제공되었고, 표집된 것은 다시 저자에게 돌아왔다. 훈련생은 내담자에게 검사지의 목적이 성격적응 유형을 사정하는 데 있어서 더 좋은 검사지를 만드는 데 있다고 안내하였다. 그리고 내담자는 자신의 검사 결과 복사본을 받았다. 대상자는 모든 질문에 답하도록 안내되었다.

응답지는 수작업으로 채점되었고, 훈련생에게 자신의 내담자와 토의해 볼 수 있도록 다시 보냈다. 그리고 자료는 각 대상자의 나이, 성별 그리고 195개 문항의 반응과 함께 컴퓨터에 입력되었다. 잘려진 범위 또는 비대칭 분포를 지닌 문항을 결정하기 위해서 빈도분석이 실시되었다. 하나의 문항이 다른 문항과 어떤 관계가 있는지 살펴보기 위해서는 피어슨(Pearson) 상관관계 분석이 시행되었다. 매우 낮은 상관관계 또는 잘려진 범위에 있는 문항은 제거되었다. 낮은 상관관계(.15 이하) 문항은 다른 문항과는 관계없는 것으로 해석되었다. 잘려진 범위에 있는 문항은 '성격적응 유형과 관계없이 모든 사람에게 유사한 방식으로 반응한다.'로 설명된다. 또한 다른 척도의 문항과 높은 상관관계(.40 이상)를 가지고 있는 문항은 중복되는 것을 감소시키기 위해서 제거되었다. 이러한 과정을 거쳐서, 각 성격적응 유형마다 약 30개에서 약 15개의 문항으로 감소되었다.

다음 단계는 척도의 장문과 단문 유형에 대한 크론바흐 알파(Cronbach' s alphas, 신뢰도 분석의 일종)를 구하는 것이다. 전체적으로 낮은 상관관계(.20 이하)를 가진 문항은 다시 제거되었다. 이러한 과정은 각 성격적응 유형의 전반적인 알파의 증가를 가져오고, 수용할 수 있는 범위 내에서 감소를 가능케 해 준다. 이런 과정 속에서, 척도들은 각 성격적응 유형별 12개의 문항으로 감소하였다. 하나의 척도와 다른 척도 안에서 문항 사이의 상관관계는 문항이 자신의 척도이거나 다른 척도 속에서 최고로 기능하는지를 알아보기 위해서 측정되었다. 결과적으로, 몇 개의 문항은 다른 척도로 옮겨졌고, 또 다른 몇 개의 문항은 서로 다른 성격적응 유형을 정확하게 변별해 주지 못했기 때문에 제거되었다. 신뢰도 분석(크론바흐 알파)은 척도별 각 성격적응 유형을 위한 핵심 문항을 보여 주었다.

마지막 통계 절차는 생존적인 성격적응 유형과 실행적인 성격적응 유형이 어떻게 요인별로 묶이는지 분석하는 것이다. 이를 위해, 268개의 표집을 사용해서 핵심 문항들의 통계적인 요인분석을 시행하였다. 요인분석은 세 가지의 생존적인 성격적응 유형과 또 다른 세 가지의 실행적인 성격적응 유형으로 구분되어 실시되었다. 생존적인 성격적응 유형과 실행적인 성격적응 유형은 두 가지 이유에서 요인분석이 요구되었다. ① 생존적인 성격적응 유형과 실행적인 성격적응 유형은 서로 다른 차원으로 생각된다. 그리고 ② 상대적으로 대상자의 수가 적다. 고유량의 스크리 도표(scree plots of eigenvalues, 요인들이 필요로 하는 수만큼 확정하는 데 도움을 주기 위한 회전된 요인 안에서의 변수 도표)는 생존적인 성격적응 유형을 나타내는 세 가지 요소와 실행적인 성격적응 유형을 보여 주는 세 가지 요소로 나뉜다. 세 가지 생존적인 성격적응 유형의 고유량은 첫 번째 요인 4.6299, 두 번째 요인 2.7715, 세 번째 요인 1.1865였다. 세 가지 실행적인 성격적응 유형의 고유량은 첫 번째 요인 7.9742, 두 번째 요인 1.2792, 세 번째 요인 .9779였다. 배리맥스 회전(varimax rotation) 방식을 사용한 생존적인 성격적응 유형에서 정신분열성 성격적응에 주요 요인 1이 적재되었고, 반면에 반사회성과 편집성 성격적응이 각각 요인 2와 요인 3에 적재되었다. 마찬가지로 배리맥스 회전 방식을 사용한 실행적인 성격적응에서는 연기성 성격적응이 주요 요인 1에 적재되었고, 강박-신경증적 성격적응이 주요 요인 2에 적재되었으며, 수동-공격성 성격적응이 주요 요인 3에 적재되었다.

제2판

검사지의 제2판은 앞서 제시한 통계적인 분석을 통해 핵심 문항을 사용하여 만들었다. 각 성격적응 유형의 핵심 문항은 남겼으며, 각 척도별로 12개의 문항으로 만들기 위해 제거된 문항을 대체하고자 몇 개의 새로운 문항이 추가되었다. 정신분열성 성격적응 유형 척도에 2개의 문항이, 반사회성 성격적응 유형 척도에는 1개의 문항이, 편집성 성격적응 유형 척도에는 5개의 문항이 수동-공격성 성격적응 유형 척도에는 1개의 문항이, 강박-신경증적 성격적응 유형 척도에는 1개의 문항이, 그리고 연기성 성격적응 유형 척도에는 4개의 문항이 추가되었다. 이러한 새로운 문항은 임상 경험과 특정 성격적응 유형을 지닌 개인의 피드백을 기초로 하여 구성되었다.

검사지의 제2판에서는 전체 1,500명의 표집 대상자가 분석되었다. 1,408명은 상담에 임한 내담자이고, 62명은 정신건강전문가이며, 그리고 29명은 일반인이었다. 65%는 여성이고, 35%는 남성이다. 인종과 관련하여, 34명은 아시아인, 2명은 아베리칸 인디언, 15명은 아프리카-아메리카인, 1,412명은 백인, 1명은 카프카스-아시아인, 7명은 스페인, 1명은 스페인-아메리칸 인디언, 그리고 1명은 인디언이다. 33명의 대상자는 일본에서 왔고, 1명은 포르투갈에서 왔으며, 1,466명은 미국에서 왔다.

대상자는 모든 질문에 반응하도록 안내받았다. 응답지는 수작업으로 채점되었고, 대상자에게 되돌려 주었다. 대상자별로 나이, 성별, 인종, 분류(내담자, 전문가, 일반인), 나라, 그리고 72개의 문항에 대한 반응이 컴퓨터에 입력되었다. 이 자료는 통계적인 방법으로 다시 분석되었으며 각 문항별로 빈도분석이 실시되었다. 각 척도별 문항의 크론바흐 알파는 척도별 신뢰도를 측정하기 위해서 실시되었다. 표준화된 변수의 서로 다른 하위 척도별 신뢰도는 다음과 같다. 정신분열성 성격적응 유형 0.787102, 반사회성 성격적응 유형 0.678000, 편집성 성격적응 유형 0.593441, 수동-공격성 성격적응 유형 0.727900, 강박-신경증적 성격적응 유형 0.619647, 그리고 연기성 성격적응 유형 0.612748이다. 마지막 단계는 세 가지 생존적인 성격적응과 세 가지 실행적인 성격적응에 대해서 1,500개의 표집을 가지고 다른 요인분석을 실시해 보는 것이다. 생존적인 성격적응의 세 가지 요인과 실행적인 성격적응의 세 가지 요인을 사용하여 각 성격적응 유형의 두 가지 방법이 시행되었다. 생존적인 성격적응 유형의 결과가 〈표 B-1〉에 나타나 있고, 실행적인 성격적응 유형의 결과가 〈표 B-2〉에 표시되어 있다. 표를 보면, 생존적인 성격적응 유형인 정신분열성 성격적응 유형은 주로 요인 1에 적재되었고, 편집성 성격적응은 요인 2에, 그리고 반사회성 성격적응은 요인 3에 적재되어 있다. 실행적인 성격적응인 경우, 수동-공격성 성격적응은 요인 1에, 강박-신경증적 성격적응은 요인 2에, 그리고 연기성 성격적응은 요인 3에 적재되어 있다.

〈표 B-1〉 생존적인 성격적응 유형에 적재된 요인 문항

	요인 1		요인 2		요인 3	
PN1	.069	.099	.315	.337	.200	.241
PN2	.090	.186	.334	.322	.135	.281
PN3	.246	.289	.412	.328	.291	.173
PN4	.157	.256	.441	.427	-.003	.032
PN5	-.114	-.169	.396	.404	.095	.164
PN6	.129	.174	.508	.499	.066	.063
PN7	-.063	-.020	.472	.418	.132	.151
PN8	.308	.275	.260	.325	-.106	-.142
PN9	.173	.203	.410	.356	-.259	-.309
PN10	.069	-.041	.480	.535	.107	.198
PN11	-.185	-.107	.222	.284	-.099	.040
PN12	-.002	.048	.347	.266	-.105	-.117
AS1	-.053	-.040	-.049	.074	.639	.670
AS2	-.270	-.318	.108	.199	.214	.156
AS3	.378	.359	.116	.172	.393	.370
AS4	.238	.349	.531	.468	.061	.198
AS5	-.437	-.318	.036	.014	.261	.342
AS6	-.038	-.001	.173	.220	.631	.497
AS7	-.075	-.010	.495	.545	.075	.096

〈계속〉

AS8	-.112	-.111	.107	.117	.509	.554
AS9	.152	.101	.304	.431	.287	.333
AS10	.048	.025	.381	.352	.303	.378
AS11	-.338	-.230	.183	.215	.438	.582
AS12	-.303	-.305	.009	.002	.520	.488
SZ1	.617	.643	.234	.103	-.057	-.091
SZ2	.302	.260	-.012	-.008	.008	.041
SZ3	.770	.747	.001	-.083	-.136	-.148
SZ4	.540	.445	-.001	.045	-.142	-.219
SZ5	.671	.589	-.040	.027	-.178	-.232
SZ6	.431	.398	.243	.208	.152	.050
SZ7	.582	.487	.193	.183	.189	.132
SZ8	.726	.807	.057	-.068	-.191	-.132
SZ9	.447	.409	.123	.129	.036	-.121
SZ10	.787	.761	-.056	-.116	-.146	-.173
SZ11	.701	.702	.213	.197	.035	.024
SZ12	.397	.335	.256	.256	.130	.112

〈표 B-2〉 실행적인 성격적응 유형에 적재된 요인 문항

	요인 1		요인 2		요인 3	
PA1	.524	.579	.062	-.007	.267	.075
PA2	.470	.479	-.008	-.083	.251	.199
PA3	.610	.572	-.147	.108	.279	.153
PA4	.636	.758	.101	-.011	.202	-.062
PA5	.359	.343	.151	-.227	.107	-.062
PA6	.211	.165	.153	-.208	-.141	-.218
PA7	.325	.470	.040	-.134	.529	.438
PA8	.587	.596	.085	-.060	.217	.051
PA9	.380	.336	-.380	.369	.163	.029
PA10	.508	.561	-.087	.012	-.044	-.035

〈계속〉

PA11	.531	.553	.067	-.086	.215	.070
PA12	.417	.386	.078	-.103	.158	.056
HY1	.336	.387	-.055	.041	-.117	-.168
HY2	.361	.308	-.027	-.180	-.247	-.371
HY3	-.121	-.061	.009	-.110	-.606	-.699
HY4	.496	.529	-.163	.128	.213	.106
HY5	.491	.526	.043	-.073	-.213	-.329
HY6	-.088	-.178	-.046	-.0.38	-.446	-.383
HY7	-.109	-.088	-.073	.014	-.530	-.554
HY8	.371	.381	-.214	.092	-.237	-.379
HY9	.070	-.010	-.213	.130	-.452	-.464
HY10	.406	.255	-.084	-.079	-.481	-.649
HY11	.648	.558	.025	-.107	.038	-.086
HY12	.223	.180	-.268	.172	-.025	-.203
OC1	.066	-.033	.495	-.582	-.008	-.020
OC2	.159	.190	.490	-.427	.015	-.023
OC3	.015	-.019	.437	-.503	-.011	.015
OC4	-.087	-.021	.692	-.660	.262	.223
OC5	.073	.063	.627	-.691	.134	.095
OC6	.217	.291	-.078	.033	.447	.393
OC7	.064	.111	.519	-.635	.001	-.117
OC8	.171	.116	.115	-.124	.036	-.123
OC9	.416	.414	.210	-.189	-.056	-.108
OC10	-.041	.055	.222	-.217	.141	.217
OC11	-.023	-.069	.337	-.417	-.236	-.195
OC12	.416	.374	.469	-.468	.207	.074

제3판

요인분석을 기본으로 하여, 몇 가지 문항이 다른 척도로 이동함으로써 검사지의 제3판이 개정되었다. 3개의 새로운 문항이 정신분열성 성격적응에, 6개의 새로운 문항이 반사회성 성격적응에, 6개의 새로운 문항이 편집성 성격적응에, 5개의 새로운 문항이 강박-신경증적 성격적응에, 그리고 7개의 새로운 문항이 연기성 성격적응 유형 척도에 수정되었다. 제3판 검사지는 부록 C에 있다.

결 과

요인분석을 통해 현실에 존재하는 여섯 가지 성격적응 유형에 대한 좋은 근거를 확보할 수 있었다. 그리고 계속 발전되어 온 검사지를 사용하여 그것을 측정해 볼 수도 있었다. 추가적인 연구를 통해 심리도구의 외적인 타당도 확보가 요구된다.

몇 가지 흥미로운 내용이 검사지의 적용 과정에서 발견되었다. 첫째, 거의 모든 사람이 약간씩은 각각의 척도에 반응하였다. 자신의 성격적응 유형 행동을 생각해 보고 약간의 정도 차이는 보이지만, 모든 성격적응 유형에 반응하였다. 둘째, 생존적인 성격적응 유형 또는 실행적인 성격적응 유형 중에서 선호되는 유형이 뚜렷하게 나타났다. 비록 개인이 모든 성격적응 유형 행동을 가지고 있더라도, 생존적인 성격적응 유형이나 실행적인 성격적응 유형 중에서 개별적으로 선호하는 유형이 현저하게 드러났다. 셋째, 그래프를 보면, 외향적인 사람일수록 문항에 대한 응답 그래프가 전반적으로 높게 나타나는 경향이 있으며, 반면에 내향적인 사람일수록 문항에 대한 응답 그래프가 전반적으로 낮은 경향을 보이고 있었다. 넷째, 자기를 위장하는 사람일수록 그래프는 거의 균등한 것을 볼 수 있었다.

또한 검사지는 커플의 관계를 살펴보는 데 유용하다는 것이 증명되었다. 성격적응 유형에 대한 정보는 커플의 관계를 매우 잘 묘사할 수 있으며, 이들이 경험하고 있는 어려움을 해결하는 데 유용한 도움을 제공할 수 있을 것이다.

요 약

성격적응 유형은 각각의 성격적응 유형별로 12개씩의 문항을 사용하여 쉽게 측정할 수 있다. 검사지는 현재 제3판까지 개정되어 출판되었다. 검사지는 성격적응 유형을 사정하는 임상면담의 추가적인 도구로 매우 유용하다는 것이 증명되어 왔다. 또한 성격적응 유형에 관련된 많은 추가적인 통찰을 제공한다.

부록 C

조인스의 성격적응 유형 검사지(JPAQ 제3판)

〈안 내〉

다음 질문을 신중하게 읽고 만일 자신에게 해당된다고 생각되면, 응답 용지의 T(예), 아니면 F(아니요)를 기재해 주십시오. 모든 질문에 응답해 주시기 바랍니다.

1. 대부분의 사람이 일하는 데 부주의하다고 생각한다.
2. 다른 사람들은 내가 말이 없다고 한다.
3. 나는 다른 사람들과 어울리기보다는 혼자 일하는 것이 더 마음 편하다.
4. 나는 일이 너무 엉망이 되면 그 일에서 손을 뗀다.
5. 갈등 상황에 처하게 되면, 나는 '내가 일을 하든지 안 하든지' 기분이 썩 좋지 않다.
6. 사람들이 나를 달가워하지 않으면, 상처받거나 혼란스러워진다.
7. 나는 다른 사람들과 함께 있을 때는 내가 원하는 바를 포기해야만 될 것 같은 생각이 든다.
8. 나는 내 감정을 말하고 나누는 것이 좋다.
9. 나는 가끔은 내가 옳다고 생각하는 것을 주장할 필요가 있다고 본다.
10. 나는 하던 일이 진행 중일 때는 그 일을 제대로 마치기 위하여 동료보다 더 늦게까지 남아서 일한다.

11. 나는 여우같이 약삭빠르다.
12. 나는 무책임한 것을 보면 화가 난다.
13. 나는 쉬지 않고 일하는 경향이 있다.
14. 나는 한꺼번에 너무 여러 가지 일을 추진하려는 경향이 있다.
15. 나는 힘들게 결정을 내린다.
16. 나는 감정을 쉽게 드러낸다.
17. 나는 위험 부담이 있는 일을 기꺼이 한다.
18. 나는 과잉행동을 한다고 비난받는다.
19. 나는 종종 여러 가지 일을 동시에 진행한다.
20. 나는 모든 일에 신중한 것이 중요하다고 생각한다.
21. 나는 어떤 일이든 증명되기 전까지는 의심하는 경향이 있다.
22. 나는 다른 사람들과 함께 있는 것보다는 혼자 있는 것이 더 편하다.
23. 나는 상황에 따라 규칙을 어기는 편이다.
24. 때때로 나는 무서워 죽을 지경이다.
25. 나는 다른 사람들과 너무 오래 있으면 싫증이 난다.
26. 나는 삶이 투쟁이라고 생각한다.
27. 나는 시간을 잘 지키며 다른 사람도 그러길 기대한다.
28. 나는 흥분하면 기운이 난다.
29. 나는 사람들 때문에 가끔 마음에 상처를 받는다.
30. 내 친구들은 나를 바람둥이라고 말한다.
31. 나는 다른 사람들과의 관계에서 한발 앞서 나가려고 한다.
32. 나는 다른 사람들에게 내가 생각하는 바를 말하기 좋아한다.
33. 나는 종종 다른 사람들이 부럽다.
34. 나는 해야 할 일들이 계속 생각나서 다른 사람들과 마냥 함께 있기가 어렵다.
35. 나는 때때로 내가 진짜 내 감정과 욕구를 표현하면 다른 사람들이 그것을 어떻게 다루어야 할지 모를까 봐 걱정된다.
36. 다른 사람들은 나를 완벽주의자라고 한다.
37. 나는 종종 어떤 것(가스나 전등)의 스위치를 제대로 잘 껐는지를 확인하곤 한다.

38. 다른 사람들은 내가 수줍음을 타는 성격이라고 말할지도 모른다.
39. 나는 내가 요구하지 않아도 사람들이 내가 원하는 바가 무엇인지 알아주었으면 좋겠다.
40. 나는 고독을 즐긴다.
41. 나는 종종 내가 아끼는 사람들에게 내가 중요하지 않은 존재로 느껴지곤 한다.
42. 나는 일이 잘 안 풀리면 회피하는 경향이 있다.
43. 나는 내 주변 사람을 기분 좋게 할 책임감을 느낀다.
44. 나는 집단으로 있을 때면 말을 하지 않는 경향이 있다.
45. 나는 방치당하지 않으려고 애쓴다.
46. 나는 많은 일로 인해 좌절감을 느낀다.
47. 나는 세상에 대하여 책임감을 느낀다.
48. 나는 내가 손수 일을 해야지만 일이 제대로 잘 처리될 것이라고 믿는다.
49. 나는 일이 다 마무리될 때까지 노는 것을 미룬다.
50. 나는 옳은 일을 해야만 한다고 느낀다.
51. 나는 관심의 대상이 되는 것이 좋다.
52. 나는 내 주변에 있는 누구보다도 일을 잘 처리한다고 생각한다.
53. 나는 궁지에서 잘 빠져나온다.
54. 나는 사교를 즐긴다.
55. 나는 다른 사람들이 놀 때 일한다.
56. 나는 사람들이 기대에 못 미칠 때 화가 난다.
57. 나는 충동적이다.
58. 나는 화가 나거나 상처받으면 아무도 알아차리지 못하게 하려고 애쓴다.
59. 나는 자발적으로 행동하는 것이 어렵다.
60. 나는 아무도 믿지 않는다.
61. 나는 흥분을 자제한다.
62. 나는 다른 사람들의 동기가 의심스럽다.
63. 나는 관심의 대상이 되는 것이 견디기 어렵다.
64. 다른 사람들은 내가 너무 감정적이라고 생각한다.

65. 나는 굴복하는 것이 어렵다.
66. 나는 여러 가지 일을 잘 해내려고 한다.
67. 나는 사람들이 나에게 관심을 기울일 때 사랑받는다고 느낀다.
68. 나는 지루해지는 것이 싫다.
69. 사람들은 종종 나의 쾌활함을 부러워한다.
70. 나는 할 일 없이 시간 보내는 것이 힘들다.
71. 나는 기발한 생각을 하기를 좋아한다.
72. 내가 원하는 것 때문에 다른 사람을 불편하게 만든다면, 차라리 다른 사람이 원하는 것을 하겠다.

※ 한국판 성격적응 유형 검사(KJPAQ)에 대한 자세한 문의는 아래로 연락 주시기 바랍니다.

Korea TA Center(한국교류분석교육훈련센터)
상담 · 심리치료연구소 대표 오수희
서울특별시 동작구 상도1동 505-2 예림빌 302호 (우편번호 156-830)
경기도 구리시 교문동 245-8 구리노블하임 오피스텔 809호 (우편번호 471-854)
전화 02-826-5211, 031-553-5213, 팩스 031-566-5213
http://ktac.kr
oshee@ssu.ac.kr
oshee031@hanmail.net

참·고·문·헌

Abraham, K. (1921). Contributions to the theory of the anal character. In *Selected Papers on Psychoanalysis* (English translation, 1927). London: Hogarth.

Abraham, K. (1925). Character formation on the genital level of the libido. *In Selected Papers on Psychoanalysis* (English translation, 1927). London: Hogarth.

Adler, A. (1964). *Problems of neurosis.* New York: Harper.

American Psychiatric Association (1980). *Diagnostic and statistical manual of mental disorders* (Third Edition): DSM-III. Washington, D.C.: American Psychiatric Association.

American Psychiatric Association (1994). *Diagnostic and statistical manual of mental disorders*(Fourth Edition): DSM-IV. Washington, D.C.: American Psychiatric Association.

American Psychiatric Association (2000). *Diagnostic and statistical manual of mental disorders* (Fourth Edition, Text Revision): DSM-IV-TR. Washington, D.C.: American Psychiatric Association.

Berne, E. (1961). *Transactional analysis in psychotherapy: a systematic individual and social psychiatry.* New York: Grove Press.

Berne, E. (1964). *Games people play.* New York: Grove Press.

Berne, E. (1966). *Principles of group treatment.* New York: Grove Press.

Berne, E. (1969). Standard nomenclature. *Transactional Analysis Bulletin, 8*(32), 111-112.

Berne, E. (1972). *What do you say after you say hello?* New York: Grove Press.

Blackstone, P. (1993). The dynamic Child: integration of second-order structure, object relations, and self psychology. *Transactional Analysis Journal, 23*(4),

216–234.

Boyd, H., & Cowles-Boyd, L. (1980). Blocking Tragic scripts. *Transactional Analysis Journal, 10*(3), 227–229.

Buss, A. H., & Plomin, R. (1975). *A temperament theory of personality development.* New York: Wiley.

Cattell, R. B. (1957). *Personality and motivation structure and measurement.* New York: World.

Cattell, R. B. (1965). *The scientific analysis of personality.* Chicago: Aldine.

Cattell, R. B., Eber, H. W., & Tatsuoka, M. M. (1970). *Handbook for the sixteen personality factor questionnaire* (16PF). Champaign, IL: Institute for Personality and Ability Testing.

Clarkson, P. (1991). *Transactional analysis psychotherapy.* London: Routledge.

Cleckley, H. (1941). *The mask of sanity.* St. Louis: Mosby.

Costa, P. T., Jr. & McCrae, R. R. (1990). Personality disorders and the five-factor model of personality. *Journal of Personality Disorders, 4,* 362–371.

Costa, P. T., Jr. & Widiger, T. A. (1994). Introduction: Personality disorders and the five- factor model of personality. In P. T. Costa, Jr. & T. A. Widiger (Eds.), *Personality disorders and the five-factor model of personality* (pp. 1–10). Washington, DC: American Psychological Association.

Digman, J. M. (1990). Personality structure: Emergence of the five-factor model. *Annual Review of Psychology, 50,* 116–123.

Divac-Jovanovic, M., & Radojkovic, S. (1987). Treating borderline phenomena across diagnostic categories. *Transactional Analysis Journal, 17*(2), 4–10.

Drye, C., Goulding, R., & Goulding, M. (1973). No-Sucide decisions: patient monitoring of suicide risk. *American Journal of Psychiatry, 130,* 171–174. (Revised version of this article is reprinted in:) Goulding, R. and Goulding, M. (1978). *The power is in the patient.* San Francisco: TA Press.

Ellis, H. (1993). Auto-erotism: A Psychological study. *Alienist and Neurologist, 19,* 260–299. (Original work published 1898).

English, F. (1971). The substitution factor: rackets and real feelings. *Transactional Analysis Journal, 1*(4), 225–230.

English, F. (1976). Racketeering. *Transactional Analysis Journal, 6*(1), 78–81.

Erikson, E. (1950). *Childhood and society.* New York: Norton.

Ernst, F. (1971). The OK corral. *Transactional Analysis Journal, 1*(4), 33–42.

Erskine, R., & Zalcman, M. (1979). The racket system: a model for racket analysis. *Transactional Analysis Journal, 9*(1), 51–59.

Escalona, S. (1968). *Roots of individuality.*

Chiago: Aldine.

Escalona, S., & Leitch, M. (1953). *Early phase of personality development.* Evanston: Child Development Publications.

Escalona, S., & Heider, G. (1959). *Prediction and outcome.* New York: Basic Books.

Eysenck, H. J. (1952). *The scientific study of personality.* London: Routledge and Kegan Paul.

Eysenck, H. J. (1960). *The structure of human personality.* London: Routledge and Kegan paul.

Eysenck, H. J., & Eysenck, S. B. G. (1969). *Personality structure and measurement.* London: Routledge and Kegan Paul.

Federn, P. (1952). *Ego psychology and the psychoses.* New York: Basic Books.

Fenichel, O. (1945). *The psychoanalytic theory of the neurosis.* New York: Norton.

Fiske, D. W., & Maddi, S. R. (Eds.) (1961). *Functions of varied experience.* Homewood: Dorsey.

Freud, S. (1908). *Chracter and eroticism. In Collected papers* (English translation, Vol.2, 1925). London: Hogarth.

Freud, S. (1910). Leonardo da vinci and a memory of his childhood. In *Standard edition of the works of Sigmund Freud* (Vol, 2, 1925). London: Hogarth.

Freud, S. (1925). Psychoanalytic notes upon an autobiographical account of a case of paranoia (Dementia paranoides). In *Collected Papers* (English Translation, Vol.3). London: Hogarth. (Original work published 1911).

Freud, S. (1915). The instincts and their vicissitudes. In *Collected Papers* (English Translation, Vol. 4, 1925). London: Hogarth.

Freud, S. (1950). Libidinal types. In *Collected Papers* (English translation, Vol.5). London: Hogarth. (Original work published 1931).

Freud, S. (1957). Leonardo da Vinci and a memory of his childhood. In J. Strachey (Ed. and trans.), *The standard edition of the works of Sigmund Freud* (Vol. 2). London: Hogarth. (Original work published 1910)

Fromm, E. (1947). *Man for himself.* New York: Rinehart.

Goulding, R., & Goulding, M. (1978). *The power is in the patient.* San Francisco: TA Press.

Goulding, M., & Goulding, R. (1979). *Changing lives through redecision therapy.* New York: Brunner/Mazel.

Hall, C., & Lindzey, G. (1970). *Theories of personality* (2nd ed.). New York: John Wiley and Sons, Inc.

Hartmann, H. (1958). *Ego psychology and the problem of adaptation.* New York: International University Press.

Hathaway, S. R., & Mckinley, J. C. (1967). *Minnesota multiphasic personality inventory: manual for administration and scoring*. New York: Psychological Corporation.

Haykin, M. (1980). Type-casting: the influence of early childhood experience upon the structure of the Child ego-state. *Transactional Analysis Journal, 10* (4), 354-364.

Heymans, G., & Wiersma, E. (1906-1909). Beiträge zur speziellen Psychologie auf grund einer massenuntersuchung. *Zeitschrift für Psychologie*, 42, 46, 49, 51.

Holloway, W. (1973). Shut the escape hatch. Monograph IV, Wm, H. Holloway (mimeo).

Horney, K. (1937). *The neurotic personality of our time*. New York: Norton.

Horney, K. (1939). *New ways in psychoanalysis*. New York: Norton.

Horney, K. (1942). *Self analysis*. New York: Norton.

Horney, K. (1945). *Our inner conflicts*. New York: Norton.

Horney, K. (1950). *Neurosis and human growth*. New York: Norton.

Jackson, D. N. (1970). A sequential system for personality scale development. In C. D Spielberger (Ed.), *Current topics in clinical and community psychology*. New York: Academic Press.

Johnson, S. M. (1994). *Chracter styles*. New York: Norton.

Joines, V. (1986). Using redecision therapy with different personality adaptations. *Transactional Analysis Journal, 16*(3), 152-160.

Joines, V. (1988). Diagnosis and treatment planning using a transactional analysis framework. *Transactional Analysis Journal, 18*(3), 185-190.

Jung, C. G. (1921). Psychological types. In *Collected Works* (English translation. Vol. 6, 1971). Princeton: Princeton University Press.

Kadis, L., (ed.) (1985). *Redecision therapy: expanded perspectives*. Watsonville: Western Institute for Group and Family Therapy.

Kahler, T. (1972). *Predicting academic underachievement in ninth and twelfth grade males with the Kahler transactional analysis script checklist*. Dissertation, Purdue University.

Kahler, T. (1978). *Transactional analysis revisited*. Little Rock: Human Development Publications.

Kahler, T. (1979). *Process therapy in brief*. Little Rock: Human Development Publications.

Kahler, T. (1981). *The Process therapy model*. Workshop conducted for the Institute of Transactional Analysis, London.

Kahler, T. (1982). *Personality pattern inventory validation studies*. Little Rock: Kahler Communication, Inc.

Kahler, T. (1996). *The Process communica-*

tion model (PCM™) *seminar manual*. Little Rock: Taibi Kahler Associates, Inc.

Kahler, T. (1997a). *The PCM™ advanved seminar*. Little Rock: Kahler Communications, Inc.

Kahler, T. (1997b). *The transactional analysis script profile* (TASP™). Little Rock: Taibi Kahler Associates, Inc.

Kahler, T. (1997c). *The transactional analysis script profile* (TASP™): *a guide for the therapist*. Little Rock: Taibi Kahler Associates, Inc.

Kahler, T. (1999). The miniscript: 1999 addendum. ITAA: *TAJnet, 4* (Internet publication at www.tajnet.org/articles/kahler-miniscript-addendum.html).

Kahler, T. (2000). *The mastery of management* (4th ed.). Little Rock: Kahler Communications Inc.

Kahler, T., & Capers, H. (1974). The miniscript. *Transactional Analysis Journal, 4*(1), 26-42.

Kahn, E. (1928). *Psychopathischen persönlichkeiten*. Berlin: Springer.

Kahn, E. (1931). *Psychopathic personalities* (English translation). New Haven: Yale University Press.

Kaplan, K. J., Capace, N., & Clyde, J. D. (1984). A bidimensional distancing approach to TA. *Transactional Analysis Journal, 14*(2), 114-119.

Karpman, S. (1968). Fairy tales and script drama analysis. *Transactional Analysis Bulletin*, 7(26), 39-43.

Kernberg, O. F. (1967). Borderline personality organization. *Journal of the American Psychoanalytic Association, 15*, 641-685.

Kernberg, O. F. (1970a). A psychoanalytic classification of character pathology. *Journal of the American Psychoanalytic Association, 18*, 800-822.

Kernberg, O. F. (1970b). Factors in the psychoanalytic therapy of narcissistic patients. *Journal of the American Psychoanalytic Association, 18*, 51-85.

Kenberg, O. F. (1975). *Borderline conditions and pathological narcissism*. New York: Jason Aronson.

Kernberg, O. F. (1980). *Internal world and external reality*. New York: Jason Aronson.

Knight, R. P. (1954). Management and psychotherapy of the borderline schizophrenic patient. In R. P. Knight, & C. R. Friedman (Eds.), *Psychoanalytic psychiatry and psychology* (pp.110-122), New York: International Universities Press.

Kohut, H. (1966). Forms and transformations of narcissism. *Journal of the American Psychoanalytic Association, 14*, 243-272.

Kohut, H. (1968). The psychoanalytic treatment of narcissistic personality disorders. *Psychoanalytic Study of the Child, 23*, 86-113.

Kohut, H. (1971). *The analysis of self*. New York: International Universities Press.

Kollarits, J. (1912). Charakter und Nervosität. Budapest: knoedler.

Kreisman, J., & Straus, H. (1991). *I hate you-don't leave me: understanding the borderline personality.* New York: Morrow, William, and Co.

Kretschmer, E. (1925). *Körperbau und charakter.* Berlin: Springer Verlag. And *Physique and character* (English translation). London: Kegan Paul.

Lazursky, A. (1906). *An outline of a science of characters.* St. Petersburg: Lossky.

Leary, T. (1957). *Interpersonal diagnosis of personality.* New York: Ronald.

Linehan, M. (1993). *Cognitive-behavioral treatment of borderline personality disorder.* New York: The Guilford Press.

Lorr, M. (1975). Convergences in personality constructs measured by four inventories. *Journal of Clinical Psychology, 31*, 182-188.

Lorr, M., & Manning, T. T. (1978). Higher-order personality factors of the ISI. *Multivariate Behavioral Research, 13*, 3-7.

Lowen, A. (1976). *Bioenergetics.* New York: Penguin Books.

Lyons, M. J., Merla, M. E., Ozer, D. J., & Hyler, S. E. (1990. August). *Relationship of the "Big -Five" Factors to DSM-III personality disorders.* Paper presented at the 98th annual meeting of the American Psychological Association, Boston, MA.

Maddi, S. R. (1968). *Personality theories: a comparative analysis.* Homewood: Dorsey.

Maddi, S. R., & Propst, B. (1971). Activation theory and personality. In S. R. Maddi (Ed.), *Perspectives on personality.* Boston: Little, Brown.

Mahler, M. S., Pine, F., & Bergman, A. (1975). *The psychological birth of the human infant.* New York: Basic Books.

Masterson, J. F. (1981). *The narcissistic and borderline disorders: An intergrated developmental approach.* New York: Brunner/Mazel.

Masterson, J. F. (1988). *Psychotherapy of the disorders of the self: the Masterson approach.* Newyork: Brunner/Mazel.

Masterson, J. F. (1990). *Psychotherapy of the borderline and narcissistic personality disorders: a developmental, self, and object relations approach.* Workshop conducted at the Southeast Institute for Group and Family Therapy, Chapel Hill, North Carolina.

Masterson, J. F. (1993). *The emerging self: a developmental, self, and object relations approach to the treatment of the closet narcissistic disorder of the self.* New York: Brunner/Mazel.

McCrae, R. R. (1992). The five-factor model: issues and applications [Special issue]. *Journal of Personality*, 60.

McDougall, W. (1908). *Introduction to social psychology.* New York: Scribners.

McDougall, W. (1932). Of the words character and personality. *Character and Personality, 1*, 3-16.

McNeel, J. (1976). The Parent interview. *Transactional Analysis Journal, 6*(1), 61-8.

McNeel, J. (1977). The seven components of redecision therapy. In G. Barnes (Ed.), *Transactional analysis after Eric Berne*, pp. 425-441. New York: Harper' s College Press.

Mellor, K. (1979). Suicide: being killed, killing and dying. *Transactional Analysis Journal, 9*(3), 182-188.

Meumann, E. (1910). *Intelligenz und wille.* Leipzig: Barth.

Millon, T. (1969). *Modern psychopathology: a biosocial approach to maladaptive learning and functioning.* Philadelphia: W. B. Saunders.

Millon, T. (1981). *Disorders of personality.* New York: John Wiley and Sons.

Millon, T. (1990). Toward a new personology: An evolutionary model. New York: John Wiley and Sons, Inc.

Millon, T. (1996). *Disorders of personality: DSM - IV and beyond* (2nd ed.). New York: John Wiley and Sons, Inc.

Millon, T. (1999). *Personality-guided therapy.* New York: John Wiley and Sons, Inc.

Minuchin, S. (1974). *Families and family therapy.* Cambridge: Harvard University Press.

Moiso, C. (1985). Ego states and transference. *Transactional Analysis Journal, 15*(3), 194-201.

Monty, C. F. (1987). *Beneath the mask* (3rd ed.). New York: Holt, Rinehart and Winston.

Murphy, L. B., et al. (1962). *The widening world of childhood.* New York: Basic Books.

Murphy, L. B., & Moriarty, A. E. (1976). *Vulnerability, coping and growth.* New Haven: Yale University Press.

Nacke, P. (1899). Die Sexuellen Perversitäten in der Irrenansalt [*sic*]. *Psycheatrie en Neurologie Bladen*, 3, 14-21.

Neubauer, P., & Neubauer, A. (1990). *Nature's thumbprint: the new genetics of personality.* Reading, MA; Addison-Wesley.

Nunnally, J. C. (1978). *Psychometric theory* (2nd ed.). New York: McGraw-Hill.

Oldham, J. M., & Morris, L. B. (1990). *Personality self-Portrait: why you think, work, love, and act the way you do.* New York: Bantam Books.

Perls, F. S. (1969). *Ego, hunger and aggression.* New York: Vintage Books.

Perls, F. S. (1971). *Gestalt therapy verbatim.* Des Plaines: Bantam.

Phillips, L. (1968). *Human adaptaion and its failures.* New York: Academic Press.

Reich, W. (1933). *Charakteranalyse.* Leipzig:

Sexpol Verlag.

Reich, W. (1949). *Character analysis* (3rd ed.). New York: Farra, Straus and Giroux.

Ribot, T. (1890). *Psychologie des sentiments.* Paris: Delahaye and Lecrosnier.

Schultz, S. (1984). *Family systems therapy.* New York: Jason Aronson, Inc.

Schmideberg, M. (1947). The treatment of psychopaths and borderline patients. *American Journal of Psychotherapy, 1,* 45-55.

Sheldon, W. (1940). *The Varieties of human physique: an introduction to constitu tional psychology.* New York: Harper.

Sheldon, W. (1954). *Atlas of men: a guide for somatotyping the male of all ages.* New York: Harper.

Sheldon, W., & Stevens, S. (1942). *The varieties of temperament: a psychology of constitutional differences.* New York: Harper.

Schiff, A., & Schiff, J. (1971). Passivity. *Transactional Analysis Journal, 1*(1), 71-78.

Schiff, J. et al. (1975). *The Cathexis reader: transactioanal analysis treatment of psychosis.* New York: Harper and Row.

Steiner, C. (1974). *Scripts people live.* New York: Grove Press.

Stern, A. (1938). Psychoanalytic investigation and therapy in the borderline group of neuroses. *Psychoanalytic Quarterly, 7,* 467-489.

Stern, D. (1985). *The interpersonal world of the infant.* New York: Basic Books.

Stewart, I. (1992). *Eric Berne.* London: Sage Publications.

Stewart, I. (1996). *Developing transactional analysis counselling.* London: Sage.

Stewart, I. (2000). *Transactional analysis counselling in action* (2nd ed.). London: Sage.

Stewart, I., & Joines, V. (1987). *TA today: a new introduction to transactional analysis.* Notthingham and Chapel Hill: Lifespace Publishing.

Thomas, A., & Chess, S. (1977). *Temperament and development.* New York: Brunner/Mazel.

Thomas, A., Chess, S., & Birch, H. G. (1963). *Behavioral individuality in early childhood.* New York: New York University Press.

Thomas, A., Chess, S., & Birch, H. G. (1968). *Temperament and behavior disorders in children.* New York: New York University Press.

Thurston, L. L. (1934). The vectors of mind. *Psychological Review, 41,* 1-32.

Tilney, T. (1998). *Dictionary of transactional analysis.* London: Whurr.

Tramer, M. (1931). Psychopathic personalities. *Schweizer Medizinische Wochenschrift, 217,* 217-322.

Vaillant, G. (1977). *Adaptation to life.* Boston: Little, Brown.

Walton, H. J., Foulds, G. A., Littman, S. K., & Presley, A. S. (1970). Abnormal personality. *British Journal of Psychiatry, 116*, 497-510.

Walton, H. J., & Presley, A. S. (1973a). Use of a category system in the diagnosis of abnormal personality. *British Journal of psychiatry, 122*, 259-263.

Walton, H. J., & Presley, A. S. (1973b). Dimensions of abnormal personality. *British Journal of Psychiatry*, 122, 269-276.

Ware, P. (1978). *Personality adaptations.* Workshop conducted at the Southeast Institute for Group and Family Therapy, Chapel Hill, North Carolina.

Ware, P. (1983). Personality adaptations. *Transactional Analysis Journal, 13*(1), 11-19.

Weiss, E. (1950). *Principles of psychodynamics.* New York: Grune and Stratton.

Wiggins, J. S. (1973). *Personality and Prediction: principles of personality assessment.* Reading: Addison-Wesley.

Wiggins, J. S., & Pincus, A. L. (1989). Conceptions of personality disorders and dimensions of personality. *Psychological Assessment: a Journal of Consulting and Clinical Psychology, 1*, 305-316.

Woollams, S., & Brown, M. (1979). *TA: The total handbook of transactional analysis.* Englewood Cliffs: Prentice-Hall.

용 · 어 · 해 · 설

용어 해설은 교류분석 개념을 치료모델로 사용하고자 하는 독자의 편의를 위해서 제공되는 것이다. 여기에는 이 책에서 사용되는 용어들의 정의와 교류분석의 적용이 포함되어 있다. 우리는 이미 이 책에서 자세하게 설명한 용어들(연기성 성격적응, Until 각본 등)은 용어 해설 부분에 포함하지 않았다.

용어 해설은 교류분석 용어들에 대한 완벽한 개념을 제공하고자 하는 의도가 아니다. 만약 당신이 그러한 정보를 원한다면, 『교류분석 사전(Dictionary of Transactional Analysis(Tilney, 1998)』을 읽어 보기 바란다.

OK 목장(OK Corral): 네 가지 인생 태도를 사분할도 위에 나타낸 다이어그램이다.

각본 메시지(Script message): 각본이 형성되는 과정에서, 어린아이들이 자신, 타인 그리고 세계에 대한 어떤 결단의 토대가 되는 부모로부터 받은 언어적 · 비언어적 메시지다.

각본(Script): '인생각본'과 같은 것이다.

결단(Decision): 어린 시절 적응하는 동안에 형성된 자신, 타인 그리고 인생에 관련된 결론을 말한다. 이것은 어린 시절에는 생존하기 위한 최선의 수단이고, 어린아이의 감정과 현실 검증의 긴장 안에서 만들어진 욕구를 얻기 위한 방법이다.

결말(Payoff): (심리적 게임에서) 마지막 단계에 게임 실행자에 의해서 경험하는 라켓감정이다. (각본에서) 정해진 각본의 방향으로 나아가는 마지막 장면이다.

계약(Contract): 행동에 대해 잘 만들어진 쌍방 간의 협의를 말한다. 자기 자신이나 다른 사람의 변화를 만들어 내기 위한 어른 자아 간의 약속이다.

과잉적응(over-adaptation): 일종의 수동적인 행동이다. 다른 사람의 의견과 욕구에 대해 검열 또는 검증 없이 동조하는 것을 말한다.

과장(Grandiosity): 몇 가지 현실적인 모습이 확장되는 것을 말한다.

과정(process): (자아상태에서) 사람들이 자아상태를 줄곧 표현하는 방법이다. 자아상태가 어떻게 표현되는가? (각본에서) 사람들이 각본 속에서 시간을 보내는 것을 말한다. 사람들은 각본에서 어떻게 연명하는가?

구원자(Rescuer): (드라마 삼각형에서) '타인은 자기 자신을 도울 수 있을 만큼 충분하지 않아!' 라는 믿음을 가지고, 한 단계 높은 위치에서 타인에게 도움을 제공하려는 사람이다.

구조(Structure): (자아상태 모델에서) 자아상태의 관점으로 개인적인 행동, 감정 그리고 경험을 분류한 것이다.

구조적 모델(Structural Model): 이 모델은 각각의 자아상태 또는 세분화된 자아상태의 내용을 분류된 형태로 보여 준다.

구조적 분석(Structural Analysis): 자아상태 모델 관점으로 성격을 분석하는 것이다.

금지령(Injunction): 초기 어린 시절에 사람이 받게 되는 부정적이고, 엄격한 각본 메시지다. 주로 비언어적인 방식으로 전달된다.

긍정적인 스트로크(Positive Stroke): 받는 사람이 즐거움을 경험하는 스트로크다.

기능(Function): 자아가 어떻게 사용되고 어떻게 표현되는지를 말한다.

기능적 모델(Functional Model): 우리가 자아를 어떻게 사용하는지에 따라 나누어 볼 수 있는 직관적인 모델이다.

길항각본(Counter-script): 어린 시절에 길항금지령의 명령에 의해 만들어진 결단들의 묶음이다.

길항금지령(Counter-injunctions): 아동기 후반에 사람이 받게 되는 각본 메시지다. 주로 언어로 전달된다.

내용(Content): 구조적 모델의 서로 다른 자아상태에 포함되고 분류된 전략이나 축적된 기억을 말한다. 예를 들면, 각각의 자아상태에는 무엇이 있는가? 각본에서 조기결단은 무엇인가? 개인의 독특성은? 개인의 각본에 있는 구체적인 것들은? 등등이다.

도피구(Escape Hatches): 자살, 살인, 미치광이가 되어 가는 것으로 설명되는 세 가지 비극적인 각본 결과를 말한다(때때로 이 개념은 확장되어 '도망치는 것'과 같은 부정적인 각본 결과를 설명할 때도 사용된다.).

도피구의 폐쇄(Closing Escape Hatches): 치료 과정 중 하나다. 내담자의 어른 자아가 무조건적인 결정을 하는 것이다. 그 결정은 어떤 상황에서건 결코 자살, 살인, 미치광이가 되는 것을 택하지 않겠다는 것을 말한다. 때때로 이 개념은 확장되어, 내담자가 결코 도망가지 않겠다는 유사한 결정을 내리는 데 이용될 수도 있다.

드라마 삼각형(Drama Triangle): 사람이 어떻게 세 가지 각본 역할 사이에서 적응하고 움직이는지에 대한 설명을 다이어그램으로 나타낸 것이다.

디스카운팅(Discounting): 문제 해결을 하지 않으려고 정보를 무시하는 것이다.

라켓 시스템(Racket System): 자기강화를 위해서 개인의 각본을 근간으로 형성된 감정, 사고 행동의 왜곡된 시스템이다.

라켓(Racket): 환경을 조작하기 위한 수단으로, 외부로 보이는 일련의 스크립티 행동이다. 이것은 필연적으로 라켓감정을 수반한다.

라켓감정(Racket Feeling): 어린 시절에 배우고 조장되었으며, 서로 다른 많은 스트레스 상황에서 경험하게 된 익숙한 감정이다. 이것은 현실의 문제를 해결하기 위한 어른의 감정으로서는 부적절한 것이다.

라켓티어링(Racketeering): 자신의 라켓감정을 유지하기 위해, 타인으로부터 스트로크를 찾는 개별적인 교류방식이다.

무능(Incapacitation): 문제 해결을 위한 어떠한 힘도 없기 때문에 아무것도 할 수 없다고 느끼는 사람의 수동적인 행동이다.

박해자(Persecutor): (드라마 삼각형에서) 타인을 얕잡아 보고 깔고 뭉개는 사람이다.

배제(Exclusion): 개인이 한 개 또는 그 이상의 자아를 폐쇄하는 것을 말한다.

부정적인 스트로크(Negative Stroke): 받는 사람이 불쾌감을 경험하는 스트로크다.

불안(Agitation): 문제 해결이 아닌 목적 없는 행위를 반복적으로 하는 수동적 행동을 말한다.

비판적인 어버이 자아상태(Critical Parent): '통제하는 어버이 자아상태'와 동일하다.

수동적인 행동(Passive behaviour): 이것은 네 가지 행동 방식(아무것도 하지 않는 것, 과잉반응, 불안, 무능 또는 폭력)으로 디스카운트하는 모습을 보인다. 또한 문제를 해결하기 위해, 타인이나 환경을 조작하려는 사람에 의해 사용된다.

순응하는 어린이 자아상태(Adapted Child): 기능적 모델에서 어린이 자아상태의 하부 영역이다. 이것은 규율이나 사회적인 요구에 대하여 개인이 자아를 어떻게 사용했는지에 대한 내용이다.

스크립티(Scripty): 개인의 각본을 유지하는 행동, 사고, 감정을 묘사하는 데 사용되는 용어다.

스트로크(Stroke): 인식의 기본 단위다.

시간의 구조화(Time Structuring): 사람이 여러 상황에서 어떻게 시간을 소비하는가를 설명하는 개념이다.

심리적 게임(Game): 이면적인 어떤 동기를 가지고 행하는 과정을 말한다. 이것은 어른 자아의 인식 밖에서 진행되며, 역할의 '전환'이 있기 전까지 명확하지가 않다. 그 결과로, 대부분의 사람은 혼돈스러워하고, 오해를 하며, 다른 사람을 비난하기에 이른다. 모든 심리적 게임에는 갑작스럽게 역할이 교체되는 '전환'을 포함하고 있다.

아무것도 하지 않는 것(Doing Nothing): 일종의 수동적인 행동으로, 문제를 해결하려 하기보다는 행동을 멈추는 것에 에너지를 쓰는 것을 말한다.

양육적 어버이 자아상태(Nurturing Parent): 기능적인 모델에서 어버이 자아상태의 하부 영역이다. 이것은 개인이 양육하고 보호하며 돕는 데 어떻게 자아를 사용하는지를 알려 준다.

어른 자아상태(Adult Ego State): 부모나 양육자의 모습을 따라 하거나 어린 시절의 모습을 그대로 재현하는 것이 아니라, '지금-여기'에서 직접적으로 느끼는 사고, 감정 그리고 행동의 묶음을 말한다.

어린이 자아상태(Child Ego State): 어린 시절의 모습을 그대로 재현하는 사고, 감정, 행동의 묶음이다. 태곳적의 자아(archaic ego state)로도 부른다.

어버이 자아상태(Parent ego state): 부모 또는 다른 양육자로부터 모방하는 또는 빌려 온 일련의 행동, 사고 그리고 감정이다.

오염(Contamination): 어린이 자아상태와 어른 자아가 겹치는 부분으로, 어른 자아의 내용에서 실수를 유발한다(예, 망상, 환상 등).

의식(Ritual): 시간을 구조화하는 하나의 방식이며, 이미 구조화되어 있는 스트로크를 다른 사람들과 교환하는 것이다.

인생 태도(Life Position): 사람이 가지고 있는 자신과 타인에 대한 기본적인 신념이다. 이것은 어떤 결단이나 행동을 정당화하기 위해서 사용된다. 사람이 자신과 타인에 대해 인식하고 있는 핵심적인 가치에 대한 근본적인 자세이기도 하다.

임패스(Impasse): 사람이 두 가지 갈등 상태에서 '딱 멈추어 선 곳(stuck place)'을 말한다. 이러지도 저러지도 못하며, 이 상태를 유지하기 위해 많은 에너지를 허비한다(교류분석에서는 이것을 두 가지 자아상태 사이의 갈등으로 모델화하였다.).

자아상태 모델(Ego State Model): 어버이, 어른, 어린이 자아상태라는 용어로 설명되는 성격모델을 말한다.

자아상태(Ego State): 지속적인 행동 패턴과 직접 관련되어 있는 경험과 지속적인 감정 패턴을 말한다.

자연스러운 어린이 자아상태(Natural Child): '자유스러운 어린이 자아상태'와 같다.

자유스러운 어린이 자아상태(Free Child): 기능적 모델에서 어린이 자아상태의 하부 영역이다. 검열이나 규칙 또는 환경적인 요구 없이 사람이 어떻게 감정이나 욕구를 자유스럽게 표현하는지 자아를 사용해서 나타낸다.

작은 교수(Little Professor): 어린이 자아상태 속에 있는 어른 자아다. 어린아이에 의해 사용되는 직관적이고, 마법적인 유형의 사고 방식이다. 어른인 경우에도 어린이 자아상태의 한 부분으로 여전히 기능하고 있다.

잡담(Pastime): 사람이 하나의 주제로 이야기는 하지만, 어떤 특정한 관심이 있는 행동을 하지 않는 시간 구조화의 한 방식이다.

재결단(Redecision): 조기결단에 따른 자기 한계를 현재의 어른으로서 가진 모든 자원을 사용하여, 새롭게 결단하는 것을 말한다.

전환(Switch): 게임 진행자가 '결말'로 가기 위해서, 역할을 교체하는 심리적 게임의 한 단계다.

조기결단(Early Decision): '결단'과 같은 개념이다.

직면(Confrontation): 상담자가 내담자로 하여금 '지금-여기'의 현실에 대항하는 각본신념을 시험해 보도록 이끌어 나가는 움직임이다.

진실한 감정(Authentic Feeling): 어린 시절 라켓감정에 의해 감추어진 근원적이고, 검열받지 않은 감정이다.

친밀(Intimacy): 사람들이 진실한 감정을 표현하고 어떤 사심 없이 서로 간에 원하는 것을 나타내는 시간 구조화의 한 방식이다.

통제하는 어버이 자아상태(Controlling Parent): 기능적 모델에서 어버이 자아상태의 하부영역이다. 사람이 자아를 어떻게 직접적으로 통제하고 비판하는 데 사용하는가에 대한 내용이다.

폭력(Violence): 개인이 직접 문제를 해결하기 위해서, 외부의 힘을 빌려 파괴적인 행동을 하는 수동적인 행동이다.

하이터너(Heightener): 일종의 치료적 개입으로 내담자를 일시적으로 각본 안으로 들어가도록 하는 것이다. 이 기법의 목적은 내담자가 각본에서 나올 수 있도록 더욱 동기화시키는 것이다.

함정(Con): 심리적 게임으로 유도하는 은밀한 유혹이다. 이것은 늘 디스카운트를 수반한다.

허용(Permissions): 초기 어린 시절에 사람들이 받게 되는 긍정적이고, 자유로운 각본 메시지다. 주로 비언어적인 방식으로 전달된다.

활동(Activity): 시간을 구조화하는 방법 중 하나다. 이것은 더 이상의 잡담을 멈추고, 전반적으로 동의된 목표를 성취하는 것에 관심을 가진다.

회피(Withdrawal): 시간을 구조화하는 하나의 방식으로 다른 사람과의 상호작용을 하지 않는다.

희생자(Victim): (드라마 삼각형에서) 자신을 얕잡아 볼 수 있고, 아무것도 할 수 없는 '패배한 사람'으로 여기는 것이다.

찾 · 아 · 보 · 기

저·자·소·개

‖ 밴 조인스(Vann Joines)

임상심리치료사이며, 채플 힐(Chapel Hill), 노스캐롤라이나 주에 있는 남동부 집단 및 가족치료 연구소(Southeast Institute for Group and Family Therapy)의 대표다. 국제교류분석협회(International Transactional Analysis Association: ITAA)의 공인 교류분석 교육수련 및 감독자(Teaching and Supervising Transactional Analyst: TSTA)다. 교류분석 이론과 다른 이론 및 접근 방법의 통합을 인정받아, 1994년 에릭 번(Eric Berne) 기념 수상자로 선정되었다. 그는 미국의 결혼 및 가족치료협회의 회원이며, 미국집단심리치료협회 회원이다.

‖ 이언 스튜어트(Ian Stewart)

영국 노팅엄 번 연구소(The Berne Institute, Nottingham, England)의 공동 대표다. 그는 유럽교류분석협회(The European Association for Transactional Analysis: EATA) 및 국제교류분석협회(ITAA)의 공인 교류분석 교육수련 및 감독자(TSTA)다. 또한 UKCP 심리치료학자(Registered Psychotherapist)이며, 신경-언어 프로그램(Neuro-Linguistic Programming)의 수석 임상연구원이다. 그는 유럽교류분석 발전을 위한 탁월한 공로를 인정받아, 1998년 EATA 금메달을 수상한 바 있다.

감·수·자·소·개

‖ 박종삼

숭실대학교 명예교수
한국교류분석 임상학회 고문
전 월드비전 회장

역·자·소·개

‖ 오수희

숙명여자대학교 영문학과 졸업, 숭실대학교 사회복지학과 석사 및 박사
교류분석 교육수련감독자[(P)TSTA]를 위한 TEW수료
ITAA 국제공인 교류분석상담전문가(CTA)
TA 101 전문강사(TA 101 instructor)
한국게슈탈트치료전문 수련감독자
상담심리전문가 1급/ 한국상담심리학회
심리치료상담1급 전문상담사/ 한국상담학회
인천지방법원 가사상담위원
Korea TA Center 대표
숭실대학교 겸임교수

[저서 및 주요 논문]
좋은 학교(역, 한국심리상담연구소, 1997), 인간관계론(저, 양서원, 2009)
임상사회사업실천에서의 심리유형과 성격적응유형간의 관계특성 활용에 관한 연구(박사논문, 2001)

‖ 이영태

부산대학교 의과대학 졸업, 연세대학교 의과대학 석사 및 박사
외과 전문의, 비뇨기과 전문의, 미국비뇨기과학회 정회원(AUA)
미국외과의사학술원 회원(FACS)
ITAA 정회원
CHA의과학대학교 교수

‖ 안범현

숭실대학교 사회복지학과 석사 및 박사 수료, ITAA 정회원
한북대학교 겸임교수, (주)한국 MBTI연구소 연구부장, (주)어세스타 위촉평가자

[저서 및 주요 논문]
특별한 욕구를 가진 형제들을 위한 길라잡이(역, 서울장애인종합복지관, 2003)
일, 놀이 그리고 성격 유형(역, (주)어세스타, 2004), 조직의 변화와 성격 유형(역, (주)어세스타, 2005)
성격 유형과 갈등관리(역, (주)어세스타, 2007), 성격 유형과 커뮤니케이션(역, (주)어세스타, 2008)
성격 유형 찾아가기(역, (주)어세스타, 2009), 삶 속의 유형(편, (주)어세스타, 2010)
성격 유형 안내하기(저, (주)어세스타, 2011)

TA 이론에 의한 성격적응론(Personality Adaptations)

심리치료와 상담의 영역에서 인간 이해를 위한 새로운 안내

2012년 2월 18일 1판 1쇄 발행
2024년 9월 25일 1판 3쇄 발행

지은이 • Vann Joines · Ian Stewart
감 수 • 박 종 삼
옮긴이 • 오수희 · 이영태 · 안범현
펴낸이 • 김 진 환
펴낸곳 • (주) 학지사
04031 서울특별시 마포구 양화로 15길 20 마인드월드빌딩 5층
대표전화 • 02) 330-5114 팩스 • 02) 324-2345
등록번호 • 제313-2006-000265호
홈페이지 • http://www.hakjisa.co.kr
인스타그램 • https://www.instagram.com/hakjisabook

ISBN 978-89-6330-768-8 93180

정가 23,000원

역자와의 협약으로 인지는 생략합니다.
파본은 구입처에서 교환하여 드립니다.